U0563062

国家社科基金青年项目
"政府推进社会诚信体系建设的法治模式研究"
(批准号:15CZZ018)的结项成果

# 政府推进诚信建设的法治模式研究

Research on the Rule of
Law Model of Government Promoting the Construction
of Social Credit System

类延村 著

社会科学文献出版社
SOCIAL SCIENCES ACADEMIC PRESS (CHINA)

# 序　言

诚信是社会治理的重要命题。在国家治理视野中，诚信治理先后经历了战略化和政策化的进程，正在向法治化建设的道路前行。在"党委领导、政府负责、民主协商、社会协同、公众参与、法治保障、科技支撑"的社会治理体系中，政府具有社会诚信治理的法定职责和行动优势。特别是在贯彻全面依法治国新要求和全面推进法治政府建设的情境下，法治模式成为政府推进诚信体系建设的新的系统性路径和时代性课题。

社会诚信体系建设是一项系统性工程，对其研究最早兴起于经济领域。自2012年党的十八大提出"加强政务诚信、商务诚信、社会诚信和司法公信建设"的要求后，诚信建设向全域扩展。特别是2019年7月国务院办公厅制定印发《关于加快推进社会信用体系建设 构建以信用为基础的新型监管机制的指导意见》以后，如何以行政方式规范推进诚信建设成为新的研究命题。[①] 然而，现有研究在主体论和方法论层面少有系统性剖析，未能有效结合社会治理体系中政府的主体角色定位进行深入的方法路径追寻。

本书承接了此种思考和追问，是从政府治理的法治视角剖析社会诚信体系建设的系统性成果，在整体上采用"编—章—节"的书写结构，以"理论与观念—机制与平台—实践与探索—变革与发展"为论证逻辑，从事物发展的递进形态展现了政府推进诚信治理法治模式的问题渊源、行动机制、主要举措和发展方向。这既能聚焦政府的主体性功能，又延展了诚信治理行政立法规制的法治范畴，自然形成了政府推进社会诚信体系建设的法治方法论。同时，本书也是笔者从事"社会诚信体系"主

---

① 关于"社会诚信体系"与"社会信用体系"两个概念的区分与使用，详见本书第二章第一节。

题研究"三部曲"的重要组成部分，是继《中国诚信法律通览》和《迈向规则之治：社会诚信体系建设发展模式研究》之后的第三部著述，是国家社科基金青年项目"政府推进社会诚信体系建设的法治模式研究"（批准号：15CZZ018）结项成果的集中呈现。

在研究内容层面，本书实现了对政府诚信治理功能的强化，扩展了政府法治模式的内容体系，明确了政府推进诚信治理的激励型法治模式的发展趋向。首先，本书从政府的主体视角切入，立足政府"元治理"角色，聚焦政府推动诚信体系发展的体制机制建设、政策工具创新和技术程式应用，试图建构政府从事诚信治理的法治方法论体系，畅通从"认识论"到"方法论"的治理逻辑，全维透视了政务诚信建设与政府推动商务诚信、社会诚信和司法公信建设的角色功能。其次，本书对政府诚信治理主导、引领和示范的多重角色定位，突破了将政府法治模式局限于行政立法的传统认知，结合法治政府建设指标和社会诚信体系的特殊性，将政府推进社会诚信体系建设的法治模式扩展到机制建设、政策合规性审视、诚信理念现代化和创新措施体系化等领域。最后，本书指明了政府推进社会诚信体系建设法治模式建构的递进式进程：第一阶段的主要任务是解决信用信息、黑名单制度、失信惩戒和失信行为法律界定的相关争议，确定失信边界，树立诚信治理权威；第二阶段的目标是积极建构激励型的法律政策体系和法治行动体系，创建强化各类信用主体诚信自觉机制，形成积极的社会诚信心态，达成诚信善治之目的。

在研究方法层面，本书立足法规规章和公共政策的梳理与分析，集中开展实证性研究。一方面，积极开展法律政策分析。从312余万字的信用专项法规政策中筛选出63部信用专项法规规章、83部黑红名单制度文件、51部信用联合奖惩合作备忘录和26部信用联合奖惩政策文件，在更广层次运用政策扩散理论进行时间、空间和领域等层面的数量统计分析，实现诚信治理的宏观问题微观化和具体化，生动展现了信用立法和信用政策创制的发展形态。另一方面，精准开展问卷调查。采用问卷精准投放的方式对政府公务人员的诚信认知进行了调查分析，在2018~2020年分三个阶段通过问卷星平台向各级政府相关部门工作人员定向投放并回收853份有效调查问卷，问卷发放区域涵盖29个省份，以坚实的数据支撑剖析了政府公务人员诚信理念现代变革对社会诚信体系建设的影响。

总体而言，本书既关注到静态信用专项法律法规体系的建构与完善、联合惩戒与联合激励政策体系的法治矫正和信用信息法律界定的方式方法，亦在一定程度上剖析了行政执法、行政监管和考核评价中的信用法治化问题，更延伸了政府治理"试点—推广"的逻辑，尝试将试点领域由信用示范城市法治化建设向政府本身和区域合作等领域扩展。诚信治理的政府法治模式要素由此成为一个可以链接的体系，组织机制保障法定化、政府信用立法科学化、信用信息征集集成化、信用政策体系合规化、诚信观念现代化和创新举措体系化成为法治模式建构的要素和内容，在政府主体性作用的牵引下促使社会诚信体系建设发展成为一个动态和具有活力的社会规制体系。这无疑形构了关键性力量强化推动作用的方法进路，有助于实现建设全域诚信社会和良善社会秩序的目的。

# 目 录

引 论　　　　　　　　　　　　　　　　　　　　　　　/ 001

## 第一编　理论与观念

**第一章　社会诚信体系建设的理论基础**　　　　　　　　/ 003
　第一节　西方学术话语体系中的理论维度　　　　　　　/ 003
　第二节　本土学术话语体系中的观念流变　　　　　　　/ 009

**第二章　社会诚信体系与法治模式的概念解读**　　　　　/ 021
　第一节　社会诚信体系的概念与范畴　　　　　　　　　/ 021
　第二节　政府诚信治理的法治模式释义　　　　　　　　/ 026

## 第二编　机制与平台

**第三章　政府推进社会信用体系建设的组织机制**　　　　/ 033
　第一节　中央政府推进社会信用体系建设的组织机制　　/ 033
　第二节　地方政府推进社会信用体系建设的组织机制　　/ 037

**第四章　政府推进社会诚信体系建设的立法体系**　　　　/ 045
　第一节　治道变革：政策向立法的转型　　　　　　　　/ 045
　第二节　政府信用立法的现行结构与体系　　　　　　　/ 051
　第三节　政府信用立法扩散的基本形态　　　　　　　　/ 056
　第四节　政府信用立法的规律与经验反思　　　　　　　/ 059
　第五节　政府信用立法的规范与发展　　　　　　　　　/ 065

**第五章　"信用中国"平台的全国布局与地方融入**　　　/ 069
　第一节　"信用中国"平台建设的发展历程　　　　　　/ 069

第二节  "信用中国"平台建设的基本现状 / 071
  第三节  "信用中国"平台建设的问题与困境 / 078
  第四节  "信用中国"平台整体性发展的基本策略 / 081

**第六章  信用示范城市建设的试点推进与法治化发展** / 085
  第一节  信用示范城市治理的现状与发展逻辑 / 085
  第二节  信用示范城市建设的问题与原因解构 / 099
  第三节  政府推进信用示范城市治理转型的新趋势 / 108
  第四节  信用示范城市治理法治化与体系化的方略 / 113

## 第三编  实践与探索

**第七章  黑红名单制度建设的体系发展与法治归依** / 125
  第一节  黑红名单制度的属性和功能 / 125
  第二节  黑红名单制度发展的基本形态 / 129
  第三节  黑红名单制度化建设进程中存在的主要问题 / 137
  第四节  黑红名单制度化建设的体系建构与法治融入 / 141

**第八章  国家信用联合惩戒政策的文本实践与法治矫正** / 144
  第一节  国家信用联合惩戒法治矫正的溯源 / 144
  第二节  国家信用联合惩戒合作备忘录的结构与体系 / 148
  第三节  国家信用联合惩戒合作备忘录的基本扩散形态 / 160
  第四节  国家信用联合惩戒政策的重点议题与困境 / 165
  第五节  国家信用联合惩戒制度扩散的法治矫正 / 173

**第九章  地方信用联合激励政策的体系发展与立法转化** / 183
  第一节  信用联合激励的概念界定与文本选择 / 183
  第二节  地方信用联合激励政策的静态特征与实践维度 / 189
  第三节  地方信用联合激励政策发展的基本立场与取向 / 197
  第四节  地方信用联合激励政策法治水平提升的基本路径 / 202

## 第四编  变革与发展

**第十章  政府公务人员现代诚信素养与法律认知的培育** / 211
  第一节  政府公务人员诚信素养的基本现状 / 211

|  |  |  |
|---|---|---|
| 第二节 | 政府公务人员现代诚信的法律认知难题 | / 225 |
| 第三节 | 政府公务人员诚信素养与认知的塑造 | / 230 |

**第十一章 国家社会信用法律体系建设的构想与实践** / 235
  第一节 信用信息概念法律界定的科学发展 / 235
  第二节 信用专项法律体系的完善与转型 / 251

**第十二章 社会诚信体系建设关键事项与专项工作的法治规束** / 261
  第一节 社会征信体系的整体性建构与发展 / 261
  第二节 政府政务公开专项工程的规范化与系统性转型 / 278
  第三节 社会诚信体系建设创新性工作的扩展 / 291

结 语 / 301

参考文献 / 304

附 录 / 317

后 记 / 325

# 引 论

## 一 问题与背景

自古，诚信就是道德领域的基本命题。作为"五常之道"[①]的重要构成，诚信在封建王朝时代是塑造和维持社会秩序的重要手段，发挥着规范个体行为的重要功能。特别是在以关系为纽带维系运行的社会，诚信是统治者进行社会控制的道德工具，是封建礼法的重要渊源，更是士人闻达于天下的基础。如《中庸》所云，只有格物致知、诚其意，才可平天下。

随着社会的历史变迁和转型发展，社会道德规范体系也愈发受到时代的挑战，价值多元化和权利意识的增长突破了原有"一元化"道德体系的规束，原有的广泛性诚信道德共识的形成和实践演化为不能，新的诚信道德规范体系难以在短时间得到建构，失信现象频发，甚至有学者发出"谁还相信谁"[②]的诘问。失信不局限于自然人个体，还在政务、商业和科研等领域持续扩展。从"三鹿奶粉事件""明星诈捐事件"，到"明星学术造假事件"和"小学生学术造假事件"，失信事件层出不穷，已经触动人们最基本的道德底线，演化为影响社会正常秩序的重要因素。毋庸置疑，诚信道德治理的功能属性已难产生应有的社会效果，关于失信危机普遍性和客观性的认识则在各类主体意识中成为共识，失信成为现代社会治理的典型问题。如果社会失信得不到有效规制，将会极大削弱人们的社会责任感，助长极端个人主义、利己主义的扩张，从而危害

---

[①] 汉代儒学大师董仲舒在前人基础上，提出了较为完备的"三纲五常"学说，他将先秦时期提出的"仁""义""礼""智""信"五个道德范畴概括为伦理学上的"五常"，称为"五常之道"，其后逐步发展成为调整和维护"三纲"（君为臣纲、父为子纲、夫为妻纲）的基本原则。

[②] 李松：《中国社会诚信危机调查》，中国商业出版社，2011，第1页。

社会秩序的良性发展。因此，诚信治理亟须在方法论上有所突破，实现治理模式由道德感召和熟人评价向规则治理和标准评价的转型，遵循制度形成习惯的治理逻辑，以刚性规制和激励相容的方式催动治理效果的呈现。

在国家治理过程中，关于诚信治理的认知也经历了从道德认知到法律认知的转变。诚信在国家治理视野中最早被视为道德问题而存在。早在2001年的《公民道德建设实施纲要》中，"明礼诚信"就被列为五个基本道德规范之一，是构筑公民道德素质的重要内容，被视为重塑社会道德的重要路径。此后，该种治理逻辑又有重大体现：一是2004年召开的党的十六届四中全会将"诚信友爱"列为"构建社会主义和谐社会"的六项基本内容之一；二是2012年党的十八大报告又将"诚信"列为社会主义核心价值观的重要组成部分。由此可见，在国家战略层面的重要会议和规范性文件中，特别是在党中央的施政策略中，诚信在早期即被寄予道德治理的希冀和厚望。2014年，国务院印发《社会信用体系建设规划纲要（2014—2020年）》，标志着诚信治理在国家层面正式向系统化和规范化的方向转型，失信问题进入规则之治和制度之治的规制范畴。2016年，中共中央办公厅、国务院办公厅联合印发《关于进一步把社会主义核心价值观融入法治建设的指导意见》，明确要求加强社会诚信等方面的立法工作。这无疑为信用立法提供了更新更权威的依据，诚信治理法治化建设进入新的阶段。

在社会诚信体系建设规划中，政务诚信、商务诚信、社会诚信和司法公信是诚信建设的重点领域。其中商务诚信建设是发轫最早和建设举措最为丰富的领域，司法公信建设则是失信黑名单和失信惩戒建设效果最为显著的领域。相比较而言，政务诚信和社会诚信的建设稍显滞后，两者是后续社会诚信体系建设的重要突破点。同时，政务诚信又是其他三个领域推动信用建设的基础。正所谓"政者，正也。子帅以正，孰敢不正"，政务诚信是其他领域诚信建设的有效示范，党和政府是推动社会诚信体系建设的主导力量。然而，在当下诚信建设实践中，地方政府较大幅度的失信行为又成为削弱政府推动社会诚信体系建设权威和公信力的重要因素。根据2019年最高人民法院官网的数据统计，全国有480个地方政府被列入失信被执行人名单，区县和乡镇等基层政府在名单中占有绝大比例。因此，如何提升政府诚信，优化政府推进社会诚信体系建设的路径，更好地发挥政府在诚信建设中的主导作用，成为亟待解决的问题。

特别是在全面推进依法治国和建设法治政府的情境下，政府治理法治化理应贯穿于行政立法、行政执法和行政监管等行政行为的全过程，社会诚信体系建设自然要融入法治建设的进程。随着各级政府实践探索的深入，社会诚信体系建设的成果日益丰硕，在信用行政立法、信用政策体系等层面取得了较为充分的发展，信用平台也初步实现了全国联网，信用监管也愈加广泛地运用于食品药品、市场监督、海关监管等领域。可见，政府在诚信治理方面具有更为明显的优势。然而，在社会诚信体系建设向法治模式转型的过程中，政府推动诚信建设融入法治的广度和深度还不如预期，整体规范化不足、行政立法标准不一、政策体系与法规规章衔接不足等问题较为突出，影响了诚信治理的社会效果。"法者，国家所以布大信于天下也。"[①] 政府是推动社会诚信体系建设的关键性力量，应在注重道德约束合理作用的前提下避免陷入道德困境和政绩之治，以强化政府自身关于现代诚信的法律认知为基础，在方法路径层面寻求和建构推动社会诚信治理的法治模式，以"自上而下"的制度机制优势催生治理效果，以达到塑造良善社会秩序之鹄的。

## 二 体系与结构

社会诚信体系建设是一项系统性工程，存在不同的审视维度和视角。本书从政府治理的视角切入，立足政府的"元治理"角色，聚焦政府推动诚信体系建设的体制机制建设、政策工具创新和技术治理等方式路径，试图建构政府从事诚信治理的法治方法论体系，畅通从"认识论"到"方法论"的社会诚信体系治理逻辑。本书分为"四编"，在整体上遵循从"理论"到"实践"的叙写脉络，在每编内的"章节"之中嵌入"问题—对策"的论证逻辑，进而实现著述成果在全篇层次逻辑畅通和在关键问题上论证透彻的效果。这样既能描绘政府从事诚信治理的进程和全貌，又能突出政府推动社会诚信体系建设的重要节点和核心事项。

---

① （唐）吴兢撰《贞观政要》。

第一编是"理论与观念"。该编分为两章,重点梳理社会诚信体系建设的理论基础和核心概念阐释。在理论基础层面,本书从中西方学术话语差异的角度梳理了各个领域和各类主体从事诚信建设的基本理论,理顺了政府推动诚信治理应当坚守和遵从的知识性规律。其中,西方学术话语体系中较为典型的理论有社会契约论、委托—代理理论、博弈论和社会资本理论等理论构成;国内本土化理论资源则主要以诚信观念的流变、熟人社会的理论为代表。在概念诠释层面,本书揭示了"社会诚信体系"和"社会信用体系"两个关键概念可以互训互释的发展历程,以政府主体为基点诠释了法治模式的基本内涵。

第二编是"机制与平台"。该编分为四章,重点聚焦政府推进社会诚信体系建设的组织机制、立法体系、"信用中国"平台系统和信用示范城市试点建设,对社会诚信体系建设的平台机制现状进行梳理,并勾勒了完善机制平台建设的基本策略。在组织机制层面,本书从中央和地方两个层面介绍了政府统筹组织社会诚信体系建设的机构设置和机制样态,通过地方机制的差异比较,寻求完善机制建设的规范化方法。在立法体系层面,本书全面分析了中央政府及其组成部门和具有行政管理职能的直属机构、拥有地方立法权的各级政府创制行政法规、部门规章和地方政府规章的基本情况,对行政立法在时间、地域和内容上的变化规律进行了总结和展望。在网络平台建设层面,本书对"信用中国"平台的建设情况以及省级地方平台的融入情况作了深入分析。在信用示范城市试点建设层面,本书对国家正在推行的两批信用示范城市试点建设情况进行了总结梳理,提出了促进由"试点"到"推广"的规范性和法治化的策略。

第三编是"实践与探索"。该编分为三章,重点围绕中央政府和地方政府推进社会诚信体系建设的主要举措,选择有代表性的规范性文件,从合法性和合规性审查的角度,分析了"黑红名单制度""国家信用联合惩戒制度""地方信用联合激励制度"建设的成就与经验、反思与对策。在黑红名单制度建设层面,本书以"功能属性"的界定为基础,总结了国家与地方层面进行黑红名单制度建设的政策扩展情形,提出了黑红名单制度与法制相衔接的法治融入策略。在国家信用联合惩戒层面,本书选取了惩戒政策规范体系中发展最为成熟的国家信用联合惩戒合作备忘录为分析素材,深入分析了国家信用联合惩戒文本实践的发展形态,提出了失信惩戒法治矫正的进路。在地方信用联合激励层面，省级信用联合激励政策体系的基础架构日渐成形，本书以其为素材具有较强的代表性，能够较为客观地反映地方信用联合激励的基本成效，展现政策立法转化的前景。

第四编是"变革与发展"。该编分为三章，主要围绕政府推进社会诚信体系建设的短板和弱项，着眼于诚信建设的未来发展趋势，完善诚信建设法治模式的建构。在政府自身层面，本书注重政府公务人员现代诚信法律认知和诚信素养夯实路径的探索，为更好地发挥政府的主导作用和示范作用奠定基础。在规范体系层面，本书注重探讨信用专项法律体系的建构与完善，在行政立法之外论证包含国家法律与地方性法规在内的法律法规框架体系，注重实操性标准体系的建构，以提升法律政策的执行效能。在社会诚信体系的关键环节，本书注重以信用规划为立足点，推动专项工程和关键事项的集中建构和法律规束。在体系保障层面，本书试图寻求社会诚信体系建设考核机制和合作机制的规范化建构，以促进社会诚信体系建设的系统性和法治化发展。

综上所述，本书依照"理论与观念—机制与平台—实践与探索—变革与发展"的论证逻辑，描绘了政府以法治模式推进社会诚信体系建设的理论基础、现行机制、主要做法和变革策略。这无疑扣住了社会诚信体系建设成功与否的核心命题，形构了关键性力量强化推动作用的方法进路，有助于实现建设全域诚信社会和良善秩序的目的。

## 三　价值与意义

### （一）理论价值

首先，本书挖掘了社会诚信体系建设的本土理论资源。本书系统梳理了中西方学术话语体系中诚信建设的理论基础，在注重知识共性、普遍性和客观性的基础上，强化了本土诚信理论资源的应用，通过梳理儒家理念中"诚信"语义的流变和现代诚信的发展维度，厘清了诚信的多维含义和以个体权利为基础的现代转变，延展了传统文化视角和法学理论视角的认知。同时，本书还梳理了熟人社会理论等本土理论，为开展诚信研究提供了更切实可行的理论支持。

其次,本书深化了对社会诚信体系建设本体论的理论认知。本书全面诠释了"社会诚信体系"的基本内涵,有利于改变长久以来学术界和实务界对"社会诚信体系"与"社会信用体系"概念认知混乱的局面,在重新认识"社会信用体系理论"和建构"社会诚信体系"的理论框架方面独具标志性意义,有助于在本体意义上科学厘定学术概念,丰富和扩展了社会诚信体系本体论的范畴,明确了政府推动社会诚信体系建设的内容板块,强化了政府从事社会诚信体系建设的理论支撑。

最后,本书丰富了政府推动社会诚信体系建设的法治方法论。行政立法是政府法治模式的主要体现形式,本书在此之外还注重关注平台机制的法治化与规范化、政策文本体系的合规化与法制衔接、标准体系的规范化和现代诚信法律认知的塑造,在一定程度上开拓了法治模式建构的方法体系。同时,本书还注重诸如试点机制推广的规范化和法治化等动态实践的发展,完善了诚信领域政府治理的方法论。

(二) 实践价值

首先,本书的研究有助于推动形成信用专项法律法规体系建设的整体性框架。本书剖析了现有关于诚信建设的行政法规、部门规章和地方政府规章的行政立法状况,梳理了行政立法的发展形态,厘清了在时间、空间和内容上的发展规律。以此为基础,本书论证了信用专项法律体系的未来发展趋势,以及通过制定基础性信用法律和行政法规达到法制统一的构想,为未来信用专项法律体系的完善搭建了框架,有利于夯实法治模式建构的制度基础。

其次,本书的研究有助于推动社会信用体系建设规划等规范政策目标的实现。本书从主体角度突出了社会诚信体系建设的关键因素,立足于政府从事诚信建设的主导性作用,通过从理念认知的重塑到保障机制的建构,全面论述了政府从事诚信体系建设的重点内容和方法手段,为以政府履职为支点,快速有效实现政策意图奠定了基础,夯实了社会信用体系建设规划政策目标达成的基础性力量。

最后,本书的研究有助于优化社会诚信体系建设的整体效果。本书强调主导力量的"一元化",能够形成以政府权威推进诚信体系建设的公信力,更能够以此应对诚信体系建设中出现的标准混杂、法律政策规定内在冲突和信用信息壁垒等问题，引导诚信体系建设的参与主体形成向法律法规靠拢的自觉，推动政务诚信、商务诚信和社会诚信等领域建设的体系性发展，从而优化诚信治理的法治模式，有助于加快诚信体系建设的进度和优化诚信体系建设的整体效果。

（三）社会意义

首先，有助于加强社会主义核心价值体系建设。社会主义核心价值体系建设需要立法的支撑和保障。通过立法机制将社会主义核心价值观转化为刚性的法律约束力和柔性的法理指引力，形成有利于培育和践行社会主义核心价值观的法治环境，可以更好地构筑中国精神、彰显中国价值、凝聚中国力量，以政府行政立法的法制优势引导兴善惩恶，对诚信价值观立法转化和解决道德价值领域的突出问题有极为重要的作用。

其次，有助于贯彻坚持依法治国和以德治国相结合的治国思路。法安天下，德润人心。坚持依法治国和以德治国相结合，是习近平总书记全面依法治国新理念新思想新战略的科学命题和核心要义之一。法治和德治相结合，促进法德共治，是提升政府治理效果的必然之道。政府以法治模式推动诚信建设，既要以法律的约束保障道德的践行，也要以法律的实施有效支持道德建设，处理好道德与法治的关系，必然会为建立德法相容的激励型信用法律体系夯实基础。

最后，有助于建立良法善治的社会秩序。党的十八大以后，习近平总书记提出了"良法善治"的新理念，认为"法律是治国之重器，良法是善治之前提"，应当"以良法促进发展、保障善治"。政府推动诚信建设的法治模式建构正是实现良法善治的关键举措。弘扬现代诚信价值观和法律诚信价值观的相关法律政策体系的构建和完善，有助于从整体上推进诚信建设的制度创新和良法善治在中国的真正实现，进而形成良善的社会诚信秩序。

# 第一编
## 理论与观念

# 第一章 社会诚信体系建设的理论基础

## 第一节 西方学术话语体系中的理论维度

### 一 国家诚信治理的社会契约论基础

社会契约论是论证政府缘何遵守诚信的重要理论资源。社会契约是现代诚信的逻辑起点,政府等各类公共主体依据契约担负建构社会诚信体系的自然义务。早在古希腊时期,伊壁鸠鲁就提出了社会契约的观点。到了近代,霍布斯、洛克、卢梭都对社会契约论的发展作出了巨大贡献。从先验的视角看,社会契约论不仅证成了国家起源问题,也是支撑政治合法性和政府治理合法性的重要缘由。

在社会契约的理论体系中,"自然状态"是学者推演、论证社会契约的关键概念。霍布斯首先预设了前国家自然状态的存在,认为在国家产生以前存在一个以战争为特性的自然状态。在这样的状态之下,人性是贪婪的,社会充满恐惧与暴力,人们为了谋取和平与安全而签订契约组成国家。然而,在霍布斯看来,国家并非社会契约的签订者,契约是人们之间相互订立的让渡权利规定,只约束臣民自身,主权者拥有至高无上和不受限制的权力;否则,"统治者的权力就失去意义,因此根本就不会形成国家"。[①] 洛克则认为,人在自然状态下拥有相对的自由,人与人之间是平等的,具有相同的权利。在这样的状态下,人虽然能够生存,但人与人之间缺乏制衡和节制,容易引发混乱。人与人之间有必要签订

---

① 〔英〕霍布斯:《论公民》,应星、冯克利译,贵州人民出版社,2003,第66页。

社会契约，成立国家共同体，更好地维护个人的权利。如果统治者的非法行为使"人们的大多数受到损害"，"那我就不知道该怎样来阻止他们去反抗那个使他们受害的非法强力了"。① 这是国家违反契约所必须承担的责任后果，国家要忠诚于委托者。否则，人民有权行使反抗暴政的合法权利。卢梭的《社会契约论》堪称论述社会契约问题的经典著作，他认为文明的出现破坏了无忧无虑的自然状态，为了实现公共自由，人们之间需要订立契约。"每个结合者及其自身的一切权利全部都转让给整个集体。"② 每个人都处于公意的最高指导之下。国家若违背公意，人们的服从就由义务转为被迫。

关于社会契约与诚信关系，学者也存在不同解读。在霍布斯的社会契约理念中，国家是至高无上的，人民在让渡权利后只有服从，国家无须对人民负责，国家并不负载诚信义务，社会契约不能证成国家诚信的必为性。国家是否履行保护人民和提供安全的职责，不受制度和契约的约束，主要取决于摆脱自然状态后所产生的道德羁束。洛克则将国家置于社会契约之下，认为国家应以契约为依据对人民讲诚信，否则就会遭受失信所致的人民反抗的后果。洛克的这种主张在更深层次揭示了国家的诚信问题，诚信除了要依靠国家的道德自律，也是契约的内在要求，这为人们认同制度诚信奠定了基础。在某种程度上，诚信是双方或多方主体相互关系的昭示，施信方和受信方之间的关系对应的是双方之间的权利与义务关系。卢梭也认为，国家应当遵守公意，失信于公意，国家的合法性就会遭受质疑。

在社会契约论之下，无论以何种自然状态为假设进行论证，无论此种假说是否存在，国家都无法回避所担负的诚信问题。国家的诚信主要有两种类型：一是基于道德的诚信；二是基于契约的诚信。在社会契约中，国家的道德诚信不能制约权力的恣意，容易导致国家与人民的对立；而以契约为依据的诚信则增加了失信责任后果的可预测性，国家在行使职权时就会有更多的顾忌和考虑，不敢轻易背信弃义，从而有利于保障国家与民众间的诚信关系。

综上所述，社会契约理念在近代西方国家反抗专制和封建王权的过

---

① 〔英〕洛克：《政府论》（下篇），叶启芳、瞿菊农译，商务印书馆，2010，第132页。
② 〔法〕卢梭：《社会契约论》，何兆武译，商务印书馆，2003，第19页。

程中发挥过重要作用,推动了民主法治的进程。社会契约催生的不仅仅是国家自律,更产生了对法律制度的诉求。在此情境下,作为诚信的履行者,国家承担着重要义务,继续递进推演,即使作为次级主体的现代意义的狭义政府亦会受到社会契约的约束,成为社会诚信体系的主要建构力量,要承担组织规划和引导示范的角色。这就要求政府在治理活动中要依约而行、履约践诺,承担社会诚信体系建设的责任,进而形成规范自身发展的行政伦理规范。

## 二 市场诚信建设的经济学理论渊源

市场经济是世界经济发展的总趋势,具有开放性、民主性、法治性等领域特征,兼具推广的普遍性意义。按照经济自由主义的观点,政府诚信的意义不外乎致力于"守夜人"和"服务者"的角色,而市场诚信则是社会发展的内在动力。西方学术话语中的经济学理论体系印证了上述观点。其中代表性的理论主要有委托-代理理论与现代博弈理论。

### (一)委托—代理理论

在市场经济体制下,经济组织是市场活动的主体,构成市场诚信的基础。作为新制度经济学契约理论的重要范畴,委托-代理理论的目的在于解决所有权与经营权的分离问题,试图从经济组织内部塑造诚信。

委托-代理理论是指一个或多个行为主体指定或雇用另一些主体为其提供服务,前者授予后者一定的决策权,后者依据前者的旨意履行职责,两者之间是一种委托人与代理人的关系。后者应该忠诚于前者,履约践诺,信守诚信。否则,委托代理关系的链条就会扭曲、异化,形成"内部人控制"的局面。在市场经济体制下,经济组织的所有者与经营者之间是一种委托代理关系。在宏观层次,委托代理关系是生产力大发展与专业化日益精细的结果:一方面,在生产力大发展的过程中,所有者因知识、能力逐步丧失了任职所需要的资格条件;另一方面,社会的专业化分工又涌现出大量能够胜任代理人位置的专业技术精英。委托人与代理人之间的契约关系要求两者恪守承诺,各自诚信、忠实地履行自身的权利与义务。在现代社会,该理论早已成为公司治理的重要依据,并经国家法治层面的确认，形成了较为完善的制度体系。

然而，委托代理关系也蕴含一定的风险。委托-代理理论认为，人是有理性的"经济人"，以追求自身利益的最大化为目的，代理人受利益的驱使难免与委托人发生冲突。这种违背委托人意愿的行为最终会损害委托人的利益。究其原因，关键在于信息的不对称。由于信息分布不均，代理人基于自身利益的考量，往往采取功利性的经济选择：一是代理人利用委托人监督困难采取不利于委托人的行动，委托人面临的道德风险增大；二是代理人掌握着委托人所不知或观察不到的信息，并凭此决策，以谋求私利。在委托代理关系中，利益是代理人失信的重要因素，要解决代理人的失信问题，难以寄希望于代理人的道德自律，而必须依托法治等规则体系，建立信息共享、行为激励机制，明确委托人与代理人的权利和义务，合理分配相关利益。这也是政府在推动市场诚信建设过程中亟须改革和完善的问题。

### （二）现代博弈理论

现代博弈理论是解决政治、法律与道德等问题的有效工具，博弈理论所述及的是为何失信与如何诚信的问题。在现代博弈理论体系中，纳什均衡是占据主流地位的核心概念。它是指在既定条件下，N 个参与主体各自选择自己的最优策略所构成的一个策略组合，任何人的决策都是最优的。① 在这个过程中，任何参与者的决策都以"个人理性"为前提预设。

"囚徒困境"是现代博弈理论中的典型案例。在市场经济体制下，各类市场主体（个人、企业等）都犹如"囚徒"一般面临抉择问题。在西方社会，自由经济行为是经济体制中的活跃要素。以此为出发点，假设存在甲、乙两个经济主体，他们在交易过程中面临两种选择：诚信与欺诈。如果都选择诚信行为，两者获得的效应为 5；都选择欺诈，两者的效应为-2；一方欺诈，另一方诚信行为，前者的效应为 10，后者的效应为-4。那么，两者的矩阵效应就如表 1-1 所示。

---

① 参见王仕国《诚信价值的现代博弈论解读——纳什均衡与市场行为的诚信选择》，《江西行政学院学报》2005 年第 4 期，第 73 页。

表 1-1　自由经济行为博弈矩阵

| 甲 | 乙 | |
|---|---|---|
|  | 欺诈 | 诚信 |
| 欺诈 | A（-2，-2） | B（10，-4） |
| 诚信 | C（-4，10） | D（5，5） |

在市场经济主体的经济行为中，策略 A 是纯策略的纳什均衡，双方未考虑彼此可能的决策情形，纯粹是追逐自身利益最大化的经济理性行为。如果甲、乙双方经济主体都"坦白"或信守"诚信"，选择策略 D，双方就是共赢的局面。这告诉人们，参与者必须彼此考虑相互的决策；一方的结果取决于彼此的策略选择。这种假设和决策，需要以相同的决策环境为前提。假如有信息不对称的前提条件，在决策过程中就不会有决策的犹疑，只会出现策略 B 或 C 的选择，任何信息优势方都会倾向于选择欺诈以获取利益。这种情形可称为单次博弈，博弈的参与者追求短期利益，不希冀博弈关系的长远发展；或此种博弈的或然性较大，无实现长期利益的可能。关于此种情况，萨缪尔森指出，"在许多情况下，非合作的经济行为导致经济无效或社会不幸"。[①] 重复博弈则有利于促进相互合作与社会诚信。如果在相同结构下存在多次博弈的可能，博弈的参与者就倾向于策略 D，去追求长期利益。

随着市场诚信建设理论体系的不断完善，"理性人"假设的弊端日益显现，人的理性被过度放大。在西蒙（Herbert Simon）等学者提出"有限理性"概念后，人们逐步认识到理性的缺陷，即依靠人们自身的努力难以实现完美的决策，理性人的行为逻辑有催生角色冲突、权力冲突和利益冲突的客观必然性，会削弱政府治理的公共属性。因此，政府有必要建构法治型的诚信治理模式。

## 三　社会诚信体系建设的社会资本理论

社会资本理论主要是狭义层面的理解，而非社会总资本，是强化社会诚信体系研究和实践价值的基础性理论构成。关于社会资本的释读存

---

① 〔美〕保罗·萨缪尔森、威廉·诺德豪斯：《经济学》，萧琛等译，华夏出版社，1999，第 164 页。

在多维视角，政治学是常见的论证视角之一。Putnam 指出，社会资本是主观的社会规范和客观的社会特征及其可能的结果，包含一些常设组织的特征，比如信任、文化和行为准则，以及社会网络。① 奥斯特罗姆通过一系列的案例研究，总结出长期存续的公共池塘资源制度中所包含的若干设计原则，其中大部分原则属于社会资本范畴，如冲突解决机制、对组织权最低限度的认可等。② 他指出，当有着高贴现率、互相之间很少信任的人们在缺乏沟通能力、无法达成有约束力的协议、无法建立监督和实施机制的情况下各自独立行动时，是不太可能选择符合他们共同利益的策略的，除非这个策略正好是他们占支配地位的策略。③ 这反过来印证了诚信建设对规则制定和推动冲突解决的现实意义。

虽然学界关于社会资本的观点存在学科差异，但注重文化的作用是其中的重要共识。文化因素深嵌于人们的思维逻辑和行为范式之中，又具体体现在社会结构和社会参与网络层面。不同的文化塑造了差异化的社会关系网络，催生了多样化的信任文化。罗伯特·D. 帕特南认为，信任是社会资本必不可少的组成部分，信任是社会资本的一个重要因素，而互惠规范、公民参与网络能够促进社会信任，它们是具有高度生产性的社会资本。④ 由此来看，社会信任是塑成社会资本的决定性要素，要实现社会资本降低交易成本、提高社会运行效率、凝集社会共识和营造可预期的社会秩序等方面的多重功用，应不断强化规则之治的科学性和机制的体系化建设。

就社会诚信体系建设层面而言，社会信任的建构要依托主导性的政府力量，通过建立位阶间内容衔接、激励互惠的法律法规体系，以尊重和实现诚信权利来促进社会认同和公众团结，特别要理顺政府与其他社会诚信体系建设主体之间的参与性关系。由此，互惠规范和公民参与网络得以维持社会资本的高生产性，特别是在愈加广泛的虚拟化和陌生化社会空间，政府推动其他主体、其他领域进行诚信建设的载体愈加依赖

---

① 转引自崔巍《社会资本、信任与经济增长》，北京大学出版社，2017，第 8 页。
② 参见〔美〕埃莉诺·奥斯特罗姆《公共事物的治理之道：集体行动制度的演进》，余逊达、陈旭东译，上海译文出版社，2012，第 108 页。
③ 参见〔美〕埃莉诺·奥斯特罗姆《公共事物的治理之道：集体行动制度的演进》，余逊达、陈旭东译，上海译文出版社，2012，第 214 页。
④ 参见周红云《社会资本：布迪厄、科尔曼和帕特南的比较》，《经济社会体制比较》2003 年第 4 期，第 46~53 页。

科学化的制度体系和法治动力，社会资本理论成为未来社会诚信体系建设的重要理论借鉴。

## 第二节 本土学术话语体系中的观念流变

### 一 诚信的文化渊源与现代维度

（一）诚信观念的文化溯源

从传统文化中追求原义，"诚信"最初并非一个独立的概念，它由"诚"和"信"两个语词演化而来。在古语中，"诚"、"信"、"忱"、"直"、"质"和"忠信"等都是表达诚信理念的重要语词，仅重心有所不同。就"诚"和"信"而言，前者强调理性个体的内在修为，后者则是主体间关系的一种表述。早在先秦时期，诚信就已成为诸子百家关注的焦点，在《尚书》《诗经》《道德经》《论语》《大学》《中庸》等诸多典籍中亦常为所见。

**1. 关于"诚"的解释**

在现存最早古籍《尚书》中，就出现了关于"诚"的记载——"鬼神无常享，享于克诚"。① "诚"最早源于对待鬼神的态度，蕴含虔诚和敬畏之意。尤其是在祭祀中，为了达到祈福、避祸等目的，人们通常通过竭尽诚意获取心理安慰。可见，古时诚信的宗教色彩和神秘性特征浓重，渗透着人们渴求生命和安全的愿望。战国中期以后，随着诸子百家对社会现实的关注，人们开始重视"诚"的社会意义及现实意义，从内心之诚探讨外在诚信的缺失问题。其中《大学》《中庸》是典型代表作，"诚"在两书中分别出现8次和26次，成为两书宣示的重要理念。

首先，"诚"是社会之人的一种德性规范，着重自律和内在修养。如《大学》所言："所谓诚其意者，毋自欺也。如恶恶臭，如好好色；此之谓自谦，故君子必慎其独也。"② 在此，"诚意""自欺""慎独"等词是解读诚信的关联概念。"诚"是内心意念活动的开始，"自欺"主要指内心所想与言行相悖，"慎独"则是一种操行境界。通过"诚"与"毋自

---

① 《尚书·太甲》。
② 《大学·传》。

欺"的修养，最终可以达到在任何状态下都能诚实无欺的"慎独"境界。作为身心自律的目标，"诚"是古时君子修为的必备要素，所谓"富润屋，德润身，心广体胖，故君子必诚其意"。①

其次，"诚"是一种政治修养，是实现政治抱负的基础。"古之欲明明德于天下者，先治其国；欲治其国者，先齐其家；欲齐其家者，先修其身；欲修其身者，先正其心；欲正其心者，先诚其意；欲诚其意者，先致其知；致知在格物。"② 在古代大儒的理念中，诚是具备齐家治国平天下资格的原始起点，所谓由诚而天下治。这也是对统治者的一种约束，天下为有"诚"者得之。统治者唯有"以德配天"来寻求统治的合法性，在施政中坚持真诚、关爱的态度，无私至诚，才能实现四海归服的统治。在《中庸》中也有相近论述，"唯天下至诚，为能经纶天下之大经，立天下之大本，知天地之化育。夫焉有所倚？肫肫其仁，渊渊其渊，浩浩其天。苟不固聪明圣知达天德者，其孰能知之？"③ 可见，"诚"在传统政治思想中占有重要地位，至诚是经纶天下"大经"的前提。古人重视"诚"体现了"内圣外王"的治国理念，开启了治国理政重人不重制的先河。这也成为后来以"明刑弼教，德主刑辅"为特征的封建礼法的思想渊源。

最后，"诚"是万物运行的规律，是宇宙的本体和运行法则。"诚者，天之道也；诚之者，人之道也。"④ 借天道说人道是中国传统伦理的重要特点，将人道上升为天道获得先验的神圣性，人道的实施就会蒙上权威性和真理性的色彩。宇宙运行有自身规律，古代思想家视宇宙的自然运行为"诚"，积极肯定宇宙自然界的存在价值，认为"诚"是宇宙的根本属性。正如朱熹所言，"诚者物之所以自成"。早在《中庸》一书中，"诚"已被视为万物之本——"诚者，物之终始；不诚，无物"。⑤ "诚"被看作贯穿于事物始终的内在规定，与个人之"诚"存在紧密关联。"唯天下至诚，为能尽其性；能尽其性，则能尽人之性；能尽人之性，则能尽物之性；能尽物之性，则可以赞天地之化育；可以赞天地之化育，则

---

① 《大学·传》。
② 《大学·经》。
③ 《中庸·唯天下至诚》。
④ 《中庸·哀公问政》。
⑤ 《中庸·诚者自成也》。

可以与天地参矣。"人达到至诚的境界，借助他人和万物的本性，才能实现天人合一的追求。可见，"诚"以个人修养为始，重在德性塑造。以此为基础，将各种许诺贯彻到制度和规范当中，才能实现政治或伦理目标。

**2. 关于"信"的解释**

"所谓道，忠于民而信于神也。"① 无独有偶，"信"的观念也起源于对待鬼神的虔诚态度。在先秦诸侯国的盟誓或缔约中，"信"的观念进一步深化。盟誓者为了相互取信而面对神灵作出遵守诺言的保证，在心理上形成对彼此的约束，期望借助道德力量和宗教的神秘力量达到预期的目的。长此以往，"信"演化为处理人际关系的基本准则。

"信"字最早见于商汤伐桀的誓词。"尔无不信，朕不食言。"② 信有"相信、可信"之意。在《孙子兵法》中，孙武赋予了"信"军事意义，认为"智、信、仁、勇、严"是成为杰出军事将领的必备素质。但"信"得到系统阐释，是在中国第一部伦理著作《论语》之中。③

在《论语》中，"信"字共出现38次，它主要包含三重意境：一是作为语气助词使用；二是表信任、相信之意；三是忠信、诚信之义。进一步考察发现，文本实质上确立了诚信的三个向度：一是作为品格的诚信，内化于个体之内。如"主忠信，徙义，崇德也"，④ "子以四教：文行忠信"，⑤ "人而无信，不知其可也"。⑥ 二是作为人际关系的诚信，它存在于平等主体之间，是民间社会秩序的重要支撑。如"与朋友交，言而有信"。⑦ 三是作为政治的诚信，它指称国家承诺或者说统治者的修养。如"道千乘之国，敬事而信，节用而爱人，使民以时"。⑧ 经过儒家提倡，"信"逐渐脱离宗教色彩，与"仁"和"忠"一起成为经世致用的道德伦理规范。到了汉代，董仲舒以儒学传统为基础，将"仁""义""礼""智""信"称为"五常之道"。由此，"信"被正式纳入封建王朝的思想体系。

---

① 《左传·桓公六年》。
② 《尚书·商书》。
③ 参见朱伯崑《先秦伦理学概论》，北京大学出版社，1984，第11页。
④ 《论语·颜渊》。
⑤ 《论语·述而》。
⑥ 《论语·为政》。
⑦ 《论语·学而》。
⑧ 《论语·学而》。

除儒家之外,道家、法家、墨家等学派的相关论述中也有"信"的渊源。老子认为,人民不会信任诚信不足的政府,政府应该慎重,不能随便发号施令,所谓"信不足,安有信。犹呵,其贵言也"。[①] 管子更是把诚信视为成就霸业的根本,"身仁行义,服忠用信则王"。[②] 此外,墨子也有"言不信者行不果""行不信者名必耗"的说法。可见,"信"并非儒家思想的独有之物,而是贯穿诸家主流思想的基本要素,在中国伦理精神的意义世界中占有重要地位。

### 3. 关于"诚信"的释义

通过对"诚"和"信"词源和意境的考察发现,两者间存在紧密的联系和细微的区别。在最初意义上,两者都起源于对鬼神的敬畏,有浓厚的宗教色彩和神秘色彩;在社会意义层面,两者都与政道相合,是治理国家的重要基础;在个体发展层次,两者都是德性修养的重要目标和追求。就区别而言,"诚"被视为道德修养所要达到的最高境界,主要指个体的内在修为,是单向的要求;而"信"则是相对而言的,无论身处人际关系或治理国家,只有相对他者或人民,自身才可称为"信","信"表述主体间的关系。

然而,这种差别并未割裂"诚"和"信"的关系,反而是对两者关系的一种界定,即"信"以"诚"为基础,只有个体修养达到一定程度,在与他人相处或治事理政中才能秉持"信"的态度。"诚"给"信"加上了个人的、内在的限制义,而"信"给"诚"加上了外在的、关系的限制义。两者相辅相成,不可分割。甚至在《辞源》与《辞海》两部现代辞典中都无"诚信"词条,盖认"诚"即"信也"。

正是"诚"和"信"具有内在一致性,"诚信"一词才在文本中出现并得到广泛运用,进而逐步被社会接受和认可。在先秦时期,较早将"信诚"或"诚信"作为一个词组相连使用的文献记载主要有以下几处。

《逸周书·官人解》曰:"父子之间观其孝慈……乡党之间观其信诚。"

《管子·枢言》曰:"先王贵诚信。诚信者,天下之结也。"

---

[①] 《道德经》第十七章。
[②] 《管子·幼官》。

《礼记·祭统》曰:"是故贤者之祭也。致其诚信,与其忠敬。"

《孟子·石章上》曰:"故诚信而喜之,奚伪焉?"

《荀子·修身》曰:"劳苦之事则争先,饶乐之事则能让,端悫诚信,拘守而详,横行天下,虽困四夷,人莫不任。"

此外,商鞅同样注重诚信在施政中的作用,认为"国之所以治者三:一曰法,二曰信,三曰权",主张"民信其赏,则事功成;信其刑,则奸无端。惟明主爱权重信,而不以私害法"。在治理国家的律令和措施中,"诚信"被作为重要的技艺和手段,成为国家强大繁盛的重要支撑。正是惠及于民的上述措施,商鞅"南门立木"的行动宣誓与激励,使"诚信"在具体情境中迅速普及,成为人们接纳的重要理念。经过先秦思想家们的提炼,"诚信"由注重"修身"的品德要求上升为重要的诚信理念体系,成为人们的理念共识。这种特定时期的价值判断,经过发扬和继承,最终成为传统文化的圭臬和精华。

到了汉代,许慎把"信"归入"人部",在《说文·人部》中讲:"诚者,信也;信者,诚也。""诚"和"信"两词已经可以互训。在这部早期字典中,"诚"和"信"的通用是当时社会主流意识的反映,表明社会已经接纳"诚信"思想,两者的区别已不是人们在意的焦点。从知识真理性的角度来看,"诚"和"信"的相近意境虽不能掩饰两者的差别,但两词通用已成为社会生活常识。这也阐明了"诚信"的本来含义:诚实不欺、真实无妄、真心实意、信守诺言。

综上所述,"诚信"的基本内涵可由此得到基本界定。首先,"诚信"表达诚实、不欺之意。这种意境最早来源于人们对鬼神的敬畏和虔诚。其次,"诚信"表达履约践诺之意。宋代大儒袁采对此作了精辟的界定——"有所期诺,纤毫必偿,有所期约,时刻不易,所谓信也"。[1] 最后,"诚信"表达相信、信任之意。孔子曰:"信则人任焉。"[2] 诚信是得到任用的基础,个人能否受到他人的信任完全取决于自身的诚信表现。一言以蔽之,在传统经典著述之中,无论是本体意义上的"诚信"观念,还是信任关系的形成,都是源于道德治理预设演化而来的释义,是"礼"

---

[1] 《袁氏世范·处己》。
[2] 《论语·阳货》。

之规范的重要体现。

(二) 诚信观念的现代维度

**1. 诚信维度的古今之辨**

诚信是历史的范畴，诚信的现代内涵与价值基础必然与以往有所不同。在现代诚信的学理阐释中，人们更多关注经济、政治、社会、法律等领域的诚信问题。现代诚信也通常被划分为道德诚信、经济诚信、法律诚信。① 也有学者将诚信划分为经济诚信、政治诚信和思想文化诚信。② 冀春贤教授更鲜明地主张现代诚信不仅是一种社会道德规范，也是现代经济规律之一，还是一条法律原则和一种制度。③ 关健英教授则从伦理、经济、政治、社会四个角度诠释了现代诚信问题。④ 在语义结构上，杨方教授的观点较具代表性，他认为现代诚信存在三个层次：首先是诚实、真实、真诚，其次是守信、履约，最后是相信、信任。⑤ 此种划分与传统文化视角对诚信的释义高度贴切与吻合。显而易见，现有的诚信概念诠释较多地局限于领域划分，未能充分体现现代诚信的独有特征，甚至会使人们出现认知错误，亟须厘清诚信古今之义在社会基础和价值基础层面的差别。

一是两种诚信赖以产生的社会基础迥然不同。传统诚信以自给自足的自然经济为基础，简单的社会分工造就了相对狭小、封闭的社会系统，人与人之间的关系主要基于宗族血缘或地缘因素生成。⑥ 因此，传统诚信主要是基于熟人社会而发挥作用的道德自律，用以调节人际交往而非经济关系。传统诚信的履约践诺之义也是道德自律的延伸，而非现代民商事活动中主体间平等关系的展现。如费孝通先生所言，这是一种"乡土社会的信用"，"并不是对契约的重视，而是发生于对一种行为的规矩熟

---

① 参见郑磊《现代诚信内涵刍议》，《现代管理科学》2012年第9期，第91~92页。
② 参见李红霞《契约伦理与现代诚信》，载乔瑞金主编《哲学堂》（第三辑），书海出版社，2006，第142页。
③ 参见冀春贤《从多维视角看现代诚信的内涵》，《郑州大学学报》（哲学社会科学版）2004年第1期，第49页。
④ 参见关健英《诚信：内涵、精神维度和他律机制》，《领导之友》2012年第3期，第15页。
⑤ 参见杨方《诚信内涵解析》，《道德与文明》2005年第3期，第25~26页。
⑥ 参见古辰《"传统诚信"亟须走向"现代诚信"》，《人民日报》2011年6月23日，第24版。

悉到不假思索的可靠性"。① 现代诚信则以市场经济为前提，利益取代道义成为考量诚信行为的首要因素。现代市场经济突破了小农经济的交往限制，市场主体间的互动通常在陌生人之间进行，契约是约束主体行为的主要准则，法律自然成为制裁"违约"行为的制度保障诉求。因此，现代诚信也可称为契约诚信或陌生人的诚信，不能再依据"君子喻于义，小人喻于利"②的论断给市场主体贴标签。

二是两种诚信的价值基础已发生重大变化。传统诚信建立在封建等级秩序的基础上，服务于维护社会秩序的需要。在此情境下，主体间的关系呈现单向性的特征，诚信是统治者对臣民承担忠诚义务的单方要求，具有历史和阶级的局限性。现代诚信则拥有更为广泛的价值基础，公平、正义、平等、自由等已成为现代诚信的思想前提和社会现实条件。③ 现代诚信已突破熟人社会的藩篱，具有了普遍性，不再是特权关系的掩饰。每个公民在履行诚信义务的同时，都享有同等的诚信权益。这种双向型的诚信是平等的诚信，在协调人际关系和促进社会发展方面都具有积极意义。

**2. 现代诚信的两组范畴**

在现代社会中，解决诚信危机的理论努力，不仅仅在于理解现代诚信的价值内涵，更在于人们对待诚信的态度。这更像一种应然与实然、理想与现实的关系，本体意义与社会意义的关系。因此，理解现代诚信，还应进一步区分价值诚信和工具诚信、制度诚信和人际诚信两组范畴的各自关系。

其一，价值诚信和工具诚信是人们理念结构深处对待诚信的态度反映，两者对决定人们的行为取向有重要影响。

人们通常依据两种动机选择诚信行为：一是将诚信内化于自身的价值观念中，认为诚信行为是自身的精神追求；二是将诚信视为达成预期目标的中介，以此获得利益或避免因失信遭受惩罚。在此意义上，我们把前者称为价值诚信，后者称为工具诚信。两者是一种反比关系，在理念中占据优势者会最终决定个体的行为模式。田义双博士还将两者视为

---

① 费孝通：《乡土中国》，上海人民出版社，2007，第10页。
② 《论语·里仁》。
③ 参见李燕《现代诚信制度建构的社会人文精神》，载《人学与现代化——全国第五届人学研讨会论文集》，2002，第408~409页。

诚信的元基因，认为两者内嵌于决定性情倾向的惯习之中，决定着人们行为的抉择。①

价值诚信将诚信作为价值追求，诚信本身就是目标，是生命存在的意义；工具诚信则将诚信看作手段，人们追逐的是隐藏于其后的利益或资本。在中国传统社会，诚信更多地被当作价值诚信加以弘扬，认为诚信是宇宙的本源。"诚者，物之终始。"② 诚信能成人、成物，是万物的本体所在。因此，以诚信为价值引导，中国传统社会一直重视道德规范对人们行为的约束作用，而未足够重视法律等刚性规则的作用。然而，传统社会中的价值诚信过多地强调臣民的义务和责任，较少涉及对臣民权利的关注和保障。在国家利益与个人利益发生冲突时，"舍生取义""杀身成仁"是彼时情境下毫无疑义的正确选择。而在关注民生、保障人权的现代法治社会，生命、财产等也是公民不可剥夺的权利。因此，工具诚信作为维护公民利益的手段也就无可非议了。马克思也明确论述道："现代政治经济学的规律之一（虽然通行的教科书里没有明确指出）就是：资本主义生产越发展，它就越不能采用作为它早期阶段的特征的那些小的哄骗和欺诈手段……玩弄这些狡猾手腕在大市场上已经不合算了，那里时间就是金钱，那里商业道德必然发展到一定的水平，其所以如此，并不是出于伦理的狂热，而纯粹是为了不白费时间和辛劳。"③ 可见，利益是现代诚信的决定因素之一，现代社会必须合理看待工具诚信问题，避免工具诚信成为过于功利化或投机的选择。此外，在私人层次以外，诚信还存在公共层次的面向，指涉公共利益或共同利益，公民个体需要适当平衡内在的价值诚信与工具诚信，担负一定的社会责任。

其二，制度诚信和人际诚信是外显于社会的主要关系形态，两者主要表述诚信关系中施信者与受信者主体间的互动媒介。

考察制度诚信与人际诚信的关系，可以追溯到一般信任、特殊信任、制度信任等相关概念。在马克斯·韦伯的论述中，他将诚信分为一般信任与特殊信任，认为前者以信仰共同体为基础，后者则以家族、准家族

---

① 参见田义双《诚信场域论——中国社会发展中的诚信问题研究》，博士学位论文，中共中央党校，2006，第55页。
② 《中庸·诚者自成也》。
③ 《马克思恩格斯文集》第1卷，人民出版社，2009，第366页。

等私人关系为前提。祖克尔也从发生学的角度论证，信任存在制度信任的层次，并认为此种诚信建立在非个人的规则、社会规范和制度基础上。威廉姆森也赞同此种观点，认为制度信任的产生源于对制度（包括法律等正式规则或近亲群体间的非正式规则）惩罚的畏惧。信任是诚信的基本内涵，从制度信任中借鉴合理成分论证制度诚信，自然具有合理的意义。毋庸置疑，制度诚信必然强调法律规范、社会规范的作用，人际诚信难以脱离亲缘、血缘等熟人社会的关系脉络。

人际诚信又称为"熟人诚信"或"关系诚信"，人们的行为主要受道德因素的约束。在中国传统社会，人际诚信占据主导地位，是小农经济、集权体制和儒教道统的综合产物；在现代社会，也不能舍弃其合理成分。然而，要理解制度诚信，首先要把握制度的含义，不能仅仅将产生缘由归结为可预期的制度惩戒。以个体理性为基础，诺思认为，"制度是一系列被制定出来的规则、守法程序和行为的伦理道德规范，它旨在约束追求主体福利或效用最大化的个人行为"。[①] 罗尔斯则将"制度理解为一种公开的规范体系，这一体系确定职务和地位及他们的权利、义务、权力、豁免等等"。[②] 奈特则认为无论如何定义社会制度，都不会脱离两个共同特征，"第一，一个制度是一套以某些方式建构社会互动的规则。第二，一套规则要成为一个制度，相关团体和社会的每个成员都必须了解这些规则"。[③] 在法学领域，弗里德曼剖析了众多法学家对法律制度的界定，认为虽难以准确界定法律制度的含义，但主要集中在机构、规则、职能、程序或秩序的层面。在某种程度上，埃里希的"活法"理念以及国际法领域兴起的"软法"思想则是理解制度进程中的一种蹊径。国内学者也大多从规则的角度把握制度的含义，只是有广义与狭义的区分：林毅夫、盛洪等经济学者认为制度是社会中个人遵循的行为规则或游戏规则，有利于促进合作；法学界则通常认为制度就是以法律为代表的一系列刚性规则，不过近来分别以罗豪才教授、谢晖教授为代表的软法、民间法研究也开始在撬动这种传统观念。

---

[①] 〔美〕道格拉斯·C. 诺思：《经济史中的结构与变迁》，陈郁、罗华平等译，上海三联书店，2003，第 225~226 页。
[②] 〔美〕约翰·罗尔斯：《正义论》，何怀宏等译，中国社会科学出版社，1988，第 54 页。
[③] 〔美〕杰克·奈特：《制度与社会冲突》，周伟林译，上海人民出版社，2009，第 2 页。

可见，学者们对诚信的认识不尽统一。诺思、奈特、盛洪、林毅夫等学者的观点较为宽泛，村规、乡约、交易习惯等诸多社会规范都可以纳入制度的范畴；罗尔斯、弗里德曼等学者的观点则较为传统和严谨，认为制度是有权机关制定的，包含静态的规则和动态的运行机制两个方面。笔者较为赞同在后种观点的基础上理解制度诚信，它是国家推动法治建设的策略选择。在由熟人社会向陌生人社会过渡的社会转型期，在严格意义上尊重制度有助于树立法律权威，发挥制度的社会控制、维权等功能。因此，制度诚信的范畴便得到呈现，主要指法律或政策等权威性社会规范的诚信，不仅要求在静态的规定中贯彻诚信理念，而且在制定和实施中也要恪守诚信；此种诚信不仅指遵从现代诚信的语义和维度，还要处理好客观规律、民意在其中的关系。

因此，现代政府推动社会诚信体系建设不仅要注重法律和政策等规则的建构，也要将法治贯穿于行政执行和行政监管的各个环节，恰当处理现代诚信的两组范畴，诚信建设的法治模式必须以制度诚信为主线，辅以人际诚信的作用，通过法律权益激励引导人们正确看待价值诚信和工具诚信，促使行动抉择更符合现代诚信的运行逻辑，进而发挥诚信规则治理的社会效用。

## 二 熟人社会与差序格局的理念

梁漱溟先生曾讲到中国人与西方人的差别，他认为中国人（东方人）不存在集团生活。相比较而言，西方人在团体一面具有四类特点——公共观念、习惯纪律、组织能力与法治精神。梁漱溟先生将此称为"公德"，即人类为进行团体生活所必须具备的条件。而中国人则个个都是顺民，同时亦个个都是皇帝。① 团体生活的范围以家庭、家族、行会等传统组织为出发点，多半受情感、地域等条件的限制。在熟悉的社会脉络中，人们的行为深受舆论的影响，道德评价是关乎人们行为取向的直接因素。由此，人们的行为存在"柔顺"的特性，不能肆意妄为。另外，在相对稳定的情感脉络与狭小的区域外，人们便自尊自大，道德的规范作用式微，难见明显的约束效果，人们便拥有"皇帝般"的自由。

---

① 参见梁漱溟《中国文化要义》，上海人民出版社，2005，第61页。

在传统中国，乃至当今社会，人们之间的诚信关系也深受家庭伦理的影响。其中"五服"是亲属关系脉络最为直观的体现，它勾勒了亲属关系的亲疏远近，是封建礼法规定法律责任与义务，或赋予臣民权利与义务的重要依据。① 在封建社会，人们视其为行事的基本准则。"五服"制度的原意是指，不同亲属依据关系远近为逝者服丧的准则。亲属据此分为五个层次，从亲至疏的服制依次是斩衰、齐衰、大功、小功、缌麻。在西晋，"五服"开始纳入法律体系，成为正式的法律规范，也被称为"准五服治罪原则"，是中国传统法律的重要价值基础，用以处理亲属间互犯、伤害等具体事宜和赡养、继承等民事问题。在社会生活领域，人们诚信的理念也深受此种同心圆扩散式亲属关系形态的影响。由里向外，人们诚信信念的强度依次递减，失信行为多发生于亲缘关系薄弱之处，或陌生人之间。即使在现今的中国社会，人们关于诚信的抉择也难以完全摆脱亲缘关系的标签。诚信往往通过"因亲及亲""因友及友"的方式得以拓展，形成诚信关系。在此种情境下，社会诚信在整体上笼罩着道德意境，但诚信的体系或范围因亲情等情感或地域因素被分割成差异性的条块。

费孝通先生称此种情形为"差序格局"。他认为，社会中最重要的亲属关系就如同向水面丢石头形成的同心圆波纹，中国的人际关系重在攀关系、讲交情。依据生育和婚姻事实所形成的社会关系，以"己"为中心向外发散可形成巨大的社会网络，甚至包括无数的人，过去、现在和未来的时态。

> 以"己"为中心，像石子一般投入水中，和别人所联系成的社会关系，不像团体中的分子一般大家立在一个平面上的，而是像水的波纹一般，一圈圈推出去，愈推愈远，也愈推愈薄。在这里我们遇到了中国社会结构的基本特性了。②

不仅亲属关系如此，传统社会的地缘关系也使诚信呈现差序格局的形态。每一家庭以自身为中心，在周围都存在一个"街坊"圈子，诚信

---

① 参见瞿同祖《中国法律与中国社会》，中华书局，2008，第1~5页。
② 费孝通：《乡土中国》，上海人民出版社，2007，第26页。

关系也受到邻里评价的制约。但这种制约的效用不可同一而论,身份、地位、势力通常是决定差序格局伸缩能力的关键性要素。总之,在亲缘与地缘所形成的社会网络中,诚信关系不取决于法律等硬性规则,习俗、习惯、人情等非正式规则的作用反而更为显现。

> 在乡土社会,法律是无从产生的。"这不是见外了么?"乡土社会里从熟悉得到信任。这种信任并非没有根据的,其实最可靠没有了,因为这是规矩……乡土社会的信用并不是对契约的重视,而是发生于对一种行为的规矩熟悉到不假思索时的可靠性。[①]

综上所述,中国传统诚信产生于"熟人社会",是以血缘与地缘为基础所形成的社会熟识网络,"差序格局"就是传统诚信的直观形态。在向陌生人社会转型的当下社会,网络以及现代交流工具的应用使得社会空间越来越具有虚拟化的特征,原有交往模式的整体性被割裂,制度和法治建设成为现代社会的刚性需求,"熟人社会"和"差序格局"的理论特性推动着诚信治理模式的转型。特别是对于作为主导性力量的政府而言,现代诚信法律认知素养的培育显得尤为迫切,成为影响社会诚信体系建设成效的重要因素。

---

① 费孝通:《乡土中国》,上海人民出版社,2007,第10页。

# 第二章 社会诚信体系与法治模式的概念解读

## 第一节 社会诚信体系的概念与范畴

### 一 "社会诚信体系"与"社会信用体系"

在实务界和学界,社会诚信体系建设都是解决失信问题的重要对策主张,呼吁强烈、支持者众多。然而,研究发现,无论是学者还是实务工作者在概念用语上常有相互替换或相互混淆使用的情况。其中,"社会诚信"与"社会诚信体系"、"社会诚信体系"与"社会信用体系"是两组较多出现此类问题的概念。关于前一组概念,最为常见的错误是将两者等同,缩小了"社会诚信体系"的内涵,因为社会诚信体系建设不仅包括社会诚信建设,还包括政务诚信、商务诚信和司法公信等领域的建设。关于后一组概念的互换使用则经历了一个由学界争议到取得共识的发展过程。

#### (一)"社会诚信体系"和"社会信用体系"混淆使用阶段

此阶段主要处于2014年以前。社会信用体系偏重商务领域,一直是经济学界所关注的主流问题,主要以解决商业失信、金融失信为目的,是市场经济体制中的重要制度安排。关于社会信用体系内涵的界定,不能脱离经济的主线,它是保障市场经济的组织体系和规则体系。张卫研究员等人的观点可以较为准确地概括社会信用体系的内涵,他认为社会信用体系是指由一系列法律、规则、方法、机构所组成的支持、辅助和保护信用交易得以顺利完成的社会系统。① 林毅夫教授也撰文指出，社会信用体系对金融体系的完善具有重要意义。国务院研究室"建立社会信用体系基本框架研究"课题组的专家也认为，社会信用体系可分为信用法律法规体系、现代信用服务体系、信用数据技术支撑体系、信用市场监管体系、企业信用管理体系、社会诚信教育体系和失信惩戒机制等组成部分。虽然系统论视角的方法将社会信用体系划分为诸多部分，但未脱离组织、规则、技术等核心要素。只有合理把握这些要素，才能形成与生产力发展水平相适应的市场经济体制。一言以蔽之，社会信用体系是建立市场经济体制的规则安排。

在政策文本中，社会信用体系也显示了此种倾向。2003年，党的十六届三中全会通过的《中共中央关于完善社会主义市场经济体制若干问题的决定》明确指出：要增强全社会的信用意识，形成以道德为支撑、产权为基础、法律为保障的社会信用制度。这是对社会信用体系旨向的说明，即社会信用体系主要指经济领域的诚信。2007年《国务院办公厅关于社会信用体系建设的若干意见》中的相关规定则简明扼要地说明了社会信用体系的重点领域，即"以健全信贷、纳税、合同履约、产品质量的信用记录为重点"。诸如此类的权威规定是社会信用体系与市场经济存在紧密关联的有力佐证。此时，学界普遍主张社会信用体系以经济领域的诚信为基本内容，其外延一般不涵盖政务诚信、司法公信等领域。社会诚信体系在范畴层次上比社会信用体系宽泛得多，商业诚信只是其中一维。因此，社会信用体系不足以承担统摄政务、商务、司法等领域诚信建设的重任。

在当时的理论认知和实践领域，两者相互混淆使用的情况主要体现为两种情形。一是缩小社会诚信体系范畴的观点。这种观点将社会诚信体系等同于社会信用体系，认为社会诚信体系就是市场经济体制的制度安排。二是拓展社会信用体系范畴的观点。此种观点主张，社会信用体系近似于社会诚信体系，涵盖政治（国家）诚信、商业诚信、个人诚信等内容，是由社会信用制度、信用服务体系、监管与惩戒机制等系统组成的有机整体。蔡则祥教授分别从信用形式、运行层次、功能与内容等

---

① 参见张卫、成婧《协同治理：中国社会信用体系建设的模式选择》，《南京社会科学》2012年第11期，第87页。

角度详尽阐释了社会信用体系的内涵,指出建立以道德为支撑、产权为基础、法律为保障的社会信用制度,是社会信用体系建设的核心。① 此外,颜小冬、杜菊辉教授的意见也是此类观点的代表。她们认为,社会信用体系按其内容可以划分为政府信用、企业信用、银行信用、个人信用或公民信用、学校信用、医院信用等许多方面,其中政府信用是整个信用体系的重心,建立公众对政府的信任是建立真正的企业、银行和个人及其他诚信的前提条件。② 通过扩大化的解释,"社会信用体系"与"社会诚信体系"的内涵基本无异。

由此观之,学界当时的主流观点认为,社会诚信体系与社会信用体系的区别主要在于外延的大小之分与关注倾向的差异。前者从整体高度关注诚信问题,是政治、经济、商业、个体等领域所组成的诚信的整体,是关于社会诚信风尚的期望,在调整对象与关注领域上自成体系,期待建立一种良性的"善"的秩序。后者则是前者的一隅,偏重商务诚信的建设,以建构市场经济体制为旨趣,包括社会征信体系与经济信用法律体系等多个组成部分。

(二)"社会诚信体系"和"社会信用体系"合理互换使用阶段

2014年6月,国务院印发《社会信用体系建设规划纲要(2014—2020年)》,社会信用体系建设进入国家战略发展的快车道。这是信用建设领域国家层面的首部专项建设规划,对社会诚信体系建设的实践具有重要的引领和指导意义。纲要中关于重点领域诚信建设的相关规定,直接将重点领域的诚信建设明确为政务诚信、商务诚信、社会诚信和司法公信,扩展了原有"社会信用体系"的范畴,回应了两者混淆使用阶段学界的主要质疑。同时,纲要中关于"诚信教育"和"诚信文化"的相关规定也在一定程度上推进了政策文本中"诚信"和"信用"概念的互释。这对地方社会诚信体系建设的实践发挥了极大的引导作用,最为明

---

① 参见蔡则祥《加快建立我国社会信用体系问题研究》,《经济问题》2004年第8期,第2页。
② 参见颜小冬、杜菊辉《社会诚信体系框架的构建》,《湖南人文科技学院学报》2008年第3期,第41页。

显的就是"治理口号"的变化，比如"诚信上海""诚信龙江""诚信山西"等渐次在平台建设中改为"信用"称谓并开始融入"信用中国"网站。特别是 2016 年国务院办公厅印发《关于加强个人诚信体系建设的指导意见》后，"诚信体系"与"信用体系"更愈加广泛地被互换使用，逐渐发展成政策用语的普遍现象。毋庸置疑，政府权威性政策规划的实施直接解决了实践中两者混淆使用的争议与难题，并出现了"社会信用体系"比"社会诚信体系"更加成为政策常见用语的发展趋势。此外，政策实践中的此种变化也对学术研究产生了较为直接的影响。学术既超脱现实更源于现实，2016 年以后中国知网上已难见关于两者争议的论述。在 2016 年至今约 5 年时间里，以"社会信用体系"与"社会诚信体系"为"篇名"的学术成果数量竟达到了约 8：1 的比值。① 关于两者学术概念的表达也与实践保持了一致的发展，逐渐趋同，"社会信用体系"相比而言成为更加常用的学术话语。

就本书而言，笔者依然采用了"社会诚信体系"为主和"社会信用体系"为辅的学术话语表述。这主要出于以下两个方面的考虑。一是"社会诚信体系"与"社会信用体系"经过政策概念与范畴变迁的促动，语义已经相通，发展成互训互释的学术术语。二是 2015 年申报国家社科项目时采用了"社会诚信体系"的学术表达，彼时"社会诚信体系"与"社会信用体系"学术概念还处于由混淆使用向合理互换使用转型的过程之中，"社会诚信体系"的表述能更准确地表达研究的意旨，本书继续一以贯之。此外，社会诚信体系建设中的"信用"和"诚信"也是语义相通的词组，本书中相关表述用语的选择主要遵循政策话语与学术话语中的通识表述，涉及"信用"的学术表达主要有"信用立法"、"信用中国"、"信用城市"、"信用联合奖惩"、"信用报告"和"信用信息"等。

## 二 社会诚信体系的规则形式与秩序理想

### （一）社会诚信体系的规则形式

社会诚信的规则体系并不局限于国家的权威规则，在不同领域都有

---

① 2020 年 7 月 20 日，课题组成员以"社会信用体系"和"社会诚信体系"为"篇名"在中国知网精确检索近 5 年的成果，检索到"社会信用体系"篇名文章 446 篇、"社会诚信体系"篇名文章 56 篇，差距明显，也显示了学界在学术话语体系中对两者认知的转变。

相应规则占据主导地位。这些规则也可作简单的划分，即正式规则与非正式规则、软规则与硬规则。

在"法治中国"的梦想中，法治体现为法律之治，凡事力求有法可依、执法必严。这种规则是以法律为基础的正式规则。正式规则在我国主要指执政党的各级组织与国家各级机构制定的党内文件、政府文件、法律和行政法规等。① 然而，在实践中要注意避免陷入"法制主义"的困厄，法律并非解决所有问题的最佳方法。在成员较少、关系较为熟络的空间内，自发形成的习俗、道德约束、习惯等非正式规则的作用反而更为明显。

相较正式规则，非正式规则的特征区别明显。正式规则是理性设计的结果，非正式规则是自发形成的；正式规则直观体现为"行为—后果"模式，违背正式规则时会遭受强制性制裁，非正式规则的适用主要依靠主体的自觉和舆论的影响，强制性较弱；正式规则变迁较易，可通过理性设计来实现，非正式规则隐蔽性强，存在较大时滞。正因为各具特点与优势，两者的结合会促进社会诚信体系建设的进程。

然而，目前的主要任务是加强政府等公共主体在建设法治政府、维护社会诚信中的主导地位，由政府来承担社会诚信体系建设的顶层设计。在社会诚信体系建设过程中，最重要的是建构以诚信法律法规和信用政策为主的正式规则体系，以法律法规的权威性和行政权力的强制特性，引领整个规范体系的发展。

### （二）社会诚信体系的秩序理想

秩序意指"在自然进程和社会进程中都存在的某种程度的一致性、连续性和确定性"。② 诚信危机的蔓延已构成对社会秩序的威胁，在关乎公民切身利益的食品安全、药品安全等领域，失信摧残的不仅仅是公民的身体，不安和恐惧正泛化为社会弱势心理，社会进程逐渐失去连贯性。

从历史的视角看，社会秩序经历了由道德秩序向法律秩序的转换，诚实信用秩序也存在一个由合道德性向合法性转变的过程。在传统诚信

---

① 参见喻中《正式规则与潜规则的相互关系》，《民主与科学》2010年第1期，第37~41页。
② 〔美〕E. 博登海默：《法理学：法律哲学与法律方法》，邓正来译，中国政法大学出版社，2004，第227页。

秩序中，诚信存在于狭小群体，秩序的稳定性源于再熟悉不过的道德评价，人们因珍惜名誉而坚持履约重诺的行为。社会秩序是人们普遍遵守道德规范的结果，人们谨守的诚信越合乎道德共识，社会秩序就越安定。但是，在社会生活区域扩大的情形下，此种诚信必然走向衰落。在依靠规则治理的现代社会，人们已难以形成关于道德（诚信）的基本共识。同时，合法性与合道德性并非完全一致，甚至相悖。社会诚信的内容只有符合法律要求，才会得到普遍的认同和遵守，社会秩序亦由此形成。此外，前者向后者的转化并不代表前者的消亡：在传统社会，合道德性的秩序占主导地位，合法性的秩序起补充作用；在现代社会，则恰好相反。

社会秩序是一种多中心的框架。社会诚信体系的秩序鹄的在主体和模式上并不局限于单一形式。政府是建构秩序的主要力量，自治组织、非营利组织、商业组织等主体也扮演着重要角色。就政府而言，培育权力体系自身的公信力是促进社会秩序形成的重要方式；就社会组织而言，因较为超脱的地位而具有获取社会信任的优势；就商业组织而言，社会秩序主要依托合作所带来的互惠利益而建立。在多中心治理框架下，社会秩序存在刚柔相济的特点，所依靠的规则也有软硬之分，要以践行法治为基础强行建立社会秩序。

总之，社会诚信体系应以建立"善"的秩序为目的。在建构诚信秩序的过程中，要特别注意以下两点。一是这种"善"主要体现为秩序的多样化，不仅包含道德秩序向法律秩序的转化过程，也要注重秩序的多中心、分散式建构，由此更需要政府等公共主体对秩序建构的集中推动。二是社会诚信体系所期望建立的社会秩序要依托完善的政策规范体系推动，而法治则是主要形式，当下的政府要不断开拓建构诚信法治和良善秩序的方法论。

## 第二节　政府诚信治理的法治模式释义

中国特色社会主义法治体系是实现国家治理体系和治理能力现代化的重要保证和必然要求，不仅是容纳立法、执法、司法和守法所有环节的系统工程，也是集静态规范制度与动态实施机制于一体的行动体系。

其中法治政府建设是建构中国特色社会主义法治体系的重要构成。因此，政府推进社会诚信体系建设的法治模式建构自然亦要遵循依法行政和法治政府建设的逻辑。

## 一　科学性理念和开放合作性理念的统一

政府诚信治理的法治模式建构必须以科学的法治理念和诚信观念为前提。一是强化法治观念和法治思维，夯实制度意识和规则意识，尊重宪法和法律权威，在法治与绩效的取舍中坚持依法行政。二是强化权利意识和契约精神，负载自我限权的自觉。政府诚信治理的法治模式建构应该厘定权利与权力之间的关系，在制度创制和实施中确认和维护各类信用主体的法律权利，通过规则创制约束行政权力的肆意，规范法定权力的行使。各类法律政策的创制以维护和适度扩展公民权利为宜，以不增设公民义务为前提。三是秉持开放包容的法治理念，积极吸纳本土法治资源。诚信治理法治模式建设应以尊重基本人性为基础，吸收中国优秀传统文化，实现以德治国和依法治国相统一。四是坚持更广的法治视野，融入软法资源。在社会诚信体系建设中，政府法治模式的建设应有包容心态，正视和发挥激励性政策规范、行业组织自治规则和行业标准等软法的作用，鼓励和引导社会力量参与诚信治理。五是建构诚信法治，推动诚信理念的全面性法治融入。法治建设在不同时期和不同领域各有侧重，借鉴民生法治、互联网法治等建构经验，坚守诚信法治的主张，将诚信理念融入法治体系，实现政府诚信治理法治模式建构的社会实效。此外，政府诚信治理的法治模式建构还要重视传统诚信理念向现代诚信理念的转型，正视诚信的工具价值，合理维护诚信谋益的正当性。

## 二　"法制—法治—善治"的发展逻辑

厉行法治是政府治理的应有之义，社会诚信治理必然以法治为依托。2014年，党的十八届四中全会通过的《中共中央关于全面推进依法治国若干重大问题的决定》就已将"守法诚信"明确为建设法治政府的内容构成和基本要求。因此，政府诚信治理与政府法治建设具有高度的统一性，政府须在依法行政的框架内开展和推动社会诚信体系建设。政府诚信治理首在法制之治，有诚信之法可依不仅在于人大机关创制诚信治理层面的国家法律和地方性法规的制度保障，更要发挥政府的行政立法职能，开展行政法规、部门规章和地方政府规章等层面的信用立法活动，建构上下衔接有序的法制体系，奠定法治模式实践的"法制"基础。以此为前提，诚信治理的实施机制便可得以建构，文本中的法将转化为实践中的法。政府通过执行法律的信用条款和信用专项法规规章，疏通诚信治理的"法治"机制，建立政府诚信治理的法治行动体系，实现静态"法制"向动态"法治"的转变。同时，政府诚信治理法治模式的建立不以制度和机制为目的和重点，最重要的在于诚信治理社会效果的实现，特别是能够达成解决诚信危机和塑造良善社会秩序的"善治"目的，即法治型社会管理应当关注法治所产生的实际效果。[①] 因此，政府诚信治理法治模式的建构必然是对"法制—法治—善治"逻辑的推行和实践，是方法论和目的论的统一。

## 三 衔接有序和运行有效的机制体系

政府诚信治理的法治模式是行动中的法和实践中的机制。一是要注重社会诚信体系建设决策机制的规范发展，在政府治理活动的决策起点完善政策议程，理顺诚信治理决策的体系机制。二是优化诚信治理的执行机制。在社会诚信体系建设中，政府应该强化信息共享机制和区域合作机制的建设，重点把握诚信体系建设的关键节点，通过区域性或行业性诚信体系建设机制的不断探索，提升法治实施的效度和广度。三是要完善社会诚信体系建设的监督机制。依《说文解字》所言，"监，临下也"，"督，察也"。监督意为自上而下地察看督促，具有单向性等特点。政府诚信治理的法治模式应通过绩效考核、政策审计等方式建立自上而下的监督机制，形成目标分解和评价体系，通过政府指标评价的内部控制以及专责机关的外部监督，提升社会诚信治理效果。此外，还要强化技术支撑体系的建设，为新技术、新方法融入政府信用监管提供合法性的制度与机制保障。

综上所述，政府诚信治理的法治模式是指秉持开放性法治理念，吸

---

[①] 参见付子堂《论建构法治型社会管理模式》，《法学论坛》2011年第2期。

纳优秀传统文化和软法等本土法治资源，以行政立法为基础性前提，通过法律实施机制与行政执行机制依法实行信用监管，力求追寻和实现诚信善治的诚信治理模式，是政府以法治形式推进和开展社会诚信体系建设的凝练表述。这在形态上又是文本之法与实践之法的统一，是静之执法与动态之法的融合，是中国特色社会主义法治体系在政府治理法治化领域的转化和体现。

# 第二编
# 机制与平台

# 第三章　政府推进社会信用体系建设的组织机制

## 第一节　中央政府推进社会信用体系建设的组织机制

制度创制和机制设计是政府推动社会信用体系建设的重要保障。其中，机制建设是建构社会信用体系的重要推力和抓手。就目前社会信用体系建设情势而言，中央政府已经建立了信用管理的运行机制，主要体现为部际联席会议制度的建立和信用管理专责机构的发展。

### 一　国务院社会信用体系建设部际联席会议制度

（一）社会信用体系建设部际联席会议的建立

自2003年党的十六届三中全会明确"社会信用体系"建设要求以来，国家不断探索组织机制的建构，奠定社会信用体系建设的条件基础。2007年，国务院办公厅发布《关于建立国务院社会信用体系建设部际联席会议制度的通知》（国办函〔2007〕43号），正式从中央层面建立社会信用体系建设的协调机制。部际联席会议由国务委员兼国务院秘书长担任召集人，办公室设在国务院办公厅，成员由国家发展改革委、公安部、商务部、中国人民银行、海关总署、税务总局、工商总局、质检总局、法制办、银监会、保监会、证监会、国家外汇管理局和国信办等14个职能部门组成。此时部际联席会议成员机关属性较为单一，全部由行政部门组成。由此可见，此时部际联席会议关注的诚信建设领域较小，主要聚焦于海关、税务、工商等关涉商务诚信的建设。总体而言，部际联席会议工作较为宏观，主要负责社会信用体系中战略性问题和重大政策问题的统筹，各成员单位相互配合和支持，按职责分工推进社会信用体系建设工作。

### （二）社会信用体系建设部际联席会议的调整

2008年，国务院将社会信用体系建设部际联席会议的牵头单位由国务院办公厅调整为中国人民银行，增加最高人民法院等机关与机构为成员单位。此次调整出现以下三个变化。一是成员单位的属性发生变化。成员单位不再局限于政府内设机构，司法机关成为重要的参与单位。二是社会信用体系建设的专业性得到很好的体现。中国人民银行设有专门的征信管理机构和征信服务机构，在金融领域有较为悠久的信用建设历史和丰富的经验，牵头单位的调整提升了在商务诚信建设领域的专业水平。三是社会信用体系建设领域得到了拓展。在政府机关内部，诚信治理向信息、人事、环保、住建和知识产权领域发展。[①] 同时，诚信治理还实现了由政府内部向外部的扩展，司法公信成为社会信用体系建设的重要内容。此次调整确定了联席会议制度的组织框架，后来的历次调整都遵循了此次调整确定的组织程式。

### （三）社会信用体系建设部际联席会议的发展

2012年，国务院对社会信用体系建设部际联席会议进行了第二次调整。此次调整较大：一是牵头单位和召集人发生变化。牵头单位调整为国家发展改革委和中国人民银行，召集人由国务委员调整为两个牵头部门的负责人，召集人的职务职级出现向低的发展变化。二是联席会议成员单位大规模增加。本次调整共增加17个单位，[②] 成员单位由行政机关、司法机关延伸至党的机关（机构），诚信治理的规制范围相应扩大。三是社会信用体系建设领域持续扩展。在政府机关内部，诚信治理向教育、

---

① 《国务院关于同意调整社会信用体系建设部际联席会议职责和成员单位的批复》（国函〔2008〕101号）。
② 2012年社会信用体系建设部际联席会议调整共增加17个单位，分别是中央纪委、中央宣传部、中央政法委、中央文明办、最高人民检察院、教育部、监察部、民政部、司法部、财政部、农业部、文化部、卫生部、预防腐败局、公务员局、知识产权局、食品药品监管局。

科研、知识产权和食品药品等领域持续扩展。同时，诚信治理继续向外部扩展，党委政法系统也成为社会信用体系建设的重要力量。四是部际联席会议的职能得到加强。比如，增加推进政务诚信、商务诚信、社会诚信和司法公信建设的职责，强调建立健全覆盖全社会的征信系统，等等。至此，社会信用体系建设部际联席会议在整体上整合了承担诚信治理的主要党政机关和司法机关的力量，诚信治理的领域也因之扩展到政务、商务、社会和司法等领域。

此后，社会信用体系建设部际联席会议又进行了多次调整，不仅增加了成员单位，也扩展了诚信建设领域，强化了信用管理职能。2016年，新增中央编办、国家旅游局、国家统计局、民航局为成员单位。2017年，新华社成为第44个成员单位。社会信用体系建设部际联席会议最近一次调整是在2019年8月，本次调整后部际联席会议成员单位增加至46个，共青团中央、全国工商联、中国残联、铁路总公司、中国国际贸易促进委员会等单位又为成员构成增添了新的特征，群团组织、国有企业和行业类组织成为社会信用体系建设的重要力量。这既表明了社会信用体系建设在重点领域出现的新动向，也标志着政府主导、社会有序参与的诚信治理格局的形成。

总体而言，社会信用体系建设部际联席会议在诚信治理中发挥了重要推动作用，特别是在推动《社会信用体系建设规划纲要（2014—2020年）》出台、初步建立起信用联合惩戒制度和公共信用信息共享机制等层面成效明显。这也为进一步完善和改进部际联席会议制度奠定了基础。

## 二　社会信用体系建设信用管理专责机构的发展

随着社会信用体系建设部际联席会议制度的实践发展，诚信建设的任务和职责日益繁重，承担社会信用体系建设重要任务的国家部委机关开始成立或增设信用管理专责内设机构。目前，此类信用管理的专责内设机构主要有三个，分别是中国人民银行征信管理局、国家发展改革委财政金融和信用建设司、国家市场监督管理总局信用监督管理司。

这三个机构各有所司，依据部门法定职责和部际联席会议的要求，分头推进社会信用体系的建设工作。中国人民银行征信管理局的主要职责是制定信用制度，实施信用监督，聚焦于征信业、征信机构和征信业务管理等事项的发展规划、规章制度、行业标准和风险评价准则的创制。同时，还承担部际联席会议办公室的日常工作。国家发展改革委财政金融和信用建设司的工作职责比较繁重，主要承担金融体制、区域政策协调发展和直接融资等方面的职责，社会信用体系建设是其担负的主要职责之一。具体而言，该司亦承担了较多信用制度规范的制定工作，特别是新近信用联合惩戒方面的国家制度规范，都是以该司名义联合发布的。这也说明财政金融和信用建设司在诚信联合治理中负有重要的沟通协调之责。国家市场监督管理总局信用监督管理司的信用管理监督职责更为明确，监督管理对象是市场主体，主要承担信用制度制定、信用信息公示、经营异常名录和"黑名单"建设以及国家企业信用信息公示系统运行管理工作。此外，中国人民银行征信中心、国家发展改革委国家公共信用信息中心在信用信息征集与共享方面发挥着重要作用；国家市场监督管理总局直属的全国组织机构统一社会信用代码数据服务中心还承担了维护代码资源和建设统一的代码数据库的重要职责。

  综上所述，经过不断探索社会信用体系建设，国家已在建构和日渐形成较为成熟的诚信管理机制，也逐步建立了信用管理与监督的相关机构。因此，信用管理职能也开始从整体性和综合性的管理活动中分离出来，演化为较为独立的单项政府职能，开启了信用职能实践的普遍化和法治化的进程。在未来发展中，社会信用体系的机制建设应该继续在主体和机构独立性层面拓展。一是基于社会信用体系建设任务的艰巨性，国家发展改革委应该成立独立的专设司局专门从事信用建设工作，提升社会信用体系建设工作的整体性和全面性；二是现有信用管理机制主要集中于企业等组织机构的诚信治理，未来应该强化自然人信用管理机制的建设，特别是自然人社会信用代码和信息集中归集层面的建设，也要考虑成员单位在代表性行业组织和公司企业等主体层面的扩容。此外，未来还应该考虑在现有联席会议召集人之上设总召集人，通过强化组织权威提升行动效率和诚信治理的效果。

## 第二节 地方政府推进社会信用体系建设的组织机制

在地方社会信用体系机制建设层面，本书选取了推动社会信用体系建设经验丰富成熟的 31 个省份[①]为考察对象，聚焦领导协调机构、牵头部门和信用信息工作机构的机制发展现状。这既能观测地方诚信管理机制建设的主要举措，又能总结统筹省域组织机制建设的基本经验。

### 一 社会信用体系建设的领导协调机构

嵌入式组织是我国政府开展治理活动的重要组织机制，有助于解决部门林立导致的整体性割裂的问题。无论是中央层面的社会信用体系建设部际联席会议制度，还是地方信用建设中建立领导（协调）机构的努力都属于此类组织的范畴。目前，31 个省份全部组建了社会信用体系建设的领导协调机构，但组织形式有所差异。其中 18 个省份设为社会信用体系建设联席会议、12 个省份设为社会信用体系建设领导小组、1 个省份设为社会信用体系建设专项工作协调办公室（见表 3-1）。

表 3-1　全国 31 个省份社会信用体系建设机构概览

| 序号 | 省份 | 牵头部门 | 领导协调机构 | 信用信息工作机构 |
| --- | --- | --- | --- | --- |
| 1 | 北京 | 北京市经信局 | 北京市社会信用体系建设联席会议 | 北京市信息化工作办公室 |
| 2 | 上海 | 上海市发展改革委 | 上海市社会信用体系建设联席会议 | 上海市信息中心 |
| 3 | 天津 | 天津市发展改革委 | 天津市社会信用体系建设联席会议 | 天津市公共信用中心 |
| 4 | 重庆 | 重庆市发展改革委 | 重庆市社会信用体系建设联席会议 | 重庆市信用中心 |

---

① 本书只梳理了 31 个省份的资料，因香港、澳门和台湾的法律政策建设情况有较强的特殊性，本书未予统计分析。无论此处对诚信建设机制的梳理，还是后文关于法律法规的统计以及对政策规范的分析，都采用了此种方法，只统计了我国 31 个省份的资料，特此说明。

续表

| 序号 | 省份 | 牵头部门 | 领导协调机构 | 信用信息工作机构 |
| --- | --- | --- | --- | --- |
| 5 | 黑龙江 | 黑龙江省营商环境建设监督局 | 黑龙江省"诚信龙江"建设工作领导小组 | 中国人民银行哈尔滨中心支行 |
| 6 | 吉林 | 吉林省政务服务和数字化建设管理局 | 吉林省社会信用体系建设联席会议 | 吉林省信用信息服务中心 |
| 7 | 辽宁 | 辽宁省发展改革委 | 辽宁省社会信用体系建设领导小组 | 辽宁省信用中心 |
| 8 | 内蒙古 | 内蒙古自治区发展改革委 | 内蒙古自治区社会信用体系建设专项工作协调办公室 | 内蒙古自治区社会信用管理中心 |
| 9 | 河北 | 河北省发展改革委、中国人民银行石家庄中心支行 | 河北省社会信用体系建设领导小组 | 河北省社会信用信息中心 |
| 10 | 山东 | 山东省发展改革委、中国人民银行济南分行 | 山东省社会信用体系建设联席会议 | 山东省社会信用中心 |
| 11 | 江苏 | 江苏省工信厅 | 江苏省社会信用体系建设领导小组 | 江苏省公共信用信息中心 |
| 12 | 浙江 | 浙江省发展改革委 | 浙江省"信用浙江"建设领导小组 | 浙江省信用中心 |
| 13 | 福建 | 福建省发展改革委、中国人民银行福州中心支行 | 福建省社会信用体系建设工作领导小组 | 福建省经济信息中心 |
| 14 | 广东 | 广东省发展改革委 | 广东省社会信用体系建设联席会议 | 广东省投资和信用服务中心 |
| 15 | 山西 | 山西省发展改革委、中国人民银行太原中心支行 | 山西省社会信用体系建设联席会议 | 山西省信用信息管理中心 |
| 16 | 河南 | 河南省发展改革委 | 河南省社会信用体系建设领导小组 | 河南省信用中心 |
| 17 | 安徽 | 安徽省发展改革委 | 安徽省社会信用体系建设联席会议 | 安徽省经济信息中心 |
| 18 | 湖北 | 湖北省发展改革委、中国人民银行武汉分行 | 湖北省社会信用体系建设领导小组 | 湖北省信用信息中心 |
| 19 | 湖南 | 湖南省发改委、中国人民银行长沙中心支行 | 湖南省社会信用体系建设领导小组 | 湖南省发改委信息中心 |

续表

| 序号 | 省份 | 牵头部门 | 领导协调机构 | 信用信息工作机构 |
|---|---|---|---|---|
| 20 | 江西 | 江西省发展改革委、中国人民银行南昌中心支行 | 江西省社会信用体系建设工作联席会议 | 江西省信息中心 |
| 21 | 广西 | 广西壮族自治区发展改革委、中国人民银行南宁中心支行 | 广西壮族自治区社会信用体系建设联席会议 | 中国人民银行南宁中心支行 |
| 22 | 海南 | 海南省发展改革委、中国人民银行海口中心支行 | 海南省社会信用体系建设联席会议 | 中国人民银行海口中心支行 |
| 23 | 四川 | 四川省发展改革委、中国人民银行成都分行 | 四川省社会信用体系建设联席会议 | 中国人民银行成都分行 |
| 24 | 贵州 | 贵州省发展改革委、中国人民银行贵阳中心支行 | 贵州省社会信用体系建设联席会议 | 中国人民银行贵阳中心支行 |
| 25 | 云南 | 云南省发展改革委、中国人民银行昆明中心支行 | 云南省社会信用体系建设联席会议 | 云南省信用中心 |
| 26 | 西藏 | 中国人民银行拉萨中心支行、西藏自治区发展改革委 | 西藏自治区社会信用体系建设联席会议 | 西藏自治区经济信息中心 |
| 27 | 宁夏 | 宁夏回族自治区发展改革委 | 宁夏回族自治区社会信用体系建设领导小组 | 宁夏回族自治区信息中心 |
| 28 | 青海 | 青海省发展改革委 | 青海省社会信用体系建设领导小组 | 青海省公共信用信息中心 |
| 29 | 甘肃 | 甘肃省发展改革委、中国人民银行兰州中心支行 | 甘肃省社会信用体系建设领导小组 | 甘肃省信息中心 |
| 30 | 新疆 | 新疆维吾尔自治区发展改革委、中国人民银行乌鲁木齐中心支行 | 新疆维吾尔自治区社会信用体系建设联席会议 | 新疆维吾尔自治区信息中心 |
| 31 | 陕西 | 陕西省发展改革委、中国人民银行西安分行 | 陕西省社会信用体系建设联席会议 | 陕西省信息中心 |

各省社会信用体系建设领导协调机构在名称上的差异并不直接显示或代表着功能作用和地位的不同。通过统计分析发现，无论是联席会议还是领导小组，本身并不能显示在社会信用体系建设中孰优孰劣，关键是取决于召集人（小组组长）所担任的党政职务的地位属性，即各省对社会信用体系建设的重视程度会直接影响诚信治理的进程。在现有可查资料中，除安徽、宁夏、吉林3个省份外，其余28个省份的召集人（小组组长）的职

数主要有以下三种情况，分别是1人、2人、3人担任召集人（小组组长）。同时，这三种情况又体现为不同的职务承担形式，呈现多元化发展的特征，通过进一步分析，各省份对社会信用体系的重视程度自然而现。

## （一）1人担任召集人（小组组长）模式

1人担任召集人（小组组长）的省份，也有不同职务承担情况。在31个省份中，1人担任召集人（小组组长）的省份共有19个。① 其中，浙江省和湖北省是由省级正职领导担任，即省长担任召集人（小组组长）；15个省份的召集人（小组组长）由省级党委常委职务的政府副职担任，通常是省政府常务副职；2个省份的召集人（小组组长）由省政府副职担任（见图3-1）。总体来看，这19个省份至少是由省政府副职来担任召集人（小组组长），体现了较高的重视程度。无论是联席会议还是领导小组，1人担任召集人（小组组长）模式的情形体现了行政管理的单向性特征，是一种"自上而下"的"命令/决策—执行"工作程式，有潜在的强制性，容易在社会信用体系建设中取得明显的效果。目前，地方信用立法、信用示范城市建设和信用政策创制走在前列或取得理想效果的省份都在此列，比如上海、广东、浙江、江苏等省份（具体参见本书第四章、第六章、第七章、第八章和第九章）。

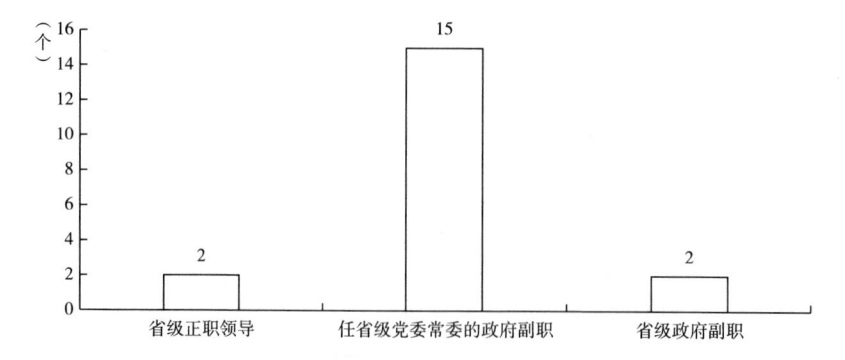

图3-1 社会信用体系建设1人担任召集人（小组组长）任职情况

---

① 1人担任召集人（小组组长）的省份共有19个，分别是上海、天津、重庆、黑龙江、辽宁、内蒙古、河北、山东、江苏、浙江、福建、广东、河南、湖北、湖南、海南、贵州、青海、甘肃。

## （二）2人担任召集人（小组组长）模式

2人担任召集人（小组组长）的省份，职务承担情况的差异更大，共有8个省份出现了2人担任召集人（小组组长）的情况，分别是北京、山西、江西、广西、四川、云南、新疆、陕西。其中，四川省分别由省委常委和另一位省级政府副职共2位副省级领导担任召集人（领导小组组长）的角色。此种模式的典型特征是政府职能部门发挥主要的组织协调作用，剩下7个省份的召集人（小组组长）都由中国人民银行地方分行和地方政府组成部门联合承担（见图3-2）。相比图3-1所示的情况，除四川省以外，此种模式协调组织的特色更为明显，召集人（小组组长）没有在职务上的超越性，信用治理工作的推进主要依赖主体间的平等协商，相对较难在社会信用体系建设中取得突出性的举措创设和显著效果。同时，此种模式在最大程度上与国务院社会信用体系建设部际联席会议的召集人设置保持了一致性，这无疑更有利于诚信建设政策的传达贯彻，能够保证上下沟通对接的对应性。此外，北京市社会信用体系建设由市经济和信息化局（经信局）和中国人民银行分行负责人担任召集人，这是省级地方职能部门担任召集人的例外情形。

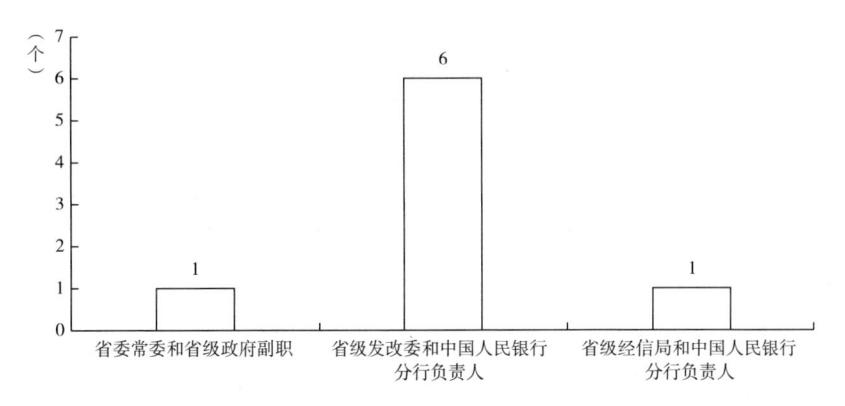

图3-2 社会信用体系建设2人担任召集人（小组组长）任职情况

## （三）3人担任召集人（小组组长）模式

3人担任召集人（小组组长）的省份只有西藏，由西藏自治区政府副秘书长、中国人民银行拉萨中心支行行长和西藏自治区发展改革委副主任共同担任社会信用体系建设联席会议召集人。此种模式依然延续了国务院社会信用体系建设部际联席会议 2007 年成立时的形态，但召集人的职务有所降低。这在一定程度上也说明了西藏自治区社会信用体系建设在进程上相对滞后，未能与其他省份的探索保持相同的步伐，组织形态未能与时俱进地发生变革。同时，3 人担任召集人模式的权威性也未能尽如人意，副职负责人担任召集人的影响力和号召力不及期望，会削弱联席会议组织协调的功能，影响社会信用体系的建设进度。

综上所述，各省份对社会信用体系建设领导协调机制的建构都进行了积极探索，呈现多元发展的趋势。特别是省级副职以上担任召集人（小组组长）的省份，社会信用体系建设效果最为明显。为强化组织保障，地方在机制建设上的未来探索应逐步走向标准和统一，召集人（小组组长）由省级政府副职以上担任，提高组织协调的权威和行动效力。同时，联席会议或领导小组的办公室应统一设在各省份的发展改革委和中国人民银行地方分行（中心支行），以加强社会信用体系建设的统一协调，在中央与地方政府之间建构"上下对接"和省域之间"左右协调"的行动机制，提升诚信治理的社会效果。

## 二 社会信用体系建设的专责工作部门

### （一）社会信用体系建设的牵头部门

地方政府具有机构设置的自主性，在横向职能部门对比上必然有所差异。因此，社会信用体系建设的牵头部门也会因之有所不同。在中央政府层面，国家发展改革委和中国人民银行是国家开展社会信用体系建设的牵头单位。在地方实践中，按照"各省、自治区、直辖市人民政府应与联席会议建立相应有效的信息沟通协调机制"[①] 的要求，16 个省份以省级发展改革委和中国人民银行地方分行（中心支行）为牵头单位，约占 52% 的比重，有利于协调推进诚信治理的进度（见表 3-1 和图 3-3）。同时，还有 11 个省份以省级发展改革委为牵头单位，也可与国家层面的组织机制形成对接之势（见图 3-3）。此外，北京、江苏两个省份以

---

① 参见《国务院关于同意调整社会信用体系建设部际联席会议职责和成员单位的批复》（国函〔2012〕88 号）。

省级经信委为牵头单位，黑龙江、吉林则分别以省营商环境建设监督局、省政务服务和数字化建设管理局为牵头单位。显而易见，北京、江苏、吉林3个省份对牵头单位的选择更倾向专业性和技术性，特别是对信用信息和现代数字化技术的注重；黑龙江省则更为强调营商环境在社会信用体系建设中的地位。此外，地方要及时总结在社会信用体系建设中的机制建设经验，江苏等省份探索建立的自然人信用管理局就是诚信治理在主体信用维护领域的重要开拓，可以提炼形成在国家和省域层面推广的建设经验。因此，社会信用体系的机制建设是一个不断探索的过程，呈现由零散到统一的发展进程，后续牵头部门的建设可以作适应性的调整，逐步向发展改革委和中国人民银行地方分行（中心支行）转型，以此来迎接基础性国家信用立法可能给社会信用体系机制建设带来的转变和挑战。

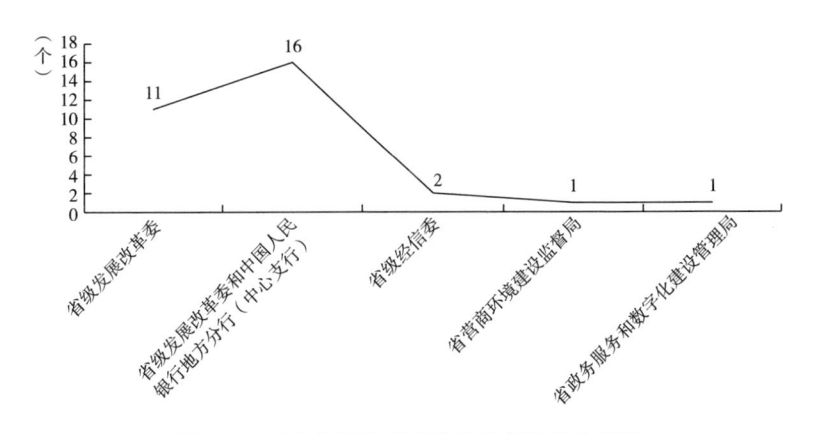

图 3-3 社会信用体系建设牵头部门分布情况

## （二）社会信用体系建设的信息工作部门

社会信用信息是社会信用体系建设的基础性要素，更是开展信用管理、信用评价等工作的前置性条件。因此，信息工作机构无疑是社会信用体系机制建设的重要内容，各省份也都明确了社会信用体系建设的信息工作部门。就现实情形而言，各省份信用信息工作机构各不相同，分布较为零散，主要表现为中国人民银行地方分行（中心支行）、信用中心、公共信用中心、信息中心、经济信息中心和公共信用信息中心等

(见表 3-1)。这在一定程度上也说明地方对信用信息工作机构的设置思路还未理顺和明确，对信用信息的分类有不同的理解，未能按照"分散与统一"的信息分类与征集原则规划设计信用信息工作机构。在未来发展中，信用信息工作机构的规划设计和调整既要有助于信用信息的分类管理，又要有助于信用信息的集中统一，聚焦市场信用信息（金融信用信息和企业信用信息等）和公共信用信息两种类型，分别对应调整信用信息工作机构，加强与政务数据管理部门的沟通对接，为信用信息的标准化建设夯实组织基础。

综上所述，中央政府和省级政府已经建构了社会信用体系机制建设的框架体系。前者对诚信建设的组织机制不断调整，越发适应社会信用体系建设的实践所需；后者则形成了由领导协调机构、牵头部门和信用信息工作部门构成的信用管理体系，成为推动地方诚信建设的重要组织保障。在未来发展中，信用管理机制建设必须着眼于信用管理职能的独立和规范发展，积极引入行业协会等社会力量参与诚信治理，不断提升诚信治理能力，实现社会诚信治理格局的创新。

# 第四章 政府推进社会诚信体系建设的立法体系

## 第一节 治道变革：政策向立法的转型

### 一 革命与改革话语中的诚信观点

我国社会主义思想的理论体系是建构诚信法治的思想基础，从毛泽东思想、邓小平理论、"三个代表"重要思想、科学发展观到习近平新时代中国特色社会主义思想，政治理论体系与时俱进的发展，本身就是诚信理念的体现。在实践进程中，特别是在"革命"向"改革"主题转变过程中，诚信理念得到真切体现，这也是我党认识问题的重要方法，是保持生命力的重要砝码。

在革命年代，诚信观念主要体现于革命的立场与策略之中，特别是革命理论与具体实践的关系问题。毛泽东早在《反对本本主义》一文中就已指出："没有调查，没有发言权"，① "无产阶级要取得胜利，就完全要靠他的政党——共产党的斗争策略的正确和坚决。共产党的正确而不动摇的斗争策略，绝不是少数人坐在房子里能够产生的，它是要在群众的斗争过程中才能产生的，这就是说要在实际经验中才能产生"。② 在《改造我们的学习》一文中，毛泽东指出："马克思、恩格斯、列宁、斯大林教导我们认真地研究情况，从客观的真实的情况出发，而不是从主观的愿望出发；我们的许多同志却直接违反这一真理。"③ 马克思主义理

---

① 《毛泽东选集》第1卷，人民出版社，1991，第109页。
② 《毛泽东选集》第1卷，人民出版社，1991，第115页。
③ 《毛泽东选集》第3卷，人民出版社，1991，第797页。

论不是教条,一切从实际出发才是应有的诚信态度,"真正的理论在世界上只有一种,就是从客观实际中抽出来,又在客观实际中得到了证明的理论,没有任何别的东西可以称得起我们所讲的理论……空洞的理论是没有用的,不正确的,应该抛弃的"。① 在革命实践中,毛泽东又强调:"以往革命的发动者,往往是起初用欺骗的手法骗得民众信任,随后革命成功,掌握政权,后来又逐渐让人民认清了他们的本来面目,丧失了民众的信任,'盗贼之行……为虎作伥,惟利是嗜,又焉有丝毫计公益,恤民隐之心? 以此欺人,夫谁信之!'"② 除此之外,毛泽东《反对党八股》《为人民服务》等众多文章也不乏诚信的思想。正是在实事求是精神的指引下,取信于民,依靠人民的支持,革命才走向了胜利。诚信成为引导革命胜利的重要因素。

改革开放以来,诚信在政治理论体系中愈发受到重视,贯彻到政治、经济等诸多领域。特别是在推动经济体制转型过程中,邓小平的诚信观念对于保持政策连续性与促进经济社会发展具有重大积极意义。1991年,邓小平视察上海时专门提到"经济与信用"的关系问题,"只要守信用,按照国际惯例办事,人家首先会把资金投到上海,竞争就要靠这个竞争"。③ 在具体经济工作中,邓小平更是反对扰乱市场秩序的行为,要求"一切企业事业单位,一切经济活动和行政司法工作,都必须实行信誉高于一切,严格禁止坑害勒索群众"。④ "讲信义是我们民族的传统。"在解决香港问题时,邓小平阐明了我国坚守诚信的立场,"人们担心中国在签署这个协议后,是否能始终如一地执行……要告诉全世界的人:中国是信守自己的诺言的"。⑤ 邓小平的诚信观念得到了贯彻和继承,后来的领导人对此多有论述。江泽民指出:"共产党员在政治上要光明磊落,讲真话,办实事,言行一致,表里如一,反对当面一套、背后一套。"⑥ "所有领导干部都要求真务实,少说空话,不做表面文章,不搞花架子,不搞形式主义。"⑦ 同时,江泽民积极倡导建立以互信、互利、平等、协作为

---

① 《毛泽东选集》第 3 卷,人民出版社,1991,第 817 页。
② 《毛泽东早期文稿》,湖南人民出版社,1995,第 459 页。
③ 《邓小平文选》第 3 卷,人民出版社,1993,第 366 页。
④ 《邓小平文选》第 3 卷,人民出版社,1993,第 366 页。
⑤ 《邓小平文选》第 3 卷,人民出版社,1993,第 102 页。
⑥ 《江泽民论有中国特色社会主义(专题摘编)》,中央文献出版社,2002,第 616 页。
⑦ 《江泽民论有中国特色社会主义(专题摘编)》,中央文献出版社,2002,第 651 页。

核心的新安全观，努力营造长期稳定的国际和平环境。江泽民指出，"互信"是安全之本，"互信就是以诚相待、言而有信"。① 胡锦涛也要求以诚信的态度对待政绩，否则"势必严重削弱我们党的领导班子和干部队伍的战斗力，损害党同人民群众的血肉联系，影响党和政府的公信力，最终妨碍全面建设小康社会宏伟目标的顺利实现"。② 习近平总书记也强调"空谈误国，实干兴邦"，明确提出"对突出的诚信缺失问题，既要抓紧建立覆盖全社会的征信系统，又要完善守法诚信褒奖机制和违法失信惩戒机制，使人不敢失信、不能失信"。③ 所有这些观点，都推动了诚信由隐蔽走向明确，成为独立的政治主张。

"诚信"一词不是求证诚信观念存在的唯一方式，从毛泽东思想到习近平新时代中国特色社会主义思想整个理论体系的旺盛生命力就是对诚信的真实写照。在这个过程中，虽然难免有曲折，诚信却始终能够成为理论的最终归宿。究其原因，可以用党的思想路线来描述何以诚信的缘由——"一切从实际出发，理论联系实际，实事求是，在实践中检验真理和发展真理。"这些理论以及国家领导人的重要论述，为诚信上升为治国理念或目标，为法治推行诚信作了充足的理论准备。

## 二　社会诚信体系战略的法治转型

最初，"诚信"是国家推动道德建设的重要主张。2001 年，中共中央印发的《公民道德建设实施纲要》明确提出，要在全社会大力倡导"爱国守法、明礼诚信、团结友善、勤俭自强、敬业奉献"的基本道德规范。这是国家首次从战略高度关注道德问题。在中央提出的二十字基本道德规范中，"明礼诚信"是其重要组成部分，诚信成为国家对公民的道德期冀。在某种程度上，这也是对"五常"传统道德的传承，难掩传统文化的影响。2002 年，党的十六大报告提出，社会主义思想道德体系建设要坚持"以诚实守信为重点"。继而在 2005 年，胡锦涛在省部级主要领导干部提高构建社会主义和谐社会能力专题研讨班上发表的讲话中指出，

---

① 中共中央文献研究室编《十六大以来重要文献选编（上）》，中央文献出版社，2005，第 728~729 页。
② 胡锦涛：《努力把贯彻落实科学发展观提高到新水平》，《求是》2009 年第 1 期，第 3 页。
③ 该段论述是 2016 年 12 月 9 日习近平总书记在中共中央政治局第 37 次集体学习时的讲话中提出的关于诚信建设的观点。

"诚信友爱"是社会主义和谐社会的重要内容。2006 年,胡锦涛又提出了"八荣八耻"的社会主义荣辱观,其中"以诚实守信为荣、以见利忘义为耻"的道德要求,明确了诚信在社会评价中的意义。2007 年,党的十七大报告则再次强调,"以增强诚信意识为重点,加强社会公德、职业道德、家庭美德、个人品德建设,发挥道德模范榜样作用,引导人们自觉履行法定义务、社会责任、家庭责任"。诚信由此在道德领域、政治场域受到持续重视。2012 年,党的十八大报告对社会主义核心价值观作了较为系统的概括,提出"倡导富强、民主、文明、和谐,倡导自由、平等、公正、法治,倡导爱国、敬业、诚信、友善,积极培育社会主义核心价值观",其中"倡导爱国、敬业、诚信、友善"是立足于社会主义核心价值观的公民个人层面,"爱国、敬业、诚信、友善"四位一体集中体现了社会主义国家公民的基本价值追求和道德准则要求。① 这将诚信提到一个新的高度,成为社会主义核心价值体系不可分割的重要组成部分。

自 2003 年党的十六届三中全会第一次从国家视野角度提出"社会信用体系"的主张以来,国家开启了诚信治理的政策议程。据课题组不完全统计,中央和 31 个省份共计出台 807 部信用政策规范。② 其中较为典型的政策历程如下:2007 年,国务院办公厅出台了《关于社会信用体系建设的若干意见》,高度重视社会信用体系的建设工作。2011 年,《中共中央 国务院关于加强和创新社会管理的意见》出台,提出"建立健全社会诚信制度"。2012 年党的十八大报告明确提出"加强政务诚信、商务诚信、社会诚信和司法公信建设"。2014 年,国务院出台《社会信用体系

---

① 参见韩振峰《社会主义核心价值观的三个基本层次》,《光明日报》2012 年 12 月 8 日,第 11 版。
② 2015 年 6 月课题立项以来,为深化和解析"法治模式"的构成,确保研究真实具体,有系统化的分析素材,课题组自 2016 年就开始着手收集和整理诚信(信用)建设的法律法规和政策规范。历经 4 年多的时间,共收集到中央、各省、省会城市和较大城市、信用城市出台的法规规章、政策规范共计 312.43 万字。其中,关于联合激励和联合惩戒的政策文件共计 147 部,共计 77.91 万字。同时,为强化对法制建设和政策议程的关注,课题组还从中整理出一本工具素材《中国诚信法律通览》(约 37.7 万字),共收录信用专项法规规章 63 部,具体包括 2 部行政法规、5 部部门规章、13 部地方性法规(省级 8 部、市级 5 部)、43 部地方政府规章(省级 21 部、市级 22 部)。此外,《中国诚信法律通览》还以"附录"形式收录各级诚信政策规范文件 1457 部,主要包括:国务院及其部门 162 部、最高人民法院 5 部、中共中央办公厅及相关党的机构 4 部、群团组织(共青团)1 部、31 个省级地方 640 部、43 个信用城市(区)645 部。

建设规划纲要（2014—2020年）》，明确了社会信用体系建设的重要意义与基本范畴，成为社会诚信治理的重要纲领和行动指南。2016年，国务院先后印发《关于建立完善守信联合激励和失信联合惩戒制度加快推进社会诚信建设的指导意见》和《关于加强政务诚信建设的指导意见》，国务院一年之内制定印发2部国家级信用专项政策，这在社会诚信体系建设历史上尚属首次。2019年7月，国务院办公厅制定印发《关于加快推进社会信用体系建设构建以信用为基础的新型监管机制的指导意见》，社会诚信体系建设切入新的主题，信用监管进入体系化和机制化的发展轨道。2020年5月，中共中央、国务院发布《关于新时代加快完善社会主义市场经济体制的意见》，重申新型信用监管机制的建设，强调进一步完善诚信建设长效机制。

"诚信"是制度建设的重要内容，亦是法治建设和社会主义核心价值观入法的必然要求。目前，我国虽然尚未在国家层面制定基础性的信用法律，关于诚信的规定主要散见于《民法典》《刑法》等法律之中，但政府早已开启了信用立法的进程，远远早于权力机关的实践。2002年，首部信用建设领域的专项地方政府规章《深圳市个人信用征信及信用评级管理办法》开始实施，这也成为开启政府信用立法进程的标志。2003年10月，党的十六届三中全会通过的《中共中央关于完善社会主义市场经济体制若干问题的决定》深刻指出："建立健全社会信用体系。形成以道德为支撑、产权为基础、法律为保障的社会信用制度，是建设现代市场体系的必要条件，也是规范市场经济秩序的治本之策。"这进一步明确了信用制度建设和信用法制建设的发展方向。2013年，我国首部信用行政法规《征信业管理条例》开始施行，开启了中央政府信用立法的进程。2016年12月，中共中央办公厅和国务院办公厅联合印发《关于进一步把社会主义核心价值观融入法治建设的指导意见》，为国家信用立法提供了权威依据。2017年，《上海市社会信用条例》出台实施，标志着信用立法开始由单项立法向综合性立法转型。2018年5月，中共中央印发《社会主义核心价值观融入法治建设立法修法规划》，明确要求"研究制定信用方面的法律"；同年9月，社会信用立法被列入"十三届全国人大常委会立法规划"的"第三类项目"。由此，社会信用立法进入发展的快车道，国家和地方层面的信用立法实践如火如荼地展开，特别是地方政府信用立法取得了较为显著的成果，初步形成了政府信用立法的体系框架（见表4-1），而社会信用基础性法律也成为可预期实现的愿景。

表4-1 政府信用立法的基本结构与分布形态

| 行政立法层级 | 行政立法性质 | 法规规章名称 | 生效时间 |
| --- | --- | --- | --- |
| 中央立法 | 行政法规 | 《征信业管理条例》 | 2013年3月15日 |
| | | 《企业信息公示暂行条例》 | 2014年10月1日 |
| | 部门规章 | 《个人信用信息基础数据库管理暂行办法》 | 2005年10月1日 |
| | | 《征信机构管理办法》 | 2013年12月20日 |
| | | 《社会组织信用信息管理办法》 | 2018年1月24日 |
| | | 《中华人民共和国海关企业信用管理办法》 | 2018年5月1日 |
| | | 《证券期货市场诚信监督管理办法》 | 2018年7月1日 |
| 地方立法 | 省级政府规章 | 《浙江省企业信用信息征集和发布管理办法》 | 2005年9月1日 |
| | | 《安徽省企业信用信息征集和使用管理暂行办法》 | 2006年1月1日 |
| | | 《海南省征信和信用评估管理暂行规定》 | 2006年3月1日 |
| | | 《湖北省行政机关归集和披露企业信用信息试行办法》 | 2006年4月1日 |
| | | 《山西省行政机关归集和公布企业信用信息管理办法》 | 2006年10月1日（2018年5月18日修正） |
| | | 《江苏省企业信用征信管理暂行办法》 | 2007年11月1日 |
| | | 《江苏省个人信用征信管理办法》 | 2007年11月1日 |
| | | 《黑龙江省企业信用信息征集发布使用办法》 | 2007年12月1日（2018年5月21日修正） |
| | | 《辽宁省企业信用信息征集发布使用办法》 | 2008年9月1日 |
| | | 《吉林省企业信用信息管理办法》 | 2012年8月1日 |
| | | 《贵州省企业信用信息征集和使用管理办法》 | 2013年3月1日（2018年9月27日修正） |
| | | 《福建省公共信用信息管理暂行办法》 | 2015年8月1日 |
| | | 《天津市市场主体信用信息管理办法》 | 2016年1月1日 |
| | | 《辽宁省公共信用信息管理办法》 | 2016年1月12日 |
| | | 《上海市公共信用信息归集和使用管理办法》 | 2016年3月1日（2018年1月4日修正） |
| | | 《重庆市企业信用信息管理办法》 | 2017年3月1日 |
| | | 《陕西省企业信用监督管理办法》 | 2017年6月1日 |
| | | 《甘肃省消防安全信用信息管理规定》 | 2018年3月1日 |
| | | 《北京市公共信用信息管理办法》 | 2018年5月1日 |
| | | 《山东省公共信用信息管理办法》 | 2018年5月1日 |
| | | 《内蒙古自治区公共信用信息管理办法》 | 2018年8月1日 |

续表

| 行政立法层级 | 行政立法性质 | 法规规章名称 | 生效时间 |
| --- | --- | --- | --- |
| 地方立法 | 市级政府规章 | 《深圳市个人信用征信及信用评级管理办法》 | 2002年1月1日 |
| | | 《深圳市企业信用征信和评估管理办法》 | 2003年1月1日 |
| | | 《苏州市企业信用信息管理办法》 | 2004年7月21日 |
| | | 《鞍山市企业信用信息管理暂行办法》 | 2005年1月1日 |
| | | 《南宁市企业信用信息征集和发布管理办法》 | 2008年3月1日（2010年11月2日修正） |
| | | 《沈阳市企业信用信息归集和使用管理办法》 | 2011年1月1日 |
| | | 《宁波市企业信用监管和社会责任评价办法》 | 2012年3月1日 |
| | | 《无锡市企业信用信息征集管理办法》 | 2013年1月1日 |
| | | 《无锡市个人信用信息征集管理办法》 | 2013年2月1日 |
| | | 《成都市企业信用信息管理办法》 | 2014年1月3日 |
| | | 《长春市房地产开发企业信用评价暂行办法》 | 2014年1月20日 |
| | | 《珠海经济特区横琴新区诚信岛建设促进办法》 | 2014年4月28日 |
| | | 《南宁市个人信用信息征集使用管理办法》 | 2014年6月1日 |
| | | 《郑州市企业信用信息管理办法》 | 2015年3月1日 |
| | | 《武汉市公共信用信息管理办法》 | 2016年9月1日 |
| | | 《杭州市公共信用信息管理办法》 | 2016年10月1日 |
| | | 《沈阳市严重失信企业联合惩戒办法》 | 2017年5月1日 |
| | | 《深圳市公共信用信息管理办法》 | 2017年10月1日 |
| | | 《福州市公共信用信息管理暂行办法》 | 2018年1月1日 |
| | | 《汕头经济特区公共信用信息管理办法》 | 2019年2月1日 |
| | | 《广州市公共信用信息管理规定》 | 2019年8月1日 |
| | | 《福州市社会信用管理办法》 | 2019年8月1日 |

## 第二节　政府信用立法的现行结构与体系

### 一　政府信用立法体系的基本形态

随着2015年《中华人民共和国立法法》（以下简称《立法法》）的修正，我国享有地方立法权的主体扩展至354个。[①] 通过梳理政府信用立法的结构形态，其立法体系主要包括国家层面的行政法规和部门规章，

---

① 地方立法主体包括31个省份、49个较大的市、240个设区的市、30个自治州和4个未设区的地级市。

以及地方层面的政府规章。我国信用领域中现行有效的政府法规规章共计 50 部，具体包括 2 部行政法规、5 部部门规章、43 部地方政府规章（见表 4-2）。立法权的下放给地方治理带来了新的契机，使地方能根据本地特色开展立法活动。一方面，政府信用立法通过"国务院—省级政府—市级政府"的纵向层级脉络搭建信用立法整体标准和框架，保障信用立法的权威性和普适性；另一方面，根据具体领域的差异，政府在政务、商务、社会、司法等领域制定专项规章，提高了政府信用立法的科学性和可操作性。

表 4-2 政府信用立法领域分布情况

单位：部

| 层级 | 类别 | 数量 |
| --- | --- | --- |
| 国家层面 | 行政法规 | 2 |
| | 部门规章 | 5 |
| 地方层面 | 省级政府规章 | 21 |
| | 市级政府规章 | 22 |

## 二 政府信用立法规制的领域特征

政府信用立法领域从单一的商务诚信拓展至政务诚信、社会诚信和司法公信多个领域，但立法焦点仍以商务诚信和社会诚信为主。早在 2005 年我国已经出台了第一部与信用相关的部门规章，发展至今，中央层面的政府信用立法包括 2 部行政法规和 5 部部门规章（见表 4-3）。以政务、商务、社会和司法四个立法领域对其进行区分，其中 6 部政府信用立法属于商务诚信领域，1 部政府信用立法属于社会诚信领域。商务诚信领域是中央层面政府信用立法的主要场域，主要涉及对征信机构的规范、市场经济中企业和个人信用信息的管理、证券期货市场中信用主体的监管几个方面。唯一一部社会诚信领域的政府信用立法是民政部在 2018 年公布的《社会组织信用信息管理办法》。总体而言，中央层面的政府信用立法规制领域较为狭窄，偏重于商务诚信领域，在政务诚信和司法公信领域存在立法空白。同时，根据我国《立法法》规定，中央层面的行政立法主体包括国务院，国务院各部、各委员会，国务院直属机构，而在众多具体立法领域中仅有 7 部政府信用立法，可见政府信用立法潜力仍然有待进一步激发。

表 4-3　中央层面政府信用立法领域分布情况

单位：部

|  | 政务诚信 | 商务诚信 | 社会诚信 | 司法公信 |
| --- | --- | --- | --- | --- |
| 行政法规信用立法数量 | — | 2 | — | — |
| 部门规章信用立法数量 | — | 4 | 1 | — |

在地方政府制定发布的信用政府规章中，商务诚信领域 24 部，占比为 55.8%；社会诚信领域 17 部，占比为 39.5%；政务诚信领域 1 部，占比仅为 2.3%；司法公信领域尚未出台相关立法（见表 4-4）。除此之外，2014 年 4 月 28 日起施行的《珠海经济特区横琴新区诚信岛建设促进办法》就其内容而言，偏向于推进地方社会信用体系建设的指导性文件，不宜划归上述四个领域。在商务诚信方面，信用立法偏重于商务诚信领域的特征与我国发展社会主义市场经济体制有关。商务领域是失信行为发生的主要场域，因此，对市场主体尤其是企业的信用进行规范是保障社会经济平稳运行的必然要求。在社会诚信方面，信用立法主要针对个人道德和履行法定义务的情况进行调整。在推进社会诚信体系建设的背景下，社会诚信领域的信用立法受到持续性重视，信用立法在数量和质量上正在逐步提升。在政务诚信方面，信用立法主要是对政府依法行政的监督和约束。政务诚信领域立法较少的现状与行政权力膨胀的特性有密切关联。在司法公信方面，由于司法领域的主体以及内容的特殊性，特别是基于"议行合一"体制下权力设置的现状，司法公信领域的立法规制不在政府的治理范畴，因而体现为空白形态。

表 4-4　地方政府信用立法领域分布情况

单位：部

|  | 政务诚信 | 商务诚信 | 社会诚信 | 司法公信 |
| --- | --- | --- | --- | --- |
| 省级政府信用立法数量 | 1 | 13 | 7 | — |
| 市级政府信用立法数量 | — | 11 | 10 | — |

## 三　政府信用立法治理的内容维度

政府信用立法的治理内容不平衡，主要体现在政府信用立法集中于信息管理单项立法，而在信用监管、信用评级等领域存在立法缺失。在中央政府的信用立法中，治理内容以信用信息管理和信用监督管理为主，在信用评估评级方面也有所涉及。其中，信用信息管理单项立法有3部，占信用立法总数的43%左右。同时，信用信息管理亦是其他几部法规规章的重要治理内容。例如《征信业管理条例》将"金融信用信息基础数据库"专设一章进行规制。此外，信用监督管理单项立法共有3部，其中有2部立法内容主要是征信机构的监督和管理，重点关注征信机构的设立、运行和监督。比如《中华人民共和国海关企业信用管理办法》是关于企业进出口信用管理的部门规章，海关根据企业信用状况将企业认定为认证企业、一般信用企业和失信企业，并根据不同的等级确定相应的管理方式。

在地方政府信用立法层面，偏重信用信息管理单项立法的特征更加明显，而对信用监督管理、信用评估评级等内容则重视不够（见图4-1）。一是地方政府重视对信用信息管理的立法规制。在地方政府信用立法中，信用信息管理单项立法数量占立法总量的79%，明显高于其他领域的立法数量。在信用信息管理单项立法中，又以企业信用信息管理和公共信用信息管理的立法为主，规章数分别为14部和12部（见表4-1）。二是信用评估评级立法滞后。针对信用评估评级的单项立法普遍出台较早，且立法数量较少，仅占地方政府信用立法总量的11.6%，且近年来新的评估评级标准很少出现。三是信用联合奖惩立法展现必要性和紧迫性。信用联合奖惩作为信用立法的重要内容，是约束信用主体行为最行之有效的措施，加强对信用联合奖惩立法和机制的建设是完善社会诚信体系建设的必然要求。

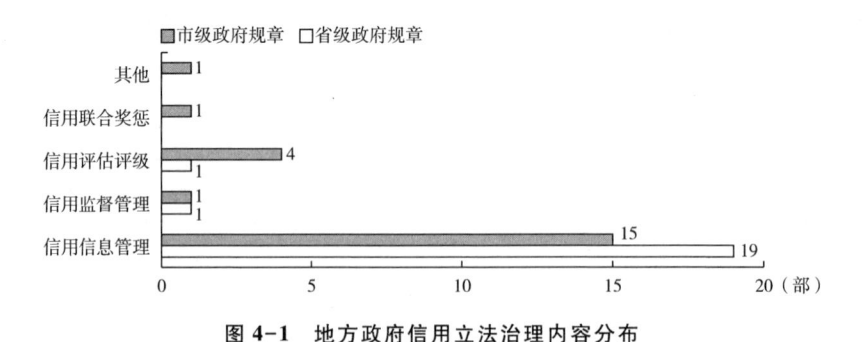

图4-1 地方政府信用立法治理内容分布

## 四 政府信用立法文本的多维结构

基于立法规制领域、治理内容等方面的不同，政府信用立法文本结构也存在差异。中央层面的政府信用立法主要分为三大类，信用信息管理类政府信用立法，在结构上包括信息收集、信息公示与查询、信用信息异议与修复等方面，围绕信用主体对信用信息的管理进行章节设置；信用监督管理类政府信用立法，在结构上包括征信机构设立标准、机构业务规则、信息库建设、监督管理几个部分，体现了对征信机构的全面管理；信用评估和评级管理类政府信用立法，在结构上包括信用信息采集、信用评级标准、评级应用与管理等部分，强调对不同等级信用主体实行不同的管理方式，激励信用主体遵守信用规范。

地方政府信用立法在文本结构上主要体现为信用信息管理类、信用评估评级类、信用监督管理类以及信用联合奖惩类四种形态。信用信息作为反映信用主体信用情况的最直接的载体，成为地方信用立法的主要内容和基础。以地方政府规章为例，地方政府信用立法主要包含信用信息采集、信用信息管理和使用、信用修复与异议处理三大板块（见图4-2）。新近出台的信用信息管理类信用立法主要在信用信息分类、个人权益保护、信用联合奖惩机制建设、信用服务行业监管等方面进行了积极探索。信用评估评级类信用立法主要对征信机构、信用评级、信用评估及应用等板块进行规范；信用监督管理类信用立法明确了监督主体、信息平台建设、信用分级管理、激励与惩戒等板块的标准；而信用联合奖惩类信用立法则主要针对奖惩情形、奖惩标准、信用修复等板块进行规范。

如图4-2所示，随着社会诚信体系建设的推进，社会诚信体系建设中的新诉求，特别是关于诚信权利和诚信义务的内容也逐渐纳入信用立法的调整范围，信用主体权益保护、信用联合惩戒等越来越成为新的信用立法所关注的内容。这不仅扩展了地方政府信用立法的规制范畴，也在更深层次推动了道德治理向法律治理转型。例如，《福州市社会信用管理办法》等规章将信息主体的权益保护、信用激励与约束、信用修复与权益保护、信用服务行业发展、社会信用环境建设等多个章节纳入其中，使信用立法的规制领域更加全面。

必须看到，政府信用立法对技术规范标准的认知与遵从程度还有待加强。首先，法律文本结构的规范性有待强化。例如，2018年实施的《甘肃省消防安全信用信息管理规定》，从内容上看偏向于对特定事项作出的具体实施办法，因此在结构上不够系统、完整。其次，条文语言的

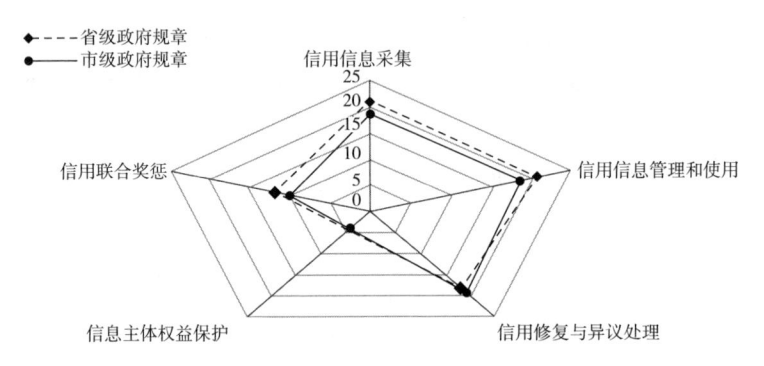

图 4-2　地方政府信用立法内容分布

法言法语特色有待提升。例如,《珠海经济特区横琴新区诚信岛建设促进办法》在立法语言上更加偏向于政策文件用语,缺乏法律语言所具有的精准性、严谨性和可操作性的特征,"口号治理"的烙印较为明显。

## 第三节　政府信用立法扩散的基本形态

### 一　政府信用立法扩散的时间形态

2002 年,我国第一部规范个人信用制度的地方政府规章《深圳市个人信用征信及信用评级管理办法》开始实施。随后的 10 年间,政府信用立法处于零星增长的态势。其中,在 2005 年中国人民银行发布《个人信用信息基础数据库管理暂行办法》之后,2006~2007 年曾出现小规模地方信用立法潮,但很快又归于平静。直到 2012 年,地方政府信用立法数量开始呈现规律性增长。本书以地方政府信用立法施行年份为横轴、以地方政府信用立法数量为纵轴,以 2012 年地方政府信用立法数量为起点,绘制地方政府信用立法扩散趋势图(见图 4-3)。① 根据扩散曲线,可以将信用立法政策扩散进程划分为以下三个阶段。

---

① 2018 年,《山西省行政机关归集和公布企业信用信息管理办法》《黑龙江省企业信用信息征集发布使用办法》《贵州省企业信用信息征集和使用管理办法》《上海市公共信用信息归集和使用管理办法》4 部省级地方政府规章进行了修订。这四个省份结合本地实际和他省经验对规章进行了较大修改,因此也应当算作新增立法数量,计入立法趋势图。

第一阶段，孕育萌芽期（2012~2015年）。此阶段吉林省首先出台了《吉林省企业信用信息管理办法》，将信用规制领域从单一的市场经济领域扩展至社会诚信领域。但此阶段的政策扩散还处于萌芽阶段，福建省的信用立法是基于既往立法经验和本省的实际情况进行的自主创新。随后，天津、辽宁、上海等地也出台了新的信用规章。

第二阶段，快速发展期（2016~2018年）。此阶段信用立法的政策扩散影响增大，大量省份开始进行信用立法，政策扩散呈加速上升趋势。2016年12月，中共中央办公厅和国务院办公厅联合印发了《关于进一步把社会主义核心价值观融入法治建设的指导意见》，指出要把社会主义核心价值观的要求转化为具有刚性约束力的法律规定，加强社会诚信体系建设。该意见虽然是中央层面的行政规范性文件，并不具备法律实施的强制性，但是为地方信用立法提供了强大的动力和政策依据。仅2018年就有5部信用规章出台，并有4部信用规章进行了修订。

第三阶段，平稳增长期（2019年至今）。随着时间的推移，政府信用立法增速趋于稳定。2019年仅有福州、广州、汕头3个市级政府出台了信用规章。部分省市以谨慎态度观望国家社会信用立法进程以及先进省市的政策施行效果。以此增长趋势来看，国家层面社会信用立法出台后可能会带来新一轮的地方政府信用立法热潮。

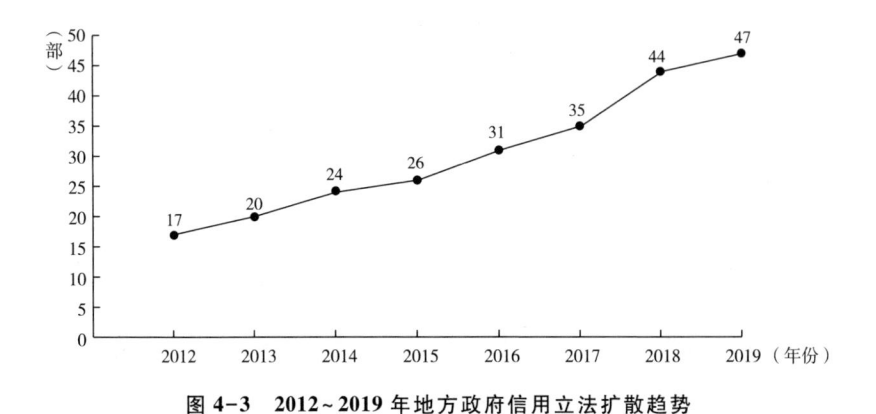

图4-3　2012~2019年地方政府信用立法扩散趋势

## 二　政府信用立法扩散的空间形态

在地域分布上，我国政府信用立法扩散呈现明显的地域差距，东部沿海地区政府信用立法建设总体上居全国前列。如表 4-5 所示，华东和华南地区政府信用立法数量较多，分别占地方政府信用立法总量的 23.3% 和 27.9%，明显高于其他地区；华北和东北地区政府信用立法数量也较为可观，占比分别为 14.0% 和 18.6%；华中、西北和西南地区政府信用立法数量占比均未超过 10%。地方政府信用立法数量的地域分布特征与我国地方经济发达程度分布呈现较高的一致性。在省级政府层面，江苏是信用领域行政立法最多的省份，在一定程度上反映了信用立法规模与经济发达程度间的关系。在城市信用立法方面，发达城市和大城市立法创制效果体现得更为直观和明显，广东省的广州、深圳、珠海和汕头四个城市就出台了 6 部地方政府规章，而江苏的苏州和无锡也出台了 3 部地方政府规章。其中，深圳和无锡就分别出台了 3 部和 2 部，集中显示了发达城市进行信用法制建设的优势和效果。

表 4-5　地方政府信用立法地域分布情况

| 类别 | 华东 | 华南 | 华北 | 华中 | 西北 | 西南 | 东北 |
| --- | --- | --- | --- | --- | --- | --- | --- |
| 省级政府 | 浙江（1部）、安徽（1部）、江苏（2部）、上海（1部） | 海南（1部）、福建（1部） | 山西（1部）、天津（1部）、北京（1部）、内蒙古（1部）、山东（1部） | 湖北（1部） | 陕西（1部）、甘肃（1部） | 贵州（1部）、重庆（1部） | 辽宁（2部）、黑龙江（1部）、吉林（1部） |
| 市级政府 | 苏州（1部）、宁波（1部）、无锡（2部）、杭州（1部） | 深圳（3部）、南宁（2部）、珠海（1部）、福州（2部）、广州（1部）、汕头（1部） | 郑州（1部） | 武汉（1部） | — | 成都（1部） | 鞍山（1部）、沈阳（2部）、长春（1部） |
| 总计 | 10部 | 12部 | 6部 | 2部 | 2部 | 3部 | 8部 |

在立法扩散层级上，我国政府信用立法还呈现独特的"吸纳—辐射"扩散的特征。从全局视角来看，社会信用立法进程就是各地方通过"自主创新"制定地方政府信用规章，所形成的经验被自下而上地"吸纳"进入中央政策议程，经过相应的整合提炼后，国家层面部门规章甚至行政法规出台，再自上而下地被逐渐"辐射"到更大的应用范围。从局部视角来看，地方政府信用立法自身也存在"吸纳—辐射"扩散的特征。

随着立法权下移和行政体制改革，地方政府拥有更大的政策创新空间和自主权。① 例如，辽宁省在借鉴鞍山市和沈阳市政府规章的基础上发布了《辽宁省公共信用信息管理办法》，将适用范围"辐射"至全省。这也从侧面说明了新获得地方立法权的主体在行政立法层面有较强的创新动力。特别是在全面推进依法治国和建设法治政府的背景下，法治政府建设示范创建活动的政绩效应也会促进政府信用立法在层级间扩散。在地方立法权下移的背景下，政府信用立法扩散不仅有传统的"自上而下"的扩散，亦有"自下而上"扩散范围的拓展。

## 第四节 政府信用立法的规律与经验反思

### 一 政府信用立法的规律特点和变迁取向

（一）在立法层次上，遵循了从地方立法向中央立法转变的逻辑

政府是开展信用立法的主导力量。社会治理创新首在"点"的层面探索与试错，而后提升转化为立法规范。政府信用立法亦遵循了同样的立法逻辑。例如，2005~2013年，浙江、安徽、湖北等10个省级政府以及9个市级政府制定了关于规范企业信用信息的政府规章。在大量的地方政府信用立法实践的基础上，2014年国务院公布了《企业信息公示暂行条例》。

综观政府信用立法实践，各省市在法律概念、规制范畴、重点领域等方面进行创新发展、总结经验，开启了中央层面信用立法的前奏。通过地方信用立法的充分探索，政府信用立法的数量不断增加、质量不断提升，国家层面出台相关法规的时机已经成熟。2020年5月，栗战书在第十三届全国人民代表大会第三次会议上作的《全国人民代表大会常务委员会工作报告》显示，社会信用法立法项目已列入立法规划和立法工作计划，目前正处于法律草案的拟订和论证阶段，国家信用立法将进入快速发展的轨道。

---

① 参见王浦劬、赖先进《中国公共政策扩散的模式与机制分析》，《北京大学学报》（哲学社会科学版）2013年第6期，第14~23页。

## （二）在立法理念上，实现了"粗放型"立法向"精细化"立法转变

在立法初始阶段，通常遵循"有比没有好，快搞比慢搞好"的立法理念，强调"宜粗不宜细"。[①] 以往的信用立法，多属于"粗放型"立法，注重的是立法的整体性与体系建设，原则性表述较多，缺乏具体性、针对性、可操作性的精细化规范。综观2010年以前的地方政府信用立法，"粗放型"立法的特征较为突出，主要体现为以下几点：一是兜底条款较多，为执法、守法、司法带来困难；二是对信用信息未进行分级管理，尤其是缺乏对一般失信行为和严重失信行为的区分；三是对信用信息的应用和查询未作具体规定；四是对信用信息异议处理和信用修复规定不足，不利于信用信息主体合法利益的维护。

随着中国特色社会主义法律体系的逐步形成和立法经验的不断积累，立法精细化发展成为必然趋势。2014年，党的十八届四中全会审议通过的《中共中央关于全面推进依法治国若干重大问题的决定》提出"推进立法精细化"的要求。随后，各地出台的信用立法在文本完整性、科学性和可操作性方面有明显提升。以福州为例，2019年6月，福州市公布的《福州市社会信用管理办法》在章节设置上增加了激励与约束、信用修复与权益保护、信用服务行业发展、社会信用环境建设等相关内容，使规章内容更细致、更严密，更加适应社会治理需要。

## （三）在立法体例上，呈现"单项"立法向"综合"立法转变的趋势

综合性社会信用立法调整范围更广、立法衔接性更强，是建设社会主义法治体系、完善诚信体系建设的重要保障。继上海市推出我国首部信用领域综合性立法后，《福州市社会信用管理办法》也在2019年8月正式施行。截至2020年6月，我国共出台了6部地方综合性信用立法，

---

① 《邓小平文选》第2卷，人民出版社，1983，第147页。

其中 5 部为地方性法规，1 部为地方政府规章。① 综合性社会信用立法的出台得到了社会各方面的充分肯定，已经成为信用立法的新趋势。

一方面，综合性社会信用立法拓宽了单项性立法的规制领域，在章节设置中增加了信用主体权益保护、守信激励与失信惩戒、信用环境建设、信用行业发展等内容，具有填补空白、拓展领域的重要作用；另一方面，综合性立法调整范围较大，立法难度较高，既要考虑立法文本的完整性，又要关注立法领域的协调性。因此，在进行综合性社会信用立法的过程中要更加慎重，在保证适用性的同时提高立法的针对性和创新性。

### （四）在法律与政策衔接上，信用联合奖惩范围实现了领域性扩展

信用联合奖惩和信用红黑名单制度是政府推进信用主体权益保护的重要方式。联合奖惩的依据主要有两类：一类为法定联动奖惩，是由法律法规明确规定的激励和惩戒措施；另一类为酌定联动奖惩，即行政部门在履行公共管理和公共服务职责的过程中，根据法律设定的范围、限度、标准或者原则拥有的行政裁量权。② 除此之外，还有一种非强制性联合奖惩，即通过呼吁社会市场主体和其他社会组织自主采取的联合措施。例如，信用主体存在严重失信行为，信用主管部门建议市场主体谨慎对待与其合作，建议金融机构等采取提高贷款利率或者保险费率等措施，但市场主体具有自主权，可根据实际情况决定是否采取措施。

2016 年，国务院制定了《关于建立完善守信联合激励和失信联合惩戒制度加快推进社会诚信建设的指导意见》，对联合奖惩工作作出了全面部署。失信联合惩戒机制和黑名单制度的部委政策大量出台，跨领域的"联合惩戒合作备忘录"成为文本实践和规则之治的主要形式，联合奖惩效果逐步显现。根据"信用中国"官方网站，目前，国家发展改革委联合有关部委，相继在 50 余个重点领域出台了联合奖惩备忘录，签订国家

---

① 地方综合性信用立法逐渐成为趋势。截至 2020 年 6 月，共计出台 6 部地方综合性立法，分别是《上海市社会信用条例》、《河南省社会信用条例》、《南京市社会信用条例》、《宿迁市社会信用条例》、《厦门经济特区社会信用条例》和《福州市社会信用管理办法》。
② 参见罗培新《遏制公权与保护私益：社会信用立法论略》，《政法论坛》2018 年第 6 期，第 170~180 页。

级联合奖惩合作备忘录43部，签订地方联合惩戒合作备忘录100余部。①通过建立联合奖惩机制，多部门、跨地区信用奖惩联动，使"守信者处处受益、失信者寸步难行"成为现实。

## 二　政府信用立法的经验反思与发展困境

### （一）政府信用立法"政策模仿"的特征较为明显

在地方政府制定公共政策的过程中，参考其他地区已有经验有益于本地区的政策制定。② 地方政府信用立法不是纯粹的政策设计行为，而是在国家法律法规的约束之下，结合实践基础和其他省市经验之后的立法活动。在政府信用立法进程中，有益的政策学习有助于提高立法质量，而盲目的政策模仿则会导致立法僵化，进而导致"政策趋同"。

政策模仿是指决策主体为了复制他人的成功经验，直接照搬照抄他人政策的模式。通过对我国43部地方政府信用规章的对比分析发现，我国地方政府信用立法存在明显的政策模仿特征。党的十八大以前，地方政府信用立法扩散中"政策模仿"明显，即某一省市制定实施信用立法以后，其他省市没有进行有选择的学习而直接进行大量复制。地方政府信用立法的政策模仿主要体现在章节设置、信用信息范围划分、管理部门设置等方面，没有根据本地区实际进行调整和创新。党的十八大以后，"政策模仿"的现象有所改变，"政策创新"趋势逐渐凸显。"政策创新"主要体现在学习他省经验过程中融入时间、地理、政治等具体实际因素的影响，对优秀经验进行提升和优化。例如，2015年《福建省公共信用信息管理暂行办法》率先在政府信用立法层面将立法领域从商务诚信领域扩大到社会诚信领域。

### （二）政府信用立法联合奖惩机制的规定尚不健全

联合奖惩是信用监管的核心手段，但往往涉及对相对人能力和权利

---

① 参见《地方联合奖惩备忘录》，信用中国，https：//www.creditchina.gov.cn/lianhejiangcheng/，最后访问日期：2020年7月17日。
② 参见刘伟《学习借鉴与跟风模仿——基于政策扩散理论的地方政府行为辨析》，《国家行政学院学报》2014年第1期，第34~38页。

能力的限制，而地方在此类措施应用上的立法空间是十分有限的。社会信用立法如何在既有效又合法的效度内实现最优是完善信用法律体系的重点，尤其是一些约束措施，如严重失信名单、特别惩戒措施等，是否存在侵犯信用主体私有权益的问题还存有争议。

一是联合奖惩对象的独立性有待明确。尤其是在执行失信惩戒时，失信主体应该是独立承担责任的个体。但部分省市在对失信被执行人进行联合惩戒时，限制其家属、亲人的有关权利，以加强对失信被执行人的约束力度。

二是联合奖惩的依据有待明确。部分涉及限制从业、市场准入等联合惩戒措施存在法律风险。我国《立法法》第 8 条对于只能制定法律的保留事项作出了明确的规定。第 82 条也明确规定，没有法律、行政法规、地方性法规的依据，地方政府规章不得设定减损公民、法人和其他组织权利或者增加其义务的规范。联合惩戒规定必须在法律授权范围内进行，同时要注意不能违反一事不再罚原则。

三是联合惩戒的程度有待区分。部分省市政府信用立法尚未区分一般性惩戒和严重惩戒。信用立法应该根据诚信的实质内涵建立失信行为的认定标准，应该考虑区分一般失信行为和严重失信行为。[①] 针对不同程度的失信行为，政府信用立法要将失信惩戒分为"一般性措施"和"特别措施"两类，进而提高政府信用立法的可行性和可操作性。

### （三）政府信用立法规制的多维失衡

首先，规制领域的失衡。政府信用立法集中在商务诚信领域和社会诚信领域，在政务诚信领域和司法公信领域存在明显缺失。这种现象的出现与我国实行的社会主义市场经济体制有关，大量的经济活动和社会领域的失信问题导致了政府信用立法的集中；同时，由于政府信用立法主体的特殊性，在进行政务诚信领域和司法公信领域信用立法时存在困难，因此相关信用立法数量较少。

其次，章节设置的失衡。政府信用立法在内容设置上偏重于对信用信息的采集、使用和管理，忽视了对信用的评估应用和信用主体合法权

---

① 参见杨福忠《诚信价值观法律化视野下社会信用立法研究》，《首都师范大学学报》（社会科学版）2018 年第 5 期，第 57~67 页。

益的保护。另外，由于现行政府信用立法主要是单项性立法，综合性立法较少，因此在信用服务行业发展、信用环境建设等方面较少涉及。

最后，地域分布的失衡。地方政府信用立法整体布局呈现东部地区较为完善、西部地区较为匮乏的态势，这与我国经济发展格局基本一致。省级层面政府信用立法主要与经济发展程度相关，浙江、江苏、上海等作为沿海发达省市，市场经济繁荣、信息交互频繁，对信用法治化的需求也最为强烈，因此信用立法出台的时间更早、数量更多。市级政府对信用立法的积极态度不仅与经济发展程度相关，还与国家政策引导密切相关。一方面，我国立法权下移刺激了市级政府的立法热情，地方政府立法能动性增强；另一方面，自2015年国家创建社会信用体系建设示范城市以来，越来越多的城市被纳入示范城市的范围，也极大地鼓励了市级政府进行信用立法的探索。

## （四）政府信用立法的专业性与技术规范性不足

地方信用立法先行的立法实践为中央层面出台更加符合立法规律的基础性信用立法奠定了实践基础，但同时，由于缺乏中央层面对信用立法关键概念的界定，地方信用立法缺乏规范性表述。信用立法不属于中央专属立法领域，而是中央和地方都可以立法的共有立法领域，即中央和地方立法权有交叉的中间地带，具有相当高的立法难度。[①] 立法技术是保证立法科学化的核心要素，是体现立法科学化水平的重要标志。我国信用立法发展周期较长，部分立法出台时间较为久远，在规范内容、立法技术上均显得滞后。第一，在法律条文表述规范方面，表述方式不符合现行立法技术规范。例如，《个人信用信息基础数据库管理暂行办法》第1条在条文表述上采用"为……，制定本办法"的表述不符合现行立法技术规范。第二，在法律常用词语规范方面，部分政府信用立法文本中语言准确性不足。例如，部分政府信用立法在设定失信行为范围时表述为"下列信息根据需要也可记入提示信息"，降低了立法的可操作性。第三，在行政处罚权限方面，少数政府信用立法在设置处罚条款时不符合《行政处罚法》要求，存在违法之嫌。例如，某省政府信用立法在对

---

① 参见于兆波《立法决策论》，北京大学出版社，1983，第147页。

失信主体进行罚款时，设定的罚款金额超过了《行政处罚法》的相关规定。

## 第五节　政府信用立法的规范与发展

### 一　实现政府信用立法的全域性覆盖

失信已经成为普遍性社会问题，完善各个领域的信用立法是规范社会秩序、保障信用主体合法权益的必然要求。

从立法位阶层次上看，实现政府信用立法全域性覆盖需要推动基础性信用立法的出台。国家层面的信用立法是推动社会信用体系建设纵深发展的关键一环，具有基础性、突破性的重要意义，各地方各部门信用建设实践也迫切需要国家信用立法提供法治支撑。2019年8月，《中华人民共和国社会信用法（部门起草稿）》已经进入立法座谈会研究讨论阶段。[1] 国家信用立法已具备了广泛共识、坚实基础，立法条件较为成熟。国家发展改革委作为负责制定草案的牵头部门，应该确定立法重难点清单，对立法体例、联合奖惩、权益保护等重点问题进行专题调研。同时，国家发展改革委还需要加强与司法部、中国人民银行及地方政府等相关单位协作，充分吸收采纳各方意见和建议，按程序依法依规加快推动立法进程。

从立法规制领域上看，实现政府信用立法全域性覆盖需要推进部门规章出台，完善专门领域信用规范。目前，我国信用领域部门规章数量较少，只有中国人民银行、民政部、国家海关总署、中国证券监督管理委员会四个部门出台了信用管理办法，覆盖领域明显不足。教育部、工信部、国家税务总局等部门在业务范围内经常面临失信问题的突出挑战，对信用立法的需求迫切，但仍未出台信用部门规章。信用立法在进行领域扩展时，一方面要遵从自下而上的立法逻辑，具体领域的专项信用立法要在基层进行广泛实践，在吸收有益经验的基础上充分论证更上层级政府和更广区域的适用性；另一方面要注重由政策向立法转化的逻辑，

---

[1] 参见《国家发展改革委组织召开社会信用立法座谈会》，中国政府网，http://www.gov.cn/xinwen/2019-09/03/content_5426728.htm，最后访问日期：2020年7月31日。

充分发挥政策的目标性与实践性，再通过法定程序将稳定、成熟的信用政策上升为信用立法。

从地域空间分布上看，实现政府信用立法全域性覆盖需要平衡东中西部信用立法数量。一是要加强中西部地区信用立法。我国地方信用立法呈现明显的地域分布不均衡状况，中西部信用立法数量少、占比较低，尤其是西部地区信用立法进程相较于东部城市的信用立法实践，在立法数量、立法质量、立法创新性等方面均存在差距。二是要推动区域协调和立法协同。通过建立立法工作联席会议制度，形成信用立法建设备忘录。在立法规划、起草修改等环节构建立法成果和立法信息共享机制，最大限度地发挥立法资源和制度规范方面的协同推进优势。例如，推进长三角、珠三角、成渝双城经济圈等立法协同，实现信用立法区域标准的统一化。

从制度规范衔接上看，实现政府信用立法全域性覆盖需要推动综合性立法。以综合性信用立法为统领、单项性信用立法为构成，促进各领域相关规范的衔接联合运作，克服单纯为一个部门立法的倾向，实现综合性立法和单项性立法的有效衔接。社会信用体系建设涉及社会各个领域，社会信用立法全局性、综合性、系统性强，统筹协调难度大，需要从国家层面进行立法，要明确部门规章、地方政府规章在规范信用行为过程中应该加强协作和衔接。单项性立法则应该在法定权限内，将有关法律法规的原则性规定进一步具体化，以增强信用立法在具体领域内的可操作性和约束力。通过综合性立法的统一领导，单项性立法的细化落实，构建协调有效、运转顺畅的政府信用法规规章体系。

## 二 强化政府信用立法与信用政策衔接

政策与法律是现代社会调控的两种手段，政策的制定以法律为准绳。① 在政策制定过程中，司法行政部门承担行政规范性文件的合法性审核工作。2018年，国务院办公厅发布《关于全面推行行政规范性文件合法性审核机制的指导意见》，为行政规范性文件合法性审核提供了权威性依据，政策规范的合法性审核进入了制度化发展的轨道。在地方立法权

---

① 参见陈庭忠《论政策和法律的协调与衔接》，《理论探讨》2001年第1期，第64~66页。

下移和信用政策扩散日益普遍化的情境下，信用立法和信用政策的衔接应该着重强化以下三个方面的工作。

一是强化信用政策制定标准的合规性和程序的规范化。政策制定标准和制定程序是确保政策合法性的基础和要求。信用政策制定标准的合规性主要体现在制定主体的合法性、政策内容的可操作性、语言的规范性方面。信用政策作为信用立法的辅助和补充，在制定过程中应该以信用立法为指导，在法律框架之内进行政策创制。信用政策制定程序的规范化主要是信用政策应该严格依照法定程序制发，认真评估论证政策的必要性、可行性和合理性，广泛征求各界意见和建议，及时进行合法性审核和主动向社会公开发布。

二是强化司法行政部门对信用政策的合法性审核。司法行政部门应该统一对信用政策文件制定主体、法定职权、法律依据、制定环节等进行全方位的合法性审核，保障政策文件的合法性，最大程度地发挥信用政策文件的辅助作用。一方面，全面推行行政规范性文件合法性审核机制，完善信用政策审核工作方式，例如建立健全专家协助审核机制；同时，建立合法性审核信息共享机制，推动信用信息共享和整合。另一方面，完善合法性审核前置和事后审查的双审核路径。对信用政策的合法性审核前置是提高政策质量、保障政策合法有效的重要手段，而对信用政策事后审查则是撤销和纠正违法的规范性文件，维护信用主体合法权益的必要方式。事后审查除了行政部门规范性文件备案审查机制外，还包括行政复议和行政诉讼。

三是强化审计部门对政策执行力度和政策实施效度的评估审查。法律授权审计机关对政府行政过程和国家经济运行状况进行调查评估，并将评估结果反馈至政府决策部门，作为决定政策变化、政策改进和制定新政策的依据。审计部门对政策执行力度的评估审查是指审计机关对行政部门把政策力度落实为执行力度情况的评估审查。通过对信用政策执行的积极性、全面性、准确性以及落实程度较低的部门进行筛查，行政部门可以及时把握政策实施情况，从而更好地发挥信用政策的作用。审计部门对政策实施效度的评估审查是指对信用政策实施效果的反馈。通过审计部门对信用政策实施效度的评估审查，行政部门可以进一步提炼有效措施，同时评估结果能推动信用政策的及时调整，提高信用政策与信用立法的协调性。

### 三 提升政府信用立法能力与立法质量

立法技术是保证信用立法科学化的核心要素，是体现信用立法科学化水平的重要标志。地方立法权扩展以来，许多享有地方立法权的市级地方政府展现出强烈的立法热情，却没有足够的立法能力，导致地方政府信用立法质量参差不齐。提高地方政府信用立法能力与立法质量应该重视以下三个方面的工作。

首先，保证立法程序的规范性。地方立法程序与地方立法质量和效率息息相关，在立法实践中，地方政府立法程序不规范容易导致立法冲突、立法环节缺失、立法可行性不高等问题。地方政府在进行信用立法时应该注意立法选题、草案拟定、立法审查、立法审议、立法公布五个环节的规范性。在政府信用立法过程中应该发挥听证制度的作用，广泛听取各方意见和建议，提高信用立法的民主性。同时，还应该充分利用专家论证机制，认真对待专家论证意见，提高信用立法的科学性。

其次，提高信用立法的可操作性。早期的政府信用立法，"粗放型"立法的特征较为突出，在可操作性方面有所缺失。立法精细化要求对政府信用立法进行细化，提高立法的针对性和可操作性，从而提高立法质量。政府信用立法应该减少鼓励、支持、推进、引导这类词语的使用，转化为切实可行的具体措施。同时，政府信用立法还应该尽可能地减少"其他"类的兜底性条款。此外，在信用评级和联合奖惩设置中，政府信用立法应该依标准针对不同的情形确定相应信用等级，并制定对应的奖惩措施，压缩自由裁量的空间，进而提高信用立法的可操作性。

最后，提升立法人员的立法水平。对于行政立法主体，尤其是立法权下移后新增的立法主体，应该建立和完善立法能力提升培训机制。一是要形成常态化法律知识普及制度。针对广大政府人员进行立法常识和基础性立法知识的宣讲。二是要建立针对性立法能力提升培训制度。面向政府中从事立法的人员定期进行专业化科班教学，不断提升其立法能力。三是引进专业立法人才。当政府内部缺乏立法人才时，可以通过聘请高端法学人才的方式充实内部立法力量。四是要建立立法咨询专家库。通过邀请专家学者直接参与立法活动或开展专家论证会或委托立法等方式，充分发挥专家咨询作用，提高立法的科学性。

# 第五章 "信用中国"平台的全国布局与地方融入

## 第一节 "信用中国"平台建设的发展历程

### 一 1.0版本:"信用中国"网站的开通

2015年6月,"信用中国"网站1.0版本正式上线运行。这是国家层面为推进社会信用体系建设的一项重要举措。国家公共信用信息中心是"信用中国"网站主办单位,国家发展改革委、中国人民银行是其指导单位。网站的建设以及信用信息归集成效的取得主要依赖国家社会信用体系建设部际联席会议各成员单位的支持。特别是在两家指导单位的支持下,公共信用信息(尤其是金融信用信息)在更大程度上得以征集和公示。"信用中国"网站有了诸多权威机构的支撑,能够归集来自最高人民法院、国家发展改革委、财政部、农业部、环境保护部、税务总局、安监总局、证监会等部门各类主体的信用记录,具体包括法院提供的失信被执行人("老赖")名单、税务部门提供的重大税务违法案件当事人名单等信息。信用动态、政策法规、联合惩戒、信用服务、信用研究、信用知识、信用信息共享等栏目的内容也因之日益丰富,依托信用信息查询、展示功能,发布内容具有权威性、综合性、及时性等特点的信用信息。网站的开通不仅可以在基础信息使用层面归集发布各地区、各部门的社会信用信息,而且也为信用信息的跨域共享甚至全国共享建立了基础性平台。[1] 同时,网站向社会公众提供"一站式"查询服

---

[1] 参见《"信用中国"网站开通运行》,中央政府门户网,http://www.gov.cn/xinwen/2015-06/01/content_2871410.htm。

务，提升了社会信用信息公开透明度，成为一种有效的约束和激励机制，增强了各类信用主体履约践诺的信心。此外，"信用中国"网站初次推出，仍有许多版块需要升级。

## 二 2.0版本："信用中国"网站的升级

2017年10月，"信用中国"网站2.0版本正式上线运行。在信息发布种类方面，"信用中国"网站自1.0版本上线以来，网站发布的信用信息逐渐增加，其中包括红黑名单信息、企业基础信息、统一社会信用代码信息、行政许可与行政处罚信息。其中，"双公示"信息发布数量较多，累计超过1000万条。此次改版升级对原网站的页面布局进行了改进，也对其版块和结构进行了调整优化，更加便于社会公众在信用网站上查询相关信用信息。在栏目内容方面，新版"信用中国"网站对查询类栏目、资讯类栏目、公示类栏目进行分区设置，更加突出权威性、及时性、互动性和可读性。查询类栏目包括统一社会信用代码查询、行政许可和行政处罚信息查询、守信红名单查询和失信黑名单查询以及重点关注名单查询等。资讯类栏目新设标准规范、联合奖惩、城市信用、个人信用、信用大数据分析等。公示类栏目包括国家职业资格目录清单、重点污染单位污染排放监测信息、全国公共资源交易信息等十余个公示专区。① 在信息更新速度方面，栏目内容的更新速度也比以往有所提升。此外，2017年4月，国家发展改革委印发《关于加强全国信用信息共享平台一体化建设和信用门户网站一体化建设的指导意见》，对"信用中国"网站群的一体化建设提出了具体的指导意见。一体化发展将有利于保障网站群信息数据推送统一，实现全国信用服务的"一网通办"，有利于不同主体在不同地域的信用门户网站上享受标准化的信用服务。

## 三 3.0版本："信用中国"网站一体化

2018年5月，"信用中国"网站3.0版本方案的编制工作逐渐提上日程。在业务设计上包括信用承诺、信息共享、信用报告、信用评价、信息公示、异议处理、信用修复等，将进一步形成一体化的全流程系统服

---

① 参见《"信用中国"网站2.0版正式上线运行》，信用中国，https://www.creditchina.gov.cn/toutiaoxinwen/201710/t20171016-57943.html。

务。一体化建设渗透于信用服务的各个流程。在信用服务的事前环节，"信用中国"网站将以"信用承诺、信用公示、信易+"为主打品牌，加大信息公开力度，强化网站对整个社会的影响力。在信用服务的事中环节，"信用中国"网站积极推进信用产品的普及应用，加强信用刊物建设，扩大信用知识普及。此举可帮助社会公众强化信用知识，向社会不断传递诚实守信的社会正能量，鼓励大家遵循"知信、用信、守信"原则，努力营造诚实、自律、守信、互信的社会信用环境。在信用服务的事后环节，"信用中国"网站也将在重点的社会民生领域拓展社会化、市场化奖惩机制，更加注重提升信用修复水平，不断加强"信用中国"网站面向社会公众的综合服务功能，将"信用循环圈"向诚实守信的良性循环引导。① 同时，在形式上，31个省级信用门户网站应当与"信用中国"网站互联互通，尽早形成"信用中国"网站群，各网站的名称、风格、标识也要实现一体化。

总体而言，31个省份（不包括香港、澳门和台湾）的地方信用门户网站已经建立，并且已经接入"信用中国"网络平台。在"信用中国"的"地方信用网站"栏目下，设有其他省份、城市的网站链接，可实现横向间的网页跳转。此外，全国各地信用门户网站一体化建设也在稳步推进，形成了"1+X"的多元发展格局。其中"1"是指各省融入"信用中国"平台的地方网站，"X"则主要指各省建立的建筑、旅游、家政等行业类信用网站。

## 第二节 "信用中国"平台建设的基本现状

### 一 "信用中国"网站集群已初步形成

目前，31个省份的地方信用门户网站已经全部融入"信用中国"的总网站。"信用中国"的网站集群已经初步形成。"信用中国"网站集群整合了各级各地方信用门户网站资源，打造了一个互联互通的"信用中国"网络平台。

---

① 参见邱晓琴《"信用中国"网站让"老赖"无处遁形》，《光明日报》2018年8月2日，第4版。

在网站名称层面，命名方式基本实现了统一。其中 27 个地方信用门户网站的命名形式为"信用中国（省份名称）"，如信用中国（广东）、信用中国（上海）；剩余 4 个省份网站名称的命名形式为"信用+省份名称"，如信用河北、信用江苏、信用安徽、信用湖南。在网站风格层面，地方信用门户网站与"信用中国"总网站的风格总体上保持了一致。据统计，24 个地方信用门户网站的背景为红色，其他 7 个地方信用门户网站（浙江、河南、山东、湖北、湖南、青海以及安徽）的背景为蓝色。在网站栏目层面，各个地方信用门户网站也与"信用中国"总网站相互承接，面向社会公众提供信用信息公示、信用信息查询等服务项目。在版块构成方面，31 个省级地方信用门户网站与"信用中国"总网站既一脉相承又兼顾了地方特色。

总体而言，"信用中国"网站集群已经实现了初步的统一管理、信息共享，总网站与子网站之间已经实现了纵向的互联互通，各子网站之间也建立了横向的链接关系。

## 二 三大主体：地方信用门户网站建设的主力军

"信用中国"网站的建设有三大主体，分别是国家公共信用信息中心、国家发展改革委、中国人民银行。主办单位是国家公共信用信息中心，国家发展改革委、中国人民银行是其指导单位，主要对网站的建立进行指导。各个地方信用门户网站的建设主体主要有三个，分别是指导（主管）单位、主办单位、承办单位。

31 个省份中只有 9 个省份拥有指导（主管）单位，包括上海、浙江、河南、河北、山西、陕西、宁夏、云南和安徽。指导（主管）单位主要是各省的发展和改革委员会以及各省的社会信用体系建设办公室。其中，由省级发展和改革委员会担任指导（主管）单位的省份数量较多（见图 5-1）。指导（主管）单位是单一省级发展和改革委员会的省份主要是浙江、河南、陕西、宁夏、云南和安徽 6 个省份。山西省的指导（主管）单位有 2 个，分别是山西省发展和改革委员会以及中国人民银行太原中心支行。上海和河北的指导（主管）单位为省级的社会信用体系建设办公室。上海的指导（主管）单位为上海市社会信用体系建设办公室，河北的指导（主管）单位为河北省政务服务管理办公室（河北省社会信用体系建设领导小组办公室）。

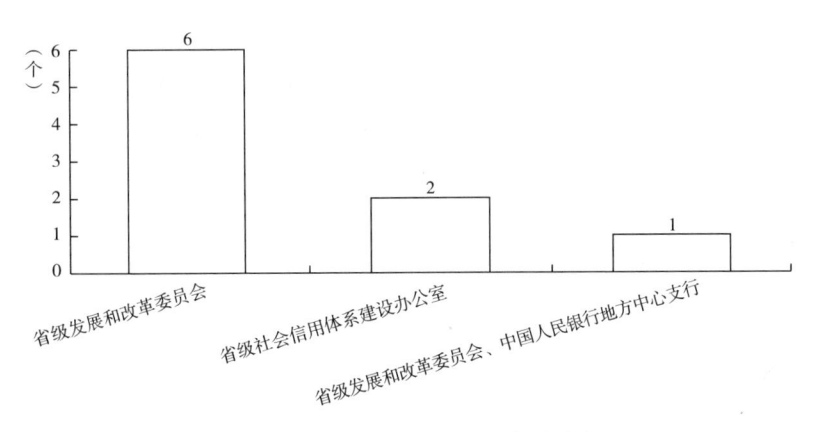

图 5-1　指导（主管）单位类型分布

31 个省份中有 29 个省份拥有主办单位。① 主办单位主要是省级发展和改革委员会、信用信息中心以及社会信用体系建设办公室，如图 5-2 所示。11 个省份的主办单位是单一的省级发展和改革委员会，占比为 37.93%，分别是广东、山东、江苏、江西、西藏、海南、西藏、贵州、天津、青海和重庆 11 个省份。广西和四川的主办单位由省级发展和改革委员会与中国人民银行地方中心支行组成，占比为 6.90%。上海、浙江、河南、河北、吉林、宁夏以及云南 7 个省份的主办单位是单一的省级信用信息中心，占比为 24.14%。陕西省的主办单位除了陕西省信息中心之外，还包括陕西省信用管理办公室以及陕西省联合征信中心，占比为 3.45%。福建、山西、湖北、内蒙古、甘肃、安徽 6 个省份的主办单位是单一的省级社会信用体系建设办公室，占比为 20.69%。黑龙江省的主办单位则是由黑龙江省"诚信龙江"建设工作领导小组办公室和黑龙江省营商环境建设监督局共同组成，两个机构实质上是合署办公，占比为 3.45%。此外，北京市的主办单位和其他省份都有所不同，其主办单位是北京市经济和信息化局，占比为 3.45%。

31 个省份中有 17 个省份拥有承办单位。14 个省份的承办单位是省级

---

① 基于后述原因，并不是所有的省份都有承办单位和主办单位——在社会信用体系建设过程中，各省级地方不断进行建设方式的探索和创新，"信用中国"网站的地方融入没有统一的政策标准，主要依托地方的自主探索，由此形成了多元的地方信用网站建设格局。

的经济信息中心或信用信息中心，占比为82.35%，分别是广东、山东、福建、山西、湖北、江西、西藏、内蒙古、甘肃、新疆、天津、青海、安徽、重庆。江苏、广西、贵州的承办单位则不同，江苏的信用门户网站是由江苏省社会信用体系建设领导小组办公室承办，占比为5.88%；广西的承办单位是广西壮族自治区宏观经济研究院，占比为5.88%；贵州的承办单位是贵州省诚信建设促进会，占比为5.88%（见图5-3）。

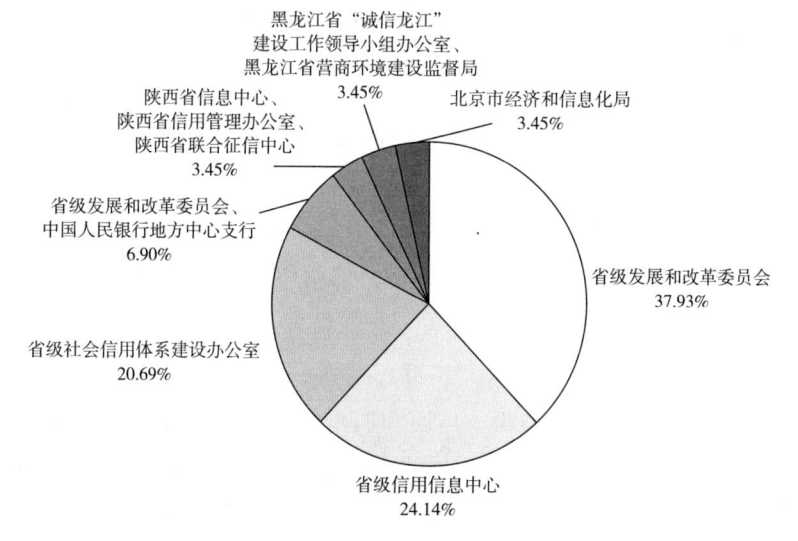

图 5-2　主办单位类型分布

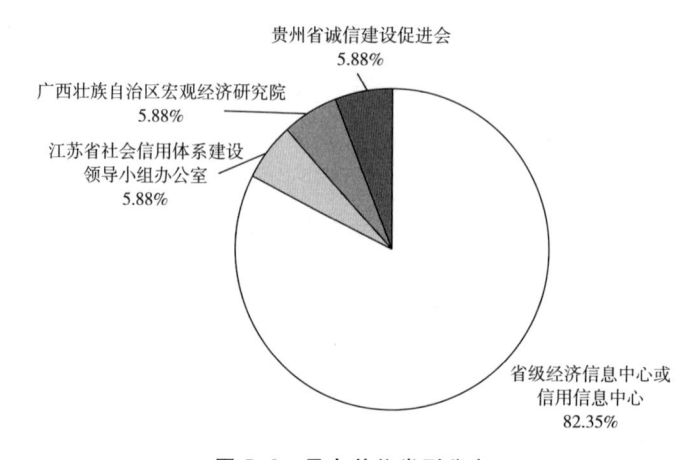

图 5-3　承办单位类型分布

通过图 5-2、图 5-3 分析可知，地方信用门户网站的建设除了依托省级发展和改革委员会、信用信息中心，也离不开省级社会信用体系建设办公室的统筹。省级三大主体构成了社会信用体系建设的推动力量。发展和改革委员会一般在社会信用体系的建设过程中起着引领性和协调性的作用，信用信息中心一般负责具体的网站建设任务，社会信用体系建设办公室则负责统筹和处理社会信用体系建设的日常事务。

### 三　版块构成：地方信用门户网站的基本框架

地方信用门户网站虽然保持了各自的地方特色，但总体上仍与"信用中国"网站保持着相同的发展逻辑。总体来看，网站的版块构成主要涉及以下方面：搜索引擎、标题栏、新闻动态、新冠肺炎疫情、"诚信建设万里行"主题宣传活动（简称"诚信建设"）、信用动态、政策法规、联合奖惩、信用服务、信用研究、信用知识、红黑名单、行政许可和行政处罚（双公示）、信用承诺、信用报告、信用评价、异议处理、信用修复、行业信用、城市信用、信用公示、特色专栏、典型案例、重点领域信用体系建设、城市信用排名、信息归集数量统计、社会信用体系建设工作联席会议成员单位、专项治理、友情链接。

"信用中国"地方网站承袭了"信用中国"网站版块的主要内容，共计形成了 15 个版块的栏目设置，如图 5-4 所示。其中"信用中国"地方网站普遍设置的版块是搜索引擎、标题栏、新闻动态、政策法规和友情链接，各省完成率分别是 100%、100%、97%、81% 和 68%。这显然与"信用中国"网络平台建设的初衷有高度一致性，目的在于提供信用便民服务，通过检索、查询、公示和链接共享，实现信用信息、建设进度、权威规范和重要活动的及时公示，进而保障公民的知情权和信用权等诚信权益。这是社会诚信体系网站平台建设的基础性栏目，不仅体现了新闻本身的传播价值与特性，而且与版块对应内容的可更新性和丰富性有直接关联。与此相对应，"新冠肺炎疫情""信用研究""重点领域"等则是各省份设置比较少的版块，完成率分别是 39%、29% 和 16%。这些版块的低完成率状态可能有三个方面的缘由：一是新冠肺炎疫情属于临时设置性内容，不属于常态版块；二是研究性内容的社会关注度较低；三是地方社会诚信体系建设的内容较为庞杂，重点领域也因各个城市具体情况不同而零散不一。

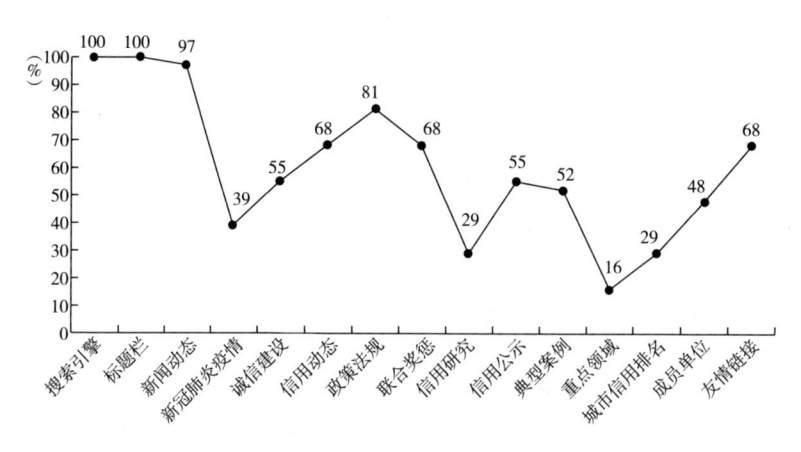

图 5-4　固有版块建设完成率

同时，各省份也根据社会信用体系建设实际情况增设或调整了相关版块。这些版块在信用网站的未来建设中将成为新的重点领域，主要有信用知识、红黑名单、行政许可和行政处罚（双公示）、守信承诺、信用服务、信用评价、行业信用、城市信用、特色专栏、"信易+"、信息归集数量、专项治理共计 12 个版块，如图 5-5 所示。其中各省份建设相对较多的版块是政许可和行政处罚（双公示）、红黑名单、信用服务和特色专栏，完成率分别达到了 52%、39%、39%、29%。同时，版块建设还呈现以下特征：行政许可和行政处罚（双公示）在信用网站开设专栏体现了政府在信息公开领域的新突破；[①] 红黑名单的公布为守信联合激励和失信联合惩戒的信用监管模式提供了明确的激励和惩戒对象；[②] 信用服务一般包括信用异议、信用修复和信用报告等事项，作为平台的"售后栏目"可以及时发现公众的问题与需求；特色专栏的建设可以更好地凸显各省份的独特性。与此相反，信用评价、城市信用和守信承诺三个版块的完成率较低，分别为 6%、6%、3%。信用评价需要政府与专业第三方评估机构一起合作完成，而我国的专业第三方评估机构发展尚不如国外成熟；守信承诺、城市信用还处于政策推行的初始阶段，尚未普遍推行。总体

---

[①] 参见程琥《新条例实施后政府信息公开行政诉讼若干问题探讨》，《行政法学研究》2019 年第 4 期，第 13~31 页。

[②] 参见陈海盛、白小虎、郭文波、吴淑君《大数据背景下信用监管机制构建研究》，《征信》2019 年第 5 期，第 11~16 页。

来看，这些新版块都处于建设的初始阶段，整体完成率都在 52% 以下，还有较大的空白。

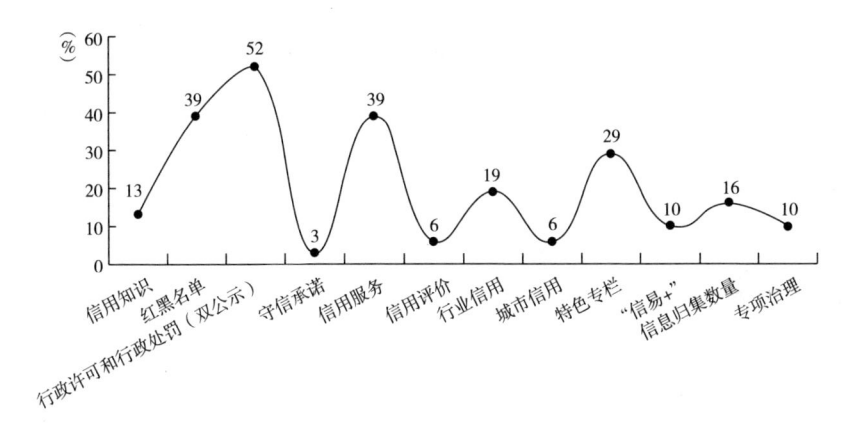

**图 5-5 新增版块建设完成率**

从横向层面来看，31 个省份在版块的覆盖幅度上也有所差异。其中，福建、陕西、甘肃、四川、辽宁、海南、云南、天津 8 个省份的信用门户网站版块建设覆盖内容较广。福建、陕西、甘肃建成了 15 个版块，四川、辽宁、海南、云南、天津建成了 14 个版块。黑龙江、浙江、河南和青海 4 个省份建成的版块数量较少，黑龙江建成了 7 个版块，浙江和河南建成的版块数目为 6 个，青海建成的版块最少，只有 4 个（见图 5-6）。版块建设数量上的参差不齐也造成了各省份所展示内容的杂乱无章。这是因为基础版块的建设规划缺乏统一标准。通过这些差异化的数据可以看出，31 个省份信用门户网站的版块无论是在数量上还是在内容上都有待进一步统一规范。

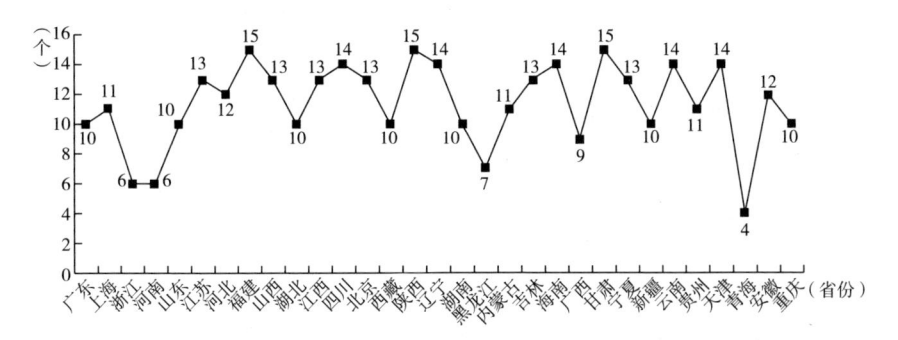

**图 5-6 31 个省份信用门户网站版块覆盖数量分布**

## 四　地方信用门户网站的信息更新情况

"信用中国"网站群的动态新闻栏与"信用中国"网站动态新闻栏设计保持一致的包括上海、山西、湖北、江西、四川、北京、陕西、辽宁、内蒙古、吉林、海南、甘肃、宁夏、新疆、贵州、青海、重庆共17个省份,这些省份的信用门户网站动态新闻栏推送新闻的形式一致,均采用头条新闻的形式。其他14个省份中除河南、黑龙江不设该栏目外,均将该栏目设定为"图片新闻+信用动态"的形式,信用动态之下还作了类型划分,主要类型有国家动态、省内动态、省外动态等。采取此种形式推送的省份有广东、浙江、山东、江苏、河北、福建、西藏、湖南、广西、云南、天津、安徽共12个省份。

头条新闻推送形式简单明了,一般推送5条与近期时事相关的头条新闻。然而,统计发现,17个省份的头条新闻推送依旧存在不规范的情况。首先,从数量上看,17个省份当中14个省份的头条新闻推送数量保持在5条,上海的头条新闻仅推送了3条,而陕西的头条新闻推送了10条,辽宁的头条新闻推送了6条。其次,基于头条新闻的性质要求,新闻应有一定的时效性。上海、山西、四川、陕西、辽宁、内蒙古、吉林、海南、甘肃、贵州、青海、重庆12个省份的头条新闻均为7月的实时新闻。然而,经分析发现,信用新闻头条推送在时间和命名上存在较大差异。比如,山西省信用头条新闻推送在时间上无规律可循,随意性比较大;江西省的推送存在时间跨度比较大的问题,近5条新闻最长的一次时间间隔为5个月;北京、新疆等省份的更新则比较及时,已然更新到7月,而宁夏则相对滞后,依然停留在5月。最后,17个省份虽以头条新闻的形式推送新闻,但在具体的命名上存在较大差异。上海将该栏目称为"新闻",北京则称为"信用动态",陕西则称为"信用要闻",甘肃将该栏目称为"焦点新闻",而其他省份对该栏目的命名统一为"头条新闻"。

## 第三节　"信用中国"平台建设的问题与困境

### 一　平台建设水平参差不齐

各省份平台建设水平尚存在不一致。从版块覆盖数量上来看,31个省份的版块建成数量不一，多则 15 个，少则 4 个。例如，福建、陕西、甘肃建成了 15 个版块，而青海只有 4 个。其他省份建成的版块数量在此之间上下浮动。例如，广西建成了 9 个版块，贵州建成了 11 个版块。各个省份版块建设数量多少反映了各地信用建设水平的高低。信用信息的统计与释放这一基础性工作有待继续夯实。从版块分区设置上看，仍有省份版块分区设置不合理。上海、广东、河北等 12 个省份的版块设置未与"信用中国"的版块设置保持一致。[1] 部分省份排版凌乱，未进行科学合理的区域划分，也有部分省份存在版块内容缺失的现象。这也是版块设置不合理的主要原因。从版块内容上来看，部分版块之间的内容类型界限模糊。例如，"信用中国（上海）"的行业信用和城市信用版块之间的内容区分不够明确，且二者的内容也不能够和该版块的名称设置准确对应。可见，版块设置不仅在形式上存在问题，在内容上也存在问题。

## 二 平台服务性功能有待健全

平台提供一站式查询服务和数据统计功能。首先，一站式查询服务功能尚不完善。经统计发现，31 个省份的地方信用门户网站存在问题。一是开通查询功能的省份数量较少。31 个省份当中开通集中查询功能的只有 6 个省份，即上海、山西、四川、北京、宁夏、云南。二是在具体查询内容上也存在不一致的情况。上海开放的查询内容较多，针对的主体有法人和自然人，可查询的内容多是涉及各种类型的失信名单查询。[2] 山西、四川、北京、宁夏、云南 5 个省份的查询内容没有上海多，但内容相对一致，可作为其他省份开放查询功能的参考标准。其开放的查询内容主要集中在统一社会信用代码、行政许可和行政处罚（双公示）、红黑名单、失信被执行人、信用修复、投诉举报 6 项上。其次，数据统计功能尚不健全。一体化建设要求各个地方的信用门户网站设置统一的网

---

[1] 12 个省份具体指上海、广东、河北、黑龙江、安徽、河南、湖南、重庆、青海、云南、西藏、广西。

[2] 上海的信用门户网站具体有法人在线查询、自然人在线查询、法人现场查询、自然人现场查询、统一社会信用代码查询、防疫失信信息公示、信用预警、守信名单查询、重点关注名单查询、海关高级企业认证名单查询、税务 A 级纳税人名单查询、经营异常名录、失信被执行人查询、重大税收违法案件查询、政府采购严重违法失信名单查询、异议申请预约、严重债务失信人名单、其他严重违法名单、电子商务领域失信黑名单、非法集资失信名单。

站点击量统计功能。据统计，目前只有 5 个省份在网站页面底部设置了点击量统计功能，分别是上海、湖北、西藏、吉林、安徽。且从形式上看，点击量统计功能的设置也并不统一。

### 三 信用新闻推送存在脱节现象

新闻推送机制存在诸多问题。首先，新闻推送时间并不统一。各个地方信用门户网站的头条新闻推送时间存在较大的差异。据统计，上海、山东、福建、山西、江西、辽宁、湖南、宁夏和新疆 9 个省份新闻推送时间依旧停留在 6 月甚至更早的时间。其中，上海、山东、福建、辽宁、湖南、新疆的头条新闻推送依旧停留在 6 月。宁夏的头条新闻推送时间相对晚一个月，最新的动态停留在 5 月。山西、江西的新闻推送速度最慢，头条新闻还停留在 4 月。其次，新闻推送类型较为零散。广东、浙江、山东、江苏、河北、福建、西藏、湖南和广西 9 个省份对新闻动态进行了分类，剩余 20 个省份只是单一的头版新闻。在推送的类型上存在不统一的问题，今后推送方向采取何种标准，尚需商榷。最后，在版块的划分上存在一定的矛盾。广东、山东、江苏、河北、福建、西藏、广西、云南、天津 9 个省份将新闻动态归纳到信用动态的版块下，然而在其他省份，信用动态是单独的一个版块。信用动态版块的划分存在不同，内容上区分不够明确。头版新闻与信用动态边界模糊不清也是导致二者划分不一致的重要原因。

### 四 行业信用平台融入有待深入

各个省份已经建立了数量不一的行业信用平台，然而与"信用中国"网站的融入进程较慢，大多行业信用平台几乎还未融入。据统计，"设门立槛"的行业信用平台有 5 个，分别是广东省建筑业企业信用评价平台、山东省建筑市场监管与诚信信息一体化平台、河南省信用信息共享平台、湖南省水利建设市场信用信息平台、甘肃省征信甘肃平台。这些行业信用平台均需要账号才能登录，有的行业信用平台可以注册，有的行业信用平台虽挂出了登录的界面，但是并没有提供注册账号的途径。比如，广东省建筑业企业信用评价平台和河南省信用信息共享平台均无法注册登录。这样的行业信用平台只是对内部人员或企业开放，并没有对社会全面公开，不符合构建社会征信体系的要求。真正服务于社会的行业信用平台应当对社会公开。"设门立槛"的原因还是在于信息公开的依据和法律支撑不足。在信息时代，信息的可获取性上升，但越容易获得的信息往往价值并不高，二者之间呈现一种反比关系。讲信用本就是一种可贵的品质，信用信息更是一种宝贵的资源，对诚信政府、诚信社会的建设起着至关重要的作用。高价值的信息在获取途径上具有一定难度，因此，行业信用平台与"信用中国"的融入，还需要继续深入。

## 第四节 "信用中国"平台整体性发展的基本策略

### 一 联合发展：政府主导下的区域和部门协同

平台建设因各地实际情况不同而呈现差异化现象。横向来看，各省份之间经济发展水平差距较大。纵向来看，31个省份的地方信用门户网站与"信用中国"网站之间存在一定的差异。由中央"信用中国"网站直接统辖31个省份的信用平台发展存在帮扶无力的现象。因此，一是要推动地方信用平台区域化联合发展，在地方与中央之间建立新的衔接层级。按照地域相近原则，成立区域综合性信用平台。二是由政府主导区域化信用平台建设工作。政府统筹做好信用信息统计的基础性工作，向平台建设充分释放有效信用信息。政府工作人员也要始终秉持建立诚信政府的原则做好区域化信用平台建设工作。三是各部门要相互协同助力区域化信用平台建设工作。信用信息涉及各个行业，而各个行业又归属于相应的部门。归根结底，各个部门才是信用平台建设的子元素。部门之间要打破信息壁垒，加快信息共享速度，发挥出部门合力效应，助力区域化信用平台建设。

### 二 绩效激励：形成以量化指标为基础的动力机制

网站一站式查询服务和数据统计功能推进进程缓慢，是由于未建立相应的绩效考核机制。一方面，要根据具体的事项建立有效的考核指标。特别是要鼓励各个地方重视查询和数据统计等服务性功能，逐渐建立和完善信用平台的各项功能。一站式查询功能要具有实用性和针对性，点击量统计功能要具有客观性和实时性。在此基础上，各省份要建立和完善信用平台建设和融入全国体系的具体指标，实现对信用平台建设的有效推进。另一方面，要根据各项考核指标建立绩效评价机制。① 国家信用平台建设部门应在对各省份服务性功能建设进度进行指标考核之后，予以总结评价并将其结果反馈给各个网站的主管部门，在各个省份之间建立一种横向竞争机制，由此推动服务性功能建设的进度，通过事项计量化催生各地方信用网站主管部门优化平台建设的内在动力。

### 三　同步数据：建立信用信息识别分类与共享公示机制

数据信息的共享和交换是公共信用信息平台的未来发展趋势。公共信用信息平台通过引入大数据，对现有公共信用信息进行集成整合来实现信息跨区域、跨平台传输。首先，促进信用信息系统的标准化和数据共享。对新建的信用信息系统，在各个省份之间实施统一的政务信息系统建设标准规范；对已建成的政务信息系统，建立统一的接口规范，保障数据之间共享渠道常态。② 信用信息系统的标准化建设可以为数据传输共享做好前期准备工作。只有理清数据信息总量、类型，才能在进行信息推送的时候有的放矢。其次，完善信用信息共享的具体流程。完善信用信息归集、处理、存储和应用等业务流程，逐步实现数据共享交换的自流程化、智能化。最后，提升各地之间信用信息的共享交换能力。各地要整理好各自的信用信息数据库，建立共享交换平台。如贵州依托贵州省数据共享交换平台，按照全省"一云一网一平台"安排部署，进一步优化和完善全国信用信息共享交换平台（贵州）的各项功能。

### 四　规范发展：树立行业性信用平台建设的基本典范

行业信用平台的建设离不开政府的大力支持，只有在政府的支持下行业平台才能建设得更加专业，从而为融入"信用中国"做一个良好的准备。首先，在建设主体方面，行业平台建设应该加强政府统筹，特别

---

① 参见张锐昕、蔡晶波、李荣峰、王玉荣、谢微《2016年吉林省政务公开第三方评估结果分析——基于12个市（州）、54个省直部门网站的调研数据》，《图书馆学研究》2017年第21期。

② 参见郑文晖《我国政府网站政务信息公开的现状及对策分析——基于55个省（市）级政府网站的调查》，《现代情报》2007年第12期。

是行业主管部门对行业平台建设的引领。同时，中央政府部委机关和省级层面的统筹是行业平台建设的关键环节。中央相关部委要做好行业平台建设的顶层设计，行业平台在具体的建设过程中应该遵循其价值理性，从而发挥出行业平台应有的工具价值。其次，在建设标准方面，行业信用平台可以借鉴"信用中国"网站群的建设经验来建设相关行业的信用平台。其中"信用交通"网站群已经建立，由"信用交通"总网站和31个省级"信用交通"网站构成。"信用交通"总网站与各个地方网站之间一脉相承、相互连接。其他行业也可以仿照该种模式建立本行业的信用平台，从而树立行业典范，净化行业信用平台发展环境，规范行业信用平台的发展。最后，在信息共享方面，行业信用平台也需要与"信用中国"网站相互连接，实现互联互通。行业信用平台建立起来以后要逐一融入"信用中国"网站，在"信用中国"版块中提供行业信用信息查询栏目或链接，实现各个行业横向间的互联互通。只有实现各行业间的信息共享，才能发挥出各个行业的信用监管合力，为守信联合激励和失信联合惩戒提供一个有力的抓手。

## 五 技术革新：推动区块链技术的信用信息建设应用

实现数据共享与协作，打破"信用信息孤岛"现象。首先，区块链可以加快数据交换速度。区块链方案实现了红黑名单的数据共享，其他企业或个人的信用数据均可通过部门间的连通进行交换，从而解决"数据孤岛"的问题。同时，在交换过程中，由于区块链自身的优势，还可保证数据传输的完整性、安全性和机密性，这是传统模式难以做到的，从而实现对用户隐私信息的保护。[①] 其次，区块链技术可保护信息不被篡改。政府信用是社会信用体系的关键内容。区块链技术的应用可使政务信息实现不可篡改且公开透明，真实地记录政府进行监管的全过程，提高了政府公信度，加快了政府信用的发展。区块链技术可以将政府部门信用信息记录转化为区块链上的节点，形成一个信息链。最后，区块链技术可以推动信息的全面共享。政府掌握了最全面的社会信用信息，但目前各部门信用信息还不能完全共享，导致各部门重复征集社会信息，

---

① 参见刘海军、李晴《基于区块链信任的"制度-效能"转化框架》，《电子政务》2020年第8期。

降低了政府部门的整体工作效率,并增加了企业、个人重复提供信息的负担。区块链技术可将每个政府部门转换成区块链上的服务器节点,形成全国各部门信用信息共享的信用信息链。

综上所述,"信用中国"平台的发展总体上已进入规范化轨道,在网站建设一体化方面已取得了初步成效。"信用中国"平台的未来发展着眼于形成系统化和一体化的信用信息宣示网站集群,通过信用信息的全面有效公示,实现公共信用信息、企业信用信息、个人信用信息和社会组织信用信息等信用信息的传递和扩展,形成全国融通和地方实践认可的信用信息识别外转平台,进而夯实社会信用体系建设的信息基础,达到弘扬诚信和增进信用社会激励的鹄的。

# 第六章 信用示范城市建设的试点推进与法治化发展

## 第一节 信用示范城市治理的现状与发展逻辑

在中央和地方的大力推动下，我国城市信用治理取得显著成效。城市信用治理已成为完善社会主义市场经济体制、创新社会治理方式的基础性保障。在全国城市信用治理快速推进的情境下，信用示范城市积极探索和创新，已然将诚信建设试点机制不断深化，发展成为社会诚信体系建设的"抓手"和助力。

### 一 城市信用治理的总体情况

党的十九大以来，我国社会诚信体系建设进程加快推进，各项信用工作有效落实，城市信用治理成效显著，日益成为国家治理体系和治理能力现代化的重要构成。总体而言，我国城市信用治理进展顺利、成效突出。

#### （一）制度规范体系逐渐完善

在党的十九大报告"推进诚信建设制度化"精神的指引下，国家和地方层面的信用制度建设不断加强，城市信用治理的制度规范体系基本形成并逐渐丰富和完善。社会信用法已进入十三届全国人大常委会第三类立法计划，在国务院组成部门的推动下已形成部门起草稿，行政法规和部门规章的建设也日益成熟。在城市信用立法层面，5个城市已出台地方性法规，22个城市制定发布了地方政府规章，并在时间扩散维度上呈现向"社会信用条例"综合性立法转变的趋势。制度规范体系的完善为城市信用治理各项工作的开展提供了有力的法制保障，也成为各个城市进行政策创制的最直接性的权威依据。

### （二）信用管理机制不断健全

信用管理机制是落实各项信用工作的重要保证，是城市信用治理体系实际运作的动态体现。在信用信息管理方面，截至 2019 年，全国信用信息共享平台已联通 44 个部门、所有省区市及 75 家市场机构，累计归集信息约 324 亿条，信用信息化水平稳步提升。[①] 在联合奖惩方面，参与部门日益增多、覆盖领域更加全面、奖惩措施更加丰富、实施成效不断扩大。在信用修复方面，全国各省份信用门户网站大多已开辟"信用修复"版块，江苏省、山东省、黑龙江省等省份积极开展了信用修复培训活动，全国 2/3 以上的地级以上城市开展了信用修复工作。在信用评价方面，截至 2020 年 2 月，公共信用综合评价工作试点在 23 个领域有序展开，市场中已注册的信用评价/评级机构数量多达 838 家。[②]

### （三）信用产品服务日益丰富

各地围绕"信易贷""信易租""信易行""信易批""信易游"等"信易+"系列产品，整合多方信息资源，强化信用信息应用，创新信息共享方式，让信用融入个人生活和企业生产经营活动。例如，南京、苏州等地为守信主体提供专属快速约车、酒店信用免押金、离店免查房、景区门票优惠等便捷优质服务，取得了显著效果。

## 二 信用示范城市信用治理的重要突破

2018 年 1 月，国家发展改革委办公厅和中国人民银行办公厅将杭州市、南京市、厦门市、成都市、苏州市、宿迁市、惠州市、温州市、威海市、潍坊市、义乌市、荣成市等 12 个城市确定为全国首批社会信用体

---

[①] 国家信息中心中国经济信息网编著《中国城市信用状况监测评价报告（2019）》，中国经济出版社，2019，第 276 页。

[②] 此处数据是根据启信宝企业信息查询平台的信息统计所得。具体参见启信宝网站，https://b.qixin.com，最后访问日期：2020 年 2 月 16 日。

系建设示范城市（以下简称信用示范城市），这标志着城市信用治理进入规范化的发展轨道。历经之前的两批次创建试点，最终确定的12个城市在信用制度、信用信息、信用机制建设等层面作了有益的前期探索，勾勒了一幅城市信用治理的图景。

### （一）信用制度：城市信用治理的规则框架

社会信任的转型决定了信用制度将成为城市信用治理赖以开展的规则框架。在现代社会中，传统的"人格信任"正日益向"制度信任"转型。在此背景下，诚信的维系主要依赖健全的制度约束，信用制度框架的建构成为城市信用治理的重要维度和首要环节。信用示范城市首重制度创设，逐渐形成较为完善的城市信用治理制度规范体系。本书统计了信用示范城市发布的制度文件，截至2019年，信用城市共制定发布542部制度文件。2010~2019年出台的信用制度文件有明显的阶段性发展的特征，在年度数量增长上以2015年为界，先增加后减少，呈现累计数量增长先急后缓的趋势（见图6-1），信用示范城市的制度建设经历了一个"制度建立—扩张丰富—逐渐完善"的发展过程。①

**图6-1　2010~2019年信用示范城市制度文件数量变化趋势**

截至2020年2月，信用示范城市的制度规范的数量已经增至546部，包括地方性法规3部、地方政府规章3部、党政规范性文件293部、地方工作文件247部（见表6-1）。就内容而言，包括信用信息管理、信用等

---

① 此处数据是依据北大法宝网站以信用城市名称为题名搜索筛选统计后得出的。具体参见北大法宝网站，www.pkulaw.cn，最后访问日期：2020年2月16日。

级评价、信用担保、信用风险补偿等，涉及建筑、食品、医药、环保、交通、金融等诸多行业，涵盖了政务诚信、商务诚信、社会诚信、个人诚信、行业信用等社会诚信主要范畴；就流程而言，规定了信用承诺制度、信用联合奖惩、信用修复等信用治理主要制度；就层次而言，既有宏观的社会诚信体系建设规划，也有具体的信用工作规范标准；就主体而言，既涉及对政府归集和应用公共信用信息的规定，也规范征信机构对市场主体的服务与评价。

表 6-1　信用示范城市信用治理制度文件数量统计

单位：部

| 信用示范城市 | 地方性法规 | 地方政府规章 | 党政规范性文件 | 地方工作文件 | 合计 |
| --- | --- | --- | --- | --- | --- |
| 杭州市 | — | 1 | 41 | 64 | 106 |
| 南京市 | 1 | — | 33 | 34 | 68 |
| 厦门市 | 1 | — | 85 | 68 | 154 |
| 成都市 | — | 1 | 50 | 14 | 65 |
| 苏州市 | — | 1 | 23 | 27 | 51 |
| 宿迁市 | 1 | — | 10 | 10 | 21 |
| 惠州市 | — | — | 6 | 1 | 7 |
| 温州市 | — | — | 5 | 22 | 27 |
| 威海市 | — | — | 8 | 2 | 10 |
| 潍坊市 | — | — | 10 | 1 | 11 |
| 义乌市 | — | — | 16 | 2 | 18 |
| 荣成市 | — | — | 6 | 2 | 8 |
| 合计 | 3 | 3 | 293 | 247 | 546 |

笔者统计了信用示范城市 546 部信用治理制度文件的内容关键词，并按照各关键词出现的频率制作了标签云图，如图 6-2 所示，企业信用是各信用示范城市信用治理的重点领域，社会信用、信用评价、信用信息、信用担保等也是城市信用治理制度文件频繁涉及的内容。从行业来看，药品、建筑、环保、金融、医疗、交通等失信频发的领域均有相关规制。总体来看，信用示范城市出台的制度规范较为全面，基本覆盖了社会诚信体系建设的主要维度，为城市信用治理奠定了制度基础。同时，信用示范城市的制度规范体系也为其他城市提供了可资借鉴的范本，产生了较好的创新效果和示范效应。

图 6-2　信用示范城市信用治理制度文件内容关键词标签云图

### (二) 信用信息: 城市信用治理的关键要素

信用信息是判断行为主体信用状况的基本依据。信用信息的流动贯穿了信用管理的整个过程，信用管理在某种意义上是信用信息管理。信用信息共享平台的建设、信用信息的应用等信用信息管理相关内容，在信用示范城市的社会诚信体系建设规划中占有重要地位，如《成都市社会信用体系建设规划（2015—2020 年）》全文中"信用信息"一词共出现 115 次，《厦门市社会信用体系建设规划（2015—2020 年）》以两章的篇幅专门探讨信用信息共享平台建设及信用信息应用的问题。

信用示范城市对确保市场主体诚实守信的关键要素——信用信息给予了充分重视，建构了较为完善的公共信用信息归集、发布和使用制度。截至 2020 年 2 月 10 日，首批 12 个信用示范城市中有 9 个城市出台了共计 72 部信用信息管理的制度文件，其中地方性法规 3 部，地方政府规章 3 部，党政规范性文件 49 部，地方工作文件 17 部（见表 6-2）。这些制度文件可分为四种类型：一是以信用信息管理为核心的地方性法规，如《南京市社会信用条例》；二是针对公共信用信息或市场（企业）信用信息进行专门规定的地方政府规章，如《杭州市公共信用信息管理办法》；三是对具体行业或领域的信用信息进行管理的规范性文件，如《温州市建筑市场公共信用信息管理办法》；四是推进信用信息管理的地方工作文件，如《苏州市企业信用信息系统建设实施方案》。

各信用示范城市的公共信用信息管理制度文件虽然类型各异，但规则创制意图具有一致性，即以大数据为依托，以信用共享平台为载体，旨在打破部门壁垒，弥合信息鸿沟，通过整合、公布公共部门和市场主体在履职履责或市场活动过程中掌握的信用信息，为公共管理活动和市场活动提供参考依据并提示信用风险。信用示范城市通过对信用信息进行合理使用，建立了对自然人、法人和其他组织的守信激励和失信惩戒机制。以成都市为例，《成都市公共信用信息管理暂行办法》规定，信用状况良好的自然人在公共服务中可以享受"容缺受理"、"绿色通道"和优先办理等待遇，而严重失信的自然人则会在出境、乘坐飞机、入住星级以上宾馆等方面受到限制。完善的公共信用信息管理制度对于打破信息孤岛、降低信用风险具有重要意义，信用示范城市在这方面的实践是我国城市信用治理的有益探索。

表6-2　信用示范城市信用信息管理文件数量统计

单位：部

| 信用示范城市 | 地方性法规 | 地方政府规章 | 党政规范性文件 | 地方工作文件 | 合计 |
| --- | --- | --- | --- | --- | --- |
| 杭州市 | — | 1 | 2 | — | 3 |
| 南京市 | 1 | — | 4 | 2 | 7 |
| 厦门市 | 1 | — | 22 | 8 | 31 |
| 成都市 | — | 1 | 9 | 3 | 13 |
| 苏州市 | — | 1 | 3 | 2 | 6 |
| 宿迁市 | 1 | — | 2 | 2 | 5 |
| 惠州市 | — | — | 2 | — | 2 |
| 温州市 | — | — | 2 | — | 2 |
| 威海市 | — | — | — | — | — |
| 潍坊市 | — | — | — | — | — |
| 义乌市 | — | — | 3 | — | 3 |
| 荣成市 | — | — | — | — | — |
| 合计 | 3 | 3 | 49 | 17 | 72 |

## （三）信用奖惩：城市信用治理的基本举措

信用奖惩是对信用信息的重要运用，也是城市信用治理的核心机制。城市信用治理，就其目的而言，落脚点在于在城市社会生活中增加守信行为、减少失信行为，促进城市经济社会的良性发展。依此逻辑，城市信用治理的基本策略就在于鼓励守信行为、惩戒失信行为，这就要求政府对社会主体的信用行为进行激励供给，为信用主体诚实守信提供足够的动力。在激励供给方面，信用示范城市以《国务院关于建立完善守信联合激励和失信联合惩戒制度加快推进社会诚信建设的指导意见》（国发〔2016〕33号）为指导，建立了对自然人、法人和社会组织的信用激励供给机制，不断丰富各类信用奖惩举措，形成了多领域覆盖、多部门联合的城市信用治理联合奖惩格局（见表6-3）。信用示范城市在信用联合奖惩方面大多具有较为突出的表现。例如，惠州市以惠州市信用联合奖惩管理系统为基础，梳理出信用联合奖惩的对象清单、事项清单和措施清单，规范信用联合奖惩的实施流程，有力推动了信用联合奖惩的动态化和精准化；威海市创新性地开发了信用联合奖惩应用客户端，实现了信用联合奖惩实施、查询、统计的便捷化与应用场景的多样化。目前，杭州市、南京市、厦门市、苏州市、威海市、宿迁市、荣成市等信用示范城市均推出了"市民诚信分"，通过量化管理的方式，为信用奖惩提供较为可靠的实施依据。在一定程度上，信用奖惩机制的完善也解决了轻微失信警示和惩戒困难的现实难题。

表6-3　信用示范城市信用奖惩措施概览

| 守信激励措施 | 失信惩戒措施 |
| --- | --- |
| 对创新创业给予经费支持、孵化培育 | 在政府采购、招投标等项目中给予限制 |
| 对证照申请或资质认定适用优先办理、告知承诺、容缺受理等制度 | 行政管理中不适用告知承诺等便利化措施 |
| 在市场主体运营中优先给予政策扶持或资金补助 | 在申请政府补贴、政策支持事项中，给予相应限制 |
| 在日常监管中降低检查执法频次 | 列为重点监管对象，加强检查执法 |
| 简化市场主体退出流程 | 限制进入或从事相关市场或行业，限制相关职业任职资格 |

续表

| 守信激励措施 | 失信惩戒措施 |
| --- | --- |
| 在公共服务中优先享受便利或优惠 | 在公共服务中限制享受优惠优待 |
| 授予相关荣誉称号 | 在表彰奖励活动中给予相应限制 |
| — | 限制出境、乘坐高铁和民用航空器 |
| — | 限制不动产购买和高消费 |

### （四）信用机构：城市信用治理的市场力量

信用机构的发展是一座城市信用治理水平的重要体现，信用示范城市在引导市场力量、支持信用机构发展方面效果显著。信用机构参与城市信用治理，既弥补了公共部门归集信用信息能力的不足，也是发挥市场在资源配置中的决定性作用的题中之义。信用信息不仅产生于公共部门履行职责，同自然人、法人和其他社会组织产生"交集"的过程，更广泛地存在于公共部门视野之外、市场主体之间的交易活动中。因此，市场力量在归集和应用大量的零散的非公共信用信息方面，相比政府部门有着明显的优势，如支付宝、京东等支付平台因其海量用户的存在，能够通过芝麻信用、京东白条等信用产品广泛收集用户信用信息并在一定范围内进行应用。

在信用示范城市的治理实践中，征信机构作为城市信用治理的重要市场力量，其数量、规模和影响力都得到了长足的发展。据统计，2014~2019年，首批12个信用示范城市共成立信用机构5598家，占全国的比重为15.80%，其中注册资本5000万元以上的有76家，占全国的比重为19.65%（见表6-4）。以芝麻信用管理有限公司为例，注册于杭州市的芝麻信用管理有限公司借助海量的用户数据，通过云计算、机器学习等技术客观呈现个人的信用状况，在消费、借贷、酒店、出行等众多领域开辟了广阔的应用场景。信用示范城市征信机构的蓬勃发展，为城市信用治理注入了鲜活的市场力量，有效缓解了信用治理领域的政府失灵现象，是社会层面诚信秩序自发建构的主要体现，市场力量和社会力量将会在信用评价中具有越来越重要的地位。

表 6-4　2014~2019 年信用示范城市注册信用机构数量统计

| 信用示范城市 | 信用机构数量（个） | 占全国比重（%） | 注册资本 5000 万元以上机构数量（个） | 占全国比重（%） |
| --- | --- | --- | --- | --- |
| 杭州市 | 228 | 0.64 | 11 | 2.84 |
| 南京市 | 190 | 0.54 | 13 | 3.36 |
| 厦门市 | 148 | 0.42 | 11 | 2.84 |
| 成都市 | 457 | 1.29 | 26 | 6.72 |
| 苏州市 | 224 | 0.63 | 9 | 2.33 |
| 宿迁市 | 3060 | 8.63 | 2 | 0.52 |
| 惠州市 | 45 | 0.13 | 1 | 0.26 |
| 温州市 | 1173 | 3.31 | 2 | 0.52 |
| 威海市 | — | — | — | — |
| 潍坊市 | — | — | — | — |
| 义乌市 | 73 | 0.21 | 1 | 0.26 |
| 荣成市 | — | — | — | — |
| 合计 | 5598 | 15.80 | 76 | 19.65 |

数据来源："企查查"全国企业信用信息公示系统。

### （五）信用体制：城市信用治理的组织保障

信用体制是信用示范城市内在治理逻辑的外在体现，更是城市信用治理赖以推进的组织保障。城市信用治理体制建设的关键在于顶层设计，信用示范城市在领导机制、工作机制、运行管理等层面形成了较为稳定的程式。

在领导机制层面，信用示范城市的探索主要有以下三种情形。一是政府"一把手"主抓，由市长领导城市信用治理工作，如南京、苏州、宿迁、义乌、荣成 5 个城市，占信用示范城市的 42%；二是政府副职领导负责，即由副市长负责城市信用治理工作，如杭州、厦门、成都、惠州、威海、温州 6 个城市，占信用示范城市的 50%；三是"党政齐抓"，由市委书记和市长共同领导，如潍坊市，占信用示范城市的 8%（见图 6-3）。可见，各地在领导机制上对信用城市建设给予了不同程度的重视，但对信用治理的重要性均有充分认知，为推进信用城市建设提供了足够的组织动力。

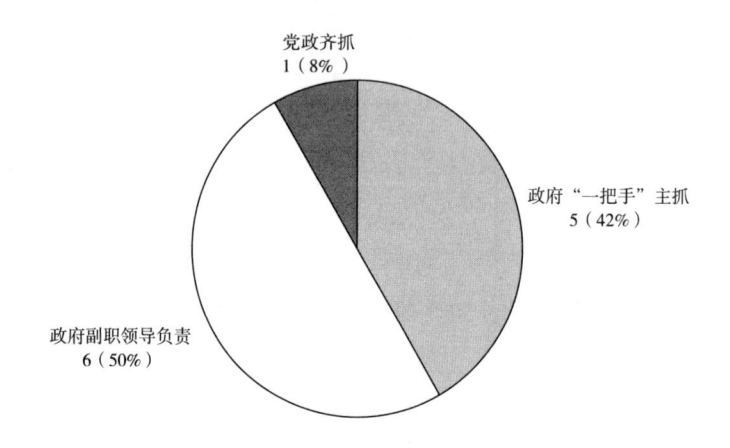

**图 6-3　信用示范城市信用工作领导机制类型及数量占比统计**
数据来源：相关城市政府网站。

饼图数据：
- 党政齐抓 1（8%）
- 政府"一把手"主抓 5（42%）
- 政府副职领导负责 6（50%）

在工作机制层面，由地方政府主要领导召集、发改委和中国人民银行地方中心支行等部门牵头、多个成员单位参与的社会信用体系建设领导小组成为城市信用协同治理的重要形式（见图 6-4）。① 此外，也有城市设立公共信用信息中心等机构专司公共信用信息的归集、管理和信用平台的建设工作，有的城市还成立了各种专项工作组以推动重点领域的诚信建设。可见，有效而充分的组织资源投入是信用示范城市取得较好治理成效的重要保障。信用示范城市先行先试，其治理实践为相关信用体制在全国的推广积累了宝贵的经验、提供了良好的范例。

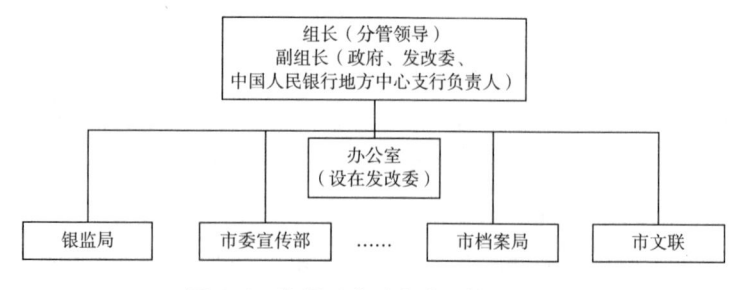

组织结构图：
- 组长（分管领导）　副组长（政府、发改委、中国人民银行地方中心支行负责人）
  - 办公室（设在发改委）
    - 银监局
    - 市委宣传部
    - ……
    - 市档案局
    - 市文联

**图 6-4　信用示范城市治理体制结构**

---

① 在首批 12 个信用示范城市中，潍坊市和威海市未成立社会信用体系建设领导小组，而是以社会信用体系建设联席会议承担类似功能。

### (六) 信用生活：城市信用治理的未来图景

信用嵌入城市居民生活日常，应当是城市信用治理的最终归向，信用示范城市在一定程度上描绘了我国未来城市信用生活的蓝图。目前，杭州、苏州、宿迁、厦门等信用示范城市积极探索个人信用量化，将公民信用状况转化为直观的可计量的个人信用积分，并根据信用积分的数值，为公民提供政务服务、交通出行、图书借阅、医疗保健等方面的便利，让群众真正从信用建设中得到实惠。此外，各类信用产品的推广和使用对信用嵌入城市居民生活日常产生了重要影响。"信易贷""信易租""信易行""信易批""信易游"等"信易+"系列产品，在激励个人珍惜信用、提高诚信意识的同时，也提升了社会经济的运行效率和居民的生活水平。当众多的社会个体意识到信用在生活中无处不在，诚实守信将带来诸多方便而失信只能处处受限时，作为一种日常状态的信用生活的形成就成为可能。信用示范城市较好地发挥了现代诚信的工具价值，利用诚信权益的利导性，将信用建设寓于公民日常生活之中，既增强了人民生活的获得感，又有助于形成诚实守信的社会氛围。

## 三 信用示范城市信用治理的发展逻辑

### (一) 城市格局与信用缺失：关于失信的城市社会学解释

信用缺失有着深刻的城市社会学背景。对现代社会城市格局的关注成为信用示范城市治理实践的逻辑起点。城市格局作为城市社会信用缺失的内在因素，较少为研究者所关注。城市社会学家鲜有触及城市信用缺失的深层次问题，而研究社会信用问题的学者亦往往忽略了城市格局与信用缺失间的关联性。在国家推进信用示范城市建设的背景下，城市格局融入社会信用研究极具现实意义。

**1. 城市空间格局与信用缺失**

独特的空间格局是城市区别于乡村的重要特征，语义变迁中的"城""市"格局随着时代发生相应变化。古代城市起初是一个堡垒，是战时的避难所。[1] 早在《说文解字》中，许慎就阐明了古代之城的空间格局问

---

[1] 参见郑也夫《信任论》，中信出版社，2015，第133页。

题。"城"指内墙，与"郭"（外墙）相对，功用是"以盛民也"。然而，语义阐释存在三个层面的侧重：一是侧重表达具化的空间概念，此时的"城"常与"邑""池"连用，前者用于说明城的面积，后者讲古代之城（特别是军事意义上的"城"）的构成，即在城之外还有护城河；二是侧重表达特定区域的政治地位，在古代典籍中常出现的语词有"王城""都城"等；三是特指城中的商业区域，最早见于《韩非子·爱臣》一文中"城""市"的连用就在于该意旨的表达，即"是故大臣之禄虽大，不得藉威城市；党与虽众，不得臣士卒"。到唐宋以后，"城""市"发展成一个同义复合词，开始较为广泛地使用。随着现代文明的发展，城市自民国时期开始拥有了更多的现代意义，空间结构亦在"纵向立体"层面发生巨大改变，成为"大多数人的联合体"的生活空间。[①]

可见，无论是古代还是现代，城市空间格局都具有集聚性、边界性和区域分工的特点。一是资源上的聚集。城市的存在和发展意味着以城市为中心的人口、建筑、财富等物质性要素和非物质性要素的聚集。二是空间上的边界。城市与非城市地区在空间上有着某种有形或无形的界限，无论是中国古代"城""郭""郊"的界分，还是现代社会城区、郊区与乡村的区别，都体现了城市的边界特性。[②] 三是区域上的分工。依据城市规划设计或自发发展的状况，城市的不同区域承担着不同的功能，比如生产功能、商业功能、金融功能和文化功能等。城市区域性分工分化了不同层次人群的聚集，群落之间的交往逐渐变得稀少和陌生。此外，城市空间格局还有层次性的特点，从中心到边缘，人口数量、建筑物密度、经济发展水平等发生次第变化，逐渐减弱。

在传统道德体系式微的情境下，城市空间格局本身的特性增加了失信风险，信用缺失逐渐演化为市域社会治理的难题。资源要素的高度聚集弱化了失信成本，提高了投机者失信获益的概率。同时，边界分割了信息的整体性，不同区域间各自生成的空间文化也会增加失信的可能。此外，层次性人群的分别聚集会削弱传统道德感的约束，在网络空间等新生空间的作用下，失信的频率和方式方法已然发生重大改变，逐渐消

---

① 参见〔美〕约翰·J.马休尼斯、文森特·N.帕里罗《城市社会学：城市与城市生活》，姚伟、王佳等译，中国人民大学出版社，2016，第3页。
② 在古代，"城"有城墙，这种边界特性更加明显。

解了众多主体在利益获取过程中的社会性价值取舍。因此，城市化进程中日益稳定和成熟的空间格局急需与之发展相适应的信用规范体系的保障，信用治理才能取得实际效果。

**2. 城市交往格局与信用缺失**

城市是市民聚居和生活的场所，空间格局的失信困厄必然会延伸至人们的交往格局，转化为违约失信的行为。诚如帕克所言，"城市社会流动性增加的第一个基本后果，就是道德秩序的不稳乃至解体"。[1] 交往者之间彼此所作的信誉评价的客观性和约束力自然削弱，随着社会交往功利性的增加，来自个体评价的权威性会逐渐淡出社会共识的范畴。马克思曾经指出，"实际需要、利己主义是市民社会的原则"。[2] 人际交往的趋利行为改变了人们关于"诚信"和"信用"的认知，获取利益成为人们交往是否恪守诚信的决定性因素。"社会各领域存在的诚信缺失现象，虽然表现形态各异，但本质上都是虚假而不真实，失约而不守信的唯利是图行为。"[3]

市民个人及联合体的失信治理和信用重塑，需要通过新的规范体系来建构秩序。正如黑格尔所述，"各个成员作为独立的单个人的联合，因而也就是在形式普遍性中的联合，这种联合是通过成员的需要，通过保障人身和财产的法律制度，通过维护他们特殊利益和公共利益的外部秩序而建立起来的"。[4] 基于利益需要形成的联合具有不稳固性的特点，缺失道德或价值层面的内生动力，联合会因利益格局和交往格局的变化而产生解体可能，进而增加社会失信的频率。由此，现代社会注重失信的外在控制有一定的客观必然性。城市生活更多地需要依赖规则和契约，否则各类主体在社会交往中就会产生交易低效、交易费用增加以及信用缺失的风险。

综上所述，城市的空间格局和交往格局是影响社会信用治理的客观因素。前者主要是物质实体的客观性，资源、边界和分工等要素增加了失信的可能；后者是人际关系的客观性，生活方式、经济模式的转型增

---

[1] 〔美〕罗伯特·E. 帕克等：《城市：有关城市环境中人类行为研究的建议》，杭苏红译，商务印书馆，2016，第 16 页。
[2] 《马克思恩格斯文集》，人民出版社，2009，第 52 页。
[3] 王淑芹、曹义孙：《德性与制度：迈向诚信社会》，人民出版社，2016，第 13 页。
[4] 〔德〕黑格尔：《法哲学原理》，范扬、张企泰译，商务印书馆，1961，第 291 页。

进了信用与利益之间的关联,削弱了恪守诚信的内在约束。因此,在现代城市信用治理中,外在控制和内在约束的方式方法创新成为解决失信问题的重要路径选择。特别是在人际信任日益消解的现代化背景下,通过制度重塑社会信任,提高社会信用水平,实现制度对于人的行为的外在控制,具有重大而深远的意义。

(二) 全域扩张:信用治理的工具理性体现

基于城市社会失信行为发生的必然性与广泛性,实践中治理客体从经济层面的"信用"向政务诚信、商务诚信、社会诚信和司法公信的宽广范畴转变。这种转变体现了城市信用治理从一域向全域扩张的特点。与此同时,诚信在道德领域的式微和向规范化方向发展,成为现代社会诚信转型的重要趋势,将诚信从道德要求上升到法律要求、从道德义务上升到法律义务,从而保障他人并最终保障信用主体自身的法律权利,体现信用治理在解决社会问题中的工具理性,成为信用示范城市信用治理的共同选择。

在传统熟人社会,人际交往的有限性和反复性决定了诚信作为一种道德约束即能以较低的成本维系基本的社会信任。在现代陌生人社会特别是现代城市社会,人际交往和市场交易的扩张超越了作为道德的诚信所能控制的范围,制度信任取代人际信任而日益在社会秩序重构中发挥巨大作用,诚信从道德规训更多地走向法制要求即发生于这种社会变迁的过程之中。可以说,现代诚信对提高社会生活和经济交易的质量和效率,维系社会秩序发挥了重要作用,它使得人因其合法权利得到保障而更接近康德所谓的"目的"而不仅仅是"手段"。在这样的论域下,信用示范城市的信用制度以提高社会诚信意识和信用水平为旨向,奖励守信、惩戒失信,体现出以诚信维护社会整体利益从而保障个体权益的工具价值。非但如此,城市信用治理作为一种治理工具,其产生的效用不仅限于诚信领域,更在于赏善罚恶,合理引导社会预期,推动形成良好的社会秩序。以杭州市的城市信用治理为例,志愿服务、无偿献血、垃圾分类等与诚信或信用并无直接关联的社会公益行为都可产生公益信用积分而被记入"信用银行",最终用于享受相关信用权益,这就实现了对工具诚信的合理运用。信用治理的工具理性体现,还在于鲜明的经济发展导向。如图 6-2 所示，"企业信用"是在 500 余部制度文件中出现频数最高的关键词，城市信用治理的主要功能由此体现出来，即对企业的经济活动进行全方位信用监管，提高企业信用水平，为市场发展提供良好的外部环境，以促进经济社会良性发展。

总体而言，城市格局与城市信用治理的工具理性体现互为表里，共同展现了信用示范城市的治理逻辑。这种逻辑内嵌于社会变迁和转型的过程之中，体现出推动国家治理体系和治理能力现代化的迫切需要，也使得城市信用治理成为解决诸多社会问题的重要突破口。

## 第二节　信用示范城市建设的问题与原因解构

### 一　信用示范城市信用治理的现实局限

信用示范城市信用治理走在全国城市的前沿，短期内取得了较好的成效。但这种成效是否能够持久，取决于是否能够形成科学化、规范化和常态化的信用治理体系。信用示范城市信用治理成效的取得，得益于此前一段时期内在政府绩效评价体系的激励下，地方政府的大力推动与促成。在此过程中，信用示范城市信用治理中存在的问题也逐渐凸显。

（一）信用法治建设有待加强

信用立法是城市信用治理的基本保障，也是制约我国城市信用治理进一步发展的首要问题。在大力推进社会诚信体系建设的过程中，信用示范城市的信用立法常常落后于信用治理实践的发展。

**1. 信用城市立法相对滞后**

信用法治的基本前提是在信用治理中有法可依，在没有全国统一的信用立法的情况下，信用示范城市作为全国社会诚信体系建设的"排头兵"更有必要加强信用立法，发挥先行先试的作用。信用示范城市的信用制度大多以行政规范性文件的形式存在，截至 2020 年 2 月 10 日，全国首批 12 个信用示范城市仅发布地方信用制度文件 6 部，占比 1%（见图 6-5）。其中包括地方性法规 3 部，分别是《厦门经济特区社会信用条例》、《宿迁市社会信用条例》和《南京市社会信用条例》，以及地方政府规章 3 部，分别是《杭州市公共信用信息管理办法》、《成都市企业信用信息管理办法》和《苏州市企业信用信息管理办法》。当前，信用示范城市的信用立法，在范围、数量、位阶上都显得有所不足，特别是大多数城市信用治理的核心规范——《社会信用条例》缺失，使得信用治理的基本制度、基本范畴未能以立法的形式加以确定，造成信用治理制度与实践的脱节，体现了严重的滞后性。信用立法的滞后，将导致信用治理中行政执法的依据缺失和信用治理可操作性降低的问题，在依法行政的背景下甚至会招致行政诉讼，产生较大的法律风险。

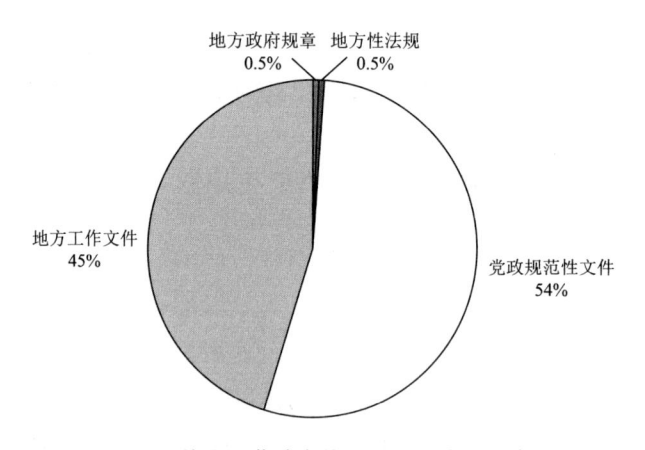

**图 6-5　信用示范城市信用制度文件位阶情况**

当然，关于法律位阶的论断要以是否具有地方立法权限为基础。《立法法》第 72 条第 2 款规定，"设区的市的人民代表大会及其常务委员会根据本市的具体情况和实际需要，在不同宪法、法律、行政法规和本省、自治区的地方性法规相抵触的前提下，可以对城乡建设与管理、环境保护、历史文化保护等方面的事项制定地方性法规"。第 82 条第 1 款规定："省、自治区、直辖市和设区的市、自治州的人民政府，可以根据法律、行政法规和本省、自治区、直辖市的地方性法规，制定规章。"同时，除省会城市、经济特区所在城市和国务院批准的较大的市以外，普通地级市在地方性法规制定的具体步骤和时间上，须由所在省级行政区人大常委会综合考虑人口数量、地域面积、立法需求及能力等因素确定，所受限制较大，而县级市则没有制定地方性法规和地方政府规章的权限。在首批 12 个信用示范城市中，杭州市、南京市、成都市 3 个城市属于省会城市，厦门市属于经济特区所在城市，苏州市属于较大的市，宿迁市、惠州市、温州市、威海市、潍坊市5个城市属于普通地级市，义乌市和荣成市属于县级市（见图6-6）。在看到信用示范城市信用立法滞后的同时，还应看到一半以上城市在立法权限方面所受到的限制。虽然如此，仍不影响对信用示范城市信用立法滞后的基本判断。

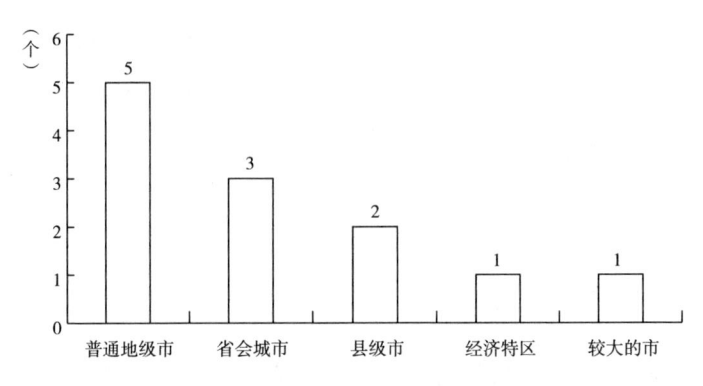

图6-6 信用示范城市的城市级别情况

**2. 信用城市的立法技术有待提升**

立法技术不仅是立法水平的重要体现，更是法治水平的重要体现，同时也是科学立法的内在要求。当前信用示范城市的信用立法在技术层面还不太成熟，主要体现在结构规范、条文表述规范、常用词语规范等方面。如《厦门经济特区社会信用条例》第1条，[①] 根据全国人大常委会法制工作委员会制定的《立法技术规范（试行）（一）》（法工委发〔2009〕62号），立法目的的表述规范为"一般按照由直接到间接、由具体到抽象、由微观到宏观的顺序排列"，《厦门经济特区社会信用条例》在立法目的的表述顺序上因逻辑混乱而有技术失范的嫌疑。类似这种立法技术失范的问题较多地存在于信用示范城市的信用立法中。

**3. 部分信用立法存在越权之嫌**

部分信用示范城市的立法者对国家基本权力架构缺乏必要的常识性认知，导致在立法实践中出现越权立法的情况。根据宪法规定，地方各

---

① 该条文表述为："为了规范社会信用管理，提高社会信用水平，创新社会治理机制，培育社会信用服务产业，营造诚实守信的社会环境，践行社会主义核心价值观，遵循有关法律、行政法规的基本原则，结合厦门经济特区实际，制定本条例。"

级人民法院和人民检察院独立行使职权，不受行政机关、社会团体和个人的干涉，对产生它的权力机关负责。在法律地位上，同一层次的地方各级人民法院、人民检察院与地方各级政府处在同一层级，都由人大产生并向人大负责，彼此各司其职。然而，部分信用示范城市制定的关于信用治理的地方政府规章，在将司法机关列为信用信息提供单位的同时，还在法律责任的相关规定中，对其未能真实、及时、准确、完整地提交信用信息的行为，由政府或信用管理机构进行通报批评或追究行政责任。[①] 此类做法反映了城市信用治理进程中政策扩散的盲目性，不仅不能契合我国基本政治架构进行立法，也不具有实践中的可操作性，反而易为公众诟病。

### （二）信用管理机制纷繁不一

充足的组织资源投入是信用示范城市实现较好信用治理效果的保障，但应注意的是，当前信用示范城市在欣欣向荣的同时，其信用管理体制也呈现纷繁混乱的特点，不利于长期保持良好的信用治理态势。在统筹协调机构方面，有的城市以发改委、中国人民银行地方中心支行统筹信用工作，有的城市成立信用管理办公室或信用建设领导小组，有的城市则以政府办公室为协调部门。在信用工作领导方面，首批 12 个信用示范城市的信用工作一般由党政主要负责人领导，显示了对城市信用治理的充分重视，短期内也能取得一定成效。但是，这也反映出在信用治理方面常态化、规范化的工作机制尚未形成，城市信用治理容易因时而弛、因人而废，从而沦为运动式治理。

然而，常态化、规范化的信用管理，特别是正式的信用管理机构的设置存在一定难度。在国家层面，信用工作的统筹推进是由国家发展改革委和中国人民银行牵头的部际联席会议承担；在地方层面，信用管理专责部门的设立则面临更多程序的限制。《中华人民共和国地方各级人民代表大会和地方各级人民政府组织法》第 64 条第 4 款规定："自治州、县、自治县、市、市辖区的人民政府的局、科等工作部门的设立、增加、减少或者合并，由本级人民政府报请上一级人民政府批准，并报本级人

---

[①] 参见《成都市企业信用信息管理办法》（成都市人民政府令第 181 号）第 3 条、第 25 条。

民代表大会常务委员会备案。"可见，正式的信用管理机构的设立，在法律程序上因受到较多限制而难以落实。此外，信用示范城市的治理实践正处于探索创新阶段，如社会信用体系建设领导小组等嵌入式组织更有利于在信用治理工作中灵活发挥作用。信用示范城市在管理体制方面的现实局限，为研究我国城市信用治理的发展进路提供了有益的思考线索。

### （三）信用信息流动向度单一

信用信息的流动性是城市信用治理有效开展的基本前提。当前，各个信用示范城市已基本实现信用信息在公共部门之间的有效流动，但信用信息在公共部门和私人部门之间，以及私人部门之间的流动还不够顺畅。《厦门经济特区社会信用条例》第45条鼓励信用信息从私人部门向公共部门流动，《宿迁市社会信用条例》则与之相反，鼓励信用信息从公共部门流向私人部门。[①] 目前，信用示范城市还未全面地关注信用信息的流动向度问题。从多元治理的视角来看，城市信用治理的深入推进需要各种公私主体共同参与，方能在更广的范围内产生效果。公共信用信息主要与信息主体遵纪守法的情况相关联，而市场信用信息则主要与信息主体履约践诺的情况相关联，只有二者结合才能更加完整地反映主体的信用状况，作为信用激励或惩戒的依据。因此，一套促进信用信息在公私部门之间，以及公私部门内部各主体之间双向甚至多向地顺畅流动的信息沟通机制，对于推动公共信用信息和市场信用信息整合为社会信用信息，促进城市信用治理发展意义重大。在实践中，这种机制还不够完善。这是信用示范城市信用治理存在的又一现实局限。

### （四）信用惩戒存在法律风险

信用惩戒，特别是行政主体实施的行政惩戒，往往包含了对信用主体权利的减损或义务的增加。问题的关键在于，惩戒措施应当有合法依

---

① 《厦门经济特区社会信用条例》第45条规定："鼓励社会信用服务机构将其依法获取的市场信用信息以及对社会信用主体的社会信用评价信息按照征信管理规定以及其他有关法律、法规推送至市公共信用信息平台。鼓励社会信用主体以声明、自主申报、社会承诺等形式，向市公共信用信息平台提供自身社会信用信息，并保证社会信用信息的合法、真实、完整。"《宿迁市社会信用条例》第50条规定："经社会信用主体和公共信用信息提供单位授权，公共信用信息中心可以向符合规定条件的社会信用服务机构提供公共信用信息。"

据，否则将产生较大的法律风险。质言之，若没有效力位阶充分的立法加以支撑，信用惩戒措施即存在侵蚀信用主体权利的风险。根据中央党校王伟教授的观点，我国现有的失信惩戒可以分为市场性惩戒、行业性惩戒、社会性惩戒、行政性惩戒和司法性惩戒五种类型。① 其中，市场性惩戒、行业性惩戒和社会性惩戒一般发生在平等主体之间，并且有合同、协议、行业自律规则等作为依据，法律风险较低；行政性惩戒（如信用黑名单措施）和司法性惩戒（如限制乘坐高铁和飞机）由公权力主体实施，需要充分的法律依据作为支撑。

从各信用示范城市发布的地方性法规、地方政府规章和规范性文件来看，对失信主体的惩戒措施以行政性惩戒为主。具体而言，主要有以下七项信用惩戒措施：（1）限制获得行政奖励；（2）限制政府支持或补贴；（3）加强监督检查；（4）限制参与财政性资金项目；（5）限制高消费、出境及乘坐特定交通工具或记入征信系统；（6）列入信用黑名单并加以公布；②（7）限制或禁止从事相关行业、职业或职位（见表6-5）。上述七项信用惩戒措施中，第1项、第2项、第4项涉及行政主体对特殊权益的择优赋予，在择优的过程中，行政主体将对象的信用状况作为考量因素之一是其职责和权力所在；第3项属于行政检查，是行政主体基本职权之一，且行政检查行为本身对行政相对人实际权益影响较小；第5项以《中华人民共和国民事诉讼法》和《最高人民法院关于限制被执行人高消费及有关消费的若干规定》为依据。以上五项信用惩戒措施基本不存在侵蚀信用主体权利的风险，而第6项、第7项措施对相对人权益影响较大，具有行政处罚的性质而又不属于《中华人民共和国行政处罚法》（以下简称《行政处罚法》）规定的六类行政处罚的范畴，也缺乏相关法律和行政法规依据。从相关学者的论证来看，黑名单措施和限制从业措施分别同行政处罚中的警告和吊销许可证性质相近、互为补充。③ 再结合

---

① 参见王伟《失信惩戒的类型化规制研究——兼论社会信用法的规则设计》，《中州学刊》2019年第5期，第43~52页。
② 此项所说的信用黑名单与失信被执行人名单不同，失信被执行人名单是指人民法院公布的具有履行能力而拒不履行生效法律文书确定义务，并符合违反财产报告制度、违反限制高消费令等六类情形之一的人员名单。此处的黑名单是指行政主体在执法过程中对失信严重（如偷税漏税）的市场主体进行惩戒的名单。
③ 参见张晓莹《行政处罚视域下的失信惩戒规制》，《行政法学研究》2019年第5期，第130~144页。

《行政处罚法》关于行政处罚设定权限的相关规定，部分信用示范城市以规范性文件确立信用黑名单制度，以地方性法规或地方政府规章规定对惩戒对象的从业限制，违反了《行政处罚法》第 11 条、第 13 条和第 14 条的相关规定，存在侵蚀信用主体权利的法律风险。

表 6-5　信用惩戒措施种类及其法律风险

| 措施种类 | 性质 | 设定依据 | 法律风险 |
|---|---|---|---|
| 限制获得行政奖励 | 行政主体对特殊权益的择优赋予 | 行政职权 | 低 |
| 限制政府支持或补贴 | 行政主体对特殊权益的择优赋予 | 行政职权 | 低 |
| 加强监督检查 | 行政检查 | 行政职权 | 低 |
| 限制参与财政性资金项目 | 行政主体对特殊权益的择优赋予 | 行政职权 | 低 |
| 限制高消费、出境及乘坐特定交通工具或记入征信系统 | 民事执行促进措施 | 《中华人民共和国民事诉讼法》第 255 条、《最高人民法院关于限制被执行人高消费及有关消费的若干规定》 | 中 |
| 列入信用黑名单并加以公布 | 行政处罚 | 《行政处罚法》第 11 条、第 13 条、第 14 条（地方政府规章及以上位阶立法可以设定） | 高 |
| 限制或禁止从事相关行业、职业或职位 | 行政处罚 | 《行政处罚法》第 11 条、第 13 条、第 14 条（行政法规及以上位阶立法可以设定） | 高 |

### （五）治理手段偏重外在控制

信用示范城市的治理实践偏重发挥制度诚信的工具价值，更多地重视制度对公民、法人和其他组织行为的外在控制，对于发挥德性诚信的伦理价值则着力较少。在制度诚信的约束下，行为主体往往循着"守信—受益，失信—受限"的制度逻辑进行被动的行为选择，但制度的规定常常不能覆盖所有的失信行为，也存在约束滞后的缺点。更为重要的是，制度约束往往伴随着较高的制度制定、执行和监督成本。相比之下，若行为主体能够循着"守信—道德，失信—不道德"的德性逻辑作出自觉的行为选择，则治理成本将大为降低。要实现这种治理效果，必须实施深入的特别是针对青少年的诚信教育，且应当根据不同阶段青少年的特点，创新和丰富诚信教育的内容。在信用示范城市中，现仅有苏州和温州两个城市对于诚信教育较为重视，但其主要关注点在于能产生可测评的表面效果的社会宣传、活动竞赛、品牌建设等领域，诚信价值是否能深入人心并表现为自觉的守信行动，还存在一定疑问。城市信用治理落入此种局限的原因主要有三个方面：一是市场经济具有极强的利益性，诚信的伦理价值容易受到忽视；二是诚信教育作为一项长期工程，短期内难以见到成效，与在任官员激励不相容；三是理论界和实务界长期以来的重制度、轻伦理倾向。因此，诚信教育缺失，城市信用治理手段偏重外在控制是信用示范城市治理实践中的又一现实局限。

## 二 城市信用治理问题产生的原因分析

信用示范城市信用治理存在的现实局限，是我国城市信用治理存在问题的集中体现。这些问题的产生是多种因素共同作用的结果。具体而言，政府定位不明、治理主体协同不足、信用工作者法治素养缺失等是现阶段诱发信用治理难题的重要因素。

### （一）政府信用治理的角色定位不够明朗

作为城市信用治理的引领者，政府在城市信用治理中的重点定位直接关系到城市信用治理的发展方向和治理成效。当前，我国地方各级政府特别是各地级、县级城市的政府在城市信用治理的实践中，扮演着诚信政策的执行者、信用状况的评价者和政策议程的被动主导者几种角色。作为诚信政策执行者，地方政府主要着眼于中央政府和上级政府政策的执行，而对主动引领社会诚信有所忽视，长此以往，信用工作容易陷于被动局面；作为信用状况的评价者，地方政府倾向于对各类市场主体的信用状况进行评价而对加强信用监管重视不足，特别是对一些能够带动地方经济发展的大型企业，其名称往往更容易出现在当地政府的信用红名单中，但实际上这些企业在为社会服务的过程中表现出的信用水平有时不如预期；作为政策议程的被动主导者，地方政府较少针对潜在的社会信用问题作出预判和防范，而仅仅在问题出现后发起政策议程，完善相关制度，这样既容易错失防范和解决社会信用问题的最佳时机，也增加了城市信用治理的成本。地方政府的上述三种角色定位，体现出政府在社会治理中的主动性和积极性有所不足，并且未能准确把握政府和市场的关系，导致我国城市信用相关问题的产生。

## （二）各治理主体未形成有效的治理格局

就城市信用治理而言，各治理主体要形成"合理的结构"，就需要增强治理主体之间的协同性。城市信用治理的主要参与者是公共部门，公共部门又包括政府、法院等其他国家机关以及被授权行使公共职能的其他组织。如此众多的治理主体，应当加强协作，形成有效联动，否则很容易出现互相牵制掣肘或重复做功的情况。但在一些地方的城市信用治理实践中，符合社会预期的有效协作情形并未出现，某领域、某部门的信用黑名单只能在各自"领地"内具有效力的情况较为普遍。部门壁垒妨碍了城市信用治理的关键要素——信用信息的跨部门、跨领域流动。此外，市场信用信息也存在分散化、碎片化的割裂现象，信用主体的信用信息在不同归集平台之间的分布失衡，不仅导致信用评价的全面性和准确性缺失，也不利于提高市场甄别失信主体的整体效率。以普及率较高的两款信用产品——蚂蚁信用（支付宝）和小白信用（京东）为例，两款信用产品的信用信息并不互认互通，以致信用不良的主体在消费完在此平台的信用之后，还存在去彼平台消耗自身信用、损害其他主体合法权益的可能。市场主体之间信用治理的割裂，有其自身的逻辑——私人部门的营利性决定了争夺市场份额的高度必要，而要争夺市场份额就必须推广自身的产品。于是，在支付宝 App 上的守信行为并不能在京东 App 上积累信用积分就很容易理解了。应当看到，由于协同机制的缺失，市场信用机构之间陷入了"双输"的囚徒困境——既不能完全识别信用优良者以提高交易效率，也不能完全排除信用不良者以预防损失。治理主体协同不足导致信用信息流动不畅，从而使得信用惩戒无所依凭，不利于形成多主体协同的联动治理格局。

### （三）信用工作者法治素养缺失

信用工作者法治素养的缺失是我国城市信用治理法治化不足的重要原因，主要表现为法治观念淡薄和法律知识欠缺。一是法治观念淡薄。在信用工作的推进中，部分政府领导存在以言代法、以权压法、以政策替代法律的情况，导致城市信用治理举措缺乏充分的法律根据，从而导致诸多法律风险。二是法律知识欠缺。一些信用立法者缺乏足够的法律素养和成熟的立法技术，导致地方信用立法存在表述不规范、违反上位法、盲目照搬其他地方信用立法等问题。可见，信用工作者，特别是政府领导干部和信用立法工作者法治素养的缺失，会影响信用法治进一步向前发展，并可能造成违背法制统一原则、侵犯信用主体合法权益、招致行政诉讼等法律风险。

## 第三节　政府推进信用示范城市治理转型的新趋势

### 一　政府在城市信用治理中的角色转型

城市信用治理不仅要使诚信成为全社会的价值追求，而且要使信用成为解决社会问题的有效工具。这就对政府建构城市信用治理的相关职能提出了新的要求。

#### （一）从诚信政策的执行者向诚信建设的引领者转型

没有政府诚信引领的诚信政策执行，只会在"宽以律己，严以待人"的指责与诟病中出现偏差。在中国传统文化的影响下，治理效果往往与治理者的亲身垂范和引领息息相关，孔子曾有"政者，正也，子帅以正，孰敢不正""其身正，不令而行；其身不正，虽令不从"等一系列经典规训。[①] 孟子在此基础上进一步阐发，"行有不得者皆反求诸己，其身正而天下归之"，[②] 将统治者的"身正"与否提到关系天下顺逆的高度。在当代，

---

① 《论语》。
② 《孟子·离娄上》。

"自古皆有死，民无信不立"的古训仍有其工具价值与警示意义——当政府的公信力下降到一定程度，就会失去民众的信任而落入"塔西佗陷阱"，无论如何作为（包括推进城市信用治理）都不会为社会所认同。在陌生人社会，人际信任的式微趋势已愈加明显，人们从对人的信任转向对制度的信任，制度成为维系和重构社会信任的关键所在。但人们信任制度的一个前提是，人们信任设计这些制度的政府。只有政府强化公信力建设，培养民众对政府的信任，诚信政策的执行才会更加符合社会期待与自身初衷。

### （二）从信用状况的评价者向社会信用的监管者转型

在各地推进社会诚信体系建设的前期，政府倾向于通过评级打分等方式，对各类市场主体的信用状况作主导性评价。据不完全统计，截至2020年4月23日，全国地方各级政府出台的关于信用评价的政府规章、规范性文件多达425部，首批12个信用示范城市出台的信用评价相关制度文件也有68部，占制度文件总数的16%。总体言之，当前我国地方各级政府对于为市场主体特别是企业进行信用评级评价有着较高的积极性，而评价者又多扮演资源分配者的角色，对改善营商环境形成了制约。2019年7月，《国务院办公厅关于加快推进社会信用体系建设构建以信用为基础的新型监管机制的指导意见》提出，要发挥信用在创新监管机制、提高监管能力和水平方面的基础性作用。应当明确，政府推进基于信用的社会治理，应当完善以信用为基础的新型监管，健全事前、事中、事后各环节的监管体系，而不仅是对市场主体进行主导性的信用评价。相对于信用评价，信用监管的最大优势在于政府居于更客观的立场，承认和鼓励专业性的市场信用评价与社会信用评价，主要承担信用评价纠偏的功能，对信用评价等级与权益兑换之间的转换机制进行监测监管，通过丰富技术手段、完善制度体系、优化事前、事中、事后各信用监管维度，规范社会信用信息的归集、管理、应用和修正等环节要素，激发市场活力，加快社会诚信体系建设。

### （三）从政策议程的被动者向政策议程的触发者转型

以往政府信用政策议程的触发，主要有三种机制：一是社会现实问题的倒逼；二是舆论力量的触发；三是以自上而下为主的政策扩散。这三种信用政策触发机制都体现出政府在政策议程中的被动性。以信用联合奖惩相关政策议程为例，自《国务院关于建立完善守信联合激励和失信联合惩戒制度加快推进社会诚信建设的指导意见》（国发〔2016〕33号）发布以后，全国大多数省级政府和地市级政府发布了建立信用联合奖惩的指导意见或实施方案，这些指导意见或实施方案在体例、内容上呈现同质化发展的趋势，缺乏地方的能动探索和创新。地方政府要实现信用治理职能的转型，应当增强治理行为的创新性和前瞻性，从信用政策议程的被动者变为信用政策议程的常态触发者：一方面，政府应当通过积极作为，将上级政府的指导意见转化为对公众具有约束力的地方立法；另一方面，应当从现有的法律法规规章中找到信用联合奖惩的依据，使得信用联合奖惩指导意见或实施方案更具合法性。

## 二 政府在城市信用治理中的举措创新

创新城市信用治理举措的基本思路在于重新审视、合理平衡价值诚信与工具诚信之间的关系。价值诚信强调将诚信作为内在的道德要求或准则，工具诚信则偏重于合法权益的获取。要实现有效的城市信用治理，必须正视工具诚信的积极性价值：一方面，要树立诚信的道德权威，通过对社会的宣传教育，强化对失信行为的道德评价；另一方面，要推动城市信用治理与公益、医疗、出行等个人日常生活领域相联系，通过诚信权益的落实促进诚信行为的蔚然成风。

政府推进城市信用治理转型，在具体举措上，可以尝试引入道德自省、道德选择、情感体验等德育理论与方法，整合家庭、学校和社区等教育途径，对社会成员进行诚信价值和诚信规则的社会化，以达到优化诚信教育的目的。同时，也可探索建立信用积分制度，通过信用积分的"量变"关联诚信权益的"质"的增加或减损，从而将大量的信用活动纳入信用管理的范畴，这也有利于对广泛存在的轻微失信行为进行与其严重程度相匹配的惩戒和警示。此外，还需要大力营造褒扬诚信、反对失信的社会氛围，将道德评价与信用奖惩相结合。例如，可在依法公开信用惩戒对象信息时，辅以诚信光荣、失信可耻的宣传教育，也可在信用积分较低的信用主体查询自身信用分数时，通过信用积分系统弹出诚信警示语，或者通过显示信用积分查询者排名状况的方式，引导社会成员诚信向善。

## 三 政府在城市信用治理中的职能建构

政府城市信用治理职能的转型，关键在于廓清政府信用职能的基本范畴。政府作为信用政策议程的触发者，应强化社会信用领域诚信立法，主动推进信用制度建设；作为社会信用的监管者，应优化信用信息管理的流程与技术，建立以信用为基础的新型监管体系；作为诚信建设的引领者，不仅要以自身的信用作社会的表率，也要发挥统筹信用治理各方面力量的作用。

### （一）信用治理的立法职能

在城市信用治理中加强信用立法，是降低城市信用治理法律风险、顺利推进各项信用工作的基本前提，更是依法行政的内在要求。从博弈论的视角来看，信任与威慑是走出囚徒困境，促成博弈主体合作而非背叛的两条基本路径，而信用立法主要为后者提供了有力的支持。对可能失信的主体而言，对其失信行为予以惩戒是典型的威慑形式，而这种惩戒必须具有合法性，否则政府将面临违反《行政处罚法》、侵犯相对人权利与自由的法律风险。于是，惩戒措施合法化就成为政府行使信用治理立法职能的重要理由。除此之外，信用主体、信用信息、失信行为等基本概念的澄清与界定，实践中的城市信用治理体系的确认、信用管理主体行为的规范、信用管理流程的优化等，都需要政府信用立法充分发挥作用。因此，政府在信用治理中的立法职能是政府信用职能的基本范畴之一。

### （二）信用信息的管理职能

信用信息作为信用治理的基本依据，对其进行有效管理还要做大量工作。在信用信息归集层面，信用主体的基本信息和信用信息的数据化、清单化还需进一步推进，一些地区甚至连信用主体的基本信息都未完全纳入数据库。在信用主体的基本信息之外，信用信息归集的确切范围，正面信息和负面信息各自包含的内容，信用信息归集清单的建立与更新，等等，都是政府应审慎考虑的问题。在信用信息的应用层面，政府需要不断丰富信用信息的应用场景，不断推动各类信用产品的开发和应用，将信用与公众日常生活密切相连，使守信激励更加充分多元、失信惩戒更加合法有效。在信用信息的公布层面，个人信息自决权与信用信息的公共属性之间矛盾的调和，社会利益与国家机密、商业秘密和个人隐私之间张力的平衡，都是信用信息管理中的重大课题。在信用信息的异议与修复层面，相关运行机制在全国多数地方还未建立和完善。以上问题的解决，都需要建立科学完善的信用信息管理机制。信用信息作为盘活城市信用治理体系的关键要素，亟待政府强化信用信息管理职能，对其管理予以优化。

### （三）信用活动的监管职能

监管职能是政府信用职能的重要范畴。对信用活动进行监管，贯穿于城市信用治理实践的始终。《国务院办公厅关于加快推进社会信用体系建设构建以信用为基础的新型监管机制的指导意见》提出了创新事前环节信用监管、加强事中环节信用监管、完善事后环节信用监管、强化信用监管的支撑保障等要求，内容涵盖建立健全信用承诺制度、大力推进信用分级分类监管、督促失信市场主体限期整改、提升信用监管信息化建设水平等20余个信用监管工作要点，描绘了全流程、全领域、多维度的信用监管体系图景，为全国各级政府完善信用活动的监管职能建立了基本框架。政府应当强化信用监管职能，大力推进信用监管标准化建设等工作，在更宽广的领域和更高的层次上进行统筹，逐步实现信用监管的顶层设计与地方探索相统一。

### （四）信用治理的统筹职能

从治理理论视角来看，信用治理中的"治理"意味着推进城市信用治理需要各级政府和其他公共部门、企业、个人和社会组织的共同协作，形成信用治理合作网络，实现良好的治理效果。政府在信用治理合作网络中，应加强统筹引领，承担起"元治理"的责任：在政府自身层面，应统筹政府内设机构、直属单位及下级政府的城市信用治理工作，加强社会信用信息化、标准化建设，弥合信息鸿沟，打破部门壁垒，实现信用信息在更高层次和更大范围内整合；在整个公共部门层面，应加强与法院等其他国家机关的协调，强化制度衔接，特别是要建立依据明确、运行顺畅的失信被执行人转化为信用联合惩戒对象的工作机制；在全社会层面，要重视政府与社会力量在城市信用治理中的协作与联动，鼓励企事业单位、行业协会、信用服务机构等与政府开展社会信用信息合作，将政府掌握的信用信息以合适方式、合法途径向社会提供，建立信用信息在政府部门和私人部门之间的双向流动机制，促进公共信用信息与市场信用信息的有效整合。

## 第四节　信用示范城市治理法治化与体系化的方略

城市信用的有效治理需要制度和机制的保障，法治是推进城市信用治理的权威依据，诚信入法是体系性增进城市信用的基点，而信用治理机制的完善则能够创新信用治理的方式方法，增进城市信用治理的实效性。

### 一　信用法治：推进城市信用治理的根本保障

#### （一）信用立法：城市信用治理的制度屏障

当前，信用主体的信用活动、信用管理主体的信用管理行为等都急需法律制度对其划定边界、进行规范，要以完整的框架、规范的技术，在公众的参与中推进信用立法，建立健全有关社会信用的法律法规和地方政府规章，以法的权威性和强制性规范人们的信用行为。[1]

**1. 健全制度规范，推进信用立法体系化**

当前，我国信用立法存在核心制度缺失和信用立法碎片化的问题。核心制度缺失主要是指，在全国层面，社会信用法的出台亟待推进；在地方层面，《社会信用条例》的出台也为数不多。信用立法碎片化，是指全国多数城市的信用立法零散地分布于各行业、各领域，既没有实现对失信重点领域的全面覆盖，也未能形成清晰的思路和逻辑，系统性严重不足。城市信用治理核心机制的缺失和信用立法的碎片化，严重制约了

---

[1] 参见李新庚《信用理论与制度建设研究》，中国书籍出版社，2018，第226页。

我国城市信用治理的实践，影响到信用法治的实现进程。因此，健全信用制度规范，推进信用立法体系化亟须提上相关部门的议事日程。

一是要以较高的法律位阶，确立城市信用治理赖以遵循的总体规范。考虑到信用立法必须对失信行为进行惩戒，那么相关条文就具有了设定行政处罚的性质，如对信用黑名单进行公示、限制惩戒对象从事某些行业或职位等，实际上对信用主体的权利进行了较大的减损，这种减损必须于法有据。因此，立法主体要严格按照《立法法》和《行政处罚法》赋予的权限，规定对失信主体的惩戒措施。

二是要针对失信严重或失信风险较大的重点领域进行专项立法，如电商、金融、共享经济等失信频发、后果严重的领域，以提高城市信用治理的针对性和治理效果的可预期性。只有将具有普遍性质的信用建设核心机制与针对重点领域的专项信用立法相结合，信用立法体系的基本框架才得以呈现。

**2. 提高立法技术，推动信用立法科学化**

立法技术是立法质量的重要体现，也是影响法律可操作性的重要因素。因此，推进信用法治必须提高立法技术，推动信用立法科学化。具体而言，可从以下几个方面入手。一是要注意法制统一，避免条文内容与上位法的冲突；二是要注意法律文本结构的逻辑性，除去总则和附则，可按照事项流程由前往后、内容先主要后次要、先一般再具体等逻辑顺序编排分则各章的顺序；三是要注意语言表述的规范性，使用法律概念和术语时做到简明扼要，避免艰深晦涩；四是要注意条文的可操作性，不仅要反复推敲、锤炼，更要重视调查研究；五是保证公布的法律条文基本要素齐备，如通过情况、文号、目录、施行日期、对相关立法的修改和废止等情况的说明。

**3. 重视公众参与，促进信用立法民主化**

信用立法民主化是优化城市信用治理的重要保证。在治理体系层面，公众的参与丰富了城市信用治理的主体力量构成，与协同治理的治理发展趋势相契合；在治理能力层面，公众的加入使得城市信用治理因群策群力而更容易取得实质性进展。公众参与不仅使信用立法更加合于理性，更是法治社会民主价值的应有之义。促进信用立法民主化，在形式上，要拓宽公众参与的途径，可通过互联网开展网络问政，触发信用立法政策议程，或进行信用立法草案意见征集；在内容上，应当就信用立法中的重要议题或与公众切身相关的事项，如信用惩戒的范围、内容，信用修复的方式、渠道等，充分征求公众意见，必要时可召开听证会，保障公众参与公共事务的权利。此外，还要重视对大数据技术的开发和利用，以期对海量的信息进行有效梳理。

### （二）信用权利：城市信用治理的权力边界

正如耶林指出的，为权利而斗争是对社会的义务。① 为权利而斗争，关键在于对权力进行限制，这是法治的核心精神与基本理念之一，也是践行法治的重要目的。因此，在城市信用治理中厘清公共权力与私人权利之间的边界，就显得尤为重要。从权利的视角来看，个人隐私不容侵犯、个人信息应当自决、守信行为应当受到诚信权益的激励。从权力的视角来看，出于维持社会秩序等公共利益的需要，个人信息具有公共属性，失信行为应当受到惩戒。权利与权力之间存在的上述冲突需要法律加以调和。

**1. 隐私保护与信息公开的冲突协调**

城市信用治理对信用信息的深刻依赖，决定了个人隐私的保护至关重要。根据《中华人民共和国民法典》（以下简称《民法典》）第1032条第2款的规定，隐私是自然人的私生活安宁和不愿为他人知晓的私密空间、私密活动、私密信息。在城市信用治理的实践中，对个人私密信息的侵犯主要有两种情形。一是信用主体授权相关对象查询自身信用信息，但由于查询信用信息一般需要信用主体授权（即基于本人的意思自治），而这并非隐私保护与信息公开矛盾的主要方面。二是违背信用主体意愿公开其信用信息，主要包括司法机关公布失信被执行人信息和部分行政机关公布信用黑名单。对于司法机关公布失信被执行人信息的情形，有《中华人民共和国民事诉讼法》及相关司法解释为法律依据，合法且有必要；对于行政机关公布信用黑名单的情形，因其对行为人权利影响较大，除必须有法律依据之外，还应当根据比例原则，考虑手段的适当性，追求以最小的权利减损实现最大的行政执法效果。

对隐私保护与信息公开冲突的协调，还可从法理的角度予以考虑。

---

① 参见〔德〕鲁道夫·冯·耶林《为权利而斗争》，郑永流译，法律出版社，2007，第14页。

一个具有共识性的前提是个人权利的边界是他人的权利。个人隐私属于个人权利，个人隐私的边界就是他人的权利。因此，对个人隐私的保护应当以不侵犯社会公共利益为前提。在这个论断的基础上可以明确，当保护个人隐私会导致公共利益或他人利益的损失时，例如对于严重失信的信用主体，如不公开其失信行为则无法起到对社会的提醒作用。在这种情况下，法律应该更加重视个人信用信息公共属性的价值。

**2. 守信激励与失信惩戒的矛盾平衡**

奖励守信、惩戒失信是城市信用治理的重要内容，其基本逻辑是"奖善罚恶"。作为城市信用治理的核心机制，关于信用奖惩的制度设计必须注重守信激励与失信惩戒的平衡。这需要从两个方面予以改善：一是守信激励的具体化和失信惩戒的法治化。守信激励的具体化包括激励对象的具体化和激励手段的具体化，即以具有法律效力的方式明确和承认达到何种守信程度的主体，应当享受何种程度的权益。失信惩戒的法治化，是指由于失信惩戒对信用主体的权益减损较大，应当用法治的方式予以推进，即惩戒措施应由有权限的信用立法予以规定，同时还要保障权利救济渠道的畅通。二是完善信用积分制度。信用积分通过对个人信用的量化，成为奖励守信、惩戒失信，优化资源配置的有效依据，充分体现了信用的资本属性。① 信用积分制度是破解轻微失信惩戒难题的关键举措，同时也是行政法比例原则的重要体现，正成为我国城市信用治理举措创新的重要趋势。

**3. 信息自决与信息归集的张力调和**

齐爱民教授将个人信用信息权利的内容分解为个人信息的决定权、保密权、查询权、封锁权、更正权和删除权。② 该观点基本阐明了个人信息自决的内涵所在，使得信息自决作为一项基本权利的定位更加明确和巩固。《民法典》第 1034 条第 1 款规定："自然人的个人信息受法律保护。"第 1035 条规定，对个人信息进行归集，除非法律和行政法规另有规定，否则必须征得个人同意。可见，个人信息自决是一项法定权利。个人信息自决与信用信息归集之间的张力，实际上是信息自决与信息归

---

① 吴晶妹教授将信用定义为"可信任的资本"，明确地揭示了信用的资本属性。
② 参见齐爱民《社会诚信建设与个人权利维护之衡平——论征信体系建设中的个人信息保护》，《现代法学》2007 年第 5 期，第 160~167 页。

集何者优先的问题。法治的精神之一是权利保护，同时法治也要服务于公共利益，张力由此产生。前文提到，对个人隐私的保护应当以不侵犯社会公共利益为前提，就信息自决而言也是如此。当公共机构出于公共利益的需要（如提醒社会防范失信主体的需要）且有法律法规依据而归集个人信用信息时，个人信息自决权应当让位于公共利益。除此之外，个人信息自决权应得到法律的保护。

信用法治解决个人信息自决和信息归集之间张力的方法，在于推进个人信息保护立法，即以法律法规的形式明确规定信用信息归集的范围，区分哪些信息必须归集、哪些信息依信息主体意愿归集、哪些信息依法不得归集，在保护个人信息的基础上，促进个人信息资源的有效配置与合理使用。如《厦门经济特区社会信用条例》第8条第1、2款规定："公共信用信息的归集实行目录管理。公共信用信息的提供单位、信息分类、公开属性、归集频率、使用权限、记录期限以及数据格式等由公共信用信息目录规定。下列信息应当纳入公共信用信息目录：（一）用于识别社会信用主体的基础信息；（二）刑事处罚、行政处罚、行政强制执行等反映社会信用主体信用状况的信息；（三）行政许可、行政确认、行政检查、行政征收、行政给付等反映社会信用主体信用状况的信息；（四）拒不履行生效法律文书确定义务的信息；（五）受到表彰奖励以及参加社会公益、志愿服务等的信息；（六）法律、法规以及国家有关行政主管部门规定应当纳入目录管理的其他信息。"第16条第1款规定："禁止采集自然人的宗教信仰、基因、指纹、血型、疾病和病史信息以及法律、行政法规规定禁止采集的其他信息。"应当注意的是，对于个人的正面信息，不予归集一般不会影响公共利益和他人合法权益，应当属于个人信息自决的范畴。

应当指出的是，在《民法典》出台的背景下，应尽快制定社会信用方面的法律或行政法规。否则，按照《民法典》第1035条的规定，当前各地的地方性法规、地方政府规章中关于个人信用信息归集的部分条文将出现与上位法不一致或相冲突的情形。

**4. 信用异议与信用修复的机制优化**

无救济即无权利。除行政复议、行政诉讼等常规救济渠道外，信用权益救济还需要完善信用异议处理机制，以纠正信用管理过程中对信用主体作出的不当信用评价，并建立信用修复机制，给失信主体自新的机会,防止"破窗效应"。在实践中,部分城市建立了信用异议与信用修复机制,如《宿迁市社会信用条例》第 39 条规定:"社会信用主管部门应当会同公共信用信息提供单位建立社会信用信息异议处理和信用修复机制,保障社会信用主体合法权益。"随后的第 40 条规定了可以提出信用异议申请的若干情形。第 44 条第 1 款更规定:"社会信用主体主动履行法定义务,依法纠正失信行为的,可以按照规定程序向公共信用信息提供单位申请信用修复。"值得注意的是,同目前大多数信用修复的规定一样,《宿迁市社会信用条例》将信用修复的方式限于"主动履行法定义务,依法纠正失信行为"的情形,这种信用修复方式存在两个问题:一是严重失信的主体迅速纠正失信行为即可免于惩戒,存在惩戒过轻的可能;二是信用修复的渠道过窄。在后续的城市信用治理实践中,应当针对不同的失信情况,合理规定提出信用修复申请的最低时限,保证信用惩戒持续的时间,并探索拓宽信用修复渠道的方式,如通过参加社会公益、获得一定级别的表彰等进行信用修复。特别是要在现行删除性修复的基础上,扩大异议性修复、时间性修复和注释性修复的适用,进行修复方式的探索和创新。

综上所述,法律是城市信用治理的权益依据和权威保障。无论是对失信者进行惩戒,还是对信用主体的信用信息进行采集和公布,都需要明确的法律依据。卓有成效的城市信用治理必然以信用法治的完善健全为前提,这是现代法治社会的应有之义,也是推进社会诚信体系建设的客观要求。城市信用的法治建设还要着重做好以下几方面的工作:政府在信用治理实践中树立法治理念,要坚持法律优先原则,在城市信用治理中确保法制统一和遵从上位法规定,坚持法律保留,一切治理举措都应控制在法律、法规、规章允许的范围内,健全信用治理的法制体系;公私主体强化治理协同,完善信用领域的法律实施和法律监督体系,健全问责机制,确保法律落实,通过强化体制内外主体对城市信用治理过程的监督,确保信用制度有效实施,明确公众治理主体与治理对象的双重属性,将自然人、法人和其他社会组织纳入城市信用治理体系,并通过社会与国家的良性互动实现多元治理主体、治理机制的协同与耦合;通过道德教化与合作治理等方式,推动国家法律同行业准则、居民公约等"法外之法"的紧密结合,实现正式规则与非正式规则的有效协同。由此,信用法治便嵌入经济社会生活,丰富城市信用治理的规则体系。

## 二 信用机制：信用治理制度体系的运行基础

### （一）完善信用管理制度，形成联动治理格局

信用管理制度是城市信用治理的规则依托，是保证城市信用治理规范有序运行的必要条件。城市信用治理应主要从以下维度予以改进。一是要完善城市信用治理的制度体系，包括联合奖惩制度、信息共享制度、信息公示制度、市场化的征信制度、信用承诺制度、信用修复制度、信用监管制度等。二是要加强信用治理主体力量建设，在整合现有组织资源的基础上，形成以政府为统领，法院等司法机关、群团组织、事业单位和信用服务机构等公私主体协同，企业、自然人和社会组织参与的多主体联动信用治理格局。三是要在政府内部形成专门管理与联合治理相结合的信用管理体制，一方面要成立正式部门或机构，负责信用制度建设、信息管理、异议处理等常态化工作；另一方面则通过联席会议等工作机制，加强部门间的沟通协调，促进城市信用治理中突出问题的解决。四是要改进城市信用治理的领导体制，通过职务更高的政府领导分管城市信用治理工作，提高政府在城市信用治理中的统筹能力，着力推进城市信用治理领导方式的法治化和规范化。

### （二）强化政府诚信，引领社会诚信发展

信用治理就是对合作网络的管理。[①] 作为信用治理的主要引领者、推动者以及责任担当者，政府扮演着"元治理"的角色，政府诚信更是社会信用体系建设的基础和关键场域。在城市信用治理领域，诚信政府建设至少包含以下两重意蕴。

第一，提升政府信用。从市场交易的角度，政府应当同市场主体平等交往，切实履约践诺，提高自身信用水平。从政府转型的角度，政府要从"无限"的政府转变为"有限"的政府，将行政权力及以其为支撑的行政行为关进制度的笼子；从"管制型"政府转变为"服务型"政府，提高社会认可度；从"暗箱"政府转变为"阳光"政府，加强政府信息公开。[②]

---

[①] 参见陈振明等《公共管理学》（第2版），中国人民大学出版社，2017，第487页。
[②] 参见李新庚《社会信用体系运行机制研究》，中国社会出版社，2017，第330~331页。

从行政过程的角度，政府应当推进行政决策中的民主化和公开化，保障公众的参与权和知情权；应当健全行政实施中的公正化与透明化，切实保障行政相对人的合法权益。此外，政府还应不断完善行政监督机制，将行政活动置于中国共产党、人民代表大会、监察委员会、人民法院、人民检察院、民主党派、新闻媒体、民众以及政府自身等体制内外主体的监督制约之下。

第二，提升公务员特别是领导干部的诚信素养。就基本路径而言，提升公务员诚信素养可从自律和他律两个维度入手。在自律层面，应着眼于促进公务员诚信行为的自发生成，将诚信的道德要求内化于心，可通过开展形式多样、行之有效的诚信教育活动予以促进；在他律层面，应着眼于诚信制度建设，将诚信要求贯彻于公务员招录、考核、管理、晋升和退出的各个环节。在实践中，限制失信被执行人报考公务员已成为普遍做法，如中共中央办公厅和国务院办公厅印发的《关于加快推进失信被执行人信用监督、警示和惩戒机制建设的意见》（中办发〔2016〕64号）规定，对被确定为失信被执行人的公务员，其失信情况将作为其评优评先、晋职晋级的参考。但还需进一步探索强化公务员诚信的具体措施：一是在公务员管理中探索对联合惩戒对象予以适当限制，以弥补失信被执行人覆盖面过小的不足；二是追究公务员在履职履责过程中的严重失信行为的行政责任，防止"新官不理旧账"，保护相对人的信赖利益；三是探索建立严重失信公务员的退出机制。一言以蔽之，要按照德法并行、为民服务的原则，建立和完善公务员特别是领导干部的诚信责任机制、诚信教育机制、诚信监督机制、诚信考核和奖惩机制。①

### （三）优化城市格局，培植信任社会资本

城市格局对于城市社会的信任机制有着持久而深刻的影响，因而对其进行优化是改善城市信用治理的长远之策。现代社会的陌生化与功利化倾向已成为事实，当前我国城市的布局与规划不仅未能消减反而助长了这种倾向，这意味着城市社会中人际交往与信任的削弱，进而导致了城市社会信用缺失的增加。城市格局的优化，要以促进人际交往、增加

---

① 参见傅思明、钱刚主编《诚信政府与领导干部公信力提升》，东方出版社，2013，第150~163页。

人际信任为归向。在空间规划上,城市空间布局应以地缘的界分,促进业缘、趣缘共同体之形成,探索城市物质空间与社会空间的耦合与协调发展。这既有利于整合城市资源、提高经济效率并形成区域特色,更有利于以职业和兴趣为纽带,增强人际信任关系,从而减少失信行为。在建筑设计上,规划应着眼于对户外活动的促进,通过居民间的"低强度接触",为其他更为复杂的交往创造前提,提升居民间的信任感。[①] 城市格局必须以合适的共享领域促进人们的交往活动,以物理的公共空间构筑心理的公共空间,从而促进人际信任的产生,以减少公共生活中信用缺失的现象。除此之外,增进城市社会信任、培植诚信社会资本,还可通过经常性地开展社区邻里活动以增进居民互动与了解,鼓励志愿服务以强化社会成员的责任感与成就感等方式,促进诚信交往,提升信用水平。

综上所述,市域社会治理现代化是国家治理体系和治理能力现代化的重要组成部分,更是社会信用体系建设的关键节点。信用示范城市在法制建设、政策创制和机制创新方面所作的探索,形成的有益经验必将转化成社会诚信体系建设的重要内容,为试点工作向其他领域的扩展树立了良好示范。

---

① 参见〔丹麦〕扬·盖尔《交往与空间》(第4版),何人可译,中国建筑工业出版社,2002,第19页。

# 第三编
## 实践与探索

# 第七章 黑红名单制度建设的体系发展与法治归依

## 第一节 黑红名单制度的属性和功能

### 一 黑红名单制度的基本属性

#### (一) 黑名单制度的基本属性

黑名单制度是指行政机关、司法机关以及其他被行政机关和法律、法规授权的具有公共事务管理职能的组织依法归集严重违规失信的自然人、法人或其他组织的信息形成的,并向社会公示的严重违法失信行为人的清单或名录。在黑名单制度的基本属性层面,学界有不同观点。刘文丽认为,"黑名单"属于行政处罚中的声誉罚,"黑名单"形成后会对社会公示、公开严重失信行为,对所在黑名单的企业或个人起到督促教育作用。[1] 也有学者从"黑名单"处罚方式出发,认为"黑名单"对失信企业具有资格限制和能力上的禁止,具有行为罚的特点。[2] 除行政处罚外,黑名单制度在联合惩戒过程中还涉及行政许可和行政强制。如辽宁省针对列入黑名单的失信企业"严格限制其新增项目审批和核准、用地审批等"和"在申请列入政府信用担保管理体系时,不予批准;已列入

---

[1] 参见刘文丽《对黑名单制度实体法律问题的几点思考——以地方黑名单立法规定为依据分析》,《公民与法》(法学版) 2016年第10期,第31~35页。
[2] 罗豪才、湛中乐主编的《行政法学》在第五章第六节中对行为罚进行了定义。所谓行为罚,是指限制和剥夺违法相对方某种行为能力或资格的处罚措施。

政府信用担保管理体系的，给予黄牌警告或取消资格"等。① 除此之外，刘平、史莉莉认为应该根据"黑名单"的性质和具体功能进行分类，可以分为四类，即惩罚性、警示性、备案性、普法性，其中惩罚类"黑名单"属于行政处罚，警示类"黑名单"属于行政指导，备案类"黑名单"属于内部行政行为，普法类"黑名单"不应认定为具有法律效力的行政行为。② 本书则较为赞同将黑名单制度视为行政处罚的观点，但又不局限于行政处罚，是以行政处罚为基础的综合性行政管理行为。

### （二）红名单制度的基本属性

红名单制度是指因诚实守信行为而受到行政机关、司法机关以及其他被行政机关和法律、法规授权的具有公共事务管理职能的组织表彰、奖励和扶持的信用主体（自然人、法人或其他组织）名单，以及受到法律、法规授权或委托在民政部门登记注册的行业协会等非营利组织表彰、奖励和扶持，并经由行业主管部门审核认定的信用主体名单。红名单制度的施行对象是在工作或生活中诚实守信、符合国家规章制度而被有关部门认定应受到表彰的守信者。守信主体受到奖励和扶持，会激励社会信用主体保持良好的信用，有利于社会治理水平的提升。

综上所述，黑红名单制度分别对应惩戒和奖励，是社会信用治理的重要手段。两者是社会诚信体系建构的一体两面，黑名单制度注重对失信行为的规束，强调制度本身的强制性作用；红名单制度注重激励，从行为动力和诚信权益的角度推进诚信建设。两种制度相结合才能形成对各类偏好的纠正，激发各类主体在制度刚性和基本原则的基础上诚信行为的积极性。

## 二 黑红名单制度的基本功能

黑红名单制度是建设信用社会、提高人们信用意识的重要手段。黑

---

① 《辽宁省失信黑名单企业惩戒联动实施办法（试行）》第19条规定："行政机关、职能管理部门、公用事业单位、行业服务机构在日常监督管理、行政许可、采购招标……工作中，必须依法查询省信用数据交换平台中失信企业黑名单数据库，并针对被列入黑名单的企业按照各自职能分工采取以下失信惩戒联动措施……（六）在申请列入政府信用担保管理体系时，不予批准；已列入政府信用担保管理体系的，给予黄牌警告或取消资格……（十四）严格限制其新增项目审批和核准、用地审批等。"

② 刘平、史莉莉在《行政"黑名单"的法律问题探讨》（《上海政法学院学报》2006年第2期）一文中将行政黑名单根据功能分为四大类，并以此为基础对行政黑名单的性质定位进行了法理分析。

红名单操作简便、效果显著，能广泛使用于各个行业和领域。黑红名单制度的基本功能主要体现在以下三个方面。

（一）黑名单制度的失信惩戒功能

《浙江省环境违法"黑名单"管理办法（试行）》第12条规定："各级环境保护主管部门与发改、经信、财政、税务、工商、质监、安监、海关等部门以及银行、证券、保险监管机构建立'黑名单'通报机制，强化部门协同监管和联合惩戒，在行政审批、融资授信、资质评定、政府采购等管辖工作中对涉及'黑名单'予以限制。各级环境保护主管部门应当引导和鼓励市场主体、行业协会、舆论媒体在市场交易、行业自律、社会监督等方面发挥对失信'黑名单'的惩戒约束作用。"这是黑名单制度在环境保护领域内的应用，黑名单的存在严厉打击了环境违法行为、督促其他经营主体在经营活动中履行环境保护责任和义务，建立健全了环境保护的失信惩戒机制。黑名单制度的惩戒功能是从内外两个方面体现的。一是黑榜曝光失信行为，公众进行舆论监督。公众的负面印象对企业形象的影响是致命的，为了更好地经营，企业自身也会注意信用问题。失信企业在上黑榜后，公众的舆论更会督促企业改正自身的行为。二是政府在行政审批、融资授信、资质评定、政府采购等方面惩罚、限制，形成外部强制约束。单一社会舆论在影响效果上存在不足，很难实现对失信主体行为的有效约束，也很难有效督促失信主体特别是严重失信主体重视诚信问题。通过对2007~2020年黑红名单制度文件数量的统计，国家在失信黑名单惩戒方面涵盖的范围很广，重要领域和问题几乎都有涉及，在文件中对失信惩戒措施的规定清晰明了，越来越多的部门成为联合惩戒的主体，真正实现了"一处违法、处处受限"。

（二）红名单制度的激励功能

红名单制度的规定是联合奖惩的实际运用，通过对守信合法经营者的奖励，鼓励企业和个人合法守信。一方面，被纳入红名单的诚实守信者，会获得更多的合作机会，公众更倾向也更放心与红名单上的企业进行合作。作为红名单树立的榜样标杆，政府会进行物质和精神上的奖励。通过宣传，红名单企业相比黑名单企业会获得更多更好的发展机遇。另一方面，通过红名单发挥先进示范作用，推动社会形成守信合法经营的良好氛围，培育企业诚信底蕴和企业文化，增强公众诚实守信的积极性、主动性。被纳入红名单的企业，将得到公众的推崇和信任。政府对红名单企业的政策扶持和物质奖励也将激励企业履行诚信义务、承担社会责任。《廊坊市诚信企业红名单管理办法（试行）》《浙江省测绘与地理信息行业"红名单"管理暂行办法》《德阳市金融守信红名单企业认定规则》《山东省质监局质量信用"红名单"管理办法（试行）》都对红名单制定目的进行了阐述，旨在加快推进质量诚信体系建设，构建以信用为核心的新型市场监管体制，发挥榜样的示范作用，激发企业的信用潜能，提高企业信用管理水平，规范市场秩序。

（三）黑红名单制度的社会导向功能

黑红名单制度是各部门联合奖惩的重要部分，黑红名单制度将对公众行为发挥直接导向作用。强化黑红名单制度体系建设是预防失信的重要手段。例如，2018 年 1 月，黑龙江省旅游发展委员会发布《黑龙江省诚信旅游建设"红黑名单"管理办法（试行）》，其目的就是引导公众文明旅游，促进旅游业的发展。黑龙江省通过旅游红黑名单，为公众设立了旅游行业的基本底线和诚信示范，进而推动整个旅游行业文明健康发展。在黑红名单的共同作用下，公众信用意识不断提升。在各级政府官网或"信用中国"网站上，各类失信信息和守信信息被及时公示。通过黑名单的警示作用和联合惩戒的震慑，公众对诚信问题更加重视，有效预防了公众失信行为的发生。在此基础上，进一步发挥红名单的表彰作用，通过表彰优秀企业，引导公众重视信用。国家对红榜企业的支持扶持，将促使公众理性思考守信利益。互联网的普及和电子商务的迅速发展，改变了人们的消费方式。与电子商务快速发展的态势相比，电子商务相关的监管工作却相对滞后。2019 年 11 月，国家市场监管部门规范电商平台营销活动，严厉打击虚构原价、先涨后降等不履行价格承诺的行为。[①] 对此，电商行业也将进一步推行黑红名单制度，治理价格欺诈，强化联合惩戒效果，保障公众消费安全。黑红名单制度奖惩结合，将有效地预防失信行为，营造良好的生产、生活氛围。

---

① 参见毛建国《治理"双 11"先涨后降，拔掉消费者的心头刺》，《中国青年报》2019 年 11 月 5 日，第 2 版。

## 第二节 黑红名单制度发展的基本形态

### 一 黑名单制度分析的文本选择

在 2014 年十二届全国人大二次会议上,"黑名单制度"是李克强总理政府工作报告中提出的 8 个"新词"之一,主要举措是将违背市场公平竞争原则和侵害消费者权益的企业纳入黑名单,约束市场主体的失信行为。红名单制度的主旨是对守信者进行激励,在法律框架内对进入"守信红名单"的各类主体提供"绿色通道"等便利性服务,推动社会形成良善的社会诚信秩序。通过梳理制度文本发现,黑红名单制度规范性文件共 83 部,本书选取专项黑名单和专项红名单做分析文本。其中专项黑名单文件 61 部(见表 7-1),专项红名单文件 4 部(见表 7-2)。黑红名单主要由各级政府及政府部门制定发布,涉及环保、药品、食品安全等众多领域。截至目前,全国共有 21 个省份出台了行业领域的黑名单制度规范,4 个省份制定发布了红名单制度规范,黑名单制度初步形成了体系性的框架,形成了从中央部委等机构到各省份的制度发展脉络,黑红名单制度的发展日趋成熟。因此,本书选取了中央层级、各省级部门、市级政府及其部门和信用示范城市(区)出台的黑红名单制度为分析对象,以全面客观地反映黑红名单建设的基本现状和发展趋势。

表 7-1 黑名单制度规范文件统计

| 类型 | | 制定主体 | 文件名称 |
| --- | --- | --- | --- |
| 中央 | | 文化部办公厅 | 《文化市场黑名单管理办法(试行)》 |
| | | 体育总局 | 《体育市场黑名单管理办法》 |
| | | 文化和旅游部 | 《旅游市场黑名单管理办法(试行)》 |
| | | 国务院安委会办公室 | 《生产经营单位安全生产不良记录"黑名单"管理暂行规定》 |
| | | 国家食品药品监督管理局 | 《药品安全"黑名单"管理规定(试行)》 |
| 地方 | 北京市 | 北京市人力资源和社会保障局 | 《北京市〈拖欠农民工工资"黑名单"管理暂行办法〉实施细则》 |
| | | 北京市食品药品监督管理局 | 《北京市药品安全"黑名单"管理规定实施细则(试行)》 |

续表

| 类型 | | 制定主体 | 文件名称 |
|---|---|---|---|
| 地方 | 天津市 | 天津市规划和自然资源局 | 《天津市城乡规划黑名单管理暂行办法》 |
| | | 天津市体育局 | 《天津市体育市场黑名单管理办法（试行）》 |
| | | 天津市人力资源和社会保障局 | 《天津市拖欠农民工工资"黑名单"管理实施办法》 |
| | | 天津市安全生产监督管理局 | 《天津市安全监管局生产经营单位安全生产不良记录"黑名单"管理暂行规定》 |
| | | 天津市地方金融监督管理局 | 《融资租赁公司"黑名单"制度》 |
| | 河北省 | 河北省人民政府办公厅 | 《河北省安全生产"黑名单"管理制度》 |
| | | 河北省人力资源和社会保障厅 | 《河北省拖欠农民工工资"黑名单"管理暂行办法实施细则》 |
| | 内蒙古自治区 | 内蒙古自治区自然资源厅 | 《内蒙古自治区国土调查行业失信"黑名单"管理暂行办法（试行）》 |
| | | 内蒙古自治区人民政府办公厅 | 《内蒙古自治区生产经营单位安全生产不良记录"黑名单"管理暂行办法》 |
| | 辽宁省 | 辽宁省人民政府办公厅 | 《辽宁省失信黑名单企业惩戒联动实施办法（试行）》 |
| | 福建省 | 福建省人民政府安全生产委员会 | 《福建省生产经营单位安全生产不良记录"黑名单"管理实施办法》 |
| | | 福建省农业厅 | 《福建省农产品质量安全黑名单制度》 |
| | | 福建省人力资源和社会保障厅 | 《福建省拖欠农民工工资"黑名单"管理实施细则》 |
| | | 福建省食品药品监督管理局 | 《福建省食品药品严重失信"黑名单"管理暂行规定》 |
| | 山东省 | 山东省体育局 | 《山东省体育领域黑名单管理办法（试行）》 |
| | | 山东省海洋局 | 《山东省海域、无居民海岛有偿使用黑名单管理办法（试行）》 |
| | | 山东省海洋与渔业厅 | 《关于建立违规渔船黑名单制度的通知》 |
| | | 山东省质量技术监督局 | 《山东省质监局"黑名单"制度管理办法（试行）》 |
| | | 山东省住房和城乡建设厅 | 《山东省住建系统安全生产"黑名单"管理办法》 |
| | | 山东省畜牧兽医局 | 《山东省畜产品质量安全"黑名单"管理制度（试行）》 |
| | | 山东省煤矿安全监察局 | 《山东省煤矿安全生产"黑名单"制度》 |

续表

| 类型 | | 制定主体 | 文件名称 |
|---|---|---|---|
| 地方 | 湖南省 | 湖南省食品药品监督管理局 | 《湖南省药品安全"黑名单"管理规定实施细则（试行）》 |
| | | 湖南省水利厅 | 《湖南省水利工程质量重大事故"黑名单"制度（暂行）》 |
| | | 湖南省环境保护厅 | 《湖南省环境保护黑名单管理暂行办法》 |
| | | 湖南省农业厅 | 《湖南省农药黑名单管理制度（试行）》 |
| | | 湖南省住房和城乡建设厅 | 《湖南省房屋建筑和市政基础设施工程施工监理招标投标失信黑名单管理暂行办法》 |
| | 吉林省 | 吉林省文化和旅游厅 | 《吉林省文化和旅游市场黑名单管理工作实施办法（试行）》 |
| | | 吉林省人力资源和社会保障厅 | 《吉林省拖欠农民工工资"黑名单"管理暂行办法实施细则》 |
| | | 吉林省安全生产委员会 | 《吉林省生产经营单位安全生产不良记录"黑名单"管理暂行规定》 |
| | | 吉林省住房和城乡建设厅 | 《吉林省建设系统安全生产诚信体系和安全生产不良记录"黑名单"制度》 |
| | 黑龙江省 | 黑龙江省人力资源和社会保障厅 | 《黑龙江省拖欠农民工工资"黑名单"管理暂行办法实施细则》 |
| | | 哈尔滨市城市管理局 | 《哈尔滨市城市管理违法行为失信"黑名单"制度暂行实施办法》 |
| | | 黑龙江省安全生产委员会 | 《黑龙江省生产经营单位安全生产不良记录"黑名单"管理暂行规定》 |
| | | 黑龙江省质量技术监督局 | 《黑龙江省电梯安装改造维修企业安全质量失信"黑名单"制度（试行）》 |
| | 上海市 | 上海市文化广播影视管理局 | 《上海市文化市场黑名单管理办法（试行）》 |
| | | 浦东新区安全监管局 | 《浦东新区安全生产领域失信行为联合惩戒和"黑名单"管理实施办法》 |
| | | 浦东新区科经委（信息委） | 《浦东新区失信企业"黑名单"管理办法（试行）》 |
| | | 浦东新区人社局（医保局） | 《浦东新区关于实施工伤保险领域黑名单制度的管理办法》 |

续表

| 类型 | | 制定主体 | 文件名称 |
|---|---|---|---|
| 地方 | 浙江省 | 浙江省文化和旅游厅 | 《关于在我省试行文化市场黑名单管理办法的实施方案》 |
| | | 浙江省自然资源厅 | 《浙江省国土调查行业失信"黑名单"管理暂行办法》 |
| | | 浙江省环境保护厅 | 《浙江省环境违法"黑名单"管理办法（试行）》 |
| | 安徽省 | 安徽省人民政府办公厅 | 《安徽省安全生产"黑名单"管理实施办法》 |
| | 海南省 | 海南省文化广电出版体育厅 | 《海南省文化市场黑名单管理规定》 |
| | 重庆市 | 重庆市安全生产监督管理局 | 《重庆市安全生产领域失信联合惩戒和"黑名单"暂行管理制度》 |
| | 四川省 | 四川省旅游发展委员会 | 《四川旅游经营服务严重失信黑名单管理办法（试行）》 |
| | 贵州省 | 贵州省人力资源和社会保障厅 | 《贵州省拖欠农民工工资"黑名单"管理实施细则（暂行）》 |
| | | 贵阳市食品药品监督管理局 | 《贵阳市食品药品严重失信"黑名单"管理暂行规定（试行）》 |
| | 云南省 | 云南省工商行政管理局 | 《云南省工商行政管理局流通环节食品安全黑名单管理办法（试行）》 |
| | 陕西省 | 陕西省发展和改革委员会 | 《陕西省违法失信"黑名单"信息共享和联合惩戒办法》 |
| | | 陕西省市场监督管理局 | 《违法失信企业"黑名单"管理制度》 |
| | | 陕西省治超工作领导小组办公室 | 《陕西省车辆超限超载治理工作黑名单制度（试行）》 |
| | | 陕西省财政厅 | 《陕西省政府采购领域供应商违法失信"黑名单"信息共享和联合惩戒实施办法》 |
| | 甘肃省 | 甘肃省安委会 | 《甘肃省安全生产"黑名单"管理制度》 |
| | 宁夏 | 宁夏回族自治区食品药品监督管理局 | 《宁夏食品药品安全"黑名单"信息共享和联合惩戒办法》 |

表 7-2 红名单制度规范文件统计

| 地区 | 制定主体 | 文件名称 |
| --- | --- | --- |
| 河北省 | 廊坊市人民政府 | 《廊坊市诚信企业红名单管理办法（试行）》 |
| 浙江省 | 浙江省自然资源厅 | 《浙江省测绘与地理信息行业"红名单"管理暂行办法》 |
| 四川省 | 德阳市人民政府办公室 | 《德阳市金融守信红名单企业认定规则》 |
| 山东省 | 山东省质量技术监督局 | 《山东省质监局质量信用"红名单"管理办法（试行）》 |

在红名单制度建设中，政策的创制主体全部为地方政府及其组成部门，发展空间相对狭小，未能覆盖政府的各个层级。与黑名单制度相比，红名单制度的关涉领域和事项有较大差距，不平衡的格局较为突出，还难以单独推演红名单的发展逻辑。因此，本书的分析是黑名单和红名单的综合分析，从整理角度观测黑红名单的发展逻辑和规律。

## 二 黑红名单制度建设的时间扩散

通过分析黑红名单的制度体系可以发现，黑红名单制度自 2007 年以来在规范文件总量上一直呈现明显增长趋势，并且呈现直观的阶段性发展的特征（见图 7-1）。特别是 2015~2018 年，黑红名单制度建设的规模和速度快速扩展，形成了纵横相交的黑红名单制度规范体系。

### （一）缓慢增长阶段（2007~2014 年）

2007 年，陕西省率先制定了《陕西省车辆超限超载治理工作黑名单制度（试行）》，对车辆严重超限超载、非法改装、逃逸、闯站、分合载和假冒军警车辆等违法行为进行打击。该文件就黑名单的分类、认定标准及等级划分，黑名单的报送、查处，黑名单信息的发布和曝光这六个方面进行了阐述，首次发挥了黑名单的作用。在这一阶段，黑名单制度规范文件主要集中在药品、食品、农业、生产、金融等方面。这一时期，虽然各个地方已经就黑名单制度开展了工作，但由于制度刚刚起步，缺乏中央专门的规范文件，制度基础薄弱。

### （二）加速扩散阶段（2015~2018 年）

在这 4 年中，中央出台了 4 部黑名单制度相关规范文件，分别是《文化市场黑名单管理办法（试行）》、《体育市场黑名单管理办法》、《旅游市场黑名单管理办法（试行）》和《生产经营单位安全生产不良记录"黑名单"管理暂行规定》，为地方实行黑名单制度提供了强大的政策支持。在中央的推动下，北京、天津、内蒙古、吉林、黑龙江、上海、浙江、福建、四川、甘肃、宁夏等21个省份相继推出了自己省份的黑红名单规范文件，推动了黑红名单制度的实施。2015~2018年共出台了61部黑红名单制度规范文件，占目前规范文件总数的73.5%，主要涉及的领域包括文化、旅游、生产经营、金融、人力资源、食品药品、房地产等。在这一阶段，中央文件的出台推动了各地区出台的黑红名单制度规范数量迅速增加，黑红名单制度进入快速扩散阶段。

### （三）全面覆盖阶段（2019~2020年）

经过前两个阶段的发展，黑红名单制度已经在全国各地迅速推展开来，政策所涉及的领域也逐渐扩大。截至2020年5月，我国共发布黑红名单制度规范文件共83部，制定单位从中央到地方，包含经济管理、社会管理、公共服务等部门，涉及金融、建设、医疗、食品、旅游、文化、交通等多个领域，黑红名单制度的覆盖范围逐渐扩大到社会生活的各个方面。

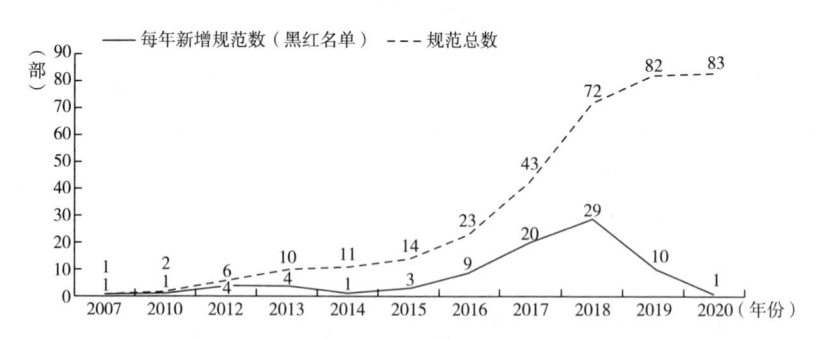

**图7-1 黑红名单制度规范文件时间扩散趋势**

注：图中数据截止时间为2020年5月。

## 三 黑红名单制度建设的领域扩散

中央和各级地方政府公布的黑红名单制度文件对黑红名单制度的目标进行了阐述，主要目的是构建以信用为核心的新型市场监管体制，发挥先进集体的带动作用，激发社会信用潜能，提高公众信用水平，推动社会信用体系的建设。黑红名单制度的领域扩散形态，贴合国家对社会信用体系建设的规划，主要分为以下几个方面（见图7-2）。

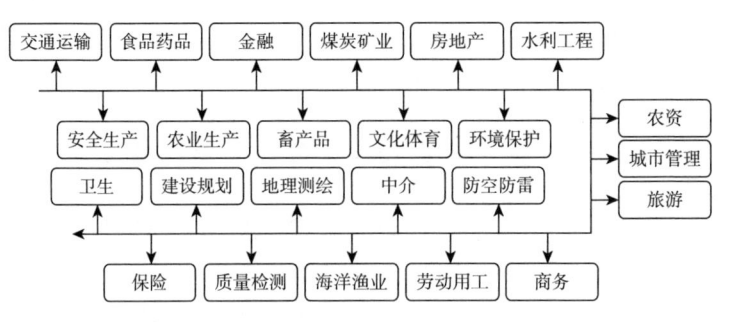

图7-2 黑红名单制度规范文件领域扩散

### （一）存在明显的重惩戒轻奖励的发展趋势

在中央和地方公布的83部黑红名单制度规范文件中，涉及专项红名单制度的仅有4部；而专项黑名单制度的文件共有61部，占总文件数的比重为73.5%，涉及社会生活的方方面面，对失信主体的黑名单惩戒力度逐渐加大。2018年12月，文化和旅游部发布了《旅游市场黑名单管理办法（试行）》，将侵害旅游者合法权益、造成重大事故、违反规章制度的失信主体纳入旅游黑名单。该文件第13条规定，对被纳入黑名单的对象，应加大监管力度、从严审查、限制出境，对其参与评比表彰、政府采购、财政资金扶持等方面予以限制，严重者将通报相关部门，实施联合惩戒。《贵州省拖欠农民工工资"黑名单"管理实施细则（暂行）》第6条规定，对被列入黑名单的对象，相关部门根据国家发展改革委、人力资源和社会保障部等30个部门《印发〈关于对严重拖欠农民工工资用人单位及其有关人员开展联合惩戒的合作备忘录〉的通知》和《贵州省企业失信行为联合惩戒实施办法（试行）》等规定进行联合惩戒。

### （二）名单涉及领域广并以商务领域扩散为重心

在83部黑红名单制度文件中，商务诚信领域包含53部，占总数的63.9%。2007~2014年，国家发布了药品、食品、农业、企业生产、金融等商务诚信领域的规范文件。2015~2018年，中央和地方发布的黑红名单制度文件逐渐涉及文化、旅游、企业经营、农资、房地产等领域。2019年，中央和地方政府发布的黑红名单制度文件逐渐涉及保险、融资、人力资源等领域。十几年来，政府发布的黑红名单制度规范文件真正深入民众生活，涉及许多与人民群众息息相关的民生领域，如食品、药品、卫生、文化、旅游、环境保护等。

### （三）名单更为关注新重点建设领域和民生领域事项

在国务院发布的《社会信用体系建设规划纲要（2014—2020年）》中，提到要全面推进社会诚信建设，积极推进医药卫生和计划生育、社会保障和劳动用工、教育、科研、文化、体育、旅游、环境保护和能源节约等领域的信用建设。2015年以前，黑名单制度更多集中于交通、食品药品、安全、生产等领域，各省市还未制定相应的红名单制度规范文件。2013年5月，湖南省针对本省药品安全黑名单公布、上报、管理的实际，制定了《湖南省药品安全"黑名单"管理规定实施细则（试行）》，对不符合国家要求的医疗用品生产、销售企业进行严厉打击并取缔。2015年以后，各省市对黑名单制度实践更为深入，黑红名单制度开始扩散到房地产、环境保护、保险等其他共22个领域。其中红名单制度数量稀少，2018年，山东省质监局发布《质量信用"红名单"管理办法（试行）》，对山东省内质量信用红名单的认定、公示、管理和退出进行了规定。该文件是对山东省内表现卓越、具有示范作用的企业的表彰，是加快推进山东质量诚信体系建设、激发企业活力的引领性文件，配合《山东省质监局"黑名单"制度管理办法（试行）》共同规范山东省企业经济行为。为健全环境保护领域失信惩戒机制，依法加强对环境保护的监督管理，严厉打击环境违法行为，各地方政府也针对环境保护推出了一系列政策文件。2016年，浙江省环境保护厅发布了《浙江省环境违法"黑名单"管理办法（试行）》，该文件规定，对严重违反环境保护法律的企事业单位可以依法采取公开曝光、行为限制和失信惩戒等措施。2017年，湖南省环境保护厅印发《湖南省环境保护黑名单管理暂行办法》。[①] 该文件规定，各

---

① 《湖南省环境保护黑名单管理暂行办法》第四章"监管和惩戒"中，分别对不同失信主体采取通报、限制、取消资格等惩戒。

级环保行政主管部门应当根据情况对违规排污单位作出责令停业整改、取消评优评先资格、取消政府项目支持等相关处罚。这些限制措施，可以督促黑名单失信主体有效纠正环境违法行为，提高环境保护领域社会信用体系建设效果。

## 第三节  黑红名单制度化建设进程中存在的主要问题

### 一  制度分布零散和统领性政策的缺乏

截至 2020 年 5 月，我国共发布 83 部黑红名单制度规范文件，这些文件对金融、环保、药品、食品、农业、安全生产、文化、旅游、农资、房地产等多个领域的失信行为或诚实守信行为进行了规制。当前，整个社会都在关注"诚信"问题，针对失信行为主体采取了一系列限制措施，轻则影响乘坐飞机高铁、生活消费，重则将会在工作、学习、生活等多个方面受到限制。失信黑名单对失信行为主体产生的负面影响极大。目前，地方各级政府及政府部门都在加强信用联合惩戒管理。2007～2020年，各级政府陆续发布了几十部黑红名单制度规范文件。然而，黑红名单制度依然缺乏更为强力的制度支撑，不仅未有此类法律、行政法规和部门规章的约束，也未有"国发""中办发""国办发"的权威政策支持。从2007 年陕西省发布《陕西省车辆超限超载治理工作黑名单制度（试行）》开始，到 2020 年 5 月，各级政府一共发布了 83 部黑红名单制度的规范文件，其中中央发布了 5 部，分别是文化部办公厅发布的《文化市场黑名单管理办法（试行）》、体育总局发布的《体育市场黑名单管理办法》、文化和旅游部发布的《旅游市场黑名单管理办法（试行）》、国务院安委会办公室发布的《生产经营单位安全生产不良记录"黑名单"管理暂行规定》，以及国家食品药品监督管理局发布的《药品安全"黑名单"管理规定（试行）》，涉及文化、体育、旅游、安全生产、药品领域。但现有的信用立法缺失，各地的黑红名单制度建设侧重点不同，在全国层面缺乏统一的指导性制度。如很多地方的信用信息存在缺陷，不能真实地反映公众的信用状态，也没有对银行贷款、出行消费产生应有的作用，公众对信用信息的重视有限，信用环境缺失。广西、西藏、青海等省份缺乏专门的黑红名单制度规范文件、地方信用法规缺失，对失信行为界定不清，而有些地方政府则滥用黑名单制度规范性文件，混淆了约定义务与法定义务。在实行过程中，存在列入"黑名单"不够慎重、处罚过当的问题，而红名单制度的规范性文件缺乏，只注重惩罚而忽略了对优秀信用主体的表彰。此外，地方性联合惩戒的法律基础薄弱，不利于全国性信用体系的建设。

## 二 负向规制重于激励内容的现象突出

负向规制存在较大的局限性，如果处理不当，会造成规制失灵，从而增加管理成本。因此，要改变负面规制失灵的局面，就必须加大激励性的内容，从而减少不当负面规制的风险。政府强制性地干预公众的行为，效果预期存在不足，因此需要与社会道德约束相结合。有时政府管理部门过分追求严格管理，压制公众行为可能会导致消极后果。有时政府对负向规制即黑名单制度的生效状况评价相对模糊，地方官员在执行黑名单制度时往往会不自觉地超过黑名单的规定范围，违背黑名单制度实行的初衷。影响负向黑名单制度建设的因素还包括制定者的利益偏好、能力不足、信息不充分等。

国家关于信用体系建设的总体规划要求各地区、部门、行业先行先试，各地区、部门、行业在自己的领域内进行信用体系的建设工作，但在地方实践中存在规划思路不清的问题。从黑红名单制度规范性文件制定的比例来看，黑红名单制度规范性文件数量差异较大，专项黑名单制度文件占比高达73.5%，而专项红名单制度文件仅4部，占比4.8%。黑名单制度在建设上多集中于商务诚信领域，如药品、食品、金融、安全生产等。在惩戒方式上多采用通报的方式，在权力限制上倾向于政府资金、政策方面以及评优评先方面。通过对文件内容的分析，可以发现各地方政府纳入惩戒内容涉及领域不同，对一般失信、较严重失信、严重失信行为列入标准各异。在黑名单认定标准上的不同，使得各部门因认知差异而造成处罚不均，降低了黑名单制度实施的权威性。

由此可见，黑名单制度规范性文件发布的多寡与社会信用体系建设水平间并不存在必然联系。因此，要实现社会信用体系的建设目标，离不开对诚实守信、合法经营的鼓励和支持。现阶段地方各级政府发布的专项红名单制度规范性文件只有4部，分别是《廊坊市诚信企业红名单管理办法（试行）》、《浙江省测绘与地理信息行业"红名单"管理暂行办法》、《德阳市金融守信红名单企业认定规则》和《山东省质监局质量信用"红名单"管理办法（试行）》。这些文件规定了纳入红名单制度的标准和红名单制度的管理、退出机制。红名单制度文件数量少，对守信主体的激励力度不够，不利于联合奖惩的实施。

### 三 进入标准和依据准则的零散和不统一

一是认定标准不统一。如前所述，由于国家关于信用体系建设的总体规划要求各地区、各部门、各行业先行先试，各地区、各部门、各行业在自己的领域内进行信用体系的建设试点工作，黑名单制度的设立也是由各主管部门的单位负责。对于失信行为，不同地区、不同部门的认识和理解不同。因此，在制定规范时，不同行业、不同领域对失信黑名单的纳入标准不同，对失信行为的惩戒方式也不相同。对一般失信、较严重失信、严重失信的行为列入不同等级的黑名单。一般来说，轻微的不文明行为不会被纳入黑名单，违法行为、犯罪行为，应根据程度的不同采取相应的措施。在实践中，不同部门对黑名单认定的度的把握也不相同，有的过于宽松，有的又过于严厉，尺度的不同导致同样的失信行为在不同地区造成的结果不同，一定程度上违反了公平、正义原则。认定标准的不同也使公众对黑名单制度的认可度不高，影响了政府政策的权威性。

二是移除标准不一。不同省市、部门发布的黑名单制度规范性文件对移除标准的规定不同。有些部门规定的移除标准模糊，在实际操作中存在争议，不利于督促失信行为主体改正失信行为。如陕西省市场监督管理局发布的《违法失信企业"黑名单"管理制度》对黑名单的移除标准就没有具体的规定，而且在对失信主体的认定方面也模糊不清，没有具体的规定。而有些部门对移除标准的规定不统一。许多部门一般会设立一个期限责令失信主体整改，但是不同文件规定的期限各不相同。如在《湖南省环境保护黑名单管理暂行办法》中，规定的黑名单管理期限为3年，管理期满且失信行为已经消除的可以自动解除黑名单，而没有消除的则继续实施黑名单管理。这份文件还规定，如黑名单对象积极整改、效果明显，则可以在黑名单公布之日起3个月后申请提前解除黑名单。同样是环境黑名单,《浙江省环境违法"黑名单"管理办法(试行)》中对解除黑名单的规定则不相同。浙江省的环境黑名单在公示6个月后,整改到位的企业可以申请解除黑名单。同时,浙江与湖南在黑名单管理期限上的巨大差异,使得各类主体因空间区域的不同而产生不公平问题。特别是对跨区域行为的企业等主体而言,相同行为而具有不同评价的现象就会凸显,不利于发挥黑名单对公众行为的约束和导向作用。除此之外,黑名单制度产生的差异与经济发展程度具有紧密关联。上海、天津等经济发达省份制定的黑名单制度规范性文件多达5~6部,甘肃、宁夏等经济欠发达地区则还没有开启黑名单制度化建设的进程。

### 四 责任的分散和规制社会价值的削弱

黑名单制度的实施效果在很大程度上取决于联合惩戒制度的建立。联合惩戒制度是否健全、惩戒措施是否合理是建设社会信用体系关注的重要问题。联合惩戒制度不健全,会存在责任分散问题,黑名单制度实施效果会被削弱。责任分散效应即旁观者效应,是指对于某一件事,如果要求某一个体单独完成任务,责任感就会很强,因而做出积极的反应;如果要求一个群体来共同完成,群体中的个体责任感则会被削弱,任务完成效果就难达预期。陕西省市场监督管理局印发的《违法失信企业"黑名单"管理制度》,涉及多个部门的联合实行,包括省市场监督管理局、省药监局、省知识产权局等。因此,对于此类黑名单制度的实施,必须采取主导性单位、协同性单位和实行单位统一指挥的方式,明确责任分工。一是失信主体信息共享问题。联合惩戒部门在惩戒失信主体的过程中,应做好惩戒信息共享工作,形成信用信息传输链条。二是惩戒部门联合工作。重视失信惩戒多领域延伸趋势,协同部门迅速反应做好联合惩戒,产生联合效应。失信信息"孤岛"出现,协同部门反应迟钝,将导致联合惩戒实行中断,多部门冷漠。这种行动模式涉及的是从众效应,个体行为受到群体思维影响,产生从众效应。在黑名单制度实施过程中,消极的群体行动将会导致惩戒工作难以展开。黑名单制度实施过程可以细化为失信信息的归集、推送、接收、公示、限制,这一操作流程需要多个部门联合行动。因此,行动过程中的监管工作极为重要,需要较为完备的监督机制。黑名单制度实施要避免简单化、粗暴化。在实践过程中，应对纳入对象、执行标准、管理办法等作出统一的规定。

## 第四节　黑红名单制度化建设的体系建构与法治融入

### 一　完善黑红名单制度融入专项信用法律体系的机制

（一）增进基础性立法对黑红名单制度的引领

为维护良好的市场秩序，应发展企业信用信息平台，明确企业信用交易、信用消费信息，制定消费者权益保护法规，推进我国信用经济的发展。因此，我国现在急需国家层面的信用体系建设立法，规范各地方信用体系建设工作。全国性法律的制定，有利于进一步规范地方政府收集公共信用信息和市场信用信息，有效实现信用信息的共享使用。制定和完善信用法规有助于健全失信联合惩戒机制和守信联合激励机制，强化黑红名单制度的法律支撑，提高"黑红名单"的作用水平，净化我国信用环境。

（二）提高信用立法的层级和强化黑红名单的法律依据

在黑红名单制度的长期实践过程中存在许多问题，其中最为显著的就是黑红名单实行的法律依据问题。黑红名单制度并不是没有法律依据，只是法律依据层级过低。社会存在决定社会意识，我国的信用建设实践要求我国的政治实践在国家层面制定统一的信用法规，在地方层面要提升信用立法层级。这有利于将黑名单制度的实施制度化、规范化。红名单制度应该在文本数量和规制领域上与黑名单制度保持一致，也需要在法律法规层面有所依据。关于诚信激励的法律法规或法律条文的创制，应该纳入信用立法的主要内容范畴。只有把黑红名单制度结合起来，才能实现守信激励与失信惩戒的公平，提高失信成本，增加守信激励，进而强化市场主体诚实守信和履约践诺的自觉，市场秩序自然而然就会焕然一新。

（三）加强各级位阶层级黑红名单制度的体系衔接工作

黑红名单制度要强化与省市级人大和政府出台的地方性立法和地方

政府规章的衔接，特别是与监管、惩戒方面法规规章的衔接，在法规规章范围内创制黑红名单。同时，黑红名单制度建设要强化层级政府间黑红名单制度的衔接，特别是食品药品、医疗卫生、生态环境等重点领域的层级之间的行业性规定的衔接。此外，黑红名单制度还要强化与联合惩戒和联合激励政策的衔接。黑红名单制度是进行联合惩戒和联合激励的重要基础和依据，黑红名单制度体系的扩展要与联合惩戒、联合激励的政策发展保持一致。

## 二　通过政府职能的清单规束明确黑名单的适用范围

一是统一黑名单的认定标准。现阶段中央在黑名单制度方面没有统一的立法规范，各地区采用的是各地自己订立的规则。因此，对失信行为的认定标准各不相同。黑名单检核应严格纳入标准，建立一整套黑名单认定的规范，从而保证黑名单制度作用的正常发挥。在黑名单制度实践中，不同地区、不同部门对黑名单纳入标准不同，具体的实施范围也各不相同，有的过于宽松，有的又过于严厉，尺度的不同造成相同的失信行为在不同地区产生了不同的结果，相同行为不同评价的现象比较突出，削弱了黑名单制度的权威。这可以通过立法和清单建构予以厘清。在立法层面，信用立法可以设置黑名单认定的条款，积极进行立法的转化统一标准。同时，还可以通过完善政府职能、创制操作规范的形式加以规束和引导。此外，针对区域间的差异，可以通过诚信建设区域合作来实现协调。

二是统一黑名单的移除标准。不同地区的黑名单制度文件对移除标准的规定不同，有些地区对黑名单的移除标准设立模糊，有些文件根本就没有设立移除标准，还有些部门对移除标准的规定不统一，不利于实施联合惩戒。黑名单移除机制的意义在于信用修复，有效激励失信主体积极改正失信行为。失信主体整改自身，改正失信行为，就可从黑名单中移除，实现信用的修复。在规定期限内，如果被纳入黑名单的失信主体积极整改、效果良好时，可以申请提前移除黑名单。无论认定还是移除，标准的设定要在合法框架内，在尊重信用主体正当权利的前提下进行，通过法治实现标准的统一。

## 三 以诚信权利观念推动"红名单"覆盖性发展

其一,正确看待诚信和权利的正当合理关系的构建。各个领域监管部门要明确自己的职责,加强对信用风险的监控,提升各类信用主体对诚信权益的认识,将诚信看作获取利益的正当方式。在现代社会,信用主体之间的良性互动建立在信任基础之上,无论是正式的合同行为,还是社会交往行为,都应以契约精神为遵循,尊重彼此正当权益,提升自身互利型行为的可能和自觉,促进互利型社会的建设。因此,黑名单制度的建设应该超脱黑名单之外,促使黑红名单的布局向激励型转化和发展。

其二,强化红名单建设在名单体系格局中的领域扩展。黑红名单的建设具有阶段性发展的特征。在社会诚信体系建设的初始阶段,特别是在失信泛化为普遍社会现象的当下,黑名单是"名单体系"建设中的重点任务,前文分析黑红名单在时空上的扩散特点也印证了此种发展逻辑。黑名单建构的目的是强化治理权威,为失信惩戒和联合惩戒确定依据,进而厘定失信治理的边界。在后续发展阶段,红名单的发展应该与黑名单保持均衡的格局,在时空扩散和领域扩散上都应该具有此类特征,在事项上应该有对应性,即有黑名单事项就应该有红名单事项,在各个领域形成有效激励和重视激励的格局。

综上所述,在社会治理达成良性和互利秩序鹄的过程中,红名单建设应该成为社会诚信体系建设的重要内容和主流发展方向。黑名单主要是关于诚信利益的限制,要坚持在法律法规的范围内实现对失信行为的严谨性规束。红名单则是对合法诚信权益的维护,应秉持法无禁止皆可行的原则,适度通过红名单扩展诚信权益,促进社会积极健康心态的发展。

# 第八章　国家信用联合惩戒政策的文本实践与法治矫正

## 第一节　国家信用联合惩戒法治矫正的溯源

当前,各类失信事例充斥着媒体与社会各界。诚信危机必然导致社会主体之间的信任缺失。我国社会的信任危机从宏观的政府信任、制度信任,到对专家、证书、货币等的系统信任,再到微观层面的消费信任与人际信任,几乎涵括了社会生活的所有方面。基于当前我国社会所面临的诚信现状,联合惩戒制度的提出具备现实的社会根源。信用联合惩戒制度作为新型规制工具被各级机关广泛使用,覆盖领域不断扩大,利用信用联合奖惩政策提高失信成本、重塑社会诚信必然成为创新社会管理体制、提高社会管理水平的基本要求。然而,在信用政策扩散中,关于联合惩戒的内容规定在惩戒范围、权利限制等层面潜存一定的法律风险,甚至出现社会广为热议的相关事件。

### 一　信用联合惩戒缺乏上位法律的有效支持

在信用联合惩戒层面,国家还未出台专项性的法律法规甚至部门规章,急需夯实上位法的支持,提升信用联合惩戒的合法性与有效性。中央层面的制度构建主要是基于国务院、最高人民法院等国家机关、国家发展改革委等国务院部门出台的相应政策法规,为我国的失信联合惩戒制度搭建基本框架。在实践中,由于中央层面缺少信用体系建设的基础立法,各领域信用联合惩戒机制建设缺乏统一标准,制度实施面临诸多困难。

在法律条文设置层面,现有行政法规与规章中关于惩戒的规定没有体系化。目前，国务院发布的信用相关行政法规均未对失信惩戒作相关规定，如《征信业管理条例》《企业信息公示暂行条例》。在部门规章中，《社会组织信用信息管理办法》第22条规定："各级登记管理机关协调配合相关部门，在各自职权范围内，依据社会组织信用信息采取相应的激励和惩戒措施，重点推进对失信社会组织的联合惩戒。"《证券期货市场诚信监督管理办法》第43条规定："中国证监会与国务院其他部门、地方人民政府、国家司法机关和有关组织建立对证券期货市场参与主体的失信联合惩戒和守信联合激励制度机制，提供证券期货市场主体的相关诚信信息，依法实施联合惩戒、激励。"可见，现有行政法规与部门规章中关于失信惩戒的内容都较为笼统与模糊，并没有具体内容，整体上呈现分散化的特点。

总体而言，目前信用治理相关规范以规范性文件为主体，部门规章以上行政立法较少，呈现执行依据不足的现实状况。行政机关基于信用主体信用状况进行联合惩戒，作为影响相对人权利义务的行政活动，这些具有强制性的联合惩戒措施须受到严格的法律控制，应该根据事项性质由有权主体通过恰当的位阶来设定。[①] 上位法的缺失导致相关部门的惩戒措施在实践中缺乏执行依据，信用立法滞后于社会诚信体系建设实践。

## 二 联合惩戒制度缺乏严格的执行程序规范

一是失信联合惩戒对象认定程序有待完善。惩戒对象的认定是执行惩戒措施的前提，有关部门并未依据在事前、事中监管环节获取并认定的失信记录，依法依规建立健全失信联合惩戒对象名单制度，认定依据模糊且真实性有待考证。

二是信用修复程序亟待完善。信用修复制度是完善失信联合惩戒机制的重要环节，是失信主体退出惩戒措施的制度保障。目前，信用修复的监督管理工作还未形成体系化，有关部门对轻微失信主体信用修复的鼓励措施还有待加强，社会公众对信用修复的异议、投诉、举报的渠道呈现单一化的特点。

三是联合惩戒主体职责公示程序有待建立。在联合惩戒制度中，不

---

① 参见王瑞雪《政府规制中的信用工具研究》，《中国法学》2017年第4期，第158~173页。

仅惩戒对象的名单公示非常重要，惩戒主体的职责公示也同样重要，因为实践中会出现惩戒对象认定错误、名单公布错误、惩戒方式错误等多方面问题，损害守法和未作出失信行为的行政相对人的利益。联合惩戒主体涉及多个部门与单位，明晰的职责公示与问责制度是科学执行联合惩戒政策的关键。

四是联合惩戒措施实施的裁量权界定有待明确。失信惩戒制度是一种嵌入式机制，惩戒权必须与现行的行政裁量权基准制度有效衔接，促使相关部门合理与合法行政。失信联合惩戒涉及科研、税收、交通等多个领域，行政主体实施失信惩戒措施时若无严格的程序规范，容易出现行政主体权力滥用的情况，削弱公众对于联合惩戒制度的可信度，难以保障行政相对人的合法权益。相关部门应在法律规定的范围内，按照一定的标准、限度、幅度，根据具体情节予以酌定并采取相应的惩戒措施。

### 三 失信行为的政策概念与认定无明确标准

失信行为的认定是联合惩戒机制中的重要一环，没有失信行为认定就无法进行后续的联合惩戒，但截至目前失信联合惩戒机制的认证标准仍未有效建立。

一是失信行为性质认定不明晰。目前，学术界和实务界对于失信行为性质的认定尚不清楚，在实践中执行机关进行失信行为认定时并没有遵循确定的原则。社会信用体系建设中的"失信"并非简单的、道德意义上的没有或丧失诚信，需要对其进行一个相对精确的界定。①《国务院关于建立完善守信联合激励和失信联合惩戒制度加快推进社会诚信建设的指导意见》（以下简称《指导意见》）中对于"失信"行为并未给出明确定义，其中提出"严格依照法律法规和政策规定，科学界定守信和失信行为"的要求，就是将界定应受惩戒之失信行为的任务交给了政策制定者。在失信行为程度划分上，《指导意见》仅列举了"严重失信行为"，关于失信的理解就更为宽泛。部分联合惩戒合作备忘录中关于联合惩戒对象的界定采用的是诸如"存在严重失信行为""违背诚实信用原则""主管部门依法依规认定"等主观性描述，并未在备忘录中明确说明

---

① 参见沈岿《社会信用体系建设的法治之道》，《中国法学》2019年第5期，第25~46页。

主管部门的具体认定标准。

二是失信行为与违德、违法行为相混淆。在实践中，拖欠货款、延误交货日期、产品质量不合格等经济行为中，部分未严重到触犯法律条款，追究其失信原因，则更难判定其属违法行为，如第三方失信、经营决策失误、企业管理混乱、技术设备落后等。将这种失信行为移交给公安、司法部门后，往往因很难找到相应的违法条款和量刑标准而无法处理。但是，这些未构成违法的失信行为，又必须禁止或惩处。因此，失信行为多与违纪行为、违法行为以及违反职业道德、社会公德、传统美德等行为杂糅在一起，模糊了失信行为的本身定义。

### 四　失信主体权益保障与救济机制有待完善

信用联合惩戒措施包括负面信息披露、资格限制、限制高消费及其他等多项措施类型，惩戒主体在实践中执行不当容易对失信主体的隐私权、名誉权、知情权等合法权利造成侵犯，因此有关部门需加强对信用惩戒的立法和程序控制，赋予当事人更公正合理的救济方式。

信用主体权益中的救济权包括行政救济与司法救济两种方式。一是申诉与复议等行政救济方式。失信主体或失信被执行人采取的申诉与复议行为属于行政救济，即失信主体对于违法和不当的行政行为，向行政机关请求矫正的一种救济形式。申诉和复议作为内部救济，通常是行政相对人的首选救济渠道，申诉往往是复议的前置程序，系相对人对失信信息有异议时向信息公开机关先行提起。但实践中行政救济程序在行政机关或者法院系统内部运行，通常不质证、不公开，对于审查结果也未附加法定说明义务，缺乏透明度和公开性。二是诉讼等司法救济方式。在信用联合惩戒机制中，被执行资格限制类措施的失信主体通常会采取诉讼的方式进行救济，司法救济相比行政救济更具有权威性与强制力。对于资格限制类措施而言，因涉及的相对人权益具有较为实质性的特征，且存在限制标准和幅度各异的问题，行政机关自由裁量空间较大，存在原则明确但细化不足的问题。

综上所述，信用联合惩戒是由国家强制力联合相关职能部门对失信主体进行限制、监督和举报的制度，被列入黑名单的失信主体生产生活都会十分不便，因此建立完善的失信主体权利救济制度十分必要。

## 第二节　国家信用联合惩戒合作备忘录的结构与体系

### 一　国家信用联合惩戒合作备忘录的文本选择

自国务院发布《社会信用体系建设规划纲要（2014—2020年）》（以下简称《规划纲要》）以来，构建守信联合激励和失信联合惩戒机制成为社会信用体系建设的工作重点。国家发展改革委牵头其他单位签署了一系列国家信用联合奖惩合作备忘录，为开展联合奖惩工作提供了政策基础和制度指引。截至2020年5月，国家层面共签署51部联合奖惩合作备忘录，包括46部"惩戒（奖惩）合作备忘录"以及5部"激励备忘录"（见表8-1）。国家信用联合奖惩合作备忘录主要有三种形式，分别是联合惩戒备忘录、联合奖惩备忘录和联合激励备忘录。牵头或主导性的发文机关主要有中央文明办、最高人民法院和国家发展改革委，主要涉及党的机关、司法机关和政府机关。为了聚焦"联合惩戒"的主题，本书选取46部联合惩戒备忘录和联合奖惩备忘录为分析素材，通过时间维度和内容维度的剖析总结发掘联合惩戒发展的特性和规律，为惩戒规制的法治化转型奠定基础。

表8-1　国家信用联合奖惩合作备忘录的框架与体系

| 序号 | 文件名称 | 发文字号 | 发布时间 |
| --- | --- | --- | --- |
| 1 | 《"构建诚信　惩戒失信"合作备忘录》 | 文明办〔2014〕4号 | 2014年3月20日 |
| 2 | 《关于人民法院与银行业金融机构开展网络执行查控和联合信用惩戒工作的意见》 | 法〔2014〕266号 | 2014年10月24日 |
| 3 | 《关于对重大税收违法案件当事人实施联合惩戒措施的合作备忘录》 | 发改财金〔2014〕3062号 | 2014年12月30日 |
| 4 | 《失信企业协同监管和联合惩戒合作备忘录》 | 发改财金〔2015〕2045号 | 2015年9月14日 |
| 5 | 《关于对违法失信上市公司相关责任主体实施联合惩戒的合作备忘录》 | 发改财金〔2015〕3062号 | 2015年12月24日 |
| 6 | 《关于在招标投标活动中对失信被执行人实施联合惩戒的通知》 | 法〔2016〕285号 | 2016年8月30日 |

续表

| 序号 | 文件名称 | 发文字号 | 发布时间 |
|---|---|---|---|
| 7 | 《关于印发对失信被执行人实施联合惩戒的合作备忘录的通知》 | 发改财金〔2016〕141号 | 2016年1月20日 |
| 8 | 《关于对安全生产领域失信生产经营单位及其有关人员开展联合惩戒的合作备忘录》 | 发改财金〔2016〕1001号 | 2016年5月9日 |
| 9 | 《关于对纳税信用A级纳税人实施联合激励措施的合作备忘录》 | 发改财金〔2016〕1467号 | 2016年7月8日 |
| 10 | 《关于对环境保护领域失信生产经营单位及其有关人员开展联合惩戒的合作备忘录》 | 发改财金〔2016〕1580号 | 2016年7月20日 |
| 11 | 《关于对食品药品生产经营严重失信者开展联合惩戒的合作备忘录》 | 发改财金〔2016〕1962号 | 2016年9月13日 |
| 12 | 《关于实施优秀青年志愿者守信联合激励 加快推进青年信用体系建设的行动计划》 | 发改财金〔2016〕2012号 | 2016年9月19日 |
| 13 | 《关于对海关高级认证企业实施联合激励的合作备忘录》 | 发改财金〔2016〕2190号 | 2016年10月19日 |
| 14 | 《关于对严重质量违法失信行为当事人实施联合惩戒的合作备忘录》 | 发改财金〔2016〕2202号 | 2016年10月20日 |
| 15 | 《关于对电子商务及分享经济领域失信行为相关失信主体实施联合惩戒的行动计划》 | 发改财金〔2016〕2370号 | 2016年11月10日 |
| 16 | 《关于对财政性资金管理使用领域相关失信责任主体实施联合惩戒的合作备忘录》 | 发改财金〔2016〕2641号 | 2016年12月14日 |
| 17 | 《关于对统计领域严重失信企业及其有关人员开展联合惩戒的合作备忘录》 | 发改财金〔2016〕2796号 | 2016年10月20日 |
| 18 | 《关于对重大税收违法案件当事人实施联合惩戒措施的合作备忘录》（2016版） | 发改财金〔2016〕2798号 | 2016年12月30日 |
| 19 | 《关于对严重违法失信超限超载运输车辆相关责任主体实施联合惩戒的合作备忘录》 | 发改财金〔2017〕274号 | 2017年2月9日 |
| 20 | 《关于对农资领域严重失信生产经营单位及其有关人员开展联合惩戒的合作备忘录》 | 发改财金〔2017〕346号 | 2017年2月23日 |
| 21 | 《关于对涉金融严重失信人实施联合惩戒的合作备忘录》 | 发改财金〔2017〕454号 | 2017年3月9日 |

续表

| 序号 | 文件名称 | 发文字号 | 发布时间 |
| --- | --- | --- | --- |
| 22 | 《关于对海关失信企业实施联合惩戒的合作备忘录》 | 发改财金〔2017〕427号 | 2017年3月14日 |
| 23 | 《关于在电子认证服务行业实施守信联合激励和失信联合惩戒的合作备忘录》 | 发改财金〔2017〕844号 | 2017年5月4日 |
| 24 | 《关于对电力行业严重违法失信市场主体及其有关人员实施联合惩戒的合作备忘录》 | 发改运行〔2017〕946号 | 2017年5月16日 |
| 25 | 《关于对盐行业生产经营严重失信者开展联合惩戒的合作备忘录》 | 发改经体〔2017〕1164号 | 2017年6月21日 |
| 26 | 《关于对房地产领域相关失信责任主体实施联合惩戒的合作备忘录》 | 发改财金〔2017〕1206号 | 2017年6月23日 |
| 27 | 《关于对石油天然气行业严重违法失信主体实施联合惩戒的合作备忘录》 | 发改运行〔2017〕1455号 | 2017年8月2日 |
| 28 | 《关于对运输物流行业严重违法失信市场主体及其有关人员实施联合惩戒的合作备忘录》 | 发改运行〔2017〕1553号 | 2017年8月24日 |
| 29 | 《关于对保险领域违法失信相关责任主体实施联合惩戒的合作备忘录》 | 发改财金〔2017〕1579号 | 2017年8月28日 |
| 30 | 《关于对对外经济合作领域严重失信主体开展联合惩戒的合作备忘录》 | 发改外资〔2017〕1894号 | 2017年10月23日 |
| 31 | 《关于对国内贸易流通领域严重违法失信主体开展联合惩戒的合作备忘录》 | 发改财金〔2017〕1943号 | 2017年11月9日 |
| 32 | 《关于对严重拖欠农民工工资用人单位及其有关人员开展联合惩戒的合作备忘录》 | 发改财金〔2017〕2058号 | 2017年11月29日 |
| 33 | 《关于对安全生产领域守信生产经营单位及其有关人员开展联合激励的合作备忘录》 | 发改财金〔2017〕2219号 | 2017年12月25日 |
| 34 | 《关于对出入境检验检疫企业实施守信联合激励和失信联合惩戒的合作备忘录》 | 发改财金〔2018〕176号 | 2018年1月25日 |
| 35 | 《关于对家政服务领域相关失信责任主体实施联合惩戒的合作备忘录》 | 发改财金〔2018〕277号 | 2018年3月7日 |
| 36 | 《关于对慈善捐赠领域相关主体实施守信联合激励和失信联合惩戒的合作备忘录》 | 发改财金〔2018〕331号 | 2018年2月11日 |

续表

| 序号 | 文件名称 | 发文字号 | 发布时间 |
|---|---|---|---|
| 37 | 《关于对婚姻登记严重失信当事人开展联合惩戒的合作备忘录》 | 发改财金〔2018〕342号 | 2018年2月26日 |
| 38 | 《关于对交通运输工程建设领域守信典型企业实施联合激励的合作备忘录》 | 发改财金〔2018〕377号 | 2018年2月28日 |
| 39 | 《关于对失信被执行人实施限制不动产交易惩戒措施的通知》 | 发改财金〔2018〕370号 | 2018年3月1日 |
| 40 | 《关于对公共资源交易领域严重失信主体开展联合惩戒的备忘录》 | 发改法规〔2018〕457号 | 2018年3月21日 |
| 41 | 《关于对旅游领域严重失信相关责任主体实施联合惩戒的合作备忘录》 | 发改财金〔2018〕737号 | 2018年5月18日 |
| 42 | 《关于在一定期限内适当限制特定严重失信人乘坐火车推动社会信用体系建设的意见》 | 发改财金〔2018〕384号 | 2018年3月2日 |
| 43 | 《关于在一定期限内适当限制特定严重失信人乘坐民用航空器推动社会信用体系建设的意见》 | 发改财金〔2018〕385号 | 2018年3月2日 |
| 44 | 《关于对严重危害正常医疗秩序的失信行为责任人实施联合惩戒合作备忘录》 | 发改财金〔2018〕1399号 | 2018年9月25日 |
| 45 | 《关于对科研领域相关失信责任主体实施联合惩戒的合作备忘录》 | 发改财金〔2018〕1600号 | 2018年11月5日 |
| 46 | 《关于对政府采购领域严重违法失信主体开展联合惩戒的合作备忘录》 | 发改财金〔2018〕1614号 | 2018年11月20日 |
| 47 | 《关于对知识产权（专利）领域严重失信主体开展联合惩戒的合作备忘录》 | 发改财金〔2018〕1702号 | 2018年11月21日 |
| 48 | 《关于对社会保险领域严重失信企业及其有关人员实施联合惩戒的合作备忘录》 | 发改财金〔2018〕1704号 | 2018年11月22日 |
| 49 | 《关于对会计领域违法失信相关责任主体实施联合惩戒的合作备忘录》 | 发改财金〔2018〕1777号 | 2018年12月1日 |
| 50 | 《关于对统计领域严重失信企业及其有关人员开展联合惩戒的合作备忘录（修订版）》 | 发改财金〔2018〕1862号 | 2018年12月17日 |
| 51 | 《关于对文化市场领域严重违法失信市场主体及有关人员开展联合惩戒的合作备忘录》 | 发改财金〔2018〕1933号 | 2018年12月28日 |

## 二 国家联合惩戒合作备忘录的形式类型

国家信用联合惩戒合作备忘录主要以联合形式发文，联合签署主体包括国务院各部委、最高人民法院、最高人民检察院、党委及军队的有关机构、群团组织、合作经济组织、国有企业等多种类型，且各主体签署备忘录的数量基本和社会信用体系建设的重点领域分布、签署主体本身的职能职责与社会信用体系建设的相关性等因素呈正相关。根据信用联合惩戒机制中发起部门负责确定惩戒对象，实施部门负责对有关主体采取相应的联合惩戒措施的工作机制，可将合作备忘录分为政府主导型与政府参与型两种类型（见表8-2）。

表 8-2　国家信用联合奖惩合作备忘录形式类型

| 类型 | 发文主体 | 文件名称及发文字号 | 联合签署机关 | |
|---|---|---|---|---|
| | | | 主管部门 | 其他相关部门 |
| 政府参与型 | 中央文明办 | 《"构建诚信　惩戒失信"合作备忘录》（文明办〔2014〕4号） | 最高人民法院 | 公安部、国务院国资委、国家工商总局、中国银监会、中国民用航空局、中国铁路总公司 |
| | 最高人民法院 | 《关于人民法院与银行业金融机构开展网络执行查控和联合信用惩戒工作的意见》（法〔2014〕266号） | 中国银行业监督管理委员会 | 最高人民法院 |
| | | 《关于在招标投标活动中对失信被执行人实施联合惩戒的通知》（法〔2016〕285号） | 国家发展改革委 | 最高人民法院、工业和信息化部、住房和城乡建设部、交通运输部、水利部、商务部、国家铁路局、中国民用航空局 |
| 政府主导型 | 国家发展改革委 | 《关于对安全生产领域失信生产经营单位及其有关人员开展联合惩戒的合作备忘录》（发改财金〔2016〕1001号） | 国家安监总局 | 中国人民银行、中央文明办、科技部、财政部、人力资源和社会保障部、国土资源部、环境保护部、住房和城乡建设部、国资委、海关总署、税务总局、工商总局、国家质检总局、银监会、证监会、保监会等部门 |

续表

| 类型 | 发文主体 | 文件名称及发文字号 | 联合签署机关 | |
|---|---|---|---|---|
| | | | 主管部门 | 其他相关部门 |
| 政府主导型 | 国家发展改革委 | 《关于对环境保护领域失信生产经营单位及其有关人员开展联合惩戒的合作备忘录》（发改财金〔2016〕1580号） | 环境保护部 | 中国人民银行、中央宣传部、中央统战部、中央文明办、工业和信息化部、公安部、财政部、国土资源部、住房和城乡建设部、交通运输部、水利部、农业部、商务部、国资委、海关总署、税务总局、工商总局、国家质检总局、安全监管总局、法制办、银监会、证监会、保监会、民航局、全国总工会、共青团中央、全国妇联、全国工商联、铁路总公司 |
| | | 《关于对食品药品生产经营严重失信者开展联合惩戒的合作备忘录》（发改财金〔2016〕1962号） | 国家食品药品监管总局 | 中国人民银行、中央宣传部、中央文明办、中央网信办、最高人民法院、最高人民检察院、科技部、工业和信息化部、司法部、财政部、国土资源部、商务部、国家卫生计生委、国资委、海关总署、税务总局、工商总局、国家质检总局、新闻出版广电总局、银监会、证监会、保监会、全国总工会、共青团中央、全国妇联、全国工商联等部门 |
| | | 《关于对严重违法失信超限超载运输车辆相关责任主体实施联合惩戒的合作备忘录》（发改财金〔2017〕274号） | 交通运输部 | 中国人民银行、中央宣传部、中央编办、中央文明办、中央网信办、最高人民法院、工业和信息化部、公安部、财政部、人力资源和社会保障部、国土资源部、环境保护部、住房和城乡建设部、水利部、商务部、文化部、国资委、海关总署、税务总局、国家工商总局、国家质检总局、国家安全监管总局、国家食品药品监督管理总局、国家林业局、国家旅游局、国务院法制办、银监会、保监会、国家外汇局、全国总工会、共青团中央、全国妇联、全国工商联、铁路总公司 |

续表

| 类型 | 发文主体 | 文件名称及发文字号 | 联合签署机关 | |
|---|---|---|---|---|
| | | | 主管部门 | 其他相关部门 |
| 政府主导型 | 国家发展改革委 | 《关于对房地产领域相关失信责任主体实施联合惩戒的合作备忘录》（发改财金〔2017〕1206号） | 住房和城乡建设部 | 中国人民银行、中央组织部、中央宣传部、中央编办、中央文明办、中央网信办、科技部、工业和信息化部、财政部、人力资源和社会保障部、国土资源部、环境保护部、交通运输部、水利部、商务部、国资委、海关总署、国家税务总局、国家质检总局、国家安全监管总局、银监会、证监会、保监会、国家公务员局、民航局、全国总工会、共青团中央、全国妇联、铁路总公司 |
| | | 共计 43 部以国家发展改革委为发布主体的信用联合奖惩合作备忘录（此处不一一列举） | | |

资料来源：《2019 年 8 月份新增失信联合惩戒对象公示及公告情况说明》，信用中国，https://www.creditchina.gov.cn/xinxigongshi/liuyuexinzeng/201909/t20190903_167476.html，最后访问日期：2020 年 5 月 1 日。2019 年 8 月以后，国家发展改革委、国家公共信用信息中心未再发布新的统计数据。

## （一）政府主导型国家信用联合惩戒合作备忘录

政府主导型是指发起部门为包括国务院及其部委在内的国家行政管理机关的合作备忘录类型。具体而言，本书指称的政府主导型备忘录是指国家发展改革委的财政金融和信用建设司、经济运行调节局、经济体制综合改革司（现体制改革综合司）、利用外资和境外投资司（港澳台办公室）和法规司 5 个内设司局牵头联合其他政府部门发布的备忘录。2012 年《国务院关于同意调整社会信用体系建设部际联席会议职责和成员单位的批复》（国函〔2012〕88 号）将社会信用体系建设部际联席会议的牵头单位调整为国家发展改革委、中国人民银行，召集人由国家发展改革委主任和中国人民银行行长担任。其中国家发展改革委越来越多地承担起联席会议办公室的职责，在社会信用体系建设中扮演着重要的组织协调的角色。因此，信用联合惩戒联合发文的牵头单位逐步向国家发展改革委过渡，2016 年 9 月以后牵头发文机关由党的机关和司法机关全面转换为国家发展改革委,联合惩戒备忘录的发展完全进入政府主导发展的轨道。

在本书研究的 46 部国家联合惩戒(奖惩)合作备忘录中,政府主导型备忘录达到 43 部,占比达 93.5%。第一部由国家发展改革委作为发布主体,税务总局、中央文明办、最高人民法院等机关作为主要实施主体的联合惩戒合作备忘录为《关于对重大税收违法案件当事人实施联合惩戒措施的合作备忘录》(发改财金〔2014〕3062 号);最新一部由国家发展改革委作为发布主体,中国人民银行、文化与旅游部等机关作为主要实施主体的联合惩戒合作备忘录为《关于对文化市场领域严重违法失信市场主体及有关人员开展联合惩戒的合作备忘录》(发改财金〔2018〕1933 号)。可见,目前信用体系建设仍然遵循政府主导、社会共治的基本原则。政府是社会诚信体系建设的主要推动者,政府本身所担负的引导、监督、管理社会信用的职责,决定了它是信用联合惩戒制度建立和维护的主体,是构建社会诚信体系的主导者。

政府主导型备忘录的牵头单位主要为国家发展改革委与中国人民银行;主管单位则根据联合惩戒合作备忘录涉及的具体领域进行调整;党委机关参与较多的如中央组织部、中央宣传部、中央编办、中央文明办、中央网信办等;其他相关单位根据联合惩戒措施的具体内容作相应调整。例如,《关于对严重危害正常医疗秩序的失信行为责任人实施联合惩戒合作备忘录》(发改财金〔2018〕1399 号)中联合发文机关排序前 5 位的分别是国家发展改革委、中国人民银行、国家卫生健康委、中央组织部、中央宣传部;《关于对科研领域相关失信责任主体实施联合惩戒的合作备忘录》(发改财金〔2018〕1600 号)中联合发文机关排序前 5 位的分别是国家发展改革委、中国人民银行、科技部、中央组织部、中央宣传部;《关于对社会保险领域严重失信企业及其有关人员实施联合惩戒的合作备忘录》(发改财金〔2018〕1704 号)中联合发文机关排序前 5 位的分别是国家发展改革委、中国人民银行、人力资源和社会保障部、中央组织部、中央宣传部。

(二)政府参与型国家信用联合惩戒合作备忘录

政府参与型是指以党委机关、司法机关为发布主体,国家发展改革委等行政机关为实施主体的备忘录类型。其中包括以中央文明办等党委机关为发布主体、最高人民法院等机关联合签署的《"构建诚信 惩戒失信"合作备忘录》（文明办〔2014〕4号），以最高人民法院等司法机关为发布主体、中国银行业监督管理委员会等机关联合签署的《关于人民法院与银行业金融机构开展网络执行查控和联合信用惩戒工作的意见》（法〔2014〕266号），以最高人民法院为发布主体、国家发展改革委等机关联合签署的《关于在招标投标活动中对失信被执行人实施联合惩戒的通知》（法〔2016〕285号）共三个规范性文件。以司法机关为发布主体的备忘录主要是指最高人民法院等司法机关对惩戒对象以拒不执行判决、裁定罪立案侦查、起诉等。由于司法机关的职能较为单一、涉及职能较为专业，故其实施的惩戒措施类型较为局限，惩戒对象也主要针对失信被执行人。

此外，两种类型的联合惩戒备忘录在联合署名排序上也有一定规律可循。通过对46部国家信用联合惩戒合作备忘录文本研究分析发现，在联合签署主体排序上，参与机关排序与其在备忘录实施中的角色地位与职责权限有关，参与主体顺序主要遵循"牵头单位→主管单位→党委机关→其他相关单位"的规律和逻辑。

## 三 国家信用联合惩戒合作备忘录的文本结构

国家信用联合惩戒（奖惩）合作备忘录是多方主体为开展联合奖惩工作，对信息共享、奖惩实施内容及方式等制度设计形成合意所签署的文件。其政策文本内容结构具有共通性，通常由以下几部分构成。

### （一）备忘录的发文目的和依据

备忘录签署的目的和依据呈现多样化的趋势。在签署目的层面，备忘录主要着眼于深入学习贯彻习近平新时代中国特色社会主义思想和党中央有关会议的理念和精神、"大力培育和践行社会主义核心价值观"、在有关领域建立奖惩联动机制、解决现存的治理难题，以及加快推进社会信用体系建设等。在签署依据方面，备忘录多数以《规划纲要》《指导意见》为依据，部分备忘录还会列出所涉领域的主要法律与规范性文件，如社会保险领域的《中华人民共和国社会保险法》、环境保护领域的《中华人民共和国环境保护法》、安全生产领域的《国务院安全生产委员会关于加强企业安全生产诚信体系建设的指导意见》（安委〔2014〕8号）、文化市场领域的《文化和旅游部关于印发〈全国文化市场黑名单管理办法〉的通知》（文旅市发〔2018〕30号）等。

### （二）备忘录的失信联合惩戒对象

国家信用联合惩戒合作备忘录在规定联合奖惩对象时会对相关领域的失信行为进行界定，部分备忘录详细清晰地列举了失信行为的具体范围，如《关于对文化市场领域严重违法失信市场主体及有关人员开展联合惩戒的合作备忘录》（发改财金〔2018〕1933号）将严重失信行为界定为"（一）擅自从事文化市场经营活动，造成重大事故或恶劣社会影响的；（二）受到文化和旅游行政部门或者文化市场综合执法机构吊销许可证行政处罚的；（三）因欺骗、故意隐匿、伪造变造材料等不正当手段取得的许可证、批准文件被文化和旅游行政部门撤销的，或者伪造、变造许可证、批准文件证据确凿的；（四）法律法规规章规定的其他应当列入全国文化市场黑名单的情形"。部分备忘录对失信行为的界定则较为模糊笼统，如《关于对安全生产领域失信生产经营单位及其有关人员开展联合惩戒的合作备忘录》（发改财金〔2016〕1001号）将联合惩戒对象界定为"在安全生产领域存在失信行为的生产经营单位，及其法定代表人、主要负责人、分管安全的负责人、负有直接责任的有关人员等"。

### （三）备忘录的失信联合惩戒措施列举

惩戒措施的具体内容，是指由签署备忘录的相关部门在各自领域依法依规采取追加惩戒的具体措施。现有的国家信用联合惩戒合作备忘录中的各类联合惩戒措施有100多项，按具体内容为标准划分，信用惩戒措施可分为名誉商誉类、财产限制类、资格限制类和其他类。

**1. 名誉商誉类措施**

名誉商誉类惩戒措施，是指惩戒措施的实施影响惩戒对象的名誉或商誉，从而最终影响其市场活动。这类措施主要是指负面信息披露，大部分备忘录都明确提出要将失信违法行为人信息公示在"信用中国"网站、企业信用信息公示系统等可以供社会免费查询的公共新闻网站上，如《关于对保险领域违法失信相关责任主体实施联合惩戒的合作备忘录》中提到,"将保险领域违法失信当事人信息通过'信用中国'网站、国家企业信用信息公示系统予以发布,同时协调相关互联网新闻信息服务单位向社会公布"。负面信息披露等名誉商誉类惩戒措施是最基础的信用惩戒方式。

**2. 财产限制类措施**

财产限制类措施是指惩戒措施的实施限制了惩戒对象转移或使用财产,通过对其财产权的限制预防其将财产不正当减少以逃避财产义务。这类措施在文件中通常被称为"限制高消费"[①],主要包括限制购买不动产等措施。如《关于对保险领域违法失信相关责任主体实施联合惩戒的合作备忘录》规定:"对人民法院纳入失信被执行人名单的保险领域违法失信当事人,依法限制新建、扩建、高档装修房屋,购买非经营必需车辆等非生活和工作必需的消费行为;乘坐飞机、乘坐列车软卧、G字头动车组全部座位和其他动车组一等以上座位等《最高人民法院关于限制被执行人高消费及有关消费的若干规定》中的相关消费行为。"

**3. 资格限制类措施**

资格限制类措施,即限制惩戒对象从事特定经营活动或担任某种职务、获得某类荣誉等的资格,通过对失信主体资格的剥夺或限制来防止发生更大的市场风险。具体措施包括限制取得安全生产许可证、限制参加政府采购活动、限制担任企业高级管理人员、限制享受优惠性政策认定等。这类惩戒措施分布范围较广、力度较大,通常会对惩戒对象造成实质影响。如《关于对严重危害正常医疗秩序的失信行为责任人实施联合惩戒合作备忘录》规定:"(四)限制担任国有企业法定代表人、董事、监事、高级管理人员;(五)限制登记为事业单位法定代表人;(六)限制招录(聘)为公务员或事业单位工作人员。"

**4. 其他类惩戒措施**

其他类惩戒措施就是将一些种类单一、不易归类的措施统一归类。包括加强监管等惩戒措施,这些措施并未对惩戒对象的权利有任何实质影响,只是通过增加检查频次等方式预防失信违法行为再次发生,内容

---

① 参见《最高人民法院关于限制被执行人高消费及有关消费的若干规定》(法释〔2015〕17号)。

较为单一。如《关于对运输物流行业严重违法失信市场主体及其有关人员实施联合惩戒的合作备忘录》规定,"在失信主体办理通关等海关业务时,对其进出口货物实施严密监管,加强单证审核、布控查验或后续稽查"。

（四）联合惩戒实施方式

这部分内容的重点在于"跨地区、跨部门、跨领域"的执行机制,即由发起部门通过全国信用信息共享平台向签署备忘录的其他部门和单位提供联合惩戒对象名单,其他部门和单位按照备忘录的规定实施联合惩戒措施,并将惩戒结果通过全国信用信息共享平台反馈给发起部门。这部分主要包括信息共享、联合惩戒执行情况的记录与反馈、联合惩戒的动态管理、失信惩戒的期限与信用修复等内容。

（五）其他相关事宜

国家信用联合惩戒合作备忘录还常规定涉及领域"黑名单"相关信息的及时更新、授权与推送工作、各联合实施主体的"积极落实"义务等内容。此外,国家联合惩戒合作备忘录还会对保障措施和支撑体系作出相关规定,比如,明确备忘录实施过程中出现问题时的组织解决单位、各项惩戒措施依据的法律法规和规章等规范性文件的修改或调整、附件形式的具体执行计划等内容。由此,信用联合惩戒政策就形成了包括目的与依据、惩戒对象、举措与方式以及保障举措在内的完整性规范格式文本体系。

## 四　国家信用联合惩戒合作备忘录的惩戒对象

联合惩戒对象即"黑名单"所列主体,是由备忘录发起部门根据相关认定标准制定而成,通常是指因严重违法失信被列入涉及领域"黑名单"的市场主体及其法定代表人或者主要负责人。信用联合惩戒的对象应具有限定性。《指导意见》在"依法依规加强对失信行为的行政性约束和惩戒"部分中,明确提出适用的对象是严重失信主体,即失信者自身且有严重失信的行为。因此,失信惩戒的对象,只能是失信经济主体或失信者本人,而不能是利益相关主体。比如,有关部门根据法律法规规定限制失信主体进入相关行业或有关领域,对法定代表人任职资格进行限制,但不能为了扩大社会影响、增强失信震慑力,对董事、监事、高管甚至股东的权利都进行限制。惩戒措施的实施对象分为个人、企业和其他组织两类。

第一，惩戒对象为个人的。又可分为两种类型。一是因个人失信行为受惩戒的，如因失信行为被最高人民法院列入失信被执行人名单的个人。二是担任企业或其他组织特定职务，因所任职单位违法失信或因履职行为违法失信而受到惩戒的，如《关于对重大税收违法案件当事人实施联合惩戒措施的合作备忘录（2016版）》中列明的惩戒对象包括企业或其他经济组织的法定代表人、负直接责任的财务负责人，或中介机构及其法定代表人或负责人，以及相关从业人员，对应的惩戒措施有"限制其担任企业的法定代表人、董事、监事及经理"，"不得作为保险公司、保险资产管理公司股东"等。

二是企业或其他组织是更为普遍的惩戒对象。由于企业和其他组织的违法失信行为对社会和市场秩序的危害较大，故多数惩戒措施是针对企业或其他组织。具体措施包括规定年限不得从事相关领域业务、限制相关经营行为、限制政府性资金支持等。如《关于对房地产领域相关失信责任主体实施联合惩戒的合作备忘录》规定，"停止执行惩戒对象享受的优惠政策，或者对其关于优惠政策申请不予批准"，"限制、暂停或取消政策性资金支持"，"停止执行投资等领域优惠政策"。

## 第三节　国家信用联合惩戒合作备忘录的基本扩散形态

《规划纲要》提出，到2020年，覆盖全社会的征信系统基本建成，守信激励与失信惩戒机制全面发挥作用。这标志着我国社会信用体系建设进入了快速发展期。在这一阶段，中央和各级地方政府的信用管理政策开始密集出台，对我国失信联合惩戒机制的发展起到了很好的推动作用。

### 一　国家信用联合惩戒合作备忘录的时间扩散

在时间演进方面，我国失信联合惩戒制度在实施的过程中同样基本遵循了政策制定、逐步扩散、以点带面的模式。失信联合惩戒制度自创新以来，在扩散累积量上呈直线上升趋势，在单位年限内增加量呈逐渐平稳趋势，符合政策扩散的一般规律。根据扩散曲线，具体划分为以下三个阶段。

（一）缓慢增长阶段（2014~2015年）

2014年，中央文明办联合最高人民法院及公安部等8个部门，发布《"构建诚信 惩戒失信"合作备忘录》，就限制失信被执行人高消费行为和采取其他信用惩戒措施提出了相关规定，失信联合惩戒这一概念正式出现在公众视野中。同年，国家发展改革委联合税务总局、中央文明办、最高人民法院等21个部门联合发布《关于对重大税收违法案件当事人实施联合惩戒措施的合作备忘录》（发改财金〔2014〕3062号），这是我国第一部涉及特定领域的联合惩戒合作备忘录。这一阶段失信联合惩戒主要集中在市场经济领域，虽然国家行政机关已经开始重视国家信用联合惩戒制度建设，但是由于刚刚起步，正式推行的过程较为困难。

（二）加速扩散阶段（2016~2017年）

2016年1月，最高人民法院联合44个部门发布《关于印发对失信被执行人实施联合惩戒的合作备忘录的通知》，确定了失信被执行人信息共享与联合惩戒的实施方式。[①] 同年5月，《指导意见》发布，为失信联合惩戒制度推行提供了强大的政策支持。《指导意见》的法律性质属于规范性文件，虽然位阶不高且作为中央政府的一种行政指导行为强制力有所限制，但作为信用联合奖惩机制的引导性文件在实践中还是对各领域政策扩散产生了明显的推动力。2016~2017年共发布24部国家信用联合惩戒合作备忘录，约占目前文件总数的52%，涉及安全生产、环境保护、食品药品、电子商务、房地产、金融等多个领域。在这一阶段，由于《指导意见》的发布，各领域联合惩戒政策公布量急剧上升，失信联合惩戒制度进入快速扩散阶段。

---

① 《关于印发对失信被执行人实施联合惩戒的合作备忘录的通知》规定，最高人民法院通过全国信用信息共享平台向签署本备忘录的其他部门和单位提供失信被执行人信息并按照有关规定更新动态。其他部门和单位从失信行为联合惩戒系统获取失信被执行人信息，执行或协助执行本备忘录规定的惩戒措施，强化了各部门间的联合力度。

### （三）全面覆盖阶段（2018~2020 年）

经过前两个阶段的发展，失信联合惩戒制度已然得到足够的关注，政策创新扩散的覆盖面也逐渐扩大，向各个领域扩展。截至 2020 年 5 月，我国共发布国家信用联合惩戒（奖惩）合作备忘录共 46 部，联合签署单位包含经济管理部门、市场监管部门、社会管理部门、公共服务部门，涉及金融、科研、医疗、旅游、交通等多个领域，失信联合惩戒制度的领域逐渐趋向全覆盖（见图 8-1）。

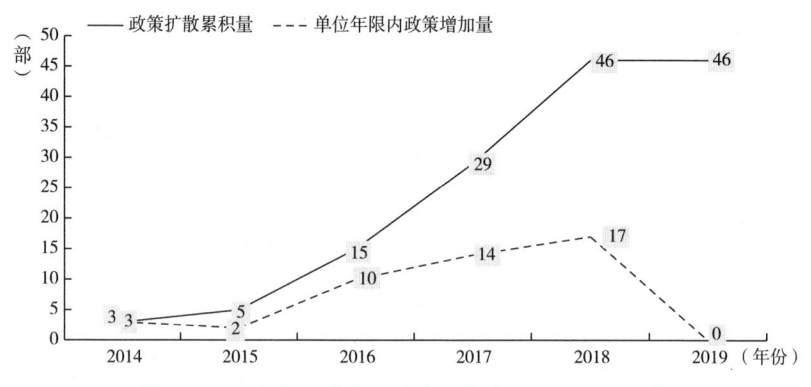

图 8-1　国家信用联合惩戒合作备忘录时间扩散趋势

## 二　国家信用联合惩戒合作备忘录的领域扩散

### （一）首要关注企业失信主体

《规划纲要》提出"加大对统计失信企业的联合惩戒力度"，对商务诚信提出了进一步要求。① 2015 年 9 月，国家发展改革委联合国家工商总

---

① 《规划纲要》规定："企业诚信管理制度建设。开展各行业企业诚信承诺活动，加大诚信企业示范宣传和典型失信案件曝光力度，引导企业增强社会责任感，在生产经营、财务管理和劳动用工管理等各环节中强化信用自律，改善商务信用生态环境。鼓励企业建立客户档案、开展客户诚信评价，将客户诚信交易记录纳入应收账款管理、信用销售授信额度计量，建立科学的企业信用管理流程，防范信用风险，提升企业综合竞争力。强化企业在发债、借款、担保等债权债务信用交易及生产经营活动中诚信履约。鼓励和支持有条件的企业设立信用管理师。鼓励企业建立内部职工诚信考核与评价制度。加强供水、供电、供热、燃气、电信、铁路、航空等关系人民群众日常生活行业企业的自身信用建设。"

局等 38 个部门发布《失信企业协同监管和联合惩戒合作备忘录》，成为商务诚信领域内的首个联合惩戒合作备忘录，同年，国家发展改革委联合证监会等 22 个部门发布《关于对违法失信上市公司相关责任主体实施联合惩戒的合作备忘录》，这两个备忘录是对《规划纲要》中"加大失信企业联合惩戒力度"的具体回应。

### （二）商务诚信领域集中性明显

在 43 部政府主导型联合惩戒合作备忘录中，商务诚信领域有 29 部，占比 67.4%。2016 年 5 月，国家发展改革委联合国家安全监管总局等 18 个部门发布《关于对安全生产领域失信生产经营单位及其有关人员开展联合惩戒的合作备忘录》。同年，税收、食品药品生产、产品质量、电子商务、资金管理、招标投标等商务诚信领域的合作备忘录依次发布。2017 年 2 月，国家发展改革委联合交通运输部等 36 个部门发布《关于对严重违法失信超限超载运输车辆相关责任主体实施联合惩戒的合作备忘录》。同年，农资、金融、海关、房地产等商务诚信领域的合作备忘录依次发布。2018 年 1 月，国家发展改革委联合国家质监局等 42 个部门发布《关于对出入境检验检疫企业实施守信联合激励和失信联合惩戒的合作备忘录》。同年，交通运输、政府采购、会计等商务诚信领域依次发布。

### （三）社会诚信领域关注度逐步增强

《规划纲要》将社会诚信建设分为医药卫生和计划生育领域信用建设，社会保障领域信用建设，劳动用工领域信用建设，教育、科研领域信用建设，文化、体育、旅游领域信用建设，知识产权领域信用建设，环境保护和能源节约领域信用建设等多个部分，要求"全面推进社会诚信建设"。① 2016 年 7 月，国家发展改革委联合环境保护部等 31 个部门联合发布《关于对环境保护领域失信生产经营单位及其有关人员开展联合惩戒的合作备忘录》，这是我国社会诚信领域出台的第一部失信联合惩戒合作备忘录。党的十八大以来，习近平总书记对生态文明建设作出了一

---

① 《规划纲要》规定，全面推进社会诚信建设。社会诚信是社会信用体系建设的基础，社会成员之间只有以诚相待、以信为本，才会形成和谐友爱的人际关系，才能促进社会文明进步，实现社会和谐稳定和长治久安。

系列重要论述。这些重要论述包含尊重自然、谋求人与自然和谐发展的价值理念和发展理念，为努力建设美丽中国、实现中华民族永续发展、走向社会主义生态文明新时代指明了方向。随后，旅游、医疗、科研、文化等领域的联合惩戒备忘录也陆续发布，社会诚信领域内联合惩戒备忘录呈逐渐上升趋势（见图8-2）。

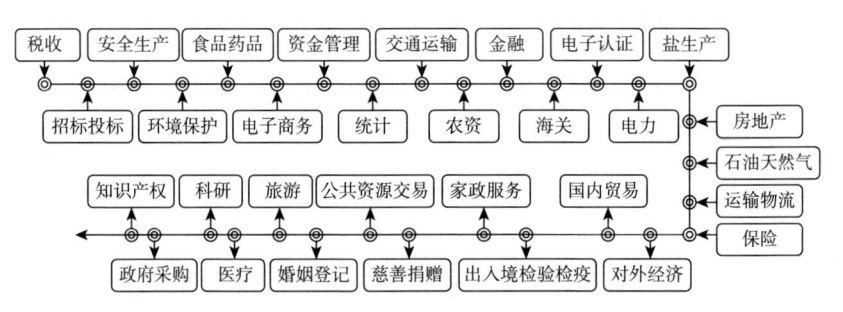

图8-2 国家信用联合惩戒合作备忘录领域扩散

### 三 国家信用联合惩戒合作备忘录的内容扩散

在失信联合惩戒政策扩散过程中，各领域发布的备忘录中涉及的联合惩戒措施主要分为四个部分：一是行政性约束与惩戒。例如，从严审核行政许可审批项目①、严格限制申请财政性资金项目②、限制参与有关公共资源交易活动③、实施市场和行业禁入措施④、取消参加评先评优资格⑤等。二是市场性约束与惩戒。例如，对有履行能力但拒不履行的失信被执行人实施限制出境和限制购买不动产、乘坐飞机、乘坐高等级列车

---

① 《关于对环境保护领域失信生产经营单位及其有关人员开展联合惩戒的合作备忘录》规定："依法限制取得安全生产许可证。"
② 《关于对违法失信上市公司相关责任主体实施联合惩戒的合作备忘录》规定："对违法失信当事人，特别是上市公司控股股东、实际控制人及各机构相关责任人员，限制补贴性资金支持。"
③ 《关于对食品药品生产经营严重失信者开展联合惩戒的合作备忘录》规定："在一定期限内依法禁止其参与政府采购活动。"
④ 《关于对失信被执行人实施联合惩戒的合作备忘录》规定："协助限制招录（聘）失信被执行人为公务员或事业单位工作人员，由中组部、人力资源社会保障部、公务员局等有关部门实施。"
⑤ 《关于对安全生产领域失信生产经营单位及其有关人员开展联合惩戒的合作备忘录》规定："在向生产经营单位和个人颁发荣誉证书、嘉奖和表彰等荣誉性称号时，应当参考其安全生产信用状况，对存在失信行为的生产经营单位，不予颁发政府荣誉。"

和席次、旅游度假、入住星级以上宾馆及其他高消费行为等措施。① 三是行业性约束与惩戒。例如，视情节轻重对失信会员实行警告、行业内通报批评、公开谴责、不予接纳、劝退等惩戒措施。四是社会性约束与惩戒。例如，建立完善失信举报制度，鼓励公众举报企业严重失信行为，对举报人信息严格保密等。

目前，信用联合奖惩政策扩散形态越来越清晰，在实践中也取得了良好效果。以 2019 年 8 月为例，全国信用信息共享平台新增失信黑名单主体和整改退出失信黑名单主体总量环比均有所下降。新增失信黑名单信息 297623 条，涉及失信主体 258501 个，其中法人及其他组织 43870家，自然人 214631 人；退出失信黑名单主体 129353 个，其中法人及其他组织 29726 家，自然人 99627 人。② 综上所述，我国失信联合惩戒政策扩散在时间、领域、文本内容上呈现一定的规律性。随着政策扩散的覆盖领域越来越宽泛，政策本身潜存的法律风险也逐渐明显，对政策实施的目标群体即失信主体的权益保障问题应该得到各方更多关注。

## 第四节　国家信用联合惩戒政策的重点议题与困境

### 一　国家信用联合惩戒政策创制的重点议题

作为一种惩罚性规范，失信联合惩戒制度在实施过程中会面临失信惩戒效果追求与信用主体权益保护的冲突。信用惩戒的运行机理是以信用记录的形式对行为主体的信用信息进行如实的归集、整理、披露，由信息利用主体对行为主体进行信用评价后对其采取行政、市场、社会、行业以及道德等各方面的限制和约束措施。信用惩戒措施依赖对被评价主体信用信息的掌握情况，完备的信用记录和归集系统是信用惩戒机制

---

① 2018 年 3 月，国家发展改革委联合多个部门依次发布《关于对失信被执行人实施限制不动产交易惩戒措施的通知》《关于在一定期限内适当限制特定严重失信人乘坐火车推动社会信用体系建设的意见》《关于在一定期限内适当限制特定严重失信人乘坐民用航空器推动社会信用体系建设的意见》。

② 参见《国家公共信用信息中心发布 8 月份失信治理月度分析报告》，信用中国，https://www.creditchina.gov.cn/xinyongdongtai/redupaihangbang/201909/t20190916_168635.html，最后访问日期：2020 年 5 月 20 日。

运行的前提。因此，失信联合惩戒的重点议题主要集中在信用信息记录收集、识别分类、共享使用等流程性环节（见图8-3）以及对失信主体信息权益保护与限制的相关举措和规定中。

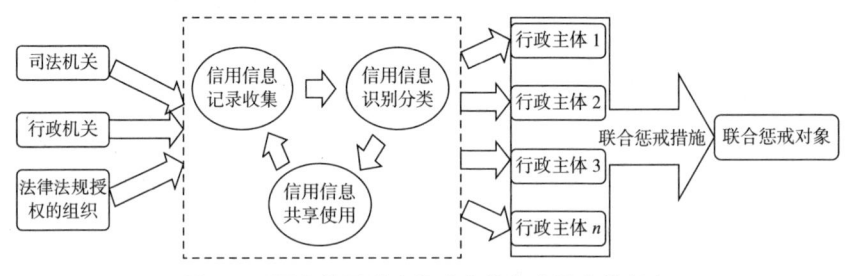

图 8-3 国家信用联合惩戒合作备忘录实施程序

### （一）信用联合惩戒制度应重视政策执行过程中的事先告知等程序性规定

《征信业管理条例》（中华人民共和国国务院令第631号）严格规范了个人征信业务规则，即除依法公开的个人信息外，采集个人信息应当经信息主体本人同意，未经同意不得采集；向征信机构提供个人不良信息的，应当事先告知信息主体本人等。政策执行过程中的事先告知等程序性规定是对信用主体知情权的合法保护。知情权即信用主体享有的知悉其在征信系统内的信用信息被采集、加工、整理和使用的具体情况的权利。事先告知分为以下两种情况。

一是信用信息采集前的事先告知。失信信息等不良信息的共享与公开会给失信主体的生产生活带来很大不便。行政机关在对信用信息进行记录收集前须及时公开公共信息目录和相关实施规则，释明相关信息公开属性、查询方式与期限、更新频率等内容。行政机关将个人失信信息记入信用档案须对其事先告知，释明相应后果、异议程序、信用记录保存时间、信用修复程序以及救济方式等。行政机关在运用信用信息或信用评价结果采取惩戒措施之前，亦须告知相对人事实、理由和后果。目前普遍存在的先纳入信用系统，再根据相对人申请进行异议审核的做法违反了事先告知的程序性要求。①

---

① 参见王瑞雪《政府规制中的信用工具研究》，《中国法学》2017年第4期，第158~173页。

二是联合惩戒措施执行前的事先告知。行政机关根据行政相对人的失信状况对其作出行政行为时，应当予以告知。首先，让行政相对人知悉自己因失信而遭受惩戒，有助于联合惩戒制度对外发生约束作用。其次，在一般情况下，信息主体可能不会特别在意信用档案里记载了哪些信息，事先告知程序能让信用主体主动查询自己的信用档案，出现信息错误或信息逾期未删除等情况时能及时提出异议。最后，行政相对人还可依据具体案情判断该失信惩戒是否合理合法，进而决定是否进一步寻求救济渠道。

（二）信用联合惩戒应重视信用信息范畴界定的准确性与相关性

信用评价结果作为联合惩戒的前提和依据，将对行政相对人的权益产生重大影响。因此，对信用主体进行信用评价时所依据的信息应与信用相关，不得超越应有限度。在信用信息范畴界定方面，应当遵守以下两项原则。

一是准确性原则。信息的准确性是行政信用评价的事实前提。为保证信息的准确性，信用信息的来源必须具有真实性与权威性。联合惩戒制度中对失信主体信用评价的信息须来源于行政机关、司法机关等具有公定力的公共机构，信息应推定为真实准确，错误的信息记录可通过异议程序予以纠正。

二是相关性原则。即只征集与诚信相关的信息，无关的信息则不应征集，如果民事判决、刑事处罚以及行政处罚记录中不涉及征集对象的诚信问题，则不应征集。在部分联合惩戒合作备忘录中，对于信用信息征集范围的规定过于宽泛，不仅对征集对象权利造成过度侵害，而且还容易造成信息泛滥，不利于规制失信行为。

（三）信用联合惩戒应重视对失信主体隐私权的合理维护

联合惩戒制度信息共享和跨区域信息融合的特质使得信用信息在政府系统内的整合程度不断提高，庞大的信息收集和处理系统也给个人信息保护带来了一定挑战。信用信息系统收集、传输并处理了大量的个人信息，其中可能包括个人隐私信息。在大数据时代，数据处于高速流动变化中，有关部门在进行信用信息处理、传输和使用时需要在合法、必要的限度内，保护信息主体的合法权益。在信用主体的隐私权保护方面，公权力主体作为信息收集、传输、处理者需要承担相应的义务，成为社会信用立法约束的对象。当前，信用联合惩戒上位法对个人隐私权尚无清晰的定义，保护个人信息的法律难以制定。因此，有关部门在实施信用联合惩戒的过程中，尤其在实体法和程序法都暂时缺位的情况下，特别要增强保护信用主体隐私的意识，重视公权限制及私权保护在程序上的具体制度构建，将信用主体权益保护纳入社会信用立法的重点考虑范畴。

在失信惩戒措施中，侵害失信主体隐私权最为典型的表现方式就是对失信主体信息的公布。不同执法主体的公布方式不一，包括电视节目、屏幕滚动播放、公共阅览屏等。公布信息中除了失信主体的姓名、照片、家庭住址、工作单位等个人基本信息，还包括身份证号等个人重要的隐私信息，潜藏着侵犯失信主体个人隐私权的风险。利用信用信息进行失信惩戒可以借助信息传播的特质，产生一连串的连锁社会效应，利用由此产生的压力督促失信人履行义务。在失信信息公开层面，哪些信息不可以归集、哪些信息不可以公布、哪些信息不可以查询等需要有关部门严谨考虑。信用信息的收集与公布涉及公共利益，在信用立法时应平衡好公共利益与私人利益的价值取向。虽然失信主体因负面的信用信息公布而丧失部分交易机会或财产利益是对自身失信行为承担的必然后果，但是信用联合惩戒作为对失信主体法律责任的合理补充，在公布信息方面应该体现过罚相当原则。

（四）信用联合惩戒应重视细化信用修复功能的条件与程序

信用修复是联合惩戒中的重要一环，失信主体接到处罚决定后，便进入了国家及地方信用信息共享平台的黑名单中，在公开过程中任何人均可以通过企业名称、统一社会信用代码等信息查询到某市场主体的失信处罚记录。失信主体会因此在各层级招投标、申请贷款等领域被禁止或受到限制。有关部门公示失信等级之后，失信主体可以进行信用修复进而达到终止惩戒的目的。

信用修复是失信主体退出惩戒措施的制度保障，实施"信用修复"

过程中在申请程序、材料真实性评估、过程监督、流程规范等环节均会出现问题。一是提交修复申请时，虽然原处罚机构已经给予处罚原因说明，但失信等级评定并未形成统一规范。失信主体均先自行判断和填写失信等级，再经过三级审核体系进行审核报送，这种形式容易出现错报失信等级的现象，并且完全由审核体系判断失信等级也容易产生修复争议。二是失信主体在通过网站提交修复申请时须向网站提交主要登记证照复印件、已履行行政处罚等相关材料，但审核人无法通过提交的复印件100%地确认其真实性。有关网站目前还未建立与具有行政处罚权力的机构进行联网的实践机制，不能直接调用该失信企业的营业执照、整改完成证明及处罚缴款凭据等，无法做到防止虚假提交等现象。三是信用修复承诺书网上提交须更加规范。信用修复承诺书是失信主体纠正失信行为的承诺，虽然目前采用网上提交流程进行操作，但同时仍然采用网站下载承诺书、失信主体手工填写盖章、拍照或扫描后上传办理的传统流程。在实际修复过程中往往存在漏填、错填、法定代表人签字或盖章印记模糊、私自重排或改版承诺书格式等问题。

（五）信用政策扩散应重视各类执行措施对惩戒对象的权益影响

**1. 公开警示类措施对失信主体名誉权的影响**

公开警示类措施是指对失信人的声誉有负面影响的惩戒措施，具体方式包括失信信息的公开公示、撤销荣誉称号、警告、通报批评、公开谴责等。失信主体被列入失信名单之后，各联合惩戒部门将会把此名单通过不同的途径予以公布。首先，在公布内容上，有些政策文本中规定公布的内容超过了合理范围，例如，在社交平台上公布失信主体信息时加上其照片。带上照片的公布方式让惩戒对象更容易被识别，会降低失信主体的社会评价，并且带来一定的精神损害。其次，在公布范围上，执法主体可以自行选择公布方式向社会公布失信主体信息，因此各地执法主体采取各种各样的手段进行公开发布、推送信息，以求达到广泛的传播，但极端的公布方式会扩大对失信主体名誉的贬损，不利于其在社会的立足和发展。

对失信主体实施公开警示类措施的目的是让社会成员对失信主体的

违法失信行为尽可能周知，从而在投资交易或民事活动中采取防范措施。失信记录本身不会对失信主体的声誉构成不利，公开本身也不会增加法律上的义务，但在互联网、信息化时代，公开通常会使失信主体声誉受损，进而影响其其他利益，如企业经济利益。失信信息公开是执法主体运用国家公权力实施的信用惩戒行为，应当遵守必要性原则，将对当事人造成的损害降到最小，保证利害关系人及时掌握失信主体相关信息，但公开方式必须具有合理性。失信主体信息公开的内容范围以及方式在一定程度上与个人信息保护形成了冲突，在实践中应该衡量公共利益和个人信息的价值并予以确定，保护失信主体的个人信息权。在失信惩戒与人格尊严保护之间，执法主体应当遵循审慎原则，力求通过制度设计，既能对失信者进行有效惩戒，又能防止公权力的过度使用，将对失信人的名誉损失降低到合理程度。

**2. 资格限制类措施对失信主体财产权的影响**

失信惩戒中较常见的一种措施，是限制或剥夺失信人获取公共资源、公共职位、公共服务、公共荣誉以及进入特定职业或行业的资格，这会直接对失信主体的市场活动以及获取职业、资源或荣誉的机会造成诸多障碍和不利。资格限制类措施对失信主体财产权的影响主要体现在以下两个方面。

一是市场交易机会的限制。招标投标是市场交易中最为常见的交易手段，最高人民法院等9部门《关于在招标投标活动中对失信被执行人实施联合惩戒的通知》规定对失信被执行人在招投标活动中采取限制措施，主要限制失信被执行人的投标活动、招标代理活动、评标活动、招标从业活动。这些措施从横向角度限制了失信主体与其他市场主体进行交易的机会，避免双方通过市场交易实现财产保值和增值。

二是获取政府支持、补贴或准入资格的限制。即对失信主体从事特定行业或项目进行限制，包括设立金融类公司限制、发行债券限制、合格投资者额度限制、设立社会组织限制、参与政府投资项目限制；对获取政府补贴、政策支持的限制；对准入资格的限制，包括对海关认证进行限制，从事药品、食品等行业进行限制，获取房地产、建筑企业资质进行限制。这些方面从纵向角度对失信主体加以限制，使惩戒对象丧失了从上述途径获取相关财产的机会。

**3. 限制消费类措施对失信主体出行自由的影响**

限制消费类措施即对有履行能力但拒不履行的严重失信主体实施限制出境和限制购买不动产、乘坐飞机、乘坐高等级列车和席次、旅游度假、入住星级以上宾馆及其他高消费行为等措施。例如，《关于对知识产权（专利）领域严重失信主体开展联合惩戒的合作备忘录》规定："被人民法院按照有关规定依法采取限制消费措施或依法纳入失信被执行人名单的，限制乘坐飞机、列车软卧、G字头动车组列车全部座位、其他动车组列车一等以上座位等高消费及其他非生活和工作必需的消费行为。""限制购买不动产及国有产权交易，限制在一定范围的旅游、度假等非生活和工作必需的消费行为。"这些措施虽然没有完全剥夺被执行人的人身自由，但是限制了其行动的地域范围、消费行为选择，这也是对失信主体人身自由权一定程度的限制。失信惩戒对人身自由权的剥夺或限制，其目的是让失信主体能履行其本应履行且有能力履行的义务，以实现社会公正。① 但绝不能超越法律依据与规定来剥夺或限制失信主体的人身自由，侵害失信主体的基本权利。如失信主体不履行的原因不是主观不履行而是客观不能（没有履行能力），剥夺或限制其人身自由权则会构成权利侵害。

## 二 国家信用联合惩戒执行机制的潜存问题

在实践层面，联合惩戒机制在执行中涉及多方主体间的信用信息共享与合作。因此，在实践中要求联合执行主体具有较高的协助执行意识，共同对失信主体进行联合惩戒，解决执行主体碎片化、执行范围模糊化、执行监督分散化等联合运行机制存在的问题。

### （一）失信联合惩戒制度执行主体碎片化

失信联合惩戒措施涉及各部门间信用信息的共享与连通。在实践中由于各实施部门信用信息分享的滞后性，在一定程度上无法保证信用惩戒制度真正发挥作用，主要体现在以下三个方面。一是信息共享范围不够大。个别部门签订信息共享条款，仅仅在两个部门间共享了个人信用

---

① 参见李继《失信被执行人权利保护的路径选择——基于执行行为正当性的探讨》，《政法论坛》2018年第5期，第136~143页。

信息，其他众多的部门仍然不能利用这些信息资源。二是信用信息共享量不足。目前的信息共享平台仍处于点对点分析阶段，信息量极其有限。例如，多部门签订了信用惩戒联合备忘录，但是只能掌握个别部门拥有的失信主体信息，其他重要信息可能分别被不同部门掌握，单个执法部门获得的信息量是有限的、不足的。三是信息共享缺少整合机制。不同执法部门共享的信用信息非常冗杂，如何量化这些信用数据是信用体制建设的重要议题。由于尚未建立完备的信用信息共享平台以及整合数据采集技术，我国在信用联合惩戒制度建设中存在信用信息质量不高、信用记录录入标准不统一、征信档案建立困难，以及跨地域、跨部门信用信息共享不成熟等问题。因此，相关部门要加快信息共享平台的建设力度，尽早织密多方提供、多方共享的信用数据平台网络，充分利用各方掌握的信息资源，降低因信用共享机制不健全引发信用主体权利侵犯事件的概率。

## （二）失信联合惩戒制度执行范围模糊化

当前，在失信行为的内涵和外延未达成基本共识的情况下，很难从正面对失信联合惩戒的执行范围作出明确界定。失信联合惩戒相关法律法规均未对失信行为作出明确的概念界定，且多部法规中未使用"失信行为"这一概念，而是以"负面信息""失信信息""不良行为"等概念代替，但其内涵与"失信行为"概念一致。这几乎涵盖了所有违反法律、法规和规章的行为，对于失信行为认定存在明显的泛化倾向。将所有违法行为都划分为失信行为旨在"解决普遍存在的违法违规行为得不到有力追究或屡禁不止的问题"，但将所有问题都纳入"信用框"，不仅与公众对于诚信的认识不符，还有可能违背依法治国的基本原则。

总体而言，国家联合惩戒政策文件对失信行为的范围和分级的规定呈现一种不明晰的状态。一方面，试图尽可能地将普遍存在的违法违规行为纳入失信行为范畴，将失信惩戒这一新兴治理方式运用至社会各个领域，存在明显的扩大化和泛化的倾向；另一方面，对于不同失信行为缺乏合理的分级，甚至是缺位，意味着一般失信行为也可能被纳入联合惩戒的范围，违背了《指导意见》所确定的对严重失信行为进行联合惩戒的原则，使联合惩戒丧失了合法性和合理性。这种泛化和不合理分级有悖公众对于诚信和公平的观念，不可避免地造成公众对诚信价值观的认知混乱，进而损害法律的权威性，不利于诚信社会的建设。

### （三）失信联合惩戒制度执行监督分散化

失信联合惩戒制度包含财产的查控与处置、人身强制等措施，失信主体合法权利被侵蚀的风险较大。为预防失信惩戒措施执行过程中可能存在的权力滥用风险，需要加强对执法主体的权力监督，完善监督体系。监督体系包括内部监督和外部监督。内部监督主要体现在对执行行为、执行工作纪律、执行标准等的监督，在制度实际运行过程中存在许多缺陷，需要靠外部监督来补充和完善，克服内外部监督分散化，提高执行监督综合力度。外部监督主要涉及政府监督、社会监督等。现如今社会失信行为频频发生，与外部监督的不完善有着密不可分的关系。相关部门应该尽快建立统一的综合监管平台，完善跨部门执法联动及失信约束制度，同时推行不定期抽查、对公民举报采取奖励等措施，充分调动社会监督力量，提高失信成本，重新树立外部信用监督的权威性。

## 第五节 国家信用联合惩戒制度扩散的法治矫正

### 一 国家信用联合惩戒制度建设遵循的原则

在理论层面，国家信用联合惩戒制度作为社会信用体系建设的核心机制之一，惩戒措施的执行与运作应当受到禁止不当联结原则、比例原则与一事不再罚原则的约束与规范。目前的失信联合惩戒制度在实际执行中潜存与相关法律原则相冲突的问题，执法主体须在法治框架下对其进行约束，强调对相对人基本权利的尊重与保障。

### （一）禁止不当联结原则

禁止不当联结原则起源于德国，是规范行政权，使其正当行使的法律原则。在失信联合惩戒制度实践中，行政机关要求相对人履行的给付应与行政行为本身具有实质内在关联，否则即构成不当联结。信用信息的不相关性、惩戒措施与目的的不相关性是国家信用联合惩戒制度实践中常见的不当联结现象，这对行政相对人的合法权益保护造成了一定的限制。

准确的信用记录和归集系统是国家信用惩戒机制运行的前提。国家信用联合惩戒的实质是将失信行为的后果扩大适用于其他地区、部门或领域，延展了失信行为的法律后果。国家信用联合惩戒在政府管理中的广泛应用，使得居民信息可获得性增加，在实际执行中较易出现失信行为认定和记入信用记录泛化、扩大化的现象。例如，将所有违法信息与未履行法定义务的状况定性为失信信息，而不是只与失信有关的违法信息。社会信用法应当基于"不当联结之禁止"的法治原则，明确规定行政性失信惩戒措施直接针对失信行为主体，不得扩展至其他主体，在个别法定情形下可以根据有关法律的规定将违法失信行为的惩戒范围进行必要的延伸。①

### （二）比例原则

比例原则即当国家行使公权力与公民的个人权利相冲突时，个人权利的让步应该限制在不利影响最小的限度内。比例原则着眼于法益的均衡，其最终目的是维护公民的合法权益，当公权力与公民的个人私权利冲突时，必须审查国家权力对个人权利的侵害，看是否符合适当的比例。

一是手段适当性。失信联合惩戒措施主要包括公开警示类、资格限制类与限制消费类措施。目前的失信信息界定与范围泛化等问题，导致公共信用信息的收集与评价无法真实反映信息主体的信用状况。

二是手段必要性。在失信联合惩戒措施中，负面信息公开中涉及的基本信息应控制在最小范围。基本信息并不具有反映信息主体信用状况的功能，其唯一目的是识别信息主体的身份，因此，只需要收集自然人的姓名与身份证号、法人或其他组织的名称与社会信用代码。在实践中，将基本信息范围扩大至"婚姻状况、职业、学历、资格、资质"等信息，不符合必要性的原则。

总之，公共机关对失信人实施的信用惩戒应与失信行为的性质、情节、社会影响程度相适应，不得超越法定条件、法定处罚种类和幅度。经过评估、设置惩戒观察期、选择适用和调整联合惩戒措施的过程，实现失信管理类型化，进而促进联合惩戒制度社会收益最大化。

---

① 参见王伟《失信惩戒的类型化规制研究——兼论社会信用法的规则设计》，《中州学刊》2019年第5期，第43~52页。

## （三）"一事不再罚"原则

"一事不再罚"是指对行政相对人的同一个违反行政管理秩序的行为，不得以同一事实和同一依据，给予两次以上的行政处罚。① "一事不再罚"的目的在于防止重复处罚，体现过罚相当的法律原则，以保护当事人的合法权益。在实践中，行政机关、司法机关以及法律法规授权的组织对失信主体执行联合惩戒时，应当遵循"一事不再罚"的原则，即对同一失信行为不得多次执行"联合惩戒"的限制行为罚。此外，关于信用联合惩戒制度中"一事不再罚"的理解要区别于对行政处罚的认知，具体如下。

第一，惩戒的不是同一"事"。"一事不再罚"原则的"事"指向具体行政违法的行为，"一事"一般指《中华人民共和国行政处罚法》（以下简称《行政处罚法》）表述的"同一违法行为"，能充分满足一次构成要件的事实就是"一事"。但失信惩戒措施针对的是行为主体的违法失约状况（即"信用状况"）而非具体行为，而信用状况是诸多守信、失信行为信息的集成，是"多行为"或者说"多事"的综合、累积评价，由当事人依法或自主识别、判断是否采用这些信息。因此，信用惩戒针对的既不是同一个行为，也非基于同一事实或依据。

第二，多罚不是再罚。信用惩戒看起来是在原有的惩罚基础上又进行了一次评价，但其实质是多部法律规范下的"多罚"，而非"再罚"。

第三，惩戒不是再"罚"。《行政处罚法》第24条规定"对当事人的同一个违法行为，不得给予两次以上罚款的行政处罚"，因此，狭义的"再罚"，仅指《行政处罚法》语境下的"一事不再罚款"。《行政处罚法》虽然没有界定何为"行政处罚"，但第8条规定了6种具体的处罚方式：（1）警告；（2）罚款；（3）没收违法所得、没收非法财物；（4）责令停产停业；（5）暂扣或者吊销许可证、暂扣或者吊销执照；（6）行政拘留。信用惩戒建立在对当事人信用信息的评价基础上，不存在对具体违法违规行为的处罚，而信用惩戒具体措施中也没有上述6种"罚"的形式，因此惩戒不是"罚"。信用奖惩制度可看作对行政责任和民事责任体系的一种补充，有关部门在判定责任和评价主体行为时，可将其作为

---

① 参见胡建淼《行政法学》（第4版），法律出版社，2015，第237页。

一个裁量维度和考量因素。

## 二 国家信用联合惩戒政策扩散法律依据的完善

目前，我国尚未出台全国统一的社会信用立法，相关规定散见于其他法律、行政法规及规范性文件中，联合惩戒主要规定在相关政策及国务院各部委签署的联合奖惩备忘录中。立法是每一项制度起始、发展到完善的终极走向，作为其核心机制之一的失信联合惩戒制度尚未发展成熟，实际执行过程中法律位阶不够、联合部门执行依据模糊、规范内容不标准等问题逐渐凸显，必须通过推进社会信用立法予以规制。①

### （一）积极纳入草案重点议题，出台联合惩戒专项部门规章

我国的失信惩戒制度还处于初期发展阶段，实践中各执法主体关于执行工作和惩戒措施的标准都不相同。执法主体在执法活动中体现出较大的自由裁量权和任意性，不同执法主体易创制出新的惩戒措施，侵犯失信主体的合法权益，造成惩戒执行与权益保障的失衡。提高惩戒措施执行依据的法律位阶主要体现在资格限制和高消费限制措施上，这两类限制措施影响相对人的权利范围较广，且所限利益较为核心，需要更高位阶的法律加以规范。② 资格限制类措施在实际执行中可能会因为失信联合惩戒文件的法律位阶不够，导致"合作备忘录"中列明的资格限制类措施存在对行政许可不当限制的嫌疑，这不利于协助执行机关充分理解联合惩戒的意义和赋予其的义务，进而阻碍联合惩戒的实施。限制高消费措施涉及对失信主体出行自由的限制，虽然司法解释已赋予限制高消费明确的法律依据，但对于具体决策程序、执行机关、终止方式、救济渠道等方面的规范均较为模糊。③

---

① 参见罗培新《善治须用良法：社会信用立法论略》，《法学》2016 年第 12 期，第 104~112 页。
② 参见王伟《失信惩戒的类型化规制研究——兼论社会信用法的规则设计》，《中州学刊》2019 年第 5 期，第 43~52 页。
③ 《最高人民法院关于适用〈中华人民共和国民事诉讼法〉的解释》（法释〔2015〕5 号）（2015 年 1 月 30 日）。而关于限制高消费的司法解释最早是在 2010 年公布，并于 2015 年修订，参见《最高人民法院关于限制被执行人高消费的若干规定》（法释〔2010〕8 号）（2010 年 5 月 17 日）、《最高人民法院关于修改〈最高人民法院关于限制被执行人高消费的若干规定〉的决定》（法释〔2015〕17 号）（2015 年 7 月 20 日）。

我国应该加强推进专项失信惩戒法律规章的制定工作，提高法律位阶。相关政府部门在接受全国人大立法委托时，应积极融入联合惩戒内容，在拟定法律草案过程中形成科学条款，推进国家信用立法工作，尽快为失信惩戒制度提供更为明确和强有力的依据，填补当前失信惩戒机制法律依据的空白。推进制定联合惩戒专项部门规章可以明确规定失信行为的界定准则、失信行为的程度划分标准，明确失信主体的责任追究，加大制度执行的权威性与有效性。

## （二）明确界定失信行为的法律概念，力求达成社会各界共识

一是效力层级问题。包括失信行为认定在内的失信联合惩戒的具体规范对行政相对人的权利义务影响较大，必须通过部门规章以上的法律规范来予以规定。根据《中华人民共和国立法法》规定，国务院各部委可以根据法律和行政法规的规定，在职权范围内制定部门规章。在制定失信行为认定标准时，各部门应当在本部门职权领域内制定部门规章。涉及多个部门的，由一个部门主导，其他部门协助共同制定。中央部委对于本部门管辖领域的失信联合惩戒予以规范，由国家发展改革委统一协调，保证标准的统一和规则的衔接。同时，各部门在制定相应标准时，应当考虑各地区的差异，采用灵活的标准区间或者将地区人均收入作为标准的方式，允许各地区在规定区间内根据当地实际情况进行调节。部门规章的制定应当按照法律的规定进行，履行必要的立法程序，在充分听取社会各界的意见后出台。通过国家部委统一制定部门规章，能够改变我国目前通过合作备忘录形成规定失信联合惩戒具体措施这一不规范的情况，使得失信行为认定标准有法可依，从而规范失信行为的认定。

二是概念普及问题。大众对社会诚信建设的具体制度认识不足也是阻碍整体社会信用环境发展的重要因素之一。大众对失信联合惩戒的概念不清晰、制度运行不了解、自身维权意识低，而政府及社会组织的浅层次宣传渠道狭窄、形式单一、效果缓慢，没有从社会方面有力地促进机制形成，也未能形成良好的诚实守信、自律互信的社会风气。政府应通过引导各界力量，组织宣传教育，激励推介诚信主体，从而加强对失

信行为的道德约束，滋养社会信任。同时，以公众参与度保障制度化建设，更利于公众监督政府及社会组织对失信联合惩戒制度的落实情况，对加快推进社会诚信文化建设、弘扬社会主义核心价值观起到关键作用。

### （三）注重信用惩戒政策与其他板块有效衔接，完善国家信用一体化建设

目前，失信联合惩戒制度虽然取得了阶段性成效，但不平衡问题较为突出，最主要的原因在于这种制度创新是在制度支撑与法律衔接相对不足的情况下展开的。要形成更为有效的失信惩戒机制，实现失信惩戒的规范发展，必须以保护信用主体合法权益为原则，处理好失信惩戒与信用体系建设中其他板块的平衡关系。

一是惩戒与激励的平衡。针对现阶段失信联合惩戒推进力度更大、社会反响更强烈的现状，更需厘清惩戒与激励的关系，实现鞭笞失信和褒扬诚信相互促进、相得益彰的效果。首先，失信惩戒与守信激励的选择应注重问题导向与目标导向的统一。当前，在运用惩戒手段守住底线的同时，更须运用激励手段撑起标杆，使诚信成为社会的行为自觉和价值取向，结合服务型政府建设让守信激励产品惠及更多民生领域和社会事项。其次，失信惩戒是以惩戒的方式实现守信的普遍化。惩戒不是社会信用建设的目的，因此，在惩戒中应强化对失信主体的关爱，强化信用修复制度设计，给予失信主体自我纠错、主动自新的机会，实现对纠正失信、步入守信的有效激励。最后，应以科学合理的制度设计保障失信惩戒和守信激励的严肃性和公正性。对惩戒对象设置严格的认定程序，实施红黑名单交叉比对，防止不当惩戒。

二是惩戒与修复的衔接。由于信用惩戒对当事人影响巨大，相关主体在受到处罚之后，往往会谋求信用修复。在实践中，无论是以"检查核实"还是"专题培训"的方式来修复信用，都必须重视与信用惩戒的制度衔接，避免违法行政。信用修复之所以具有现实紧迫性，是因为信用惩戒的领域、范围与期限过于宽泛，在合法性方面存在不少隐患。在信用惩戒与信用修复的衔接方面应明确以下两点。其一，撤下信用信息网上公示，并不代表修复了信用。因为失信信息虽然不再公示，但针对此前的违法行为而实施的惩戒，并不会自动消除。信用联合惩戒措施均

有法律依据，因此解除此前的信用惩戒行为，也必须依法而为。其二，全国性的信用惩戒均有法律或行政法规为依据，如果法律法规没有信用修复的明确规定，任何部门不宜也无权以缩短失信信息公示期为手段，达到信用修复的目的。

### 三　国家信用联合惩戒政策规定的标准化与法治推进

#### （一）建立失信程度认定分类制度

建立失信程度认定分类制度是规范联合惩戒备忘录中惩戒对象认定程序的有效举措之一。对失信行为的分类规范，备忘录中大多采用了正向明示列举的方式。明示列举有利于防止执行机关任意扩大失信行为的认定范围，有效防止行政权力的滥用。但是，目前失信联合惩戒的分类仍然不规范，各个领域、各个地区对失信行为采用不同的分类方式，分类的标准和内容也不尽相同，全国统一的失信分类制度还没有建立。

按照失信程度，失信行为一般可以分为"一般失信行为"和"特定严重失信行为"两类，失信程度依次递增。失信行为分类的标准，可以在各个部门规章中通过明示列举的方式予以确定。对于"一般失信行为"的认定标准，主管的中央部委应当根据目前我国实践来制定，对于执行难和遏制难的领域应重点倾斜，在基本保持稳定的基础上，适当地调整特定周期和更新失信联合惩戒中失信行为名单。在认定"特定严重失信行为"时，应当在"一般失信行为"标准的基础上，注重考虑以下两个因素。一是失信人主观上是否具有恶意。通过失信主体的情况判断其主观上有没有拒不履行相应义务的故意，若其主观上具有恶意，则应当认定为"特定严重失信行为"。二是失信人有没有直接危害国家安全和社会公共利益。对于直接危害国家安全和社会公共利益的行为，比如，拒绝服兵役、严重破坏公共秩序等行为，应当认定为"特定严重失信行为"。因此，认定"特定严重失信行为"不应当单纯从违反义务的大小上进行判断，而是应当综合分析并重点关注失信人的主观恶意以及是否危害国家安全和社会公共利益。建立失信程度分类制度不但能够根据失信人的实际违法程度确定相应的惩戒措施，符合比例原则的要求，防止失信联合惩戒的滥用，而且能够起到监督制定具体措施的行政机关的作用，有利于失信联合惩戒的制度化和规范化。

## （二）合理界定惩戒对象负面信用信息的公开内容与方式

一是限缩失信主体信息公开内容。信息公开是为了促使失信主体履行义务，使得生效法律文书确认的权利得以实现。① 为了防止失信主体的信息被过度利用，有必要对失信主体信息公开的限度作合理的规定和限制。公开失信主体信息是为了让社会知悉失信主体的失信行为，因此，只要能够通过社会公共信用平台查询到这些信息就能够达到公示的效果，没有必要将失信主体的全部信息公开，比如其工作单位、家庭住址等，身份证号码等信息使用不当很容易造成非法利用。

二是规范失信主体信息公开方式。首先，进一步限定公开的内容，并对公开的场所进行严格分类。有关部门应根据不同案件性质和社会影响程度决定公开的场所，同时增加审查程序，对公开的内容进行专门的审查。其次，进一步完善信用联合惩戒机制。目前，最高人民法院已经联合43家部门进行信息互通，全面提高信用惩戒力度，通过程序规范真正发挥信用惩戒的作用，能有效避免出现因制度程序设置不当而侵害失信主体合法权利的情况。

## （三）完善信用修复机制的条件与实施程序

2019年4月，国家发展改革委办公厅发布《关于进一步完善"信用中国"网站及地方信用门户网站行政处罚信息信用修复机制的通知》（发改办财金〔2019〕527号），明确了信用修复范围、公示期限、规范开展、强化责任等多个方面内容。该文件将成为"信用中国"网站及地方信用门户网站开展行政处罚信息信用修复相关程序（见图8-4）与工作的依据。

当前，信用修复分为系统自动修复和主动修复两种方式。系统自动修复是指惩戒对象在处罚有效期结束后，自动退出惩戒对象名单。信用修复机制是指被列入失信联合惩戒名单的社会主体，如果其在一段时间内的信用状况良好，则应当及时将其从联合惩戒名单中移出，以修复其

---

① 参见叶名怡《论个人信息权的基本范畴》，《清华法学》2018年第5期，第143~158页。

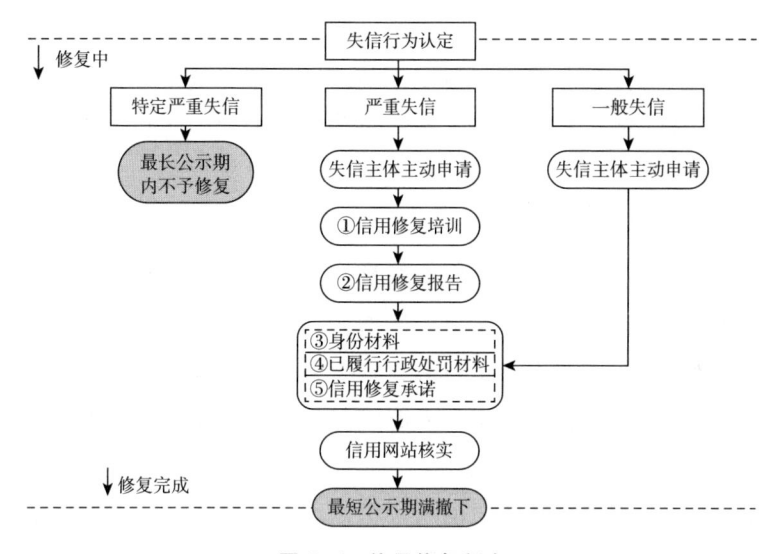

**图 8-4　信用修复程序**

负面信用评价。主动修复是指惩戒对象主动纠正失信行为，履行法定义务，主动改善信用状况，向认定部门提出信用修复申请，认定部门按相关规定受理申请并回复。信用修复机制体现了对受损权利的保护和对权利平衡状态的追求，激励社会主体通过保持良好的信用状况修复个人信用。在实践中，信用修复制度的设计应严格遵循法治的基本原则，与失信行为、惩戒措施等概念相匹配，严格规定信用的修复方式，将失信程度、失信行为种类与信用修复方式相对应。同时，信用修复应坚持免费原则，加强对轻微偶发失信行为信用修复的基础制度设计，失信行为人还可通过增量性的社会公益活动减少被列入惩戒名单的持续时间，根据其从事社会公益活动的频率和效果决定是否将其提前移出惩戒名单。

### （四）提高信用主体救济程序的可操作性

作为行政相对人，失信惩戒对象在其行政实体权益遭受侵害时主张权利救济并不困难，但如何将程序权利纳入救济范畴需要谨慎设计。从现有的政策文本内容来看，鼓励失信联合惩戒对象通过行政复议、行政诉讼途径进行权利救济的规定在多个文件中均有提及。但是，当前规定并非制度设计或规则设置，在实际执行过程中的可操作性并不强。

信用主体的权利保护除了体现在将信用信息的征集范围限制在合理限度范围之内，还体现在应建立完善的救济程序。例如，对失信信息的异议机制。大部分联合惩戒政策文件中都提到了异议程序，即信用主体认为征集主体所征集的失信信息与自身信息不符时，可以提出异议。但目前绝大多数异议程序为事后异议程序，信用主体只能在发现被纳入公共诚信信息系统的相关信息与自身信息不符时才能提出异议，但在该种情况下，对信用主体的损害可能已经形成。针对信息收集系统中失信信息异议机制存在的问题，应采取相应的完善措施。一是在征集可能对信用主体有着较大影响的不良信息时，给予信用主体提供事前陈述和申辩的机会。确立事前确认程序一方面能够避免错误的失信信息对信用主体的影响，另一方面也可以减轻征集主体因征集错误的失信信息而承担责任的风险。二是明确异议纠纷的救济机制。对于征集主体与被征集对象就异议处理所产生的纠纷，应该明确相应的救济机制。公共诚信信息征集主体与被征集对象就异议处理所产生的纠纷属于行政纠纷，依法应属于行政复议和行政诉讼的受案范围。因此，应在相关立法中明确异议申请人可以提起行政复议或者行政诉讼。联合惩戒相关政策文件需要规定当失信惩戒对象权利遭受侵害时，比如没有被告知行政决定或诉权、被限制陈述权或申辩权、被剥夺申请权等，其有权提起行政复议或行政诉讼，通过上下级制约或外部制约的方式发挥内部层级监督或司法救济功能，督促惩戒执行主体保障失信惩戒对象程序权利的行使。

综上所述，失信联合惩戒制度作为我国信用体系建设的重要一环，已经在实践中发挥着越来越重要的作用。负面信息披露、资格类限制、高消费限制、加强监管等惩戒方式已经纳入多部门的"联合惩戒合作备忘录"，并在诸多领域得到了有效的实施和利用。失信惩戒机制在偏重市场交易安全、司法执行效率和社会诚实信用的同时，也应注意信用主体权益保护和失信治理效果的结合，发挥惩戒和激励的双重效应，使国家管控和社会自我治理达到有效的均衡，保障各方当事人的合法权益，有效推进诚信法治建设。

# 第九章　地方信用联合激励政策的体系发展与立法转化

## 第一节　信用联合激励的概念界定与文本选择

### 一　信用联合激励的概念与范畴

信用激励即信用的正向激励,与之相对的则为信用惩戒,即信用的逆向激励。本书研究的 26 部省级政府政策文本中的信用激励更多地指向信用的正向激励,体现为个体或组织的物质、机会的利益增加和情感、价值的高认同。信用激励机制是指通过制度与文化层面的双重牵引,以信用程度的高低而相应地对个体或组织展开的利益行为。在司法、行政、经济、文化、社会、心理等多个维度中,有关部门在提高违法失信成本的同时,更侧重正向的信用利益激励,以此来对社会信用提高展开积极引导。[①]

（一）激励的概念

"激励"一词,最早源于现代心理学,是指一种持续激发人的动机的心理过程。管理学中的激励,是指运用各种有效的管理方法和手段来激发员工的工作动机,组织通过设计合理的内部和外部奖酬形式及工作环境,并用一定的行为规范和奖励措施,来调动员工的积极性和创造性,实现组织的工作目标。有效的正向激励会点燃员工的工作热情,促使他们产生更强的工作学习动机,获得超越自我和他人的工作欲望,释放巨

---

[①] 参见王学辉、邓稀文《"执行难"背后的信用激励机制:从制度到文化》,《四川师范大学学报》（社会科学版）2020 年第 1 期,第 71~80 页。

大的内驱力，为实现组织的长远发展目标奉献自己的热情。

法律对个体行为的激励功能，是指通过法律激发个体合法行为的发生，使个体受到鼓励作出法律所要求和期望的行为，最终实现法律所设定的整个社会关系的模式系统的要求，取得预期的法律效果，造就理想的法律秩序。① 法学中的激励机制既激励行政主体积极行政、为公众谋求更多的公益，又激励相对方积极实践法定权利、参与行政，以实现私益的递增。现代行政法正是通过激励机制与制约机制的协调运作，形成最佳的资源配置格局，实现现代行政法的价值目标。②

总体而言，结合社会诚信体系建设在实践中的运用与实践，信用激励的内在含义可以从五个方面予以理解。第一，能够满足守信个体与组织的需要是激励的出发点，也就是信用建设相关部门要充分调动内外激励因素来满足守信个体和组织的各种需求；第二，有效的激励机制既要有正向激励即守信激励还要有负向激励即信用惩戒，要有效地发挥激励的作用，必须结合使用正向激励和负向激励，而政策话语中的"守信联合激励"则仅指狭义层面，即正向的激励，这也是本书进行政策分析的立足点；第三，要把激励看作一个动态过程，信用激励贯穿于信用个体的需求、特点、行为过程控制以及行为结果评价的全过程；第四，信用信息沟通与共享必须始终贯穿于信用激励的整个过程；第五，激励的最终目标是实现激励主体和客体目标的"双赢"，既必须尊重信用激励对象的自身价值，又要在实现客体目标的基础上保证主体目标的顺利实现。

### （二）信用联合激励的范畴

守信激励是对履行契约、遵守法规制度和践行诚信道德义务的守信主体给予特定便利的制度安排。《指导意见》强调要"充分运用信用激励和约束手段，加大对诚信主体激励和对严重失信主体惩戒力度"。目前，全国部分省市已发布共 26 部专项联合激励（联合奖惩）政策文件，政策文本中涉及的激励措施总体上可分为行政性激励、行业性激励、市场性

---

① 参见付子堂《法律的行为激励功能论析》，《法律科学（西北政法学院学报）》1999 年第 6 期，第 21~28 页。
② 参见罗豪才、宋功德《现代行政法学与制约、激励机制》，《中国法学》2000 年第 3 期，第 78~89 页。

激励、社会性激励四大类。

一是行政性激励。行政性激励即有关行政部门对拥有良好信用记录的行政相对人或诚信典型实施的增益性行为。大多体现为提供"绿色通道""先行受理""容缺受理"[1]等便利服务措施。这些便利性措施通常体现在教育、就业、创业、社会保障、城市入户、住房租赁等社会保障领域中，在这些领域中对诚信个体给予重点支持和优先便利。[2]除此之外，对于符合一定条件的诚信企业，在日常检查、专项检查中，有关激励主体会采取优化检查方式或减少检查频次的激励措施。[3]行政性激励措施在诚信联合激励措施中所占比重较大，各省份都在行政领域内积极探索开展联合激励城市行动计划，有效地激发了地方民众的守信积极性，提高了激励措施的"含金量"。

二是行业性激励。行业性激励即鼓励行业协会商会等社会组织加大对纳入诚信典型"红名单"的企业和从业人员的扶持力度的行为。主要体现在为符合条件的行业内个体或企业的市场宣传、业务拓展、职业发展等提供支持。此外，还包括引导行业内企业主动发布综合信用承诺或产品服务质量等专项承诺，开展产品服务标准等自我声明公开，接受社会监督，形成企业争做诚信模范的良好氛围。[4]行业组织在保护本行业从业、支持企业增强竞争力方面，起着重要的协调作用，提高与重视对行业协会等社会组织的诚信激励措施力度可以更有效地推动行业诚信建设。

三是市场性激励。市场资源交易活动中的诚信问题表现较为集中，市场性激励即有关部门通过对符合信用条件的市场主体降低交易成本来引导其主动遵守市场秩序、规范市场领域诚信行为。市场性激励措施主要体现在加强小微企业和农村信用体系建设试点示范，为诚信市场主体创造融资便利，降低融资成本。在会展、银企对接等活动中重点推介诚信企业，让信用成为市场配置资源的重要考量因素，使守信者在市场中获得更多机会

---

[1] 这里指对符合条件的行政相对人，除法律法规要求提供的材料外，部分申报材料不齐备的，可允许其书面承诺在规定期限内提供。

[2] 参见《重庆市人民政府关于建立完善守信联合激励和失信联合惩戒制度加快推进社会诚信建设的实施意见》（渝府发〔2017〕3号）。

[3] 参见《北京市人民政府关于建立完善信用联合奖惩制度加快推进诚信建设的实施意见》（京政发〔2017〕15号）。

[4] 参见《山东省人民政府关于建立完善守信联合激励和失信联合惩戒制度加快推进社会诚信建设的实施意见》（鲁政发〔2017〕44号）。

和实惠。除此之外，加大有关部门与市场主体对"税易贷""信易贷""信易债"等守信激励产品的开发力度也是市场性激励措施的重点之一。① 行政部门与金融机构对守信激励产品的合作开发可以有效引导金融机构和商业销售机构等市场服务机构参考使用市场主体信用信息、信用积分和信用评价结果，把信用记录作为授信融资的重要参考条件，从而进一步扩大信用报告、信用评级在银行业、证券业、保险业中的应用。市场性激励措施有益于鼓励金融机构针对诚信市场主体创新开发金融激励产品和服务，鼓励担保机构为诚信主体放开反担保条件，对积极培育信用服务市场，有序推进信用服务产品在市场交易中的创新应用有着积极意义。

四是社会性激励。社会性激励即各级政府和部门在实施财政性资金项目安排、招商引资配套政策等各类优惠政策中，查询相关主体的信用记录，优先考虑诚信市场主体，加大扶持力度。主要体现在公共资源交易领域，依法依规对诚信市场主体采取信用加分等措施，通过探索发行个人诚信卡，根据信用积分给予公共文化体育设施、城市交通系统票价优惠等便利服务。② 社会激励措施还包括对诚信典型的弘扬与推广，主要体现在充分发挥舆论宣传引导作用，大力发掘诚信人物、诚信企业、诚信群体，宣传推广各类诚信典型，褒扬诚信行为，鼓励新闻媒体深入挖掘宣传诚实守信的典型人物、企业和事迹，树立为诚信典型。

## 二 地方信用联合激励政策的文本选择

法律法规和政策规范的体系化是分析政府推进社会诚信体系的法治模式的重要组成要素和考量指标，在国家层面和地方层面呈现不同的发展特征。在国家诚信治理层面，如上一章所述，现有信用政策主要分布于信用惩戒领域，90%以上的政策文本关涉信用的负面评价，只有5部专项信用联合激励文本，信用联合激励国家政策议程发展依然处于初期探索阶段。在地方诚信治理层面，信用联合激励与联合惩戒在信用政策中一并得到较为快速的发展，本书以政策文本中的"激励"构成为范本剖解信

---

① 参见《黑龙江省人民政府关于建立完善守信联合激励和失信联合惩戒制度加快推进社会诚信建设的实施意见》（黑政规〔2017〕5号）。
② 参见《江苏省关于建立完善守信联合激励和失信联合惩戒制度的实施意见》（苏政发〔2018〕25号）。

用联合激励的发展情势，有较强的现实意义。

信用之治是激励之治，也是法治之治。信用联合激励的探索和研究必然增进社会诚信体系建设的实效，并引领诚信治理的发展。就地方而言，省级层面的探索最为成熟，有较强的信用规范创制能力和信用治理能力，既能够反映地方社会诚信体系建设的总体情况，又能够对较广区域进行统筹和创新。因此，本书选取省级层面出台的 26 部关于信用联合激励的"实施意见"或"实施方案"为分析素材开展研究。在发布主体层面，信用联合激励政策的制定在行政体系中受到高度重视，制定发布主体主要是省级人民政府和省级人民政府办公厅，分别占 85% 和 12%（见表 9-1）。此外，新疆生产建设兵团也发布了关于"联合激励"的政策规范。此种普遍性高位阶的政策发布必然有助于推动地方社会诚信体系建设的快速发展，进而通过发掘信用联合激励的经验，推进诚信治理效果的实现。

表 9-1　地方信用联合奖惩政策的激励版块形态分布

| 序号 | 文件名称 | 发文字号 | 发布时间 |
| --- | --- | --- | --- |
| 1 | 《河北省人民政府关于建立完善守信联合激励和失信联合惩戒制度加快推进社会诚信建设的实施意见》 | 冀政发〔2016〕44 号 | 2016 年 9 月 21 日 |
| 2 | 《甘肃省人民政府关于印发甘肃省建立完善守信联合激励和失信联合惩戒制度加快推进社会诚信建设实施方案的通知》 | 甘政发〔2016〕83 号 | 2016 年 9 月 26 日 |
| 3 | 《宁夏回族自治区人民政府关于建立守信联合激励和失信联合惩戒制度的通知》 | 宁政发〔2016〕76 号 | 2016 年 9 月 27 日 |
| 4 | 《河南省人民政府关于印发建立完善守信联合激励和失信联合惩戒制度加快推进社会诚信建设实施方案的通知》 | 豫政〔2016〕65 号 | 2016 年 10 月 13 日 |
| 5 | 《云南省人民政府印发云南省关于建立完善守信联合激励和失信联合惩戒制度加快推进社会诚信建设实施方案的通知》 | 云政发〔2016〕97 号 | 2016 年 11 月 11 日 |
| 6 | 《辽宁省人民政府关于印发辽宁省建立完善守信联合激励和失信联合惩戒制度加快推进社会诚信建设实施方案的通知》 | 辽政发〔2016〕77 号 | 2016 年 12 月 5 日 |
| 7 | 《广东省人民政府关于印发广东省建立完善守信联合激励和失信联合惩戒制度实施方案的通知》 | 粤府〔2016〕133 号 | 2016 年 12 月 7 日 |

续表

| 序号 | 文件名称 | 发文字号 | 发布时间 |
| --- | --- | --- | --- |
| 8 | 《江西省人民政府关于印发江西省建立完善守信联合激励和失信联合惩戒制度加快推进社会诚信建设实施方案的通知》 | 赣府字〔2016〕101号 | 2016年12月20日 |
| 9 | 《青海省人民政府关于建立完善守信联合激励和失信联合惩戒制度加快推进社会诚信建设的实施意见》 | 青政〔2016〕93号 | 2016年12月22日 |
| 10 | 《陕西省人民政府关于建立完善守信联合激励和失信联合惩戒制度加快推进社会诚信建设的实施意见》 | 陕政发〔2016〕53号 | 2016年12月23日 |
| 11 | 《重庆市人民政府关于建立完善守信联合激励和失信联合惩戒制度加快推进社会诚信建设的实施意见》 | 渝府发〔2017〕3号 | 2017年1月6日 |
| 12 | 《吉林省建立完善守信联合激励和失信联合惩戒制度加快推进社会诚信建设的实施方案》 | 吉政办发〔2017〕4号 | 2017年1月11日 |
| 13 | 《福建省建立完善守信联合激励和失信联合惩戒制度加快推进社会诚信建设的实施方案》 | 闽政〔2017〕3号 | 2017年1月23日 |
| 14 | 《安徽省人民政府关于建立完善守信联合激励和失信联合惩戒制度加快推进社会诚信建设的实施意见》 | 皖政〔2017〕24号 | 2017年2月7日 |
| 15 | 《四川省人民政府办公厅关于印发四川省建立完善守信联合激励和失信联合惩戒制度加快推进社会诚信建设实施方案的通知》 | 川办发〔2017〕11号 | 2017年2月8日 |
| 16 | 《内蒙古自治区人民政府关于建立完善守信联合激励和失信联合惩戒制度加快推进社会诚信建设的实施意见》 | 内政发〔2017〕27号 | 2017年2月14日 |
| 17 | 《山西省人民政府关于印发山西省建立完善守信联合激励和失信联合惩戒制度加快推进社会诚信建设实施方案的通知》 | 晋政发〔2017〕3号 | 2017年2月20日 |
| 18 | 《湖北省人民政府关于建立完善守信联合激励和失信联合惩戒制度加快推进社会诚信建设的实施意见》 | 鄂政发〔2017〕8号 | 2017年3月1日 |

续表

| 序号 | 文件名称 | 发文字号 | 发布时间 |
|---|---|---|---|
| 19 | 《黑龙江省人民政府关于建立完善守信联合激励和失信联合惩戒制度加快推进社会诚信建设的实施意见》 | 黑政规〔2017〕5号 | 2017年3月2日 |
| 20 | 《湖南省人民政府关于建立完善守信联合激励和失信联合惩戒制度加快推进社会诚信建设的实施意见》 | 湘政发〔2017〕5号 | 2017年3月3日 |
| 21 | 《海南省建立完善守信联合激励和失信联合惩戒制度加快推进社会诚信建设的实施方案》 | 琼府办〔2017〕44号 | 2017年3月15日 |
| 22 | 《北京市人民政府关于建立完善信用联合奖惩制度加快推进诚信建设的实施意见》 | 京政发〔2017〕15号 | 2017年3月31日 |
| 23 | 《西藏自治区人民政府关于建立完善守信联合激励和失信联合惩戒制度加快推进社会诚信建设的实施意见》 | 藏政发〔2017〕25号 | 2017年6月2日 |
| 24 | 《山东省人民政府关于建立完善守信联合激励和失信联合惩戒制度加快推进社会诚信建设的实施意见》 | 鲁政发〔2017〕44号 | 2017年12月22日 |
| 25 | 《江苏省关于建立完善守信联合激励和失信联合惩戒制度的实施意见》 | 苏政发〔2018〕23号 | 2018年1月29日 |
| 26 | 《新疆生产建设兵团关于建立完善守信联合激励和失信联合惩戒制度加快推进社会诚信建设的实施意见》 | 新兵发〔2019〕17号 | 2019年3月27日 |

## 第二节　地方信用联合激励政策的静态特征与实践维度

### 一　地方信用联合激励政策的文本结构特征

《社会信用体系建设规划纲要（2014—2020年）》提出，到2020年，覆盖全社会的征信系统基本建成，守信激励与失信惩戒机制全面发挥作用，这标志着我国社会信用体系建设进入了快速发展期。在这一阶段，中央和各级地方政府的信用管理政策开始密集出台，对我国地方信用联合激励机制的发展起到了很好的推动作用。

(一) 地方信用联合激励政策的时空扩散特征

在文本扩散趋势上，我国地方信用联合激励政策在出台实施的过程中同样基本遵循了政策制定、逐步扩散、以点带面的模式。自2016年《指导意见》出台以来，省级政府信用联合激励（联合奖惩）专项政策在文件累积量上逐渐增长，2018年后呈平稳状态，但总体上仍呈上升趋势，截至2020年3月，我国省级政府信用联合激励（联合奖惩）政策文本数量共计26部（见图9-1）。

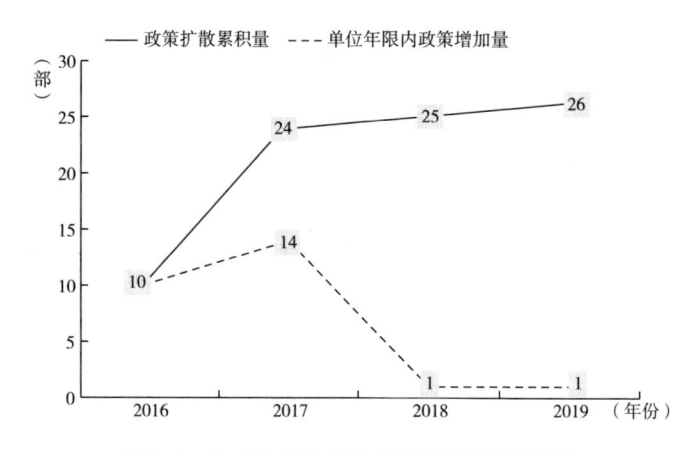

图 9-1 地方信用联合激励政策时间扩散趋势

注：图中数据截止日期为2020年3月。

在单位年限内政策增加量上，2017年的新增信用激励专项政策数量在近5年中最多，随后呈下降趋势，原因是随着社会诚信体系建设的不断推进，地方信用联合奖惩机制的覆盖面逐渐扩大，信用激励内容更多地寓含和渗透在一般诚信建设政策文本中，如省级政府信用规划文件、政务诚信建设文件、个人诚信建设文件、市场诚信建设文件等，因此，信用联合激励政策文本形态一体化增强、专门性减弱。目前，信用联合激励专项政策已覆盖全国26个省份，河北、甘肃、宁夏是首批出台专项政策的省级政府，随后我国地方信用联合激励政策覆盖面不断扩大，推进社会诚信体系建设更进一步。

## (二) 地方信用联合激励政策的基本类型

一是以专门单列的信用联合激励（联合奖惩）文本形式呈现的政策规范。此类规范是指"专项守信激励政策文本"，它以守信激励的特殊性为依据而进行专项政策设计，具有内容全面、针对性强、权威性高、被重视和认同度高等特点。这是信用联合激励（联合奖惩）政策文本存在的主要形态，即本书研究的26部省级政府信用联合激励（联合奖惩）专项政策呈现的文本样态。

二是将某些内容不同或单独予以强调的信用激励政策规范寓含在一般信用建设政策文本中的政策文本形态。该类文本又可称为"一体化诚信激励政策文本"，它是以大部分内容与诚信建设政策普遍一致性为前提而进行诚信激励和诚信建设一体化的设计，如《天津市社会信用体系建设规划（2014—2020年）》对诚信联合奖惩机制的规定。

三是具有普遍约束力的政策文本形态。此类形态将信用激励政策规范完全融入信用约束政策文本中，进行无差别的政策设计，如各省"红黑名单"建设政策规范。该种政策同样可以容纳信用激励。

综上所述，在信用激励机制推进中，政府部门应当以第一种形态的专项信用激励政策规范为重点，以后两种形态的政策规范为补充和参考，推进信用激励政策的建设。专门信用激励政策文本是对信用激励政策最为准确和清晰的表达，具有较强的政策权威和政策效能，是社会诚信体系建设中进行激励性政策制定和转型的首要举措。

## 二 地方信用联合激励政策的主客体关系特征

信用联合激励机制作为社会信用体系建设的核心环节，是信用体系运行良好的重要支撑，与失信惩戒机制相比，它更加积极、有效且更具良性引导作用。守信激励机制通过直接肯定社会成员的守信行为从而动态地增减社会主体的信用度，影响社会成员的活动，创造以诚为人、以信做事的社会环境。现代公共政策的制定是由多方利益相关者共同参与的，这些参与者之间形成一定的网络，以此影响着公共政策的制定。[①] 信

---

① 参见沈亚平、冯小凡《我国社会信用体系建设中政策变迁及其未来发展——基于413份政策文本的实证分析》，《未来与发展》2020年第2期，第12~20页。

用联合激励机制通过运用信用信息大数据平台来收集、分类、公示、评价信用主体的诚信情况，筛选诚信典型，提供信用"红利"，形成诚信激励主客体之间的互动关系网络。

在激励主体层面，地方信用联合激励政策主体合作网络密集，合作频率也明显加快，逐渐形成了多中心化的趋势。目前呈现以发展和改革委员会、省/市委宣传部、市场监督管理局为主导，民政厅、教育厅、商务厅、人力资源和社会保障厅、住房和城乡建设厅等社会保障部门为辅的多部门交叉合作的网络（见图9-2）。激励主体具体分工有以下几个方面。(1) 行政性激励主要包括行政审批"绿色通道""容缺受理"等便利服务激励措施，即在教育、就业、创业、社会保障等领域，对诚信个人给予重点支持和优先便利。涉及部门包括教育部门、人社部门、住建部门等。(2) 行业性激励主要包括为行业协会等组织市场宣传、业务拓展、职业发展等提供支持。涉及部门包括宣传部门、文化部门、民政部门、工商部门等。(3) 市场性激励包括降低市场交易成本、加大有关部门与金融机构合作力度与机会等守信激励措施。涉及部门包括工商部门、税务部门、质检部门、商务部门、审计部门等。(4) 社会性激励包括宣传推广各类诚信典型、鼓励高校开设信用领域相关课程或专业等守信激励措施。涉及部门包括宣传部门、教育部门、文化部门等。

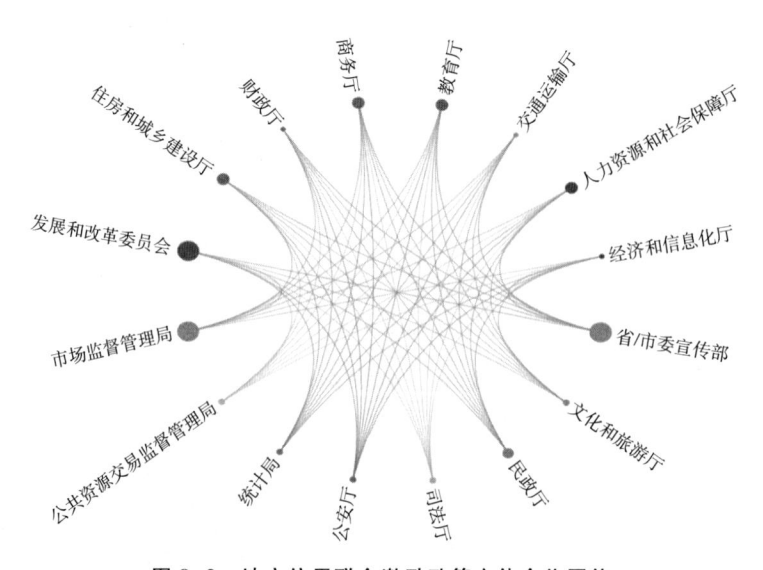

图 9-2 地方信用联合激励政策主体合作网络

在激励客体层面，因激励对象分为个体、企业、行业协会等呈现不同形态。对个体主要采取行政性与社会性激励措施，即各级政府和部门在办理行政审批过程中，对诚信市场主体实施差别化激励，让信用成为公共资源配置的重要考量因素。主要包括为符合条件的守信个体，通常指诚实守信典型和连续三年无不良信用记录的行政相对人，提供行政审批"绿色通道""容缺受理"等便利服务措施。在公共资源交易领域，依法依规对诚信市场主体采取信用加分等措施，在教育、就业、创业、社会保障、城市入户、住房租赁等领域对诚信个人给予重点支持和优先便利。对企业主要采取市场性激励措施，即优化诚信企业行政监管安排。各级市场监管部门根据监管对象的信用记录和信用评价分类，运用大数据手段，完善事中事后监管措施，为企业等市场主体提供便利化服务。对符合一定条件的诚信企业，在日常检查、专项检查中优化检查频次。对行业协会主要采取行业性激励措施，即鼓励行业协会商会等社会组织加大对纳入诚信典型"红名单"的企业和从业人员的扶持力度，为其市场宣传、业务拓展、职业发展等提供支持。诚信典型是三类激励对象都可以参与的激励措施，即将有关部门和社会组织实施信用分类监管确定的信用状况良好的行政相对人、诚信道德模范、优秀青年志愿者、行业协会商会推荐的诚信会员、新闻媒体挖掘的诚信主体等树立为诚信典型。相关部门通过多渠道选择诚信典型，将守信激励政策的实践置于有效的社会监督之下，营造争做诚信模范的良好氛围。地方信用联合激励政策主客体关系，如图 9-3 所示。

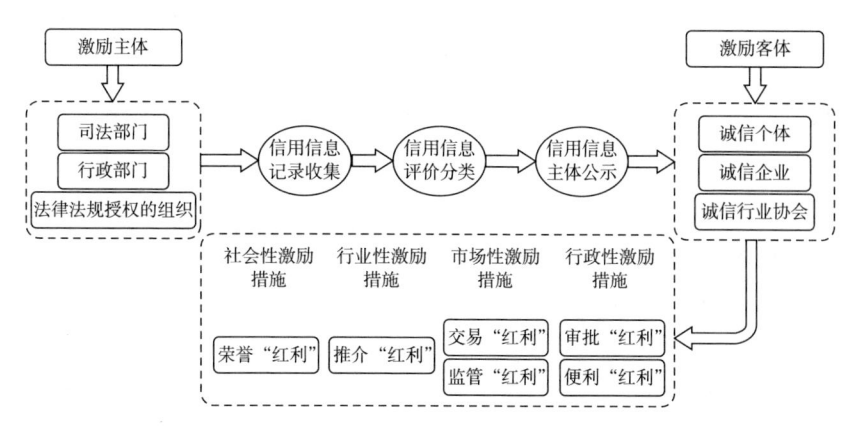

**图 9-3　地方信用联合激励政策主客体关系**

## 三 地方信用联合激励政策措施的内容特征

地方信用联合激励政策措施中包含荣誉"红利"、审批"红利"、便利"红利"、监管"红利"、交易"红利"、推介"红利"六大信用"红利"，具体体现为费用减免、权益保护、先行受理、政策扶持等多重内容特征（见图9-4）。

图 9-4　地方信用联合激励政策措施关键词汇总

### （一）守信主体优先特征

给予守信主体优先机会的方便是信用激励措施的主要特征。第一，优先提供公共服务。主要是在教育、就业、养老、医疗、住房等公共服务事项中在同等条件下给予守信主体优先便利，如对符合申请条件的诚信个人优先纳入公租房保障范围。第二，优先行政管理安排。主要是通过"绿色通道"优先或加快办理行政审批、资质审核、备案等手续，实施快捷行政管理服务；减少行政检查过程中各类检查比例、频次。第三，优先取得支持服务资格。主要是在实施财政性资金项目安排、政府购买服务、公共资源交易、认证服务、评优评先、考核录用等政治经济社会活动中优先向守信主体提供政策支持、接受市场服务、授予荣誉等。这里的优先并不等于特权，而是在标准不降的情况下优先获得合法权利。

### （二）经济活动优惠特征

经济优惠是指在经济社会活动中向守信主体施予的特定费率的降低或

特定费用的减免。按照激励对象的不同，信用优惠分为对守信企业的优惠和对守信个人的优惠。我国对守信企业的优惠主要集中在税收、金融和社会保障等领域。在税收领域，各级税务部门和银保监部门合作开发"税易贷""税融通"等银税产品，给予 A 级纳税人授信额度倾斜和利率优惠；在金融领域，创新"信易贷"惠企产品，给予守信企业降低银行信贷业务保证金比例和贷款利率折扣；在社会保障领域，给予守信企业保险支缴率低于行业基准费率的优惠。对守信个人的优惠是通过信用分搭载市民卡，在交通出行、公共服务、商业购物、医疗服务、场馆参观等领域对信用分值达到一定量的个人给予票价打折、免票、免押金等优惠便利。

### （三）行政主体优待特征

信用优待是政府等行政主体对守信主体施予的政治、经济或物质优待，这一优待主要包括两个方面的含义：第一，针对不同的守信主体实行不同的优待制度；第二，针对同一类守信主体的不同信用等级，实行有差别的优待制度。比如，对守信企业在行政审批中降低门槛、减少环节、容缺受理；在行政监管中实行免检查、免稽核，适用较低的查验标准；在政府投资补助、项目招标中给予加分；在会展、论坛、银企对接经济活动中重点推介；等等。对守信个人在公派出国、职业培训、就业服务、教育入托、城市落户、社会救助等方面给予加分或其他优待便利。2019 年 6 月，国家发展改革委财金司公布的《关于对模范践行诚实守信个人实施联合激励加快推进个人诚信体系建设的指导意见》（征求意见稿），明确模范践行诚信规范的守信个人享受城市落户加分、公立养老机构入住和公立教育机构入托等优待便利。

除了地方信用联合激励政策体现的上述内容特征外，政府有关部门在激励措施的实施过程中也会涉及信用个体的权益问题。信用信息权利保护的基础在于保障个人对其信息所具有的控制权，信用联合激励政策潜存侵犯信用主体信息权益的风险，其原因在于信息流转过程中信用主体对自身信息的可控程度。《征信业管理条例》的正式出台，赋予了信息主体同意权[1]、

---

[1] 《征信业管理条例》第 13 条规定："采集个人信息应当经信息主体本人同意，未经本人同意不得采集。但是，依照法律、行政法规规定公开的信息除外。企业的董事、监事、高级管理人员与其履行职务相关的信息，不作为个人信息。"

异议权①、救济权等多项权利。特别是《民法典》公布实施后，上述个人信息处置的多项权利又在"人格权编"得到确认和扩展。信用联合激励政策涉及信用信息的记录收集、评价分类、共享公开等流转环节，以及在各部门间的共享与使用，在信用信息的流转过程中，应着重考虑信用主体的个人信息权益保护问题。

## 四 地方信用联合激励实践机制的负向特征

信用联合奖惩机制是我国社会诚信体系建设中的重要一环。当前我国的失信惩戒机制逐步完善，但是相应的诚信激励机制较为匮乏，这不利于鼓励坚持诚信的信用交易参与主体。在信用联合激励制度实践机制层面通常出现激励主体分散、激励客体模糊、激励工具不平衡等有关部门需要厘清的问题。

### （一）激励主体分散化

现阶段我国社会信用体系建设以政府为主导。在这种背景下，守信激励创新虽然调动市场和社会力量参与，但激励产品主要靠政府供给，不但增加了政府的财政压力，而且往往也缺乏效率。第一，公共信用机制与市场信用机制目前尚未完善，前者居于主导地位。公共信用机制是指由政府部门基于政府信用数据建立的公共信用资源配置机制，市场信用机制则是指由各类市场主体在市场交易中产生的信用信息为内容建立的市场信用资源配置机制，我国守信激励机制主要是基于公共信用的制度设计，在一定程度上决定了守信激励的主体主要是政府部门。第二，信用服务行业市场发育不足，市场性激励产品规模和质量都有待提升。我国信用服务市场总体上处于规模小、层次低的早期状态，与公共信用机制的作用发挥极不相称，以市场力量提供激励产品存在供给动力不足、层次较低等问题。

### （二）激励客体模糊化

激励的对象欠精准造成激励的偏斜。第一，激励对象泛化。这是忽略激励对象背后的信用行为边界所导致的。最为典型的是，将道德行为

---

① 《征信业管理条例》第25条第1款规定："信息主体认为征信机构采集、保存、提供的信息存在错误、遗漏的，有权向征信机构或者信息提供者提出异议，要求更正。"

中的非信用行为作为守信激励的对象,如将见义勇为、敬业奉献荣誉作为信用加分项。第二,激励对象异化。这主要表现为"红名单"标准规范不明确导致的激励对象模糊的问题,还涉及信用信息基础不对称导致的失信主体在激励领域寻租衍生等问题。

（三）激励工具倾斜化

激励措施按照不同分类参照系可以分为物质激励和精神激励、外部激励和内部激励、显性激励和隐性激励等工具形式。现阶段我国守信激励主要偏重物质激励和外部激励,这种偏重使诚信停留在物质层面而非核心价值观层面,产生守信内在激励的"挤出效应",从而难以使守信成为主体的内心自觉。信用分兑换商品、兑换公共服务的优惠等是此种激励的典型表现。然而,将信用价值简单等同于经济利益,会造成信用主体诚信价值的分裂,造成对诚信文化影响力的削弱和解构。

## 第三节 地方信用联合激励政策发展的基本立场与取向

### 一 地方信用联合激励政策规定合法性与有效性的追求

目前,同失信惩戒制度类似,我国的诚信激励机制还处于初期发展阶段,实践中各执法主体关于执行工作和激励措施的标准都不相同。执法主体在执法活动中体现出较大的自由裁量权和任意性,不同执法主体易创制出新的激励措施,可能会造成诚信激励措施的失衡。我国应该加强推进诚信激励相关法律的制定工作,提高法律位阶,督促人大相关立法活动进行,尽快为诚信激励制度提供更为明确和强有力的依据,提高诚信激励机制的合法性与有效性。

（一）地方信用联合激励政策急需明确的上位法依据支撑

在合法性层面,我国缺少高位阶的立法为信用联合激励提供执行依据。中央层面的制度构建主要是基于国务院、最高人民法院等国家机关,国家发展改革委等各部委出台的相应政策法规。一是国务院通过发布指导意见等一系列政策性文件,为我国的守信联合激励机制搭建基本框架。

二是国家发展改革委联合多家单位共同发布各领域内信用联合奖惩合作备忘录,其中包括《关于对安全生产领域守信生产经营单位及其有关人员开展联合激励的合作备忘录》《关于对交通运输工程建设领域守信典型企业实施联合激励的合作备忘录》等多部守信联合激励专项政策。多部门联合激励旨在全国范围内实现信用信息共享、突破信息壁垒与部门局限性,形成多方主体全面参与的全方位激励机制。在地方层面,各级地方政府均通过不同位阶的规范在本辖区内制定地方政府规章、规范性文件等开展守信激励活动。整体上,信用联合激励相关规范以规范性文件为主体,规章以上行政立法较少,呈现位阶过低的现实状况。行政机关基于信用主体信用状况进行联合激励,作为增加守信主体权益与影响其他社会民众权利义务的行政活动,激励措施应具有充分的合法性依据,有些激励措施不应通过规范性文件的形式加以确定,应该根据事项性质由有权主体通过恰当的位阶来设定。基础性立法的缺失导致相关部门的激励措施在实践中缺乏执行依据,信用立法滞后于社会信用体系建设实践。

(二) 地方信用联合激励政策急需严格的操作程式保障

在有效性层面,守信联合激励措施的实施主体在实践中缺乏严格的执行程序规范。守信联合激励措施的方式、种类较多,应用领域较为广泛,包含行政性、市场性、行业性等多项优惠措施。行政主体实施守信激励措施时若无严格的程序规范,容易出现激励主体权力滥用的情况,难以保证激励对象得到有效的权益与优惠,进而削弱公众对于守信联合激励制度的可信度。信用联合激励制度是内含于社会信用体系建设中的一种嵌入式机制,所以必须与现行的行政裁量权基准制度有效衔接,使得行政机关有效遵守合法行政、合理行政的原则。相关行政主体应在法律规定的范围内,按照一定的标准、限度、幅度,根据具体情节予以酌定并采取相应的激励措施。

## 二 地方信用联合激励政策实践体系性与衔接性的展望

在实践层面,信用联合激励机制在执行中涉及多方主体间的信用信息共享与合作,因此对各激励主体之间的合作网络稳定性有较高要求。激励措施执行主体在实践过程中需要以保护信用主体合法权益尤其是隐私权为前提，同时加强与失信联合惩戒等信用体系建设中其他环节的衔接与互动，提高信用建设的体系性与整体性，更大程度地发挥信用激励的效能。

### （一）地方信用激励政策要强调激励主体合作网络的稳定性

同失信联合惩戒类似，守信联合激励措施涉及各部门间信用信息的共享与连通。激励主体之间的合作效率对信用联合激励政策的整体性与体系性有较大影响。在实践中由于各实施部门信用信息分享的滞后性，对激励措施的实施效率和合作力度产生了一定的消极影响。主要体现在：一是信息共享范围不够大。个别部门签订信息共享条款，仅仅在两个部门间共享了公民信用信息，其他众多的部门仍然不能利用这些信息资源。二是信用信息共享量不足。目前的信息共享平台仍处于点对点分析阶段，信息量极其有限。有关部门只能掌握合作部门拥有的信用主体信息，其他重要信息可能分别被不同部门掌握，因此单个执法部门获得的信息量是有限的、不足的。三是信息共享缺少整合机制。不同执法部门共享的信用信息非常冗杂，如何量化这些信用数据是信用体制建设的重要话题。由于尚未建立完备的信用信息共享平台以及整合数据采集技术，我国在信用联合激励制度建设中存在信用信息质量不高、信用记录录入标准不统一、征信档案建立困难，以及跨地域、跨部门信用信息共享不成熟等问题。因此，相关部门要加快信息共享平台的建设力度，尽早织密多方提供、多方共享的信用数据平台网络，充分利用各方掌握的信息资源，扩大守信主体选择的覆盖面与维度。

### （二）地方信用激励政策要明确信用共享与隐私保护界限

信用主体具有隐私权，信息共享必须有边界。信用评价需要整合网络金融信息的个人数据，国家信息中心整合了个人与企业信用信息，此外，芝麻信用、腾讯征信等信用服务公司的数据几乎涵盖个人生活的方方面面。这些数据无法避免地涉及了"个人隐私保护"的问题。隐私保护是每一个信用主体应享有的基本权利，因此，隐私保护与数据共享之间有一个安全、合适的边界，以满足公民自身的正当合法利益诉求，防止在收集共享信用主体信用信息过程中损害泄露公民隐私。相关部门应主动划清收集环节、管理环节及利用环节中个人信用信息收集与信息隐私权的边界，通过规范相关机构的处理和提供行为，保障信用主体的信息隐私权。

（三）地方信用激励政策要完善信用激励与信用惩戒协同机制

守信激励与失信惩戒机制同属诚信建设体系中的重要内容。针对现阶段失信联合惩戒推进力度更大、社会反响更强烈的现状，我国更需理清激励与惩戒的关系，实现褒扬诚信和鞭笞失信相互促进、相得益彰的效果。首先，守信激励与失信惩戒的选择应注重问题导向与目标导向的统一。在相机侧重的同时，更应并重组合。当前，在运用惩戒手段守住底线的同时，更需运用激励手段撑起标杆，使诚信成为社会的行为自觉和价值取向，结合服务型政府建设让守信激励产品惠及更多民生领域和社会事项。其次，失信惩戒是以惩戒的方式实现守信的普遍化。惩戒不是社会信用建设的目的，因此，在惩戒中应强化对失信主体的关爱，强化信用修复制度设计，给予失信主体自我纠错、主动自新的机会，实现对纠正失信、步入守信的有效激励。最后，需要以科学合理的制度设计保障守信激励和失信惩戒的严肃性和公正性。对激励对象设置严格的认定程序，实施红黑名单交叉比对，动态调整激励名单，防止失信者被不当奖励。

## 三 地方信用联合激励政策立场的现代化与制度化坚守

诚信是历史的范畴，诚信的现代内涵与价值较以往必然有所不同。传统诚信主要是基于熟人社会而发挥作用的道德自律，用以调节人际交往而非经济关系，即道德诚信。现代诚信则以市场经济为前提，利益取代道义成为考量诚信行为的首要因素。诚信制度化是现代诚信的一个重要体现之一，即将符合自由、平等、正义等现代性价值的诚信思想、诚信观念、诚信理论等用制度形式固定下来，以规范和约束社会诚信主体的行为。制度诚信主要是指法律或政策等权威性社会规范的诚信，贯穿于立法、执法、司法等法治的各个动态环节。信用联合激励政策的未来发展取向必须完成从传统诚信到现代诚信的转变，即对诚信激励政策中的传统诚信内容进行创造性转换，倡导和发展主体权责对等的现代诚信观。

（一）地方信用激励政策要强调正式规则与非正式规则的互动

信用联合激励制度的建构过程就是将与诚信相关的价值理论、思想观念等内在性的内容用制度形式固定下来，并以一定强制力作保障。诚信制度化必须以价值理性为主导，完成从"观念化诚信"向"制度化诚信"的转变。信用联合激励机制中的正式规则指执政党的各级组织与国家各级机构制定的守信激励相关的党内文件、政府文件、法律和行政法规等。非正式规则主要包括诚信激励相关的社会习俗、社会组织的自治规则、行业标准等。正式规则局限于国家权威，是诚信法治的重要体现之一，拥有较高的权威性与强制性。正式规则以国家强制力为保障，应该在守信联合激励机制建设中占主导地位。非正式规则是民间自发形成的，主要依靠主体的自觉和舆论的影响，强制性较弱。相比较而言，非正式规则更具弹性，更能体现多主体之间的合作精神，拥有更多的民意基础，是培养社会诚信的重要渠道。诚信激励政策的现代化与制度化要求我们具有多样化的规则形态，促进正式规则与非正式规则的结合，完善诚信建设的规则体系，提高多方主体的协同能力，加快诚信激励机制的发展进程。

### （二）地方信用激励政策要强调平衡道德诚信与法治诚信的实践

社会诚信秩序的形成关键取决于民众自身的价值取向与道德自律。在守信激励机制建设实践中要平衡好道德诚信与法治诚信的相互作用。在道德诚信层面，诚信文化培养是国家法之外培育诚信自律的基本手段，主要包括诚信宣传、学科教育、诚信典型评选等多种方式。弘扬诚信文化，培养诚信文化理念是提升道德自律的重要方式，个体和社会之间良好的"信任结构"是一个社会正常运转的重要基础。在大力加强诚信建设的当下，相关部门要大力营造诚信建设舆论声势，充分运用广播、板报、杂志以及网络中的正面舆论引导群众，褒扬先进典型，为社会诚信体系建设营造良好的舆论环境。诚信法治对社会诚信建设的行动要求体现于理念与实践的各个环节，通过对信用个体的权益保护推动守信联合激励机制的建构与发展。具体表现为信用信息收集环节对知情权的保护、信用信息评价环节对异议权的保护、信用信息公开环节对隐私权的保护等。在信用联合激励机制实践过程中，有关部门要注重道德诚信与诚信法治的互动与平衡，实现信用个体内部诚信自律与外部制度约束的结合。

## 第四节　地方信用联合激励政策法治水平提升的基本路径

### 一　从模糊到明确：提升诚信激励政策文本内容精确性

守信激励创新虽然取得了阶段性成效，但总体不平衡的现象比较突出，最主要的原因在于激励政策内容文本的指向性不太明确，出现激励客体模糊化的问题。要形成有效的守信激励机制，实现守信激励的规范发展，必须明晰信用行为与道德行为的边界，区分守信激励与法律奖励的异同，加大行业性、社会性激励措施的比重。

#### （一）明晰信用行为与道德行为的边界

守信激励是建构在信用关系和信用行为之上的规范行为、引导价值的驱动方式，明确信用行为的边界才能使激励有的放矢，而各省市政策文本中对于一般道德行为与信用行为的边界定义模糊，这就需要厘清信用行为与道德行为的关系。第一，道德行为与信用行为具有重叠关系。信用行为之中内含诚信道德，道德调节信用行为，因而信用行为是一种道德行为。第二，信用行为除了道德属性外，还具有自身规定性，它决定了信用行为不是一般道德行为，因而道德行为中不具有信用规定性的行为则不属于信用行为。因此，信用建设实践中一些地方将不属于信用行为的道德行为纳入信用行为范畴并予以奖励的合理性需要进一步斟酌。第三，信用行为和道德行为是相互促进的。由于道德行为与信用行为具有重叠关系，因而信用行为的优化提升自然带来社会道德的进步提升，促进道德行为的优化，反之，社会道德行为的优化也能带动信用行为的同向运动。

#### （二）区分守信激励与法律奖励的异同

守信激励制度设计弥补了法律（含法规）中奖励性条款设置的缺陷。基于义务本位观念的立法侧重于对违法行为的制裁，导致法律中奖励性条款的设置数量偏少、内容笼统。将一定量模范遵守法律的行为确定为守信激励对象，是对法律奖励性条款缺乏的一种补充。这种补充扩展了奖励的范围，丰富了奖励的形式，可以促进人们行为规范化。法律中规定的特定奖励性条款，不应作为守信激励的事项，不能将法律规定奖励的行为事项混同于信用激励。法律奖励是对公民、法人和其他组织积极响应并作出受鼓励的行为而实施的奖励，法律奖励的授奖主体是政府，因而法律奖励在操作层面上多为行政奖励。守信激励和行政奖励不是画等号的关系，但基于引导社会风尚的目的可对有益社会行为作多重激励。比如，现阶段慈善捐赠、义务献血、见义勇为等法律法规都设置了奖励性条款，明确了奖励的形式和内容，尽管不能将这类奖励直接视为行政奖励，但可以将相关行为纳入信用积分体系给予守信奖励，从而使信用奖励成为一种延伸奖励，而且这里的奖励不应是法律形态的金钱方式，而应主要是特定的便利。

（三）加大行业性与社会性激励措施的比重

目前，各省市的信用联合激励（联合奖惩）政策文本中行政性与市场性激励措施所占比重较大，行业性与社会性激励措施所占比重相对较小。行业协会作为介于政府和企业之间的自律性民间组织，承担和完成了政府和企业在发展市场经济中无法完成或不能高效完成的部分社会经济职能。加大行业性激励措施能提高行业协会在社会诚信建设体系中的作用。各级行业协会主管部门应会同有关部门依托全国社会组织法人单位信息资源库建设，收集、整合行业协会商会的各类信用信息，建立行业协会商会信用档案，对诚信自律良好的行业协会商会，在年度检查、等级评估、税收优惠、职能转移、购买服务等事项中，实行优先办理、简化程序和重点支持等激励政策。社会性激励政策与评选诚信典型等荣誉"红利"相关，诚信典型的榜样作用有助于提高民众的诚信自觉。有关部门在政策文本制定中应加大对获选的诚信典型在社会组织管理、政府购买服务、项目申报等方面给予政策倾斜的激励措施，让诚信记录好、能力强的个体或社会组织更有机会获得政府、企业支持，更积极地投入社会诚信体系建设。

## 二 从碎片到整体：增进诚信激励机制实践衔接连通性

科学、合理的实践运行机制是守信激励机制得以落实的前提。目前，我国守信激励机制由于存在多元的激励主体、广泛的激励对象以及繁杂的信用信息等，存在激励力度分散、激励执行信息不透明、信用评级方式单一等问题。为克服守信激励机制的局限，应通过深化区域联合激励、拓宽激励领域、完善激励信息公开制度、改进信用评级机制等方式来实现机制的整体化，更好地保护信用主体合法权益。

### （一）构建系统联通的诚信激励多区域和多领域协同机制

目前，守信联合激励已经表现出跨地区、跨领域的倾向。在多省市均在谋求区域联合激励的背景下，政府应发挥其信用建设的中坚作用，加快多领域联合激励协议达成的步伐，最终实现全领域的守信联合激励，让所有个体、企业、行业协会在参与全国信用体系建设的同时能够获利。相关部门应充分利用多部门协议并扩充全国信用信息平台服务功能，建设多功能、广覆盖的一体化信用信息平台，便于信用主体信用信息的分享，降低部省间以及部门间信息沟通成本。以政府行政权力为先导手段深入开展企业守信激励，不断拓宽守信激励机制覆盖的行业或成员，以点带线、以线成面深入推进形成守信激励的局面，进一步建立健全区际、域内、部省间信用体系合作机制。机制的完善需要外力强制推动，但内力约束起决定性作用。加深领域合作在一定程度上推动了守信观念的传播，营造了守信的氛围。要让信用理念不断渗透到社会主体的生产与生活中，增强信用意识的约束力，通过自上而下的推动，最终形成"以下促上"可持续运行的守信激励机制。

### （二）完善协调诚信激励信息公开框架体系

一方面，明确信息公开主体、公开义务、公开程序，界定信用信息公开的内容等，给予信用信息公开健全的法制保障。我国没有明确信用信息公示程序，法律规范的缺失"赋予"信用信息掌握主体自由衡量披露与否的权利，强制性信息披露转变为任意性，加深了信用信息的封闭性。笔者建议以一部专门性信用法律的形式对信用信息进行集中性规定。同时，信用信息的披露往往会牵涉多重主体，单靠专门性法律规制略显单薄，应联合其他领域出台的信息公开规范，形成一套互联互通的信息公开流程，为守信激励机制提供规范支持。

另一方面，我国信用体系建设以政府为主导，信用信息大多分散于政府部门，容易形成信用信息分割和垄断的问题。在有法制保障的前提下，依赖政府推进的守信激励机制，公开政府依法作为至关重要，公开反馈执行信息要求政府依法履行信息公开职责。跟进建立激励信息披露共享一体化平台，以外力督促使政府义务履行处于可监督状态，从而实现当红名单中的人员享受相应的部门或政府出台的激励或优惠措施时，机制能够有相应的执行反馈、激励信息公开等动态协同，推动对守信人员激励行为的透明化和合法化，保护信用主体的合法权益。

### （三）探索政府推动和市场合作的信用主体评级路径

我国信用建设路径和社会状况与西方国家不同，中西方在"国家—社会"结构与信用市场架构上存在较大差异。政府主导、市场与社会合作参与是社会诚信体系建设应当坚持的主体定位。在信用评价体系建设的过渡期需以政府为主导，无论是法律制度规范还是相关机制的运行，都需要政府以强制力推动。在我国信用主体信用评级制度的构建中，政府应改变"全能政府"的角色，让信用评价机制中评级标准、程序和方法等可市场化的要素回归市场运作。政府的法律规制手段不应只局限于上述要素。政府主导下的信用评级机制的"主导力"首先表现为需要制定专门的信用制度法规，改变当前分散化、低层级的信用管理局面，以强制力推动信息公开，将市场的归于市场，逐渐培育发展我国信用评级市场。政府"主导力"还体现在其应着眼于评级市场的监管，形成相对成熟的市场准入、退出、评级机构运作和业务监督等监管体制。通过政府主导、市场运作的模式，将自发、及时的市场优点与强制、权威的政府治理长处相结合，最终完成市场本位、市场主导的信用评级机制建设。

## 三 从约束到融入：强化诚信激励政策立法转化有效性

### （一）加强法规制度与标准规范建设

公务部门应继续推进社会信用领域立法，加快研究推进信用信息归集、共享、公开和使用，以及信用联合激励机制的立法工作。首先，对已经发布或即将发布的信用联合激励规范性文件有关规定提出修订建议或进行有针对性的修改。其次，为应对相关修订，政府部门应将新条例与合作备忘录中守信激励信息公开进行对接适用，及时更新完善备忘录相关规定，建立信息披露法律新变化与合作备忘录信息公开规定之间的动态链接调整机制，拓宽信用信息公开边界，确保守信激励信息公开主体依法承担义务。专门性法律与其他领域的信息公开法律共同构成信用信息公开的法律制度框架，结束当前信用规范碎片化、信息公开法律规范缺失的状态。最后，积极制定信用信息采集、存储、共享、公开、使用和信用评价、信用分类管理等标准。确定各级信用信息共享平台建设规范，统一数据格式、数据接口等技术要求。各地区、各部门要结合实际，制定信用信息归集、共享、公开、使用和守信联合激励、失信联合惩戒的工作流程和操作规范。

### （二）加强社会反馈与诚信教育机制建设

多元化的沟通反馈方式成为信用体系建设的必然选择，具体涉及政府、公众、行业协会在内的众多主体。然而，现有关于守信激励机制的规定只包含主管机关监管与相关部门监督，单一的监督方式无法与现阶段信用信息多方向传输需求相匹配。在积极推进政府职能转变和日益重视监督体系建设的背景下，协同治理与多元监督能更好地实现对市场运行及其主体的有效监督。因此，在信用联合激励（联合奖惩）中应给予行业协会和公众监督空间与规定支持，进一步规定政府接受守信激励举报处理与结果反馈程序。完整的法律程序设计需要相关实施工具辅助共同作用才能使第三方监督落到实处。我国统一的信用信息平台建设已相对成熟，借助全国统一信用信息平台，设置第三方投诉通道并且保持监督渠道畅通，有利于完善我国守信激励监督的脉络。同时，政府需要建立配套的工作机制，降低公众的监督成本，落实监督处理，避免使公众监督流于形式。做好制度保障的同时，赋予公众良好的措施保护，能够进一步激发社会公众对守信激励机制建设的信心。此外，信用联合激励政策制定还应注重诚信教育机制的建设，在高校内增设信用管理等相关专业，为社会诚信体系建设培养专业化的人才。

综上所述，守信激励机制在政策文本结构、信用主体权益保护与实践运行机制等方面存在不足。为破解守信激励机制建设难题，信用联合激励的政策制定应不断提升科学化水平。一是需要不断调整精进守信激励的概念范畴，平衡政策文本中各类激励措施的比重；二是明确拓宽守信激励的领域，健全各方守信激励合作机制，为激励信用信息公开提供健全的法制保障，明确信息公开主体及义务并敦促承担，形成政府推动、市场合作的信用评级路径；三是建立第三方监督通道，提高社会公众对守信激励的参与度、感受度、认可度，推动守信激励立法转化，形成以政府推动为主导、社会成员共同参与治理的信用激励格局。

## 第四编
# 变革与发展

# 第十章 政府公务人员现代诚信素养与法律认知的培育

## 第一节 政府公务人员诚信素养的基本现状

作为诚信政策的制定者与社会诚信体系建设的实施者，政府公务人员自身的现代诚信素养与法律认知至关重要，不仅关乎法律政策等规范文件的创制水平，更直接影响社会诚信体系建设效能的实现。课题组以"政府公务人员"为调查对象专门设计了社会诚信体系建设调查问卷（见本书附录），在2018~2020年分三个阶段通过问卷星平台向各级政府相关部门工作人员定向投放并回收853份有效调查问卷。以此为基础，政府公务人员诚信素养与认知的基本现状便展现出来。

### 一 常识性、专业性与政策性诚信知识认知

（一）诚信常识在本科学历之前呈阶段性增长趋势

诚信常识是诚信知识体系中最为基础的部分。在对诚信常识的考察中，文化程度为大学本科与硕士的政府公务人员对"八荣八耻""社会主义核心价值观""社会主义和谐社会""人际交往基本原则""法治社会基本原则"等具体内容的了解程度较深，共占比74.57%，其中文化程度为大学本科的占52.95%（见图10-1）。总体而言，高中及以下阶段到大学本科阶段的政府公务人员对诚信常识的了解程度呈上升趋势，到硕士阶段出现转折现象。原因如下。一是目前大学本科教育阶段相比其他阶段更加注重对诚信常识的教育与知识普及；二是目前政府公

务人员文化程度大多为大学本科与硕士，调研人数基数较大，因此所占比重较大。

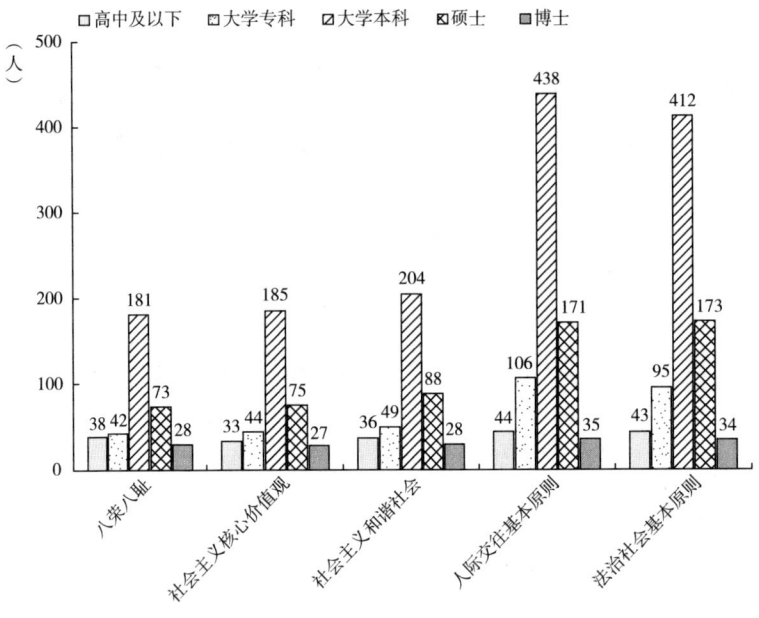

图 10-1 政府公务人员诚信常识了解现状

## （二）诚信专业知识在本科学历之前呈正相关关系

相比诚信常识等基础知识，诚信专业知识需要政府公务人员具备更强的专业理论体系，对社会诚信体系建设的基本原则、具体内容、实践应用有更深一层的认识。诚信专业知识的考察具体包括信用政策、诚信法规、信用信息平台、证照合一、失信公开平台等内容。其中文化程度为大学本科的政府公务人员对诚信专业知识的了解程度相比其他文化程度的公务人员更深，占比为 55.94%（见图 10-2）。随着文化程度的提升，政府公务人员对诚信专业知识的了解程度与诚信常识趋势相似，从高中及以下阶段到大学本科阶段呈上升趋势，硕士阶段出现转折现象。在具体内容层面，各学历层次的政府公务人员对"失信被执行人名单"等公开警示类平台与措施的了解程度较深，这也显示公开警示类措施作为失信惩戒措施中最为基础的一类措施具有涉及范围广、接受程度高的特点。

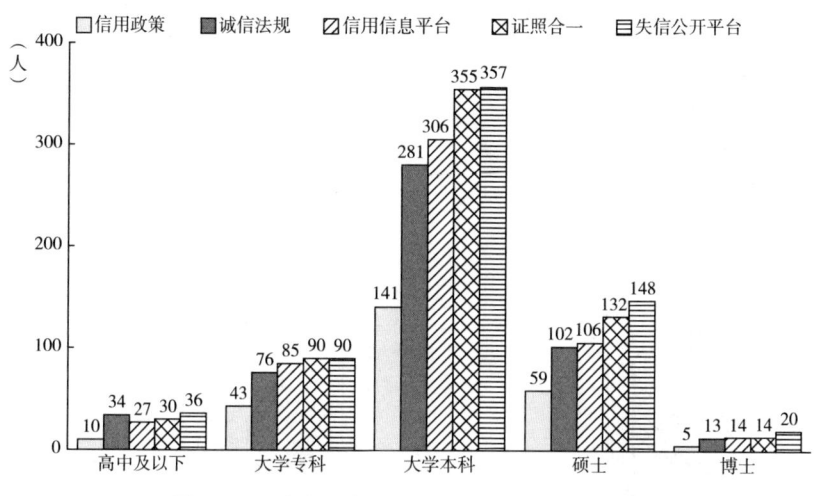

图 10-2　政府公务人员诚信专业知识了解现状

## （三）诚信政策话语的了解程度与职业属性有密切关联

政策话语是指党和政府在公布相关领域的法律法规及规范性文件的具体内容中形成的、具有特定含义、特定形式的专业与官方用语。政府公务人员对诚信政策话语的了解程度与其政治素质和诚信素养有很大关联。在公务人员管理体系中，从招考到内部考核、晋升等环节都表现出了对政治素养的高度关注，对诚信与法治素养的考察贯穿始终。在对诚信政策话语的考察中，政治面貌为中共党员的政府公务人员对"政务诚信""商务诚信""社会诚信""司法公信"等诚信政策具体内容的了解程度较深，占比为 47.19%，共青团员、群众与民主党派的公务人员次之。这表明突出对政策话语的要求与考察是党选人用人和政府干部选拔的重要标准，只有对政策内容充分了解，才能更好地提升自身诚信素养并将理论运用于实践，推动社会诚信体系建设的发展。其中，政府公务人员对"社会诚信"与"政务诚信"的相关内容与政策文件更加熟知，相比其他领域所占比重更大，达 55.64%。其中"社会诚信"占 27.98%，"政务诚信"占 27.66%（见图 10-3）。这也显示出政治面貌是影响诚信政策话语认知的重要因素，政治面貌为中共党员的政府公务人员在政策熟知度与政治敏锐性方面要更加突出。

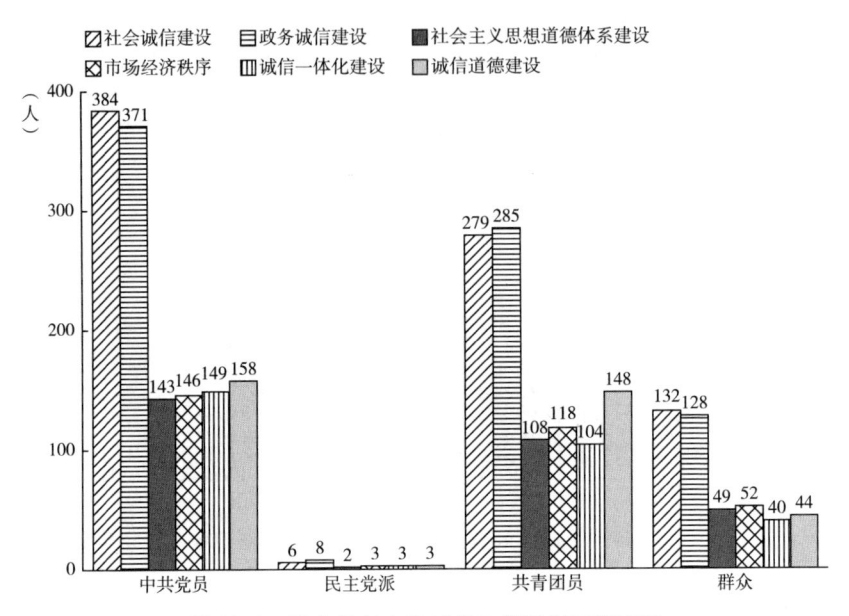

图 10-3　政府公务人员诚信政策话语了解现状

## 二　道德、法治与契约层面诚信观念的认同

### （一）诚信认知的外在因素具有层次性影响的特性

诚信素养的养成受各种因素的影响，外在因素发挥着重要的作用，甚至是内在因素发生作用的前提和基础。在现在政府公务人员的认知中，31.42%的人认为传统思想是影响现代诚信素养形成和发展的最主要因素（见图10-4）。这说明文化因素在社会诚信体系建设中具有稳固而长久的影响，历经长时间的发展仍在转型期社会的政府主流观念中占有最主要的地位，更是社会诚信体系建设进入法治轨道面临的重要课题。同时，社会环境、家庭教育和学校教育属于第二阶次的影响因素，相互之间差距不大。社会环境因素主要是市场经济发展本身具有的弊端和对利益追逐的特性所产生的消极影响，特别是失信泛化的问题。此外，在公务人员的前提预设中，遵循了中国人性中分析和解决问题的"教育假设"，家庭和学校教育被视为重要的促动因素。这也与"家庭本位"的传统观念存在紧密的联系。随着陌生人社会的日益成型，淡出亲缘血缘关系之外的朋友圈生态文化也会对诚信养成产生重要影响。

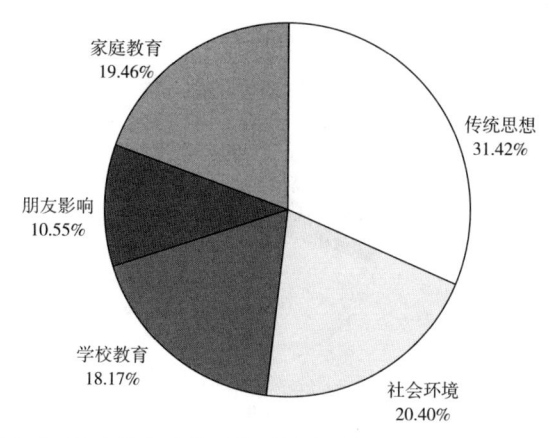

图10-4 政府公务人员现代诚信素养与法律认知的影响因素

（饼图数据：传统思想 31.42%，社会环境 20.40%，学校教育 18.17%，朋友影响 10.55%，家庭教育 19.46%）

## （二）传统文化是形塑诚信观念的最主要因素

诚实信用是中国传统文化中自古存在的优秀道德观念，新中国成立后，我国将传统的诚实信用写入民事法律，作为民法的基本原则之一，赋予诚信新的内涵与价值。作为社会诚信体系建设的推进者与诚信政策的制定者，政府公务人员应该明晰现代诚信观与传统诚信思想之间的异同，在发扬诚信传统文化的同时，发掘现代诚信价值。85.35%的政府公务人员认同将现代诚实信用原则与传统文化相关联，这部分政府公务人员认为现代诚信的内涵与价值仍然偏向于传统道德观念，无论是在诚实信用原则起源层面（32.71%），还是道德自觉层面（20.63%）。较少比例的政府公务人员更加注重现代诚信的工具性价值，仅占14.65%（见图10-5）。这显示在诚信与道德层面大部分政府公务人员的认知仍然较为传统，认为现代诚信理念与传统道德理念相同，这样的理解较为片面，会对社会诚信治理与现代诚信理念的普及造成一定影响。

## （三）诚信融入法治建设形成正向认知格局

诚信作为法治政府建设的基础，两者之间有着密切的联系。诚信是制定和实施法律的重要价值取向，法律的制定者和实施者必须秉持诚信的价值观，公正地规定和处理民众个体之间的权利与义务关系。政府公务人员需要平衡好诚信与法治之间的关系，在培育和弘扬诚信精神的同

现代社会个人诚信
主要靠道德自觉
20.63%

现代诚信观更加
注重诚信的工具性价值
14.65%

诚实守信属于
传统道德观念
32.01%

诚实信用原则根植于
传统文化之中
32.71%

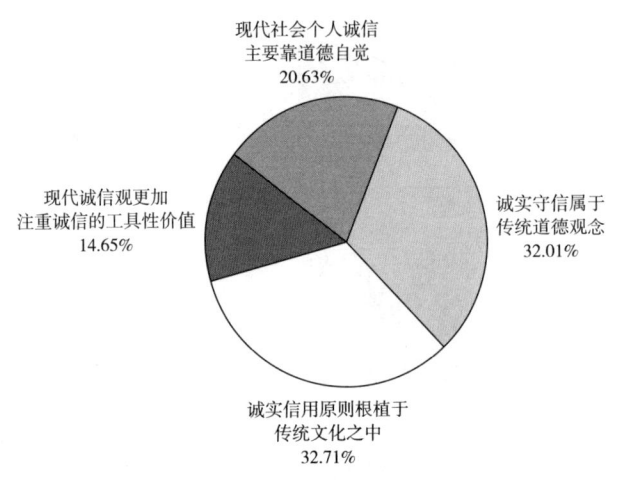

图 10-5　诚信与道德的关系认知

时，有效地执行法律政策。89.3%的政府公务人员认为诚信建设与法治建设之间的联系较为紧密，这无疑肯定了现代诚信理念在法治国家建设中的作用与价值。然而，仍然有 10.7%的政府公务人员并不认同诚信治理所取得的成效与意义，认为诚信治理只是一种口号治理，缺乏制度保障（见图 10-6）。总体而言，政府公务人员对于诚信与法治的关系大体有一个较为清晰的认知，大部分调查对象对于诚信与法治之间的联系与作用持肯定态度。目前，我国应以诚信助推法治政府建设，在法治政府建设中高度重视政务诚信建设，提高政府公务人员对法治精神的理解与认知，提高对法治社会建设的重视程度。

诚信建设是一种口号治理
10.7%

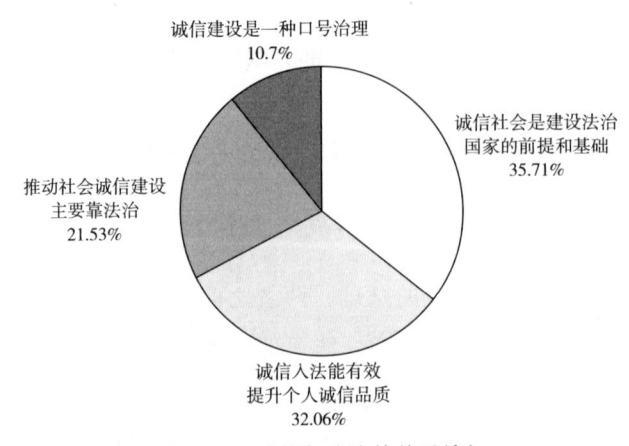

推动社会诚信建设
主要靠法治
21.53%

诚信社会是建设法治
国家的前提和基础
35.71%

诚信入法能有效
提升个人诚信品质
32.06%

图 10-6　诚信与法治的关系认知

### (四) 法治范畴的契约认同意识愈加明晰

契约意味着双方的诚实守信，无论何种形式的契约，都是通过双方遵守承诺，使二者的利益均得到一定程度的满足。契约理念与现代诚信理念的共同点即两者都更加依赖外部的制度与体系保障，并不侧重于个体的内部道德自觉。调查问卷以社会中常见的"阴阳合同""虚假合同""大小合同"等现象举例考察政府公务人员对诚信与契约关系的认知，超过半数（56.98%）的政府公务人员认为失信行为涉嫌违法犯罪，应依法处置，他们具有较强的法治精神，能够明确地分辨失信行为与违法犯罪行为的区别。此外，22.74%的政府公务人员认为偷税漏税牟取利益是不诚信的行为，理应受到谴责，认同诚信与契约之间的联系，认为"阴阳合同"等违反契约精神的行为属于不诚信行为，应该受到相应的惩戒。然而，仍然有小部分（1.29%）政府公务人员对于社会上的失信行为不以为然，处于旁观状态，认为"失信是普遍社会现象，不必大惊小怪"，诚信素养较低（见图10-7）。这也显示在政府机关内部公务人员的诚信素养与法治素养仍需提高，政府应该加大诚信宣传教育，扩大诚信与契约精神科学认知的普及范围。

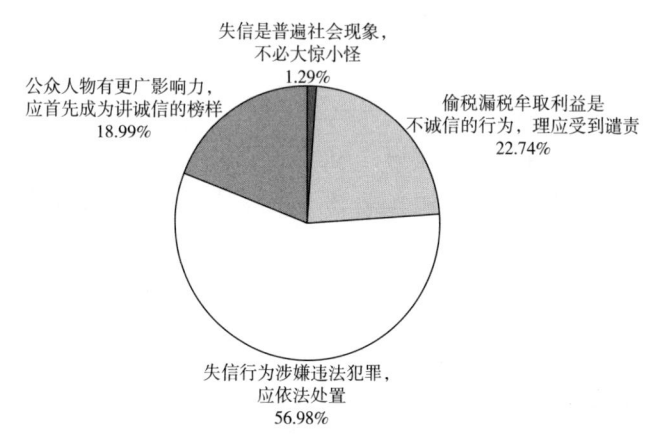

图 10-7 诚信与契约的关系认知

- 失信是普遍社会现象，不必大惊小怪 1.29%
- 公众人物有更广影响力，应首先成为讲诚信的榜样 18.99%
- 偷税漏税牟取利益是不诚信的行为，理应受到谴责 22.74%
- 失信行为涉嫌违法犯罪，应依法处置 56.98%

## 三 守信与失信、信誉与责任诚信意识的形态

### （一）守信意识格局与社会常态有较为明显的一致性

诚信意识的组成要素较多，较强的守信意识是个体诚信素养形成的重

要因素之一。在对政府公务人员守信情况的调查中，59.79%的人具有较强的守信意识，认为自身从来没有或几乎没有发生过失信行为。这说明在政府公务人员这一群体中，诚实守信仍然是较为重要的人际交往原则与品格。然而，仍然有40.21%的人偶尔存在或者经常发生失信行为（见图10-8）。在公众舆论与媒体披露力度与范围逐渐增大的情况下，部分公务人员的守信意识还需要进一步增强。个体守信意识与社会诚信危机有较为紧密的联系，社会诚信建设还需进一步加强对个体守信意识的教育与普及。

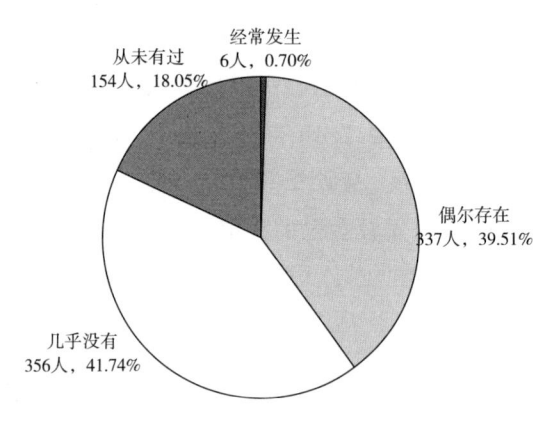

图 10-8　政府公务人员失信情况

此外，调查问卷还以近几年普遍发生的"高考替考"等现象举例考察政府公务人员自身的守信意识，30.25%的政府公务人员能够将替考现象与诚信品质相联系，认为考生和替考者缺乏基本诚信品质，体现了较强的诚信意识。选择替考学生法律意识淡薄而功利意识太强与高考诚信方面的制度有待加强和完善的人数比例基本持平，分别为24.74%与24.38%（见图10-9）。这说明政府公务人员守信意识的培养与其自身内部的法律意识和外部的制度保障具有很大联系。为提高公务人员的守信意识，政府应该重视相关领域的制度建设，平衡好硬规则与软规则之间的作用。

（二）失信边界扩大化的肯定性意思表示占据主流

失信边界意识主要表现在失信行为认定、不良信用信息的归集范围、失信黑名单纳入与失信惩戒措施等方面。失信惩戒是社会诚信体系建设中的重要环节，政府公务人员应明确诚信的内涵与具体范围，不可泛化

替考学生法律意识薄弱而功利意识太强 24.74
考生和替考者缺乏基本诚信品质 30.25
教育领域应成为诚信建设的排头兵 20.63
高考诚信方面的制度有待加强和完善 24.38

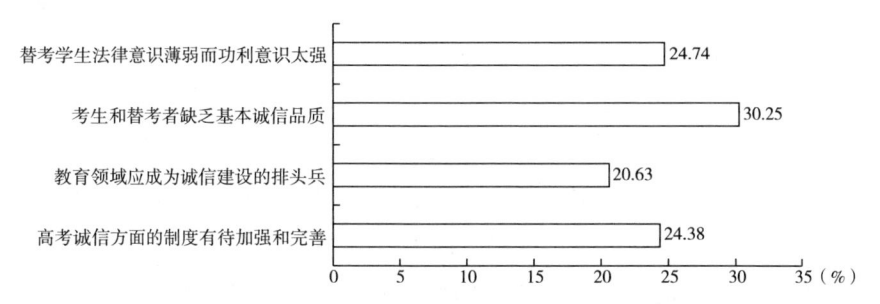

图 10-9　政府公务人员对"高考替考"现象的态度

与夸大诚信范围进而损害主体诚信权益。目前,有些地方出台文件规定,若子女不履行赡养义务,将被纳入个人失信记录。针对上述情形,56.62%的政府公务人员将孝道等道德品质与诚信政策相联系,认为赡养老人是法定义务,需要具体措施保障落实;少数人(10.32%)认为诚信建设内容过于宽泛,不能将任何事情纳入失信记录(见图10-10)。这也显示政府公务人员对于诚信范围与内容界定的认知处于一个较为模糊的状态。政府公务人员在推进社会诚信体系建设的过程中要避免推卸治理责任,明晰道德与法律以及道德内部的边界,及时改进治理能力创新方式的不足。

子女尽孝是自觉行为,不应靠政策强制 16.41
赡养老人是法定义务,需要具体措施保障落实 56.62
有助于加强传统孝文化的延续与传承 16.65
诚信建设内容过于宽泛,不能将任何事情纳入失信记录 10.32

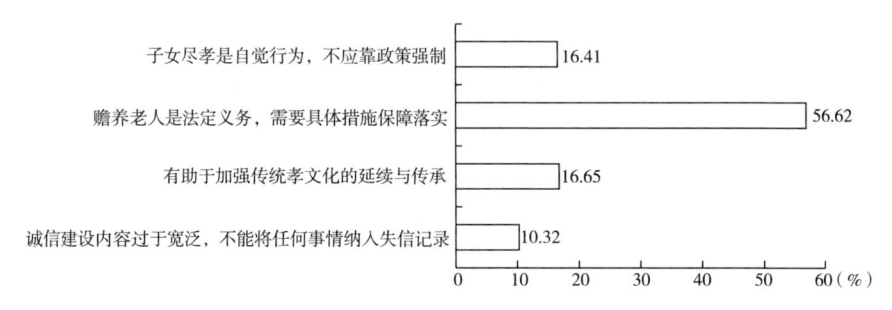

图 10-10　政府公务人员对个人失信记录扩大化的态度

### (三) 政府信誉责任和政府形象的关联意识明显直接

政府在社会诚信体系建设中起引领推动作用,各级政府首先要加强自身诚信建设,带动全社会诚信意识的树立和诚信水平的提高。信誉责任意识是指政府公务人员在执法公务活动中以诚信积极的态度认真争取与维护公众信任的自觉信念。政府公务人员作为诚信政策的制定者与实施者，应重视对政府诚信的建立与维护，社会公信力提高了才能更好地在实践中执行诚信政策。在政府信誉层面，43.73%的人认为法律面前人人平等，认同法律的平等性，政府与其他主体应一视同仁，没有特权；32.36%的人认为政府诚信建设是法治模式建构的关键，肯定了政府诚信在社会诚信体系建设中的关键作用；20.98%的人认为政府失信会有损机关形象，对机关信誉与责任产生负面影响（见图10-11）。可以看出，在信誉责任意识层面，政府公务人员通常将政府失信现象与机关信誉形象联系起来，并且认为政府诚信相比其他领域诚信建设有更加特殊的作用，提高政府诚信水平与社会公信力是社会诚信体系建设的重点。

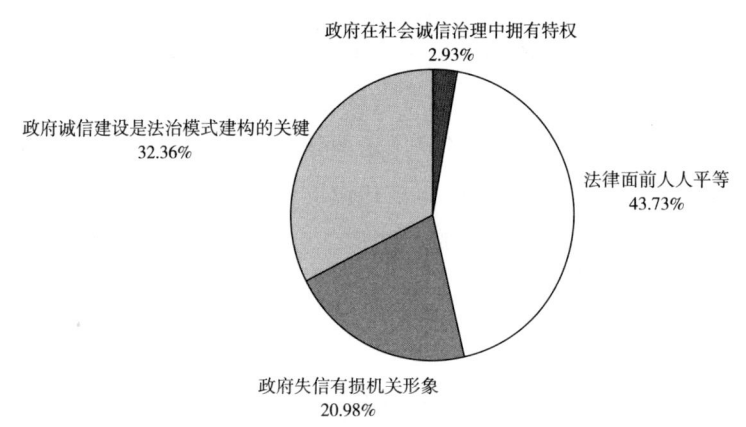

图 10-11　政府公务人员对政府失信现象的态度

此外，政府公务人员的信誉责任意识还与自身对第三方信用评价的态度有关。36.34%的政府公务人员认为第三方信用评价可以反映出评价客体的信用状况。持相近比例的政府公务人员（35.29%）对第三方信用评价并不持肯定态度，认为信用结果的公布会影响评价客体的诚信形象，降低公众对政府等机关的信任度，影响国际社会稳定（见图10-12）。这显示政府公务人员对于信用评价的态度各不相同且不同观点所占比例相近，没有达到一个统一的认知：一方面是由于关于信用评价的相关法律法规较少，普及程度较低；另一方面是由于信用评价的发展处于起步阶段，还未完全适应和扩散到诚信建设各领域。

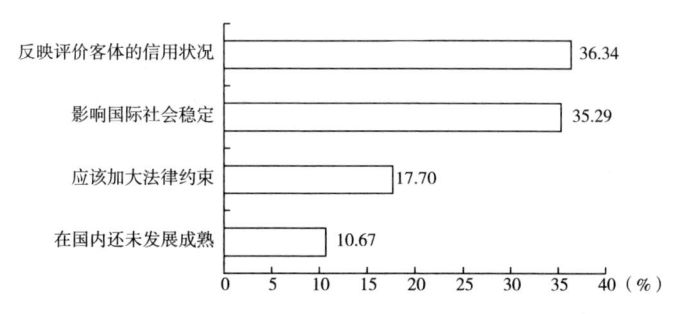

```
反映评价客体的信用状况    36.34
影响国际社会稳定        35.29
应该加大法律约束        17.70
在国内还未发展成熟      10.67
        0  5  10  15  20  25  30  35  40 (%)
```

图 10-12　政府公务人员对第三方信用评价的态度

## 四　"政府负责"治理格局中的诚信能力进展

诚信能力是政府公务人员自身所具有的促使其恪守市场规则与职业道德，自觉遵守合同与法律法规，提高契约精神、法治精神与守信意识的内部条件的综合展现，在"政府负责"的社会治理格局中又可具体分为诚信规范建设能力、诚信自我塑造能力、诚信引导发扬能力、诚信理解辨别能力等多个方面，要提高诚信能力需要政府公务人员具备明晰目前诚信建设现状与发展趋势的整体素养。

### （一）诚信规范建设能力受社会诚信体系领域认知的直接影响

政府公务人员加强诚信规范建设能力，既是提升政府机关政策执行能力、促进社会诚信体系建设的必然要求，也是维护整体诚信水平、提高政策执行公信力的重要举措。诚信规范建设能力的提高要求政府公务人员对社会诚信体系建设的具体内容与板块有一定的了解程度。以了解程度一般为节点，在各领域诚信建设中，政府公务人员对司法诚信领域的了解程度比例是最高的，为67%（见图10-13）；往后依次削弱，分别是政务诚信、商务诚信、社会诚信、个人诚信。此外，政府公务人员对各领域的了解程度总体上呈一般水平，非常了解与不了解的情况所占比例较小。相比于其他领域，司法领域的诚信体系建设普遍以发布法律法规适用准则或者平台公开信息为主，公开力度与在民众间的公信力较大，诚信宣传效果更加明显。总体而言，政府公务人员对各领域的诚信建设现状了解程度处于不均衡的状态，尤其是对政务诚信的了解程度还有待增强,这对提高政府公务人员的规范建设能力会产生一定程度的影响。

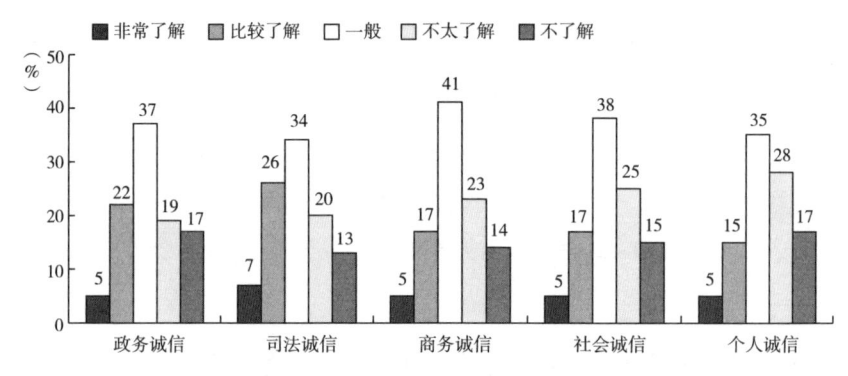

**图 10-13　政府公务人员对社会诚信体系整体认知情况**

政府公务人员的诚信规范建设能力除了体现在对诚信整体建设现状的认知上,还体现于对失信惩戒、守信激励等具体内容的理解。目前,守信激励与失信惩戒是诚信治理较为重要的部分。在对失信惩戒措施类型的考察中,45.84%的政府公务人员更倾向于认同司法机关作出的惩戒措施;其次为"联合惩戒",占比为38.34%(见图10-14)。这表明政府公务人员对联合惩戒的认可度还有待提高,单个领域的惩戒力度较为有限,对失信主体的联合惩戒制度正向各个领域扩散,覆盖范围不断扩大。作为诚信政策的制定者,政府公务人员需要进一步了解制度内容与实践现状,提高自身诚信规范建设能力。

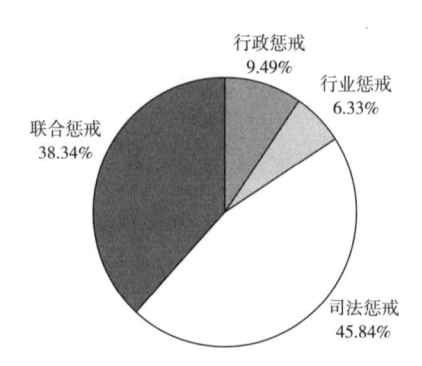

**图 10-14　政府公务人员对失信惩戒措施类型的认知**

## (二) 政府有明显的自我诚信约束的能力发展诉求

诚信自我塑造能力与政府公务人员对于政府失信的态度与认知有关，政府在社会诚信体系建设中要去除官本位意识和特权观念，遵循法律面前人人平等原则，与其他组织一样是受到法律规束的信用主体。40.91%的政府公务人员认为政府机关被纳入"老赖"范围，是我国法治建设的重要进步，他们认同推进社会诚信体系建设的法治模式建构要从依法规束政府开始的观点，这是法治模式建构的关键。6.45%的政府公务人员认为政府机关成为"老赖"，损害了政府形象，这部分人对政府失信的理解仍然停留在负面形象的阶段，并没有进一步的认知（见图10-15）。政府失信有损机关形象是最基础的认知，政府公务人员作为诚信政策的制定者与诚信建设的推进者应该进一步从法治精神与素养的层面去理解政府失信的问题，这是提高诚信自我塑造能力的关键。

| 选项 | 百分比 |
| --- | --- |
| 政府机关被纳入"老赖"范围，是我国法治建设的重要进步 | 40.91 |
| 司法诚信治理采取了统一标准，任何组织（个人）都不例外 | 32 |
| 政府机关成为"老赖"，损害了政府形象 | 6.45 |
| 治理失信问题首先要从树立政府诚信做起 | 20.63 |

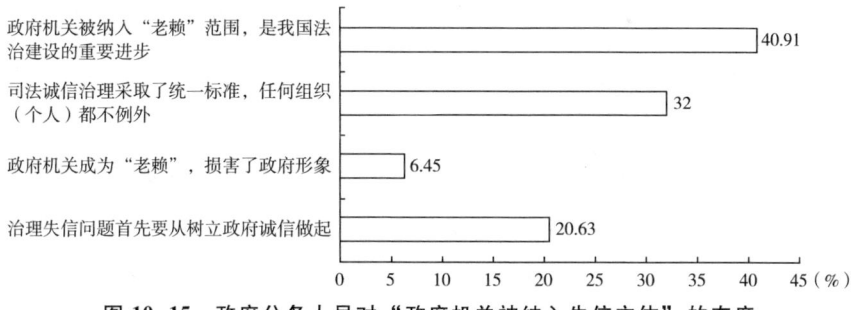

**图 10-15　政府公务人员对"政府机关被纳入失信主体"的态度**

## (三) 信用惩戒和警示是提升政府诚信引导能力的主要手段

诚信示范作用除了体现在"诚信典型"等正向激励层面，还体现在对失信主体的惩戒、负面信息公开等公开警示类惩戒措施上。调查问卷以个别地方行政机关或司法机关采取的"老赖彩铃"等措施举例考察政府公务人员的诚信引导发扬能力。78.31%的政府公务人员认为使用信息公示、公开警示类措施对"老赖"和社会大众具有很好的约束警示与引导教育作用，可以在一定程度上提高失信主体的诚信素养，减少失信行为的发生。11.14%的政府公务人员认为，曝光"老赖"个人信息可能会侵犯"老赖"的权利，从失信主体权利层面来理解这类惩戒措施，现代诚信侧重于制度保障而非道德自觉（见图 10-16）。"老赖彩铃"等公开负面信息的惩戒措施能在一定程度上对其他信用主体产生示范作用，利用信息公示来扩大诚信建设的普及范围，缓解目前的社会诚信危机，提高政府公务人员的整体诚信素养。

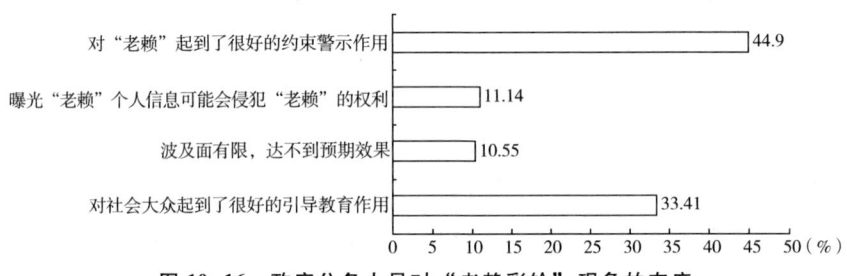

图 10-16　政府公务人员对"老赖彩铃"现象的态度

- 对"老赖"起到了很好的约束警示作用　44.9
- 曝光"老赖"个人信息可能会侵犯"老赖"的权利　11.14
- 波及面有限，达不到预期效果　10.55
- 对社会大众起到了很好的引导教育作用　33.41

### （四）诚信政策制定中较为注重对大众诉求的识别

政府公务人员作为诚信政策的制定者与社会诚信体系建设的实施者，在依法治理视角外，还应注意治理效能与民众诉求间的平衡，理解与辨别大众主流的整体认知，使得政策制定与其保持一致性。43.14%的政府公务人员认同大众诉求对于诚信政策制定的重要性，政策制定的最终指向是为了更好地实施政策，保持与大众主流的一致性也是大众参与政策制定的表现形式之一。18.52%的政府公务人员认为政策宣传标语的主要作用是社会动员，是一种"口号治理"，态度较为负面（见图 10-17）。这也显示政府公务人员在政策制定过程中更加重视民众参与，大众诉求是影响政策制定的重要因素。

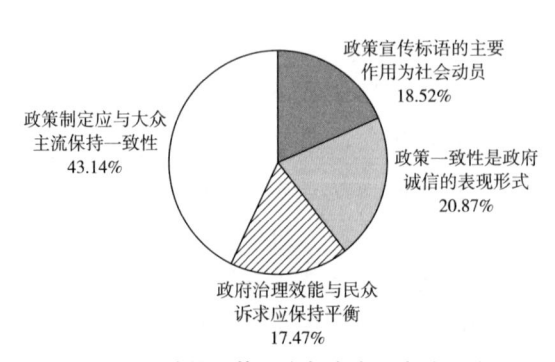

图 10-17　诚信政策制定与大众诉求关系认知

- 政策宣传标语的主要作用为社会动员　18.52%
- 政策一致性是政府诚信的表现形式　20.87%
- 政府治理效能与民众诉求应保持平衡　17.47%
- 政策制定应与大众主流保持一致性　43.14%

## 第二节 政府公务人员现代诚信的法律认知难题

### 一 诚信道德与诚信法治关系的辨析较为混淆

诚信道德与诚信法治对于社会诚信体系的建设均不可或缺，传统诚信是道德的一种基本形式，现代诚信的特质与法治的基本精神和基本原则相一致。66.24%的政府公务人员认为现代诚信的建设与推进更多依靠道德自律等软规则的约束。对于政府公务人员而言，道德自律在诚信体系建设中的作用要大于法律等硬规则的约束。随着社会的进步和法治的完善，法治与诚信之间的关系日益密切，法治在诚信体系中居于关键位置。但是，只有20.75%的政府公务人员较为重视法律在诚信建设中的作用，对于诚信、法治、道德三者的转化认知较浅（见图10-18）。

作为诚信政策的制定者，在推进社会诚信体系建设过程中，政府公务人员不仅要重视诚信道德保持社会良性运作的基础性作用，还要研究和遵循现代诚信在中国社会条件下生发、发展的规律，充分认识诚信法治在这一体系中的关键作用。在法律信用制度的强制作用下，诚信道德的自律性会越来越强，法律的外在他律会逐渐变成内在的诚信自律，从而内化为诚信意识和诚信原则。因此，在诚信体系构建中，政府公务人员要正视法治在社会生活中的关键作用和它与诚信道德之间的交融关系，端正法治认知，重视道德与法治在诚信体系建设中的相互平衡。

| 选项 | 百分比(%) |
| --- | --- |
| 道德自律在诚信体系中具有基础性作用 | 28.14 |
| 法治在诚信体系中居于关键位置 | 20.75 |
| 诚信意识的形成依靠道德自律 | 38.10 |
| 法律的外在他律会逐渐变成内在的诚信自律 | 13.01 |

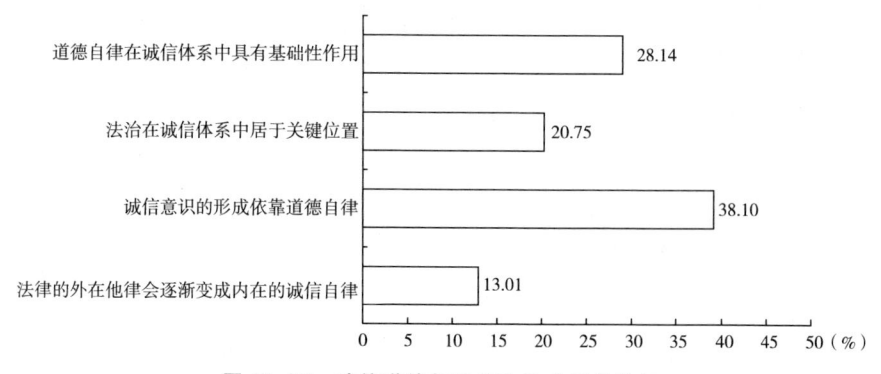

图 10-18 诚信道德与诚信法治关系的认知

## 二 诚信观念的理解囿于传统领域和道德范畴

诚信的道德认知是历来诚信认知的主流形态，当下政府公务人员的诚信认知也未有例外。75.62%的政府公务人员依然从传统的角度理解诚信，或理解为以诚待人的传统美德，或理解为重信守诺的个人情操（见图10-19）。无论是从性别、省份地域，还是从收入角度来考察，诚信的传统认知或道德层面的认知依然占据主流，但随着收入水平的梯度上升，关于法律层面的契约认知呈现增长的态势，直至35.29%。

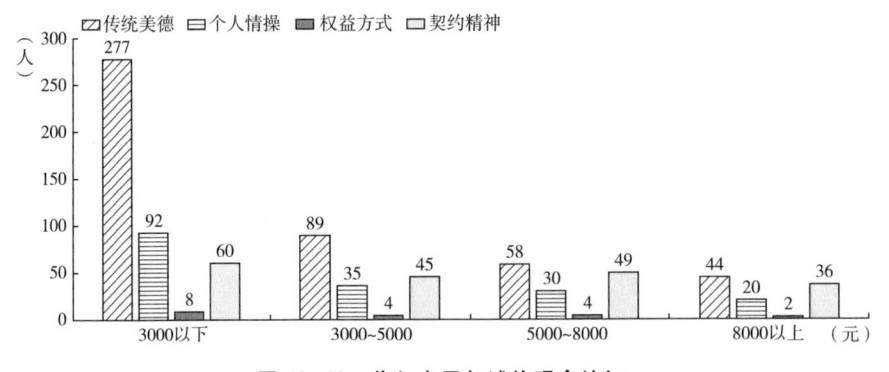

图 10-19 收入水平与诚信观念认知

然而，关于政府公务人员法律认知转型的期望随着学历层次的上升呈现转折迹象，具有博士学历的公务人员将诚信视为传统美德和契约精神的比例持平，均为42.31%（见图10-20）。这也显示教育层次和水平在现代诚信认知变迁中有较为直接和关键的影响。总体而言，政府公务人员的诚信认知还较为保守和传统，现代诚信的理念未能在政府内部普及，会在一定程度上将诚信的依法治理约束在传统管制模式，影响对信用主体诚信权益的规模性保护。

此外，政府公务人员在诚信知识认知层面存在相互混淆的问题。在社会诚信体系建设的推进过程中，政府公务人员对于诚信、信任、信用这三个概念的理解和运用存在混淆现象。问卷结果显示，仍然有约27.2%的政府公务人员认为三者概念一致或可相互替换（见图10-21）。此种认知在法律政策的创制中会产生较为直接的消极影响，这在一定程度上阻碍了其现代诚信素养与法律认知能力的提升。

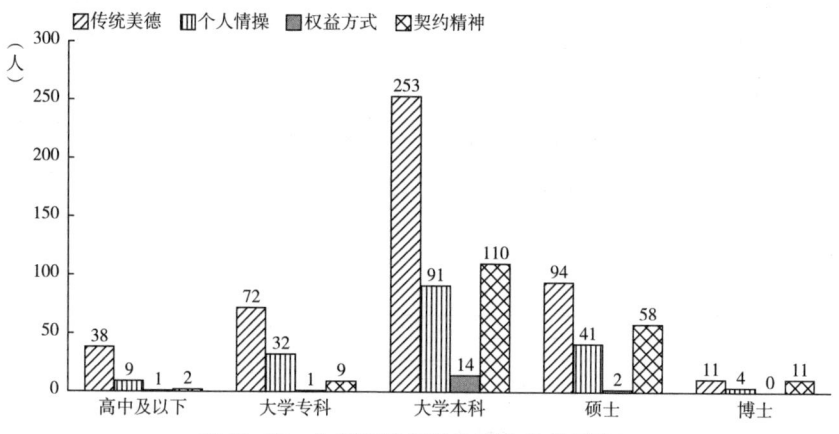

图 10-20　文化程度与诚信观念的关系认知

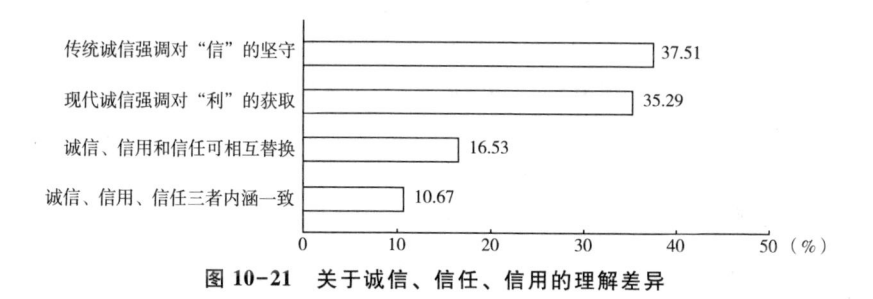

图 10-21　关于诚信、信任、信用的理解差异

## 三　治理方式的认同过于侧重对负向激励的肯定

诚信建设是推进国家治理体系和治理能力现代化的重要策略，是推进诚信社会建设的实践探索。建立诚信社会需要以社会诚信体系的建构为依托，通过联合惩戒与激励增强攸关主体的参与和认可，从现代诚信的视角追寻诚信社会的建设目标。守信激励与失信惩戒机制同属诚信建设体系中的重要内容。

政府公务人员认为治理失信问题，推进社会诚信体系建设的举措应该重点关注"诚信依法治理"层面的，占比78.78%，其次为"诚信自律""诚信宣传教育""失信惩戒""守信激励"，占比分别为62.37%、60.14%、58.85%、39.86%（见图10-22）。目前我国社会诚信体系建设的执行依据主要以规范性文件的方式呈现，行政法规、部门规章等权威性、强制力较大的执行依据较少，总体呈现执行依据较少的现实形态。政府公务人员在执行诚信政策的过程中必须受到严格的法律控制，根据措施类型来合理设定执行依据。在实践中，上位法的缺失与诚信建设相关规定文件的分散化导致政府公务人员在推进诚信体系建设时缺乏执行依据，此类情况容易削减公众对诚信政策的信任度，降低政府公信力，使得信用立法滞后于社会诚信体系建设实践，对提升政府公务人员现代诚信素养与法律认知产生一定的阻碍。

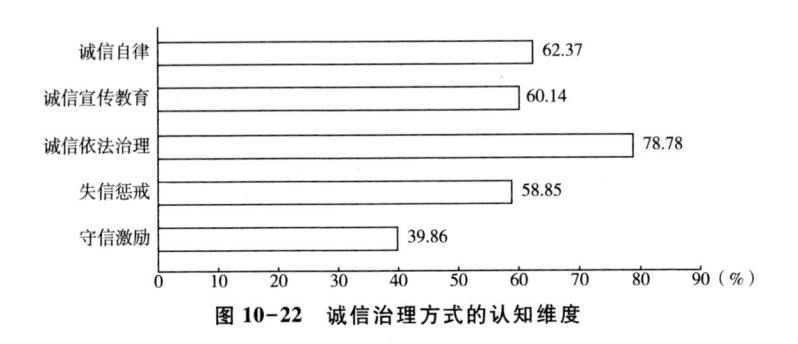

图 10-22 诚信治理方式的认知维度

在对失信惩戒措施具体内容的考察上，公开警示类措施作为失信惩戒措施中最常用、覆盖范围最广的措施类型被政府公务人员了解的程度最高，为 31.31%，其次为资格限制类措施、限制高消费类措施以及加大检查频率等其他类措施（见图 10-23）。这说明政府公务人员虽然更加关注失信惩戒等失信治理方式，但是对其具体内容存在不太了解的情况。

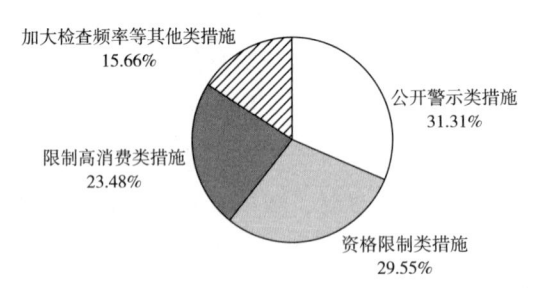

图 10-23 政府公务人员对失信惩戒制度内容的了解程度

## 四 法律法规与信用政策的功能性认知不平衡

在诚信建设依据层面，目前我国社会诚信体系建设缺乏国家法律等上位法的有效支持，主要以政府立法、地方性法规和规范性文件为主。

中央层面的制度构建主要是基于国务院、最高人民法院等国家机关，国家发展改革委等国务院部门出台相应的政策法规，为社会诚信制度建立文本内容的基本框架，信用相关行政法规与部门规章中关于信用联合惩戒内容规定的精确性与具体性都有待增强，整体呈现模糊性的特点。28.84%的政府公务人员认同将法律法规作为诚信建设的主要依据，13.48%的政府公务人员则更加认同规范性文件对社会诚信建设的引导作用，两者比例相差较大，认知偏差较大（见图10-24）。政府公务人员提升自身的诚信素养与法律认知需要对当前我国诚信体系建设的发展现状有较为清晰的认知，具体主要包括执行依据、诚信行为认定、失信治理、守信激励等多个方面的内容，建立一个完整的认知体系才能全面提升政府公务人员的诚信素养与法律认知。

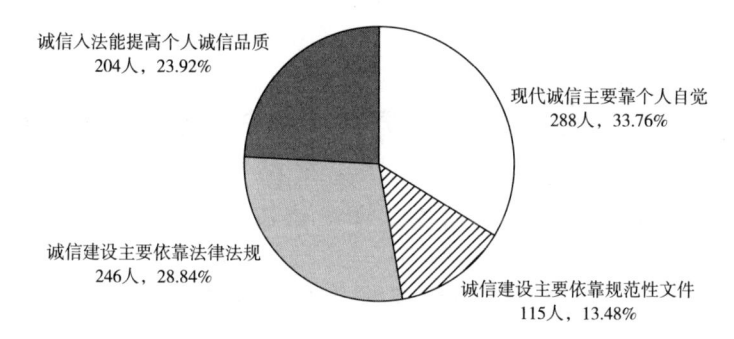

**图 10-24　政府公务人员对诚信体系建设执行依据的认知**

## 五　信用信息平台关注度未能有效向地方延伸

调查结果显示，38.69%的政府公务人员认同"信用中国"是收录全国信用信息最丰富的网络平台，对中央层面的信用信息平台认同程度较高。我国目前的信用信息共享平台，主要以"信用中国"网站为载体，形成国家部委到地方的信用建设网络，全国信用信息共享平台成为信用信息归集共享的总枢纽，"信用中国"网站成为面向社会公众、弘扬诚信惩戒失信的总窗口。11.84%的政府公务人员认为地方信用信息平台存在分散建设、标准不一的情况（见图10-25）。地方信用信息平台由于缺乏统一的共享利用公共信用信息资源的规划和责任主体，容易出现各部门分头推进，组建各自的领导小组的情况，这样容易造成同样的信用信息多头采集，增加了数据提供者的负担，数据库和应用系统重复建设，造成政府人力、财力和物力的浪费。此外，各地方信用管理部门由于采用不同技术开发数据库和应用系统，信息数据命名、类型、格式等方面存在差异，导致不同数据库或平台对接困难。

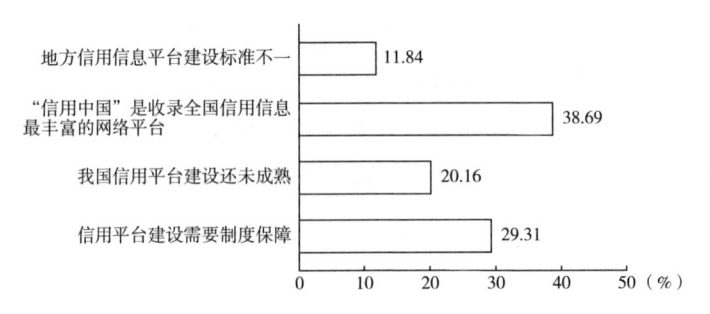

| 项目 | 比例(%) |
| --- | --- |
| 地方信用信息平台建设标准不一 | 11.84 |
| "信用中国"是收录全国信用信息最丰富的网络平台 | 38.69 |
| 我国信用平台建设还未成熟 | 20.16 |
| 信用平台建设需要制度保障 | 29.31 |

图 10-25　政府公务人员对信用信息平台的认知

## 第三节　政府公务人员诚信素养与认知的塑造

### 一　发掘优秀传统诚信文化和诚信权益价值

#### （一）加强优秀传统诚信文化的弘扬力度

2019年3月，习近平总书记在中共中央党校（国家行政学院）中青年干部培训班开班式上提到要真正践行政府公务人员为人民服务的初心和使命，就必须明大德、守公德、严私德。① 公务员诚信体系的建设应与传统文化道德教育相结合，通过多种形式的教育活动使公务员队伍树立守信为荣、失信可耻的诚信精神，同时，各单位应积极开展以诚信为主题的宣传活动，通过活动增强诚信意识，树立公务员队伍诚信形象，由内向外引导社会各界树立诚信意识，在各行各业兴起诚信风气。

#### （二）重视诚信权益的现代价值的实现

中国传统诚信独立于物质利益之外，重视诚信的价值理性，把守信

---

① 参见《领导干部要明大德守公德严私德》，人民网，http://theory.people.com.cn/n1/2019/0410/c40531-31022785.html。

与义联系在一起。现代诚信观重视诚信的工具理性价值，守信不仅是出于德性的需求，而且是为了获得长远的、稳定的利益，更倾向于从理性层面而不是情感层面去处理诚信问题，把信守诺言看成获利的基本前提。诚信作为道德的基石，离不开传统美德的根源，但现实生活中的社会关系非常复杂，不同主体也有不同的道德境界，因此政府公务人员要在倡导弘扬诚信价值理性的同时，适当地兼顾诚信工具理性的一面，尊重和满足诚信主体的基本利益需求。

## 二 提高政府公务人员诚信道德与法治修养

### （一）强化公务人员职业道德

政府诚信建设在很大程度上依赖政府公务人员职业道德素质的提升，而政府公务人员道德素质的提升又是政府诚信建设的目标之一。因此，强化政府公务人员职业道德与诚信教育非常重要，不仅有助于强化政治行为主体对诚信认知的需要，还有助于政府公务人员诚信道德人格的形成。立足于当前我国政府诚信建设基础上的道德教育，既是对传统道德诚信的弘扬，也是内化于政治行为主体提高诚信素质的具体实践。道德教育具体体现在理想信念教育、党纪国法教育、权力观念教育、公共精神教育、党风党性教育等多个方面。

一是要让公务人员树立正确权责观念。积极引导公务人员树立正确的权责观念，即有权必有责的观念，公务人员行使职权的同时其行为的相应后果或其承担的责任必然相伴而生，没有毫无责任的权力，进而促使公务人员确立权责统一的权力责任观念，增强其拒腐防变的能力。

二是公务人员诚信伦理教育要实现自我学习、自我教育与组织教育引导相结合。诚信伦理是内化于心的一种隐性的道德水平，诚信伦理的增强和提高，公务人员个人的自我学习、自我教育是基础，组织通过各种学习形式、载体为公务人员提供学习的机会和平台是诚信教育的保障，而公民自觉的监督意识、舆论媒体的关注和引导更为公务人员诚信伦理教育营造了严肃、规范的环境氛围。

### （二）提升公务人员法治素养

要完善公务人员法治学习机制，坚持把公务人员带头学法、模范守法作为提高公务人员法治素养的重要环节。有关部门应将宪法法律列入各级党委（包括党组）中心组学习内容，列入党校、干部学院、行政学院、社会主义学院的必修课程中，纳入公务人员教育培训计划，实现对公务人员学习与教育培训的全覆盖。同时，健全并落实各级党委（包括党组）中心组集体学习法律、法律培训、法律知识考试考核等制度，实现公务人员学法制度化、规范化、经常化。公务人员在法律知识的学习中，一是要学习宪法，通过宪法的学习，强化人民主体意识；二是学习与自己所担负的行政工作密切相关的法律法规，比如《中华人民共和国公务员法》《中华人民共和国行政许可法》《中华人民共和国行政处罚法》等；三是要学习与社会诚信体系建设相关的法律法规以及规范性文件；四是具有党员身份的公务人员还要学习以《中国共产党章程》为核心的党内法规，包括《中国共产党党员领导干部廉洁从政若干准则》及《中国共产党纪律处分条例》等。通过宪法法律以及党内法规知识的学习，公务人员正确理解中国特色社会主义法治的基本精神，准确把握处理法治问题的基本立场与基本原则。

## 三 建构统一规范的诚信素养培育指标体系

政府公务人员诚信素养培育指标就是通过制定科学合理的评价指标，要求政府公务人员有秩序、有层次地提升与诚信素养相关的诚信知识、认知、意识、能力、思维等维度的能力，最终形成融法治理念于一体的诚信素养。

### （一）确定指标体系建构原则

第一，系统性原则。政府公务人员诚信素养内容广泛，表现方式也多种多样，为确保培育指标体系能全面、正确地反映政府公务人员诚信素养现状，指标体系必须具有足够的涵盖面。

第二，可操作性原则。指标体系需要具有可操作性，即在诚信素养培育实践中能够较为简单地实现指标体系的目的，且各个指标在反映诚信素养时应当以科学的计算方式、以不同的权重进行设计，以便反映最为真实、全面的诚信素养水平。

第三，独立性原则。独立性原则要求指标体系中的各个指标尽可能全面地覆盖所评价的内容，最准确地反映政府公务人员诚信素养的内容、表现形式和特点，但同时又相互独立，尽可能地避免重叠，避免相互之间的包含、交叉，从而保证指标的科学性、准确性。

第四，导向性原则。构建政府公务人员诚信素养培育指标体系的目的在于科学规范地提升政府公务人员的诚信素养水平，同时也能够发现和解决问题，从而进一步改进和提升政府整体的诚信水平。

（二）制定系统规范的诚信素养指标体系

在参照法治指标和道德素养指标体系的基础上，本书认为可以建构统一的诚信素养培育与建设指标体系，用于整体性推进政府公务人员现代诚信素养的发展。具体而言，政府公务人员诚信素养培育指标可包含6个一级指标、21个二级指标（见表10-1）。

表 10-1　诚信素养培育与建设指标体系

| 一级指标 | 二级指标 |
| --- | --- |
| 诚信知识 | 诚信常识 |
| | 诚信政治话语 |
| | 诚信专业知识 |
| 诚信认知 | 诚信与实践的关系 |
| | 诚信与道德的关系 |
| | 诚信与法治的关系 |
| | 诚信与契约的关系 |
| 诚信意识 | 守信意识 |
| | 失信边界意识 |
| | 信誉责任意识 |
| 诚信思维 | 诚实思维 |
| | 信用思维 |
| | 信任思维 |
| | 责任思维 |
| 诚信能力 | 诚信规范建设能力 |
| | 诚信自我塑造能力 |
| | 诚信引导发扬能力 |
| | 诚信理解辨别能力 |

续表

| 一级指标 | 二级指标 |
| --- | --- |
| 诚信信仰 | 理念信仰 |
|  | 制度信仰 |
|  | 实践信仰 |

在实践应用中，指标体系要重在明确二级指标的界定，避免出现混淆的情况。具体包括以下几个方面。

一是道德与法治的关系认知。信用是道德范畴和制度范畴的统一，诚实守信的社会风气有利于社会效益和经济效益的统一，加强诚信建设体现了法治建设与道德建设、依法治国与以德治国的紧密结合。政府公务人员在推进社会信用体系建设实践中需要明晰信用与道德的关系与异同，进一步明确两者的边界。同时，以法律与规则的形式强化各主体之间的诚信关系。

二是守信与失信边界意识。目前，政府公务人员对失信行为的政策概念界定并不明确。失信行为的认定是提高失信边界意识的重要一步，没有失信行为认定就无法进行后续的信用管理。政府公务人员是否具有守信意识是衡量政府部门诚信建设的重要标准。政府公务人员作为政策制定者要把讲诚信作为价值追求，把诚实守信作风与加强自我修养结合起来。

三是理念与实践信仰。应将深化理念信仰作为提高政府公务人员现代诚信素养与法律认知能力的重要内容。社会诚信体系建设作为提高国家治理体系和治理能力现代化的重要部署之一，政府公务人员对核心理论的清晰认知是规范信仰建设发展关注的重要维度，也是在实践中提升诚信素养水平的关键。

综上所述，政府公务人员的诚信认知依然处于转型过程中，传统文化和道德认知是影响理念转型的稳固性因素，也是影响社会大众心态的基础要素。在推动政府公务人员诚信建设的过程中，立法和政策中诚信治理理念的转化要保持合理的幅度，既要保证对诚信工具价值属性和信用主体权利意识提升的有效回应，又要注意与道德诚信的稳固性和大众心理的道德诉求保持一致，避免法律法规和政策规范的施行超越现实所需，产生实践不能或文本的实践转化效果不突出的问题。

# 第十一章　国家社会信用法律体系建设的构想与实践

## 第一节　信用信息概念法律界定的科学发展

《社会信用体系建设规划纲要（2014—2020年）》明确提出，要在2020年基本建立社会信用基础性法律法规和标准体系。自2014年以来，信用立法一直呈现持续增长趋势。特别是地方信用立法，法规规章引领和推动了地方社会诚信体系建设。然而，关于信用信息的法律概念界定在不同立法文本中则有所差异，而信用信息的法律概念界定更是信用立法的基础，亟须总结现有信用立法的经验，统一信用信息界定的标准，为国家信用立法的出台提供有益借鉴。

### 一　信用信息政府立法界定的基本形态

综观现有的63部信用专项立法，关于信用信息的法律概念主要在7部法规规章中作了明确规定。63部信用专项立法，按照性质划分，行政法规2部，部门规章5部，地方政府规章43部，其余13部为地方性法规。[①] 由此可见，地方政府立法是信用信息界定的主要载体和形式。同时，信用信息的法律界定又呈现类型化发展的趋势，各类行政立法对信用信息的识别与界定有所差别，但主要可分为公共信用信息、企业（市场）信用信息和个人信用信息三种类别。省级政府作为一个承上启下的

---

① 该处信用专项立法数量是根据笔者所主编的《中国诚信法律通览》一书进行的归纳和总结，统计时间截止到2020年6月。具体参见类延村主编《中国诚信法律通览》，社会科学文献出版社，2020。

行政立法主体，其对公共信用信息、企业（市场）信用信息和个人信用信息的立法界定在今后一段时间仍然具有借鉴意义。

### （一）公共信用信息的行政立法界定

有关公共信用信息的地方政府规章共计 6 部（见表 11-1），这些规章对公共信用信息的定义及范围的规定大同小异。总的来说，各地政府规章对公共信用信息的识别与定义存在以下几方面问题。

表 11-1　有关公共信用信息的地方政府规章

| 地方政府规章名称 | 法律条文 |
| --- | --- |
| 《北京市公共信用信息管理办法》 | 本办法所称公共信用信息，是指行政机关以及法律、法规授权的具有管理公共事务职能的组织，在依法履行职责过程中形成或者掌握的、能够反映法人和非法人组织，以及 18 周岁以上的自然人信用状况的数据和资料，包括基本信息、良好信息和不良信息 |
| 《内蒙古自治区公共信用信息管理办法》 | 本办法所称公共信用信息，是指国家机关以及法律法规授权的具有管理公共事务职能的组织，在履行职责过程中形成的反映具有完全民事行为能力的自然人、法人和非法人组织信用状况的数据和资料 |
| 《辽宁省公共信用信息管理办法》 | 本办法所称公共信用信息，是指行政机关以及法律、法规授权的具有管理公共事务职能的组织，在履行职责过程中形成的反映企业和个人公共信用状况的记录，主要包括基本信息、不良信息和优良信息等 |
| 《福建省公共信用信息管理暂行办法》 | 本办法所称公共信用信息，是指行政机关以及法律、法规授权具有管理公共事务职能的组织，在履行职责过程中产生和掌握的反映自然人、法人和其他组织信用状况的数据和资料 |
| 《山东省公共信用信息管理办法》 | 本办法所称公共信用信息，是指行政机关、司法机关和法律法规授权的具有管理公共事务职能的组织，在依法履职、提供服务过程中产生或者获得的，反映自然人、法人和其他组织信用状况的数据和资料 |
| 《上海市公共信用信息归集和使用管理办法》 | 本办法所称公共信用信息，是指由行政机关、司法机关、法律法规授权的具有管理公共事务职能的组织以及公共企事业单位、群团组织等，在其履行职责、提供服务过程中产生或者获取的，可用于识别自然人、法人和其他组织信用状况的数据和资料 |

第一,公共信用信息的提供对象不统一。北京、辽宁、福建三地将公共信用信息提供者限定为行政机关以及法律法规授权的具有管理公共事务职能的组织,而并未涉及其他国家机关和群团组织。山东是将司法机关也列为信息提供者,上海则更是将公共企事业单位和群团组织也列为信息提供者。内蒙古自治区用"国家机关"这一术语概括公共信用信息的提供者,而不同场合对"国家机关"的定义有所不同。根据《宪法》规定,我国的国家机关包括行政机关、立法机关、司法机关、中华人民共和国主席、中央军事委员会、监察委员会等。我国《刑法》则是将党和政协组织也纳入国家机关范畴。本书认为,为保证最大限度地利用信用信息的使用价值,信息立法应该重视广义国家机关这一主体,因其在履职过程中掌握了大量的公共信用信息,而这些公共信用信息理应被重视。

第二,公共信用信息的适用范围不一致。上述 6 部地方政府规章中,信息适用范围为自然人、法人、非法人及其他组织,但自然人在不同的年龄段其民事行为能力不同。总的来说分为完全民事行为能力人、限制民事行为能力人和无民事行为能力人,2020 年通过的《民法典》对三者有明确的定义。① 考虑到对未成年人的权益保护,本书认为应对自然人进行明确规定,不能笼统将所有自然人都纳入公共信用信息的范畴。此外,地方政府规章中没有对外国人这一特殊群体的信用信息作出规定。随着跨国交往的发展,人口的国际流动普遍,外国人出于各种目的,或短期或长期居住在中国,其经济社会活动产生的信用信息是否应该纳入公共

---

① 《中华人民共和国民法典》第一编第二章:
  第十八条　成年人为完全民事行为能力人,可以独立实施民事法律行为。十六周岁以上的未成年人,以自己的劳动收入为主要生活来源的,视为完全民事行为能力人。
  第十九条　八周岁以上的未成年人为限制民事行为能力人,实施民事法律行为由其法定代理人代理或者经其法定代理人同意、追认;但是,可以独立实施纯获利益的民事法律行为或者与其年龄、智力相适应的民事法律行为。
  第二十条　不满八周岁的未成年人为无民事行为能力人,由其法定代理人代理实施民事法律行为。
  第二十一条　不能辨认自己行为的成年人为无民事行为能力人,由其法定代理人代理实施民事法律行为。八周岁以上的未成年人不能辨认自己行为的,适用前款规定。
  第二十二条　不能完全辨认自己行为的成年人为限制民事行为能力人,实施民事法律行为由其法定代理人代理或者经其法定代理人同意、追认;但是,可以独立实施纯获利益的民事法律行为或者与其智力、精神健康状况相适应的民事法律行为。

信用信息成为一大争议。法律面前人人平等。因此，外国人员相关的信用信息也应酌情处理，并用立法形式加以固定，增强政府规章的权威性和普及性。

第三，公共信用信息存在交叉立法。对比 2015 年辽宁省人民政府通过的《辽宁省公共信用信息管理办法》和 2019 年辽宁省人民代表大会常务委员会通过的《辽宁省公共信用信息管理条例》可知，虽然二者立法性质不同，但都针对个人及企业进行了信用信息立法，这容易导致交叉立法，浪费立法资源。值得注意的是，辽宁省关于公共信用信息的地方政府规章先于该省地方性法规，根据法律效力等级，地方性法规高于地方政府规章，即后者应在不违背前者的基础上，根据本行政区域内的实际情况进行立法，这便对《辽宁省公共信用信息管理办法》的修改提出了要求。

## （二）企业（市场）信用信息的行政立法界定

有关企业（市场）信用信息的地方政府规章是各省为了规范本行政区域内的企业（市场）主体行为，强化企业信用监管，进而推动社会信用体系建设而公布的。目前我国已有 12 个省份公布企业（市场）信用信息的政府规章（见表 11-2），这对我国社会信用体系建设而言具有重大意义。但是，企业（市场）信用信息的地方政府规章也存在些许问题。

表 11-2　有关企业（市场）信用信息的地方政府规章

| 地方政府规章名称 | 法律条文 |
| --- | --- |
| 《天津市市场主体信用信息管理办法》 | 本办法所称市场主体信用信息，包括行政机关在依法履行职责过程中产生的能够反映市场主体状况的信息，以及市场主体在从事生产经营活动过程中形成的信息 |
| 《辽宁省企业信用信息征集发布使用办法》 | 本办法所称企业信用信息，是指企业和非法人营利性经济组织在经济活动和社会活动中形成的，能用以分析、判断企业信用状况的记录和数据 |
| 《吉林省企业信用信息管理办法》 | 本办法所称企业信用信息，是指企业在生产经营和服务活动中形成的，能够分析、判断企业信用状况的记录和数据 |
| 《黑龙江省企业信用信息征集发布使用办法》 | 本办法所称企业信用信息，是指本省国家机关及相关组织在依法履行职责过程中形成或者掌握的与企业信用状况有关的记录，包括企业基础信息、企业良好信息和企业警示信息 |

续表

| 地方政府规章名称 | 法律条文 |
| --- | --- |
| 《江苏省企业信用征信管理暂行办法》 | 本办法所称企业信用信息，是指企业在从事生产经营和服务活动中形成的、能够用以分析、判断企业信用状况的信息 |
| 《浙江省企业信用信息征集和发布管理办法》 | 本办法所称企业信用信息，是指各级行政主管部门以及经依法授权或者受委托承担行政管理职能的组织在履行职责过程中生成的与企业信用状况有关的记录，以及按约定方式向企业、行业协会、社会中介机构和其他组织收集的反映企业信用状况的记录 |
| 《安徽省企业信用信息征集和使用管理暂行办法》 | 本办法所称企业信用信息，是指与企业信用状况有关的记录 |
| 《湖北省行政机关归集和披露企业信用信息试行办法》 | 本办法所称企业信用信息，是指国家机关和相关组织履行职责过程中产生的涉及企业的基本状况、经营活动诚信状况的记录 |
| 《重庆市企业信用信息管理办法》 | 本办法所称企业信用信息，是指各级行政机关，法律、法规、规章授权的具有管理公共事务职能的组织和依法受委托的组织在依法履行职责过程中产生的能够反映企业信用状况的信息，以及企业在生产经营活动中形成的信息 |
| 《贵州省企业信用信息征集和使用管理办法》 | 本办法所称的企业信用信息是指企业身份基本信息、企业守信信息和企业失信信息 |
| 《陕西省企业信用监督管理办法》 | 本办法所称企业信用信息，是指能够反映企业信用状况的相关数据和资料，主要包括企业基本信息、经营管理信息、财务信息、社会评价信息、行政机关监管信息、法院判决和执行信息等 |
| 《山西省行政机关归集和公布企业信用信息管理办法》 | 本办法所称企业信用信息，是指在行政机关依法履行职责过程中产生的有关企业生产经营信用记录以及对判断企业信用状况有影响的客观信息 |

一方面，有关企业信用信息的地方政府规章存在交叉立法情形。企业信用信息无疑是归集反映企业信用状况的信息，企业是整个信息的主体，但是企业也是公共信用信息立法规范的主体之一。《辽宁省公共信用信息管理办法》和《辽宁省企业信用信息征集发布使用办法》作为地方政府规章都将企业作为信息主体予以规定，这就使得辽宁省对企业的信

用信息在两个信息类别立法上存在交叉立法情形。一是可能导致重复立法，浪费立法资源；二是可能存在两部法规内容不一致。企业（市场）信用信息的政府规章比公共信用信息的政府规章更为详细，因其信息主体以企业为主，而公共信用信息分为个人公共信息和企业公共信息两部分，其中，用较大篇幅对个人信用信息加以规定，以至于二者对企业信用信息规定的详细程度不一致。

另一方面，企业信用信息的地方政府规章存在同质化立法情形。地方立法常常紧跟热点"结合本省（市）实际，制定本条例"，一拥而上的立法很容易形成内容上直接照搬上位法或其他同类的地方立法，使得地方立法同质化，在同领域或同层级中出现重复现象。就上位法而言，目前企业信用信息的地方性法规相对较少，仅广东省公布了《广东省企业信用信息公开条例》，但这并不意味着省级政府没有立法参考。2014 年，国务院公布《企业信息公示暂行条例》以规范企业信息公示，强化企业信用约束。该条例的出台便为各地方出台企业信用信息的规章提供了参照，各省应在不违背该条例的基础上，结合本行政区域内的实际情况，对企业信用信息进行立法，而不是套用同级地方立法的模板。

（三）个人信用信息的行政立法界定

地方政府对个人信用信息进行立法规范的情形较少（见表 11-3）。综合来看，不单是省级政府规章欠缺个人信用信息专项立法，行政法规、部门规章、地方性法规对个人信用信息的立法规范也是屈指可数的。个人信用信息立法的必要性体现在以下几个方面。首先，强化个人信用信息立法是保护个人信息安全的需要。随着大数据和互联网的普及运用，个人信息泄露已经成为亟须解决的重大问题，更甚者有专门的犯罪组织将变卖个人信息、窥探他人隐私作为牟取暴利的工具。其次，促进市场公平交易也要求强化个人信用信息立法。市场经济是公平交易的经济，交易双方必须清楚掌握对方的信用信息。个人信用信息立法为信贷、银行等金融机构全面掌握个人信用状况提供法律依据，这便有助于降低交易风险，维护市场交易秩序。最后，个人信用信息立法是推动全面建设社会信用体系的要求。社会信用体系的建设是全面的，包括政务诚信、商务诚信、社会诚信和司法公信等领域的建设。因此，个人信用建设也不能滞后。应充分保证个人信用建设在社会信用体系建设中的基础性作用，加强重点人群职业信用建设。

表 11-3　个人信用信息的行政立法界定

| 地方政府规章名称 | 法律条文 |
| --- | --- |
| 《江苏省个人信用征信管理暂行办法》 | 本办法所称个人信用信息，是指自然人在社会与经济活动中形成的履行义务记录和相关数据 |

相比较而言，各省对某一具体领域的信用信息立法相对滞后，但这并不是主要的问题。当前应着重完善公共信用信息、企业信用信息和个人信用信息的立法规范。在此基础上，结合本行政区的实际需要，制定并出台具体领域的信用信息法律规范。

## 二　信用信息行政立法的信息类别

### （一）正面信息与负面信息

信用信息是反映信息主体信用状况的信息，可划分为正面信息和负面信息。正面信用信息是指信息主体在信用交易、日常生活和公共事务中的正常履约信息，比如，按期履约践诺的贷款、还款、赊销、支付等交易记录，水电气费如期缴纳的生活信息和如期纳税等公共信息。负面信息是指反映信息主体在过去的信用交易、日常生活和公共事务中产生的负面的、消极的信息，例如，信息主体拖欠、赖账、破产及犯罪记录等信息。按照信用信息征集的一般程式，征集负面信息是常例，征集正面信息是个例。澳大利亚、韩国和中国台湾、中国香港等地征信机构只允许征集信息主体的负面信息，而美国征信机构则允许征集信息主体的正面信息。诚信之治是激励之治。笔者认为，为充分发挥正面信息的激励作用，应同时征集正面信息与负面信息，进而以负面信息划定守信底线，以正面信息塑造激励文化，全面客观评价各类主体的信用行为，推动信用法律体系的建构由约束型法律向激励型法律转型。

## （二）失信信息与违法信息

失信信息与违法信息分别是伴随信息主体的失信行为与违法行为产生的相关信息。社会各界对信息主体的违法行为产生的信息是否应当界定为失信信息并纳入征信系统的问题存在较大争议。因为信息主体的违法行为和个人信用之间并不必然存在关联，特别是在由失信行为引发的失信惩戒可能会涉及"一事不再罚"的争议时，关于失信信息与违法信息的边界也会更加模糊。目前，我国将失信行为区分为一般失信行为和严重失信行为，但判断的标准依据主要是"过失""故意""严重恶意"等非指标性准则，这也容易导致失信信息界定的主观随意性增强。违法行为是一个法律概念，是指特定的法律主体（个人或单位）由于主观上的过错实施或导致的、具有一定的社会危害性、依法应当追究责任的行为。本书认为应正确衡量违法行为的社会危害，例如严重交通违法、公共服务违约等违法行为，有关主管部门可将其确认为失信行为纳入个人信用记录。同时，失信行为要进行等级划分和累积量化指标，提高失信评价的科学性。

## （三）失信信息与道德失范信息

诚信属于道德范畴，但并非所有道德失范信息都属于法律规定的失信信息范畴。关于道德失范信息融入法制的内容构成，学界有不同意见，而在地方信用法规和信用政策体系建设中则较为普遍地出现了扩大失信范畴规定的情形，随地吐痰、地铁饮食、不尽孝道和不文明旅游等道德失范信息被纳入失信信息的范畴，引发社会的关注。在一定程度上而言，这种扩大失信内容规定的做法将细小道德问题法治化，扩大了刚性规制的覆盖面，但又因融入的内容过于多元化而削弱了界定标准的统一性，弱化了立法和政策规定的可操作性。例如，《上海市老年人权益保障条例》将不回家看望父母的行为作为失信信息纳入征信记录，道德治理法治化的泛化引起了社会的热议。总体而言，本书认为失约、不讲信义等道德失范行为可经过客观标准筛选识别后纳入失信信息的范畴，但同时要注意不能随意扩大融入范围，避免信用管理泛化，防止信用档案变"道德档案"。

## （四）个人信用信息与个人信息

个人信息是包括个人隐私在内的所有信息，也是个人信用信息的重要来源。信用信息的公开与隐私权保护的边界此消彼长。[①] 现实生活中的征信机构征集内容具有较大的随意性，易混淆个人信用信息和隐私信息的界限，不恰当地扩大信用信息的征集范围，侵犯信息主体的合法权益。因此，禁止征集个人隐私信息也成为研究者的重要主张。同时，公务员、律师、会计、教师、医生、罪犯等重点人群的个人信息与社会公众的安全和切身利益息息相关，能更多体现个人信息的公共性价值，在一定程度上符合信用信息的披露原则。此外，在信息使用层面，基于个人信用信息公共性的特征，个人信用信息的合理使用不受自然人"知情—同意"原则的约束，但涉及个人隐私事项的信用信息要以尊重公民的基本信息权利为前提，遵循《民法典》等基础性法律和兜底性法律的约束，不得违法采集和使用。

## （五）信用信息和公益信息

2019年国家卫健委等11个部门联合印发通知，要求各地将无偿献血纳入社会征信系统。这一做法引起了社会热议：一种观点认为无偿献血信息可以成为信用的加分项，既能给献血者提供便利，又能在社会上形成乐于奉献的良好风尚，对国家卫健委的做法持认同态度。另一种观点认为献血本属公益活动，是完全取决于个人的自愿行为，不应该纳入征信系统。针对上述观点，本书较为认同前者，主张将志愿服务、慈善活动等持续性或重大性的公益信息纳入信用信息中正面信息的范畴，依循制度形成习惯的逻辑，通过正面信息的集中采集，全面客观评价自然人的信用状况和公益情形，以现代权利观和诚信观为基础，建立信用权益实现机制，促进社会秩序的整体向善。特别是在行政过程中，政府应该实践"适当扩大行政相对人权利，严格约束自身"的立法准则，将正面信用信息征集和转化机制的建构作为未来行政立法和行政执法工作的重点。

---

[①] 参见王鹏鹏《论个人信用信息公开的私法规制》，《北京理工大学学报》（社会科学版）2020年第3期。

## 三 信用信息行政立法界定的问题向度

### (一) 基础性法律缺位，信息界定缺乏统领性法律依据

目前，我国信用专项立法主要是行政法规、部门规章、地方性法规、地方政府规章，立法主体多是中央政府、国务院组成部门或直属机构、地方人民代表大会及其常委会和地方政府。中央层面，2013年国务院公布的《征信业管理条例》为规范征信业发展提供了行政法规依据，强化了对征信市场的管理，规范了征信机构、信息提供者和信息使用者的行为，保护了信息主体权益，这标志着我国征信业管理进入法治轨道。但是，实践中《征信业管理条例》仍然存在部分条款操作性要求不明、协调性不严密、职能定位不明晰等问题。[1] 同时，配套制度的建构也存在短板，亟须出台相关细则来进一步明确和规范包括信息识别界定在内的信息管理工作。在地方层面，上海、广东、浙江、辽宁等省份陆续出台信用信息管理条例等地方性法规和地方政府规章，为当地因地制宜开展信息管理工作提供了立法依据。但是，各地对信用信息界定存在区别，这就需要全国人大或人大常委会立法对信用信息进行统领性的规定。全国人大立法与地方立法相比具有独特优势，有助于使立法更具权威性，可以为地方信息立法提供方向性的指引，统领地方信息立法，减少地方立法的随意性，解决信用信息界定位阶层级分布各异和地方立法分布零散不一的问题。

### (二) 地方行政立法各异，信用信息界定标准不一

信息管理工作涉及多个领域、多元主体，包括征集、披露、使用以及奖惩激励等诸多环节，包含信息界定在内的信息管理是一项综合复杂的工作。为此，我国各地区纷纷出台地方政府规章对其进行规范，这就导致各地间的规章存在不一致的问题。一方面，各地信息立法的侧重点存在差异。有的侧重于整体把握信用信息，针对信用信息进行立法；有的则是将信用信息细分为公共信用信息、企业（市场）信用信息、个人

---

[1] 参见王婉芬《〈征信业管理条例〉实施中存在的问题及建议》，《征信》2013年第12期。

信用信息，然后分别进行立法。另一方面，各地信息立法在信用信息界定方面存在差别。一是对涉及的行政组织表述不同，有的是指狭义的行政组织，有的则是指包含司法机关在内的广义的行政组织。二是对信息的分类有差别，大多数条例中的信用信息表述为"反映信息主体信用状况的信息"，北京则将信息细化为基本信息、良好信息和不良信息三大类。三是对自然人的表述不同，例如，浙江、辽宁两地将自然人限定在"具有完全民事行为能力"范围内，北京则是将自然人限定在"18周岁以上"，其余法规规章则未对自然人进一步作出规定。此外，初、高中考生作弊的信息是否应纳入征信系统也一直存在争议，多数观点主张未成年人的考试作弊信息不纳入失信信息。

### （三）法律可操作性弱，部分条款存在形式主义的倾向

一方面，采集信息时获取信息主体授权的前置程序要求不明确，对征信机构获取授权规定模糊。在信息征集和使用环节，有的信息是需要获得信息主体授权同意方可征集、使用的。但是许多地区信用信息管理条例未对获取信息主体同意或授权采取书面授权、口头授权或其他授权方式作更详细的说明，缺乏统一标准。实践中采集个人信息时还存在批量授权、合同条款、"一揽子授权"等情形。信息主体在办理业务时相对来说处于弱势地位，对这些格式条款缺乏相应的修改权或拒绝权，从而导致不合理授权，一定程度上容易造成对个人信用信息的过度披露，侵犯信息主体的合法权益，不符合《征信业管理条例》强化个人信息保护的原则。

另一方面，对履行告知义务的要求不明确。例如，某些信息不得征集披露，但若告知信息主体不征集披露该类信息可能产生不利后果的除外。这类规定便设定了信息征集和披露者提前告知的义务，但对于履行该告知义务的具体内容、方式、时点、已告知证据的保存方式及期限等均不明确。实践中还存在对"告知"还是"告知到"的认识不统一的问题，对于告知证据的保存方式和期限也存在较大争议。总的来说，关于信用信息的法律法规实际可操作性尚待提高，许多法律条款还存在尚待完善的地方，这些不足容易导致相关条款流于形式。

## 四 信用信息立法面临的新形势新要求

### （一）信用立法体系的完善亟须形成高位阶信用信息法律共识

国家信用基础性立法、地方社会信用综合立法的立法体系的完善，亟须形成关于信用信息共识的法律概念。这既包括信用信息的界定，也包括类型化的公共信用信息、企业（市场）信用信息、个人信用信息的界定。法律概念的共识通常遵循"由下到上"的逻辑，需要在行政法规或部门规章层面形成统一共识。在信用立法方面，上海等地已经开始向综合性立法转型，政府单项规章规制领域也日益扩大，国家层面也开始了基础性信用立法的进程。但总体而论，由于权威性国家信用法律的缺失，地方信用立法探索开始较早的几个省份在信用信息的法律界定上也存在各种差异。正是由于缺乏高位阶信用立法，仅有相关的规范性文件引领地方信用立法，地方对信用法理的理解没有形成共识，政府部门和市场领域还存在行事不够规范的现象，存有潜在的侵权风险。因此，在总结地方立法经验的基础上，及时形成高位阶信用信息法律共识、推动全国范围内的信用统一立法显得十分必要。

此外，近年来不断有消息称将个人信息保护法列入全国人大立法议程。2019年底，全国人大常委会法工委发言人更是介绍了全国人大常委会2020年的立法工作安排，其中个人信息保护法是立法计划中的重要内容，这便对尽快在更高位阶层次法律法规层面形成共识提出了要求。形成信用信息界定的全国性法律共识对个人信息保护立法的意义重大，尤其是个人信用信息界定的全国性法律共识的形成，对于推动个人信息立法具有重要借鉴作用。它有助于明确个人信用信息的概念范围，统一个人信用信息界定标准，解决个人信息保护规章制度的碎片化、分散化问题，为完善后续信用立法提供法律共识。

### （二）信用立法的法律评价亟须与失信行为的信息界定保持一致

目前社会信用体系建设中存在法律评价脱离了关于失信者失信信息

和失信行为法律概念界定的情形，尤其是在信用惩戒层面出现法律规定与法律适用相脱节的现象，此种问题较为突出地出现在教育领域，例如失信子女不被高考录取①和限制失信者子女就读私立学校②。就山东省某中学限制招录失信人子女一事，合理解读相关政策文件至关重要。2016年6月，国务院发布《关于建立完善守信联合激励和失信联合惩戒制度加快推进社会诚信建设的指导意见》，对失信行为进行行政性约束和惩戒有明确的规定，其适用对象是"严重失信主体"。由此可见，行政约束及惩戒直接针对失信主体自身，而较少涉及他人，且并非信息主体的所有行为都将遭受行政约束与惩戒，一般程度上的失信不在联合惩戒范围内。案例中，该所民办学校要求家长无失信记录，显然与意见相关规定不符，于法无据。而禁止失信被执行人林某锦子女就读高收费私立学校一案，既较好地震慑了失信被执行人，促使其履行未尽义务，又可推动形成"一处失信，处处受限"的良好局面，增强了联合惩戒的预防功能。法律约束的是公民的行为，法律评价是关于信用主体行为的评价。虽然《最高人民法院关于限制被执行人高消费及有关消费的若干规定》第3条第1款第（七）项规定子女不得就读高收费私立学校，然而，学界普遍认为"子女"是独立的法律权益个体，即使是未成年人（被监护人）也并不意味着信用权益的让渡或削减。惩罚规定应该聚焦于失信主体的法律评价，特别是对失信主体具体举措的评判。因此，法律评价要以失信行为的法律界定为依据，厘清政策意图、法律意图和政策效能之间的关系。

---

① 2018年，山东省昌乐二中在其官方网站上发布了当年的招生简章。在"市外考生"这一栏的报名要求中，增加了一条硬性规定，要求"报名考生家长必须无失信记录"。该招生简章一经公布便引起了家长和市民的热议。有人认为这属于变相的"连坐"，侵犯了孩子的受教育权。

② 2019年1月，福建省高级人民法院公布的福建法院2018年度十大执行案件中，禁止失信被执行人林某锦子女就读高收费私立学校一案也引起热议。按照惠安法院下达的有关法律文书，失信被执行人林某锦（具有偿债能力但拒绝履行偿还义务）的两名子女不得继续在某国际学校就读。同时，法院给该校下达法律文书，希望学校配合法院工作。但校方并未及时为林某锦子女办理退学与退费。法律文书送达6个月后，惠安法院向该国际学校发出执行听证通知书，告知拟对该校作出相应的行政处罚。最终该国际学校配合办理了林某锦两名子女的退学手续并将其预交的学费3万元转入法院执行账户。

## 五　信用信息行政立法界定的规范发展

**（一）综合运用统一立法和分散立法的形式对信用信息进行界定**

信用信息的界定应当遵循法治化原则。一方面，可制定并颁布社会信用基础性立法作为统领性的法律来规范信用信息的识别与界定；另一方面，可制定单行专项法来对信用信息界定进行具体的规定。在法治背景下，信用信息虽在《民法典》第四编第五章"名誉权和荣誉权"中有相关规定，但这并不意味着信用信息的界定只能诉诸统领性的一般法。现实情况复杂多变，在考虑到用统一立法来进行总体原则性规定的同时，必须充分考虑到信用信息界定可能存在的特殊性。因此，关于信用信息的界定应采用统一立法与分散立法相结合的立法模式。

统一立法是指通过一部统一的法律来综合规范信用信息的识别与界定，同时设立专门的机构来负责该法律的实施，其特点在于综合与统一。统一的立法可以使信用信息界定在一个国家内部明确化，有利于确立信用信息界定的统一标准，可以对信用信息的界定在全国范围内进行统一把握，避免因为法律条款众多而各行其是，对相同的问题产生相异的规定。但它的弊端在于灵活适用性较差，可能阻碍信息的自由流动，压制创新和限制市场的自由。分散立法模式是指在没有统一性信用信息界定基本法背景下对不同领域和事项分别推出单行法的模式。分散立法可以根据具体的领域和行业来制定专项法律法规或转化为法律条款，极具灵活性，能有效避免统一立法所带来的武断性和僵化，使信用信息的界定具有针对性。但是，分散立法从不同角度对信用信息进行界定，缺乏系统性和协调性，不同立法之间难免发生冲突或者重复。由此可见，统一立法与分散立法各有优劣，选择二者相结合的立法模式可弥补行政立法在信用信息识别与界定方面的不足之处。

**（二）综合根据依法立法和专业立法的要求对信用信息进行界定**

信用信息的立法界定应做到依法立法，特别是要依据既定法律原则和上位法立法。依法治国是党领导人民治理国家的基本方略，而依法立法是依法治国的首要环节，信用信息界定的行政立法也应当遵循依法立法的原则。信用信息的行政立法界定必须依据宪法、立法法规定的权限立法，通过规范化的立法程序作出更为科学的法律概念界定。依据上位法立法，信用信息界定的行政立法不得与宪法法律相冲突，同时必须保证与同位阶层次的法规、部门规章相协调，从而提高立法的合法性与正当性。此外，信用信息界定的行政立法对专业性提出了较高要求，需要立法工作者具备必要的法律专业知识，包括立法原理、立法程序、立法技术等，以避免价值偏差、机械立法等问题的出现。笔者建议，由法学、信用管理、信息科学和公共管理学等方面的专家共同参与立法工作。信用管理、信息科学和公共管理学方面的专家能够整体把握国家的社会信用体系建设的技术性特征和机制架构，专家的参与有助于在技术程式和实操程序层面实现立法与国家的社会信用体系建设规划的一致。信用信息的立法涉及但不限于人们的信息权、隐私权、数据权。法学专家参与信用信息的立法有助于维护信用主体的正当信用权益，提升立法的专业化水平。因此，各类专家组成的团队能够为立法提供咨询与建议，增强立法的技术性与规范性，提高立法质量，从而保证科学立法，使得信用信息的界定有"良法可依"。

（三）综合采用概念法和"列举+例外"法对信用信息进行界定

为确保信用信息的科学性和合理性，信用信息界定应当综合采用概念法和"列举+例外"并用的方法。概念法是指信用信息的界定应与其法律概念保持一致，从概念中分析信用信息的内容要素和基本形式。列举法，即通过法规规章规定，何种信息可作为信用信息进行采集，纳入征信系统或信用档案。例如，《浙江省公共信用信息管理条例》第10条明确列举了应当作为信息主体基础信息记入其信用档案的信息类别。例外法，即为保护信息主体的合法权益而排除某些信息的征集，具体又可以划分为禁止采集信息和限制采集信息。禁止采集信息是指明文规定不得采集的信息，例如，《征信业管理条例》第14条规定了禁止征信机构采集个人信息的内容。限制采集是指信息采集者应当满足某些条件，方可采集信息主体的个人信息。《征信业管理条例》第14条也规定了限制采集的个人信息。征信机构对于不得采集的信用信息，只有在告知信息主体提供该信息可能产生的不利后果并取得其书面同意时方可采集。此时，征信机构需要同时具备履行告知义务和取得书面同意两个条件。综上，信用信息的界定识别采用概念法和"列举+例外"并用的方法，既能给征信机构一个明确的征集范围，减少征信机构信息征集的随意性，又可通过例外法限定某些信息的征集，进而保护信息主体的合法权益，使得信用信息的识别与界定更加科学化。

（四）强化以正面信息为主的全面性信用信息的行政立法界定

如前文所述，正负面信用信息的征集存在争议。正确区分正面信息和负面信息不仅有利于提高征信机构的征信服务质量，而且有利于保护信息主体的合法权益，保证信息主体被给予公平对待。目前多数国家对信用主体的信息采集范围默认为负面信息，此类信息反映了信息主体不良信用状况，更具标签意义，是对失信者的重要警示。同时，正面信用信息的征集也成为更多国家信用信息征集的重要内容。许多欧洲国家规定搜集和公开信息主体的正面信息要事先征得消费者本人的书面同意，美国则认为除个别情况外，原则上法律一直允许征信机构在不事先征得消费者本人同意的情况下征集和公开个人的正面交易信息。从实际的效果来看，美国的做法更值得借鉴。全面的信用信息包括负面信息和正面信息，全面信用信息的使用，不仅符合授信人的利益，也符合个体的基本利益，能够较完整地反映信息主体失信与守信的情况。因此，个人信用信息界定应当提倡以强化正面信息为主的全面性信用信息的行政立法界定，挖掘正面信息的价值，充分发挥正面信息激励守信和全面评价的作用，并同时使消费者和授信人受益。

综上所述，信用专项法律体系是以国家社会信用法为基础，包括各级政府信用立法和地方人大信用立法在内的法律体系，主要由法律、行政法规、部门规章、地方性法规和地方政府规章组成。在发展过程中，信用立法既要秉持激励的立场，又要坚持广度扩展的原则，实现"中央—省—市"三级不同位阶法律法规和规章的衔接，推进信用立法向社会诚信体系薄弱环节和新兴领域拓展，进而实现对各类信用主体诚信权益的有效保护。

## 第二节　信用专项法律体系的完善与转型

### 一　信用专项法律体系的权利基础

现代法治是以权利为本位的法治，权利保障是法治的核心和宗旨。诚信不仅仅是人们应该恪守的义务，也是每个人应该享有的权利，理应纳入权利保障的范畴。现有信用专项法律体系的建设还未形成完善的框架，国家基础性立法和重要事项的专项立法仍处于缺位状态，信用法律体系的未来建设应以明确要保障的权利类型为前提，以知情权、隐私权、信用权等相关诚信权利为基础进行制度设计，将诚信权益保障在国家法律、行政法规、地方性法规以及部门规章和地方政府规章中予以立法确认，变革以规制为主导的传统法制思维。

#### （一）知情权：信用信息对称的权利基础

"知情权"对应的英文为"right to know"，国内学者也将其称为"信息权"或"知悉权"，是指公民了解和知悉社会活动的权利，它包含了解社会事务、国家事务以及其他事务的权利。"信息"是该概念的核心和本质，它包含私法意义上的知情权（如个人信息知情权）和公法意义上的知情权（社会知情权）两个层面的理解。法律不仅要保障公民对国家公共信息的了解，也要为公民提供了解自身信息、他人信息、社会组织信息及经济组织信息的渠道。

现代诚信是以平等为基础的理性诚信，人们之间诚信关系的形成往往取决于理性的计算。在现代博弈模型之中，社会主体相互间承诺或契约的内容、形式及履行都以信息为基础，这要求社会主体不仅清楚地掌握自身信息，也要全面了解博弈方的信息，力求信息对称。在现实生活中，公共领域和私人领域的诸多失信行为往往与信息优势方相关。信息不对称会提高交易费用，增加社会运行成本，加剧社会不公平感。与此相对应地，人们只有在信息对称的情况下才敢于作出和履行承诺。因此，社会诚信体系的建设应以促成相互信任的信息为起点，信用法治最为直接的行动就是保障公民的知情权。

同时，知情权也是实现公民相关基本权利的重要前提。在我国的法律体系中,至今未有关于知情权的明确规定,第一次提及"知情权"概念的权威性规范是 2002 年党的十六大报告。① 然而,宪法规定的公民基本权利的实现离不开对知情权的保障。我国《宪法》第 35 条明确规定,中华人民共和国公民有言论、出版、集会、结社、游行、示威的自由。《宪法》第 41 条第 1 款也规定,中华人民共和国公民对于任何国家机关和国家工作人员,有提出批评和建议的权利;对于任何国家机关和国家工作人员的违法失职行为,有向有关国家机关提出申诉、控告或者检举的权利。宪法中列举的上述基本权利要正当合法地实现,都有赖于对事实真相的了解。若不能通过合理的制度设计保障公众知情权,权利实践只能是空谈。在某种意义上说,知情权是不可剥夺的基本权利。基本权利的定位取决于权利本身的性质和属性,不能因缺少法定依据而否定其在权利体系中的地位和作用。例如,我国宪法同样没有将生命权纳入宪法文本的权利规定体系,却不能因此否认生命权作为基本权利的地位。此外,《世界人权宣言》第 19 条的规定更为加强知情权保障提供了直接依据,即"人人有权享有主张和发表意见的自由……通过任何媒介或不论国界寻求、接受和传递消息和思想的自由"。

特别是在现代社会,随着公民信息需求和信息意识的增强,知情权在广度和深度上逐渐被扩展到更远的范围,已经发展成为对人身权、财产权及其他经济、社会和文化权利都有基础性作用的基本人权。② 信用法治应将知情权纳入公民基本权利的范畴,从知情权着手加强立法保障和运行机制建设,从根本上维护公众获取信息的权利,进而为诚信关系的形成塑造信息对称的环境。

(二)隐私权:公民权利保护的法律边界

隐私权是保护公民人格尊严和促进个性发展的重要权利,隐私权的

---

① 在党的十六大报告《全面建设小康社会 开创中国特色社会主义事业新局面》中,知情权第一次被正式提出——"扩大党员和群众对干部选拔任用的知情权、参与权、选择权和监督权。"除此之外,中共十六届六中全会审议通过的《中共中央关于构建社会主义和谐社会若干重大问题的决定》也明确提及关于知情权的内容——"推进决策科学化、民主化,深化政务公开,依法保障公民的知情权、参与权、表达权、监督权。"
② 参见翟云岭、任毅《我国诚信体系构建中的若干法律问题》,《法治论坛》2008 年第 1 期,第 117 页。

法律保护有很丰富的域外经验支持和文本依据。在西方国家的法律中，隐私权不仅属于民法的基本范畴，也是重要的宪法权利，受到法律的严密保护。在社会诚信体系发达的美国，隐私权的民事立法已呈现专门化趋势，美国出台并实施了《财务隐私法》《家庭教育权利及隐私法》《隐私权法》等一系列法律，征信机构（信用局）征集和提供信息服务的权限也因此受到限制和约束。同时，1965年的"格里斯伍德诉康涅狄格州案件"①正式将隐私权确立为独立于宪法第四修正案和第五修正案的一般宪法权利。自此，隐私权在美国受到宪法基本权利和民事权利的双重保护。同时，德国宪法法院的相关规定也显示了此种倾向。② 同时，《公民权利和政治权利国际公约》《美洲人权公约》《欧洲人权公约》《世界人权宣言》等国际条约也分别从不同角度规定了隐私权保护的重要内容，为各国隐私权立法和实践提供了权威性依据。③

在我国法律体系中，隐私权主要属于民事权利的范畴，它经历了一个发展与认同的过程，最终成为法律所明确保障的民事权益。在《中华人民共和国民法通则》（1986年）所列举的具体人格权中并未包含隐私权的内容，早期的司法实践只是将隐私权纳入名誉权保护的范畴，这在一定程度上限制了权益保护的力度和范围。随着司法经验的积累，隐约的隐私权意识和概念已发展成为法律所明确确认的权利。2009年第十一届全国人大常委会第十二次会议通过的《中华人民共和国侵权责任法》第2条明确规定："侵害民事权益，应当依照本法承担侵权责任。本法所

---

① 在"格里斯伍德诉康涅狄格州案件"中，美国联邦最高法院推翻了康涅狄格州一项规定即使在已婚夫妇间使用避孕用具亦属非法的州立法。该立法还禁止家庭计划组织提供关于避孕用具的建议，道格拉斯大法官在判决中认为：隐私权利益可以从分散于《权利法案》中的各项规定看出，其中包括第一、三、四、五和第九修正案。

② 在德国，虽然普遍认为隐私权属于民事权利的范畴，但在司法审判中隐私权显示了重大的宪法意义。根据《德国基本法》第2条第1款的规定，德国宪法法院从宪法基本权利的角度作出了诠释，即承认个人享有人格尊严、肖像权、对自己的言语的权利以及包括私密和独处在内的隐私权。

③ 关于这些条约中隐私保护的具体内容，可参见条约文本，在此只作简单举例：《公民权利和政治权利国际公约》第17条规定，"任何人之私生活、家庭、住宅或通信，不得无理或非法侵扰，其名誉及信用，亦不得非法破坏"；《美洲人权公约》第11条规定，"人人都有使自己的荣誉得到尊重，自己的尊严受到承认"；《欧洲人权公约》第8条规定，"人人都有维护其隐私、家庭生活、居所和通信的权利"；《世界人权宣言》将隐私权明确为国际人权，第12条规定"任何人的私生活、家庭、住宅或通信不得任意干涉，他的名誉和荣誉不得加以攻击"，有权享受法律保护，以免受这种干涉或攻击等。

称民事权益，包括生命权、健康权、姓名权、名誉权、荣誉权、肖像权、隐私权、婚姻自主权、监护权、所有权、用益物权、担保物权、著作权、专利权、商标专用权、发现权、股权、继承权等人身、财产权益。"隐私权在法律体系中获得相对独立的地位，公民相关权利救济也因而有法可依。人们行使权利不得侵犯他人隐私，否则就应承担相应的民事法律责任。2020 年 5 月，新出台的《民法典》将"隐私权和个人信息保护"单列为"人格权编"中的单独一章，隐私权和个人信息保护进入新的发展阶段。这也必将在政府立法中得到贯彻，转化为后续政府信用立法的重要基础。

然而，学界也存在关于隐私权保护的相关争议，刘作翔、张军等学者就较为赞同隐私权的宪法保护。[①] 在现有法律体系中，我国宪法虽然没有关于隐私权的明确规定，但《宪法》第 38 条、第 39 条、第 40 条的相关规定在内容性质上与隐私权的实质内容基本一致。

第三十八条　中华人民共和国公民的人格尊严不受侵犯。禁止用任何方法对公民进行侮辱、诽谤和诬告陷害。

第三十九条　中华人民共和国公民的住宅不受侵犯。禁止非法搜查或者非法侵入公民的住宅。

第四十条　中华人民共和国公民的通信自由和通信秘密受法律的保护。除因国家安全或者追查刑事犯罪的需要，由公安机关或者检察机关依照法律规定的程序对通信进行检查外，任何组织或者个人不得以任何理由侵犯公民的通信自由和通信秘密。

法条中关于"人格尊严不受侵犯""住宅不受侵犯""通信秘密受法律的保护"的规定，与前文述及的《世界人权宣言》等国际条约中的内容都有相同或类似之处，是尊重人权的宪法文本反映。这些规定实质上又将权利保护引入两个维度，即生活安宁和私人秘密，而这恰好是隐私

---

① 关于两位学者的观点，具体参见刘作翔《隐私权：宪法视野的考察》，《北京日报》2008 年 4 月 14 日，第 20 版；张军《论宪法隐私权的法理基础》，《广西大学学报》（哲学社会科学版）2007 年第 1 期；张军《宪法隐私权研究》，中国社会科学出版社，2007。

权的主要内容。① 因此，无论学界争议如何，无论是否在宪法中列举"隐私权"，我国的宪法和法律都在公法与私法意义上以及事实层面支持对隐私权的保护。毋庸置疑，隐私权在"静态的法"和"动态的法"中会具有愈来愈重要的地位，成为社会诚信主体不可忽略的权利诉求。

在信用法治的建构过程中，社会信息的过度流动，特别是新闻自由权利的滥用，在某种程度上会对公民的隐私权形成侵蚀，推进社会诚信体系建设应特别注重对隐私权的保护。同时，在社会信用信息机制的法律建构中，如何处理知情权和隐私权的关系也是一项重要课题。两者是一组相互对应的权利，无可避免地存在冲突与协调的情形。通常情况下，知情权的保护应以不侵犯隐私权为界限。在诚信或信用信息征集中，一般采用两种方式解决相互间的冲突，即法定授权和信息主体本人的授权。如果冲突涉及重大公共利益，保护隐私权显失公平时，社会诚信体系中评价主体应当采用倾向最大利益的原则作出取舍，因为"但当个人私事甚至隐私与最重要的公共利益——政治生活发生联系的时候，个人的私事就已经不再是一般意义上的私事，而属于政治的一部分，它不受隐私权的保护"。

（三）信用权：社会诚信体系权利内容的直接体现

在社会诚信体系的基本框架中，征信规范和征信运作机制是核心组成部分，而公民权益在法律上最直接的表现就是信用权的保障。如果说知情权为社会诚信主体获取信息和建立诚信关系提供了保障，隐私权设定了社会诚信关系的边界，信用权则是社会诚信主体间具体诚信权益的反映，主要体现为社会主体间履行契约的能力以及由此获得利益的权利。因此，信用权通常在私法意义上受到保障。目前学界关于信用权概念的争议较多，但不乏某种程度的共识，即社会评价和利益是其中不可忽略的关键性要素。比如，赵万一教授等认为，信用权是信用主体通过交易

---

① 隐私权的内容体系相对庞杂，学界目前尚未达成关于隐私权的基本共识。王利明教授的观点相对具有代表性，他认为隐私权主要包括生活安宁和私人秘密两个方面。本书采用了此种观点。具体参见王利明《隐私权概念的再界定》，《法学家》2012 年第 1 期，第 115 页。

活动或职业生计活动从社会获得公正评价并以此取得相关利益的权利;①王利明教授则主张,信用权是指以享有在社会上与其经济能力相适应的社会评价的利益为内容的权利。② 不论在概念认知上如何不同,信用权的立法保护却是学界的一致主张。赵万一、胡大武等学者曾总结了国际上信用权保护的七种模式,翟云岭教授也主张对信用权进行直接保护。③ 在我国法律体系中,关于信用权益的法律保护以政府信用立法和地方人大及人大常委会专项信用法规为主,在国家法律层面的保护则较为稀少,缺乏对信用权益的直接列举。即使新出台的《民法典》,关于信用权益的规定也未以单独成章形式扩展为专项权利,而是"人格权编"中"名誉权"的组成部分,主要涉及信用评价和信用信息处理等事项。信用权的保护关系到社会主体的具体诚信(信用)权益,是社会诚信体系中个体权利的直接体现。特别是随着社会失信问题的日益突出和信用立法进程的加快,信用权应尽快明确为私法的重要权益和专项法律权利,在法律中得到明确保护。

总体而言,知情权和隐私权的法律保障为社会主体进行诚信抉择确立了可能性条件,社会主体因此拥有了诚信行为的勇气和底线;而信用权的法律保障则使社会主体在诚信行为中真正受益于社会的经济评价,从而有利于提高社会主体主动诚信的积极性,这也是法律的激励功能所在。因此,信用专项法律体系建设应将知情权、隐私权纳入公民基本权利的范畴,从公法和私法层次实施全面保障,而在民法等私法领域要明确对信用权的保护。此外,社会主体的权利保障并不以此为限,关乎人们信用或诚信利益的信息查询权、修正权和修复权等一系列权利都应在法律的保护范围之内,特别是要在法律和法规规章中明确规定上述权利的实现机制。以此为起点,信用专项法律体系建设的宗旨和目标就愈发

---

① 参见赵万一、胡大武《信用权保护立法研究》,《现代法学》2008年第2期,第163页。
② 参见王利明《民法·侵权行为法》,中国人民大学出版社,1993,第299页。
③ 赵万一、胡大武教授总结的七种模式分别为:智利—德国模式、俄罗斯模式、法国模式、荷兰模式、日本模式、意大利模式、中国台湾地区模式。翟云岭教授认为,目前我国采用《反不正当竞争法》进行的间接保护模式并不完备,应该支持将信用权纳入《民法典》作为单独的权利进行保护。具体参见赵万一、胡大武《信用权保护立法研究》,《现代法学》2008年第2期;翟云岭、任毅《我国诚信体系构建中的若干法律问题》,《法治论坛》2008年第1期。

明显，社会诚信体系的权利内容也会日益丰富和完善。

## 二 信用专项法律法规体系的建构

### （一）信用专项法律体系建构的原则立场

根据前文所述可知，无论是社会诚信体系建设的政府专项信用立法，还是政府诚信治理的专项政策，均以传统行政规制和负面评价为主。其中黑名单与红名单制度的文本数量比值约为15∶1（见表7-1和表7-2所示），而专项联合激励制度的占比也只有9.8%（见表8-1所示）。法律制定又通常遵循成熟政策立法转化的发展逻辑，与之相对应，现有的信用专项法规规章也形成了重惩戒轻激励的结构布局，负面评价成为信用法律评价的主流价值导向。此种价值取向是国家和政府应对诚信治理难题的现实选择，有利于厘定各类主体行为的诚信边界，推动塑成各类主体对信用评价和失信惩戒的敬畏心理，对于底线思维和规则意识的养成有较大的助力，是解决当前日益严重的社会失信问题的策略选择。然而，互利型诚信社会秩序的建立不仅在于对失信行为的规制，更关键的是要为"诚信—互利"社会的发展提供内在动力，使各类主体养成诚信行为抉择的自觉，最终形成以规制为前提和以激励为本质的信用专项法律体系。

信用法治建设坚持激励的立场和原则，实现向激励型法治的转型，需要注重文本数量上的平衡和激励内容维度上的扩展。在文本数量层面，中央和地方立法应注意在社会诚信体系建设关键领域实现与负向评价的平衡，特别是要在科研、医疗、生态等行业领域加快激励型立法的进度。在激励内容层面，激励型立法必须立足现代诚信的价值意蕴，正视工具诚信的功能，避免将价值诚信教条化，以法律权益的正当保护为基点，通过在法律中设置诚信权益的兑换机制，将信用激励导入体系化的发展轨道。同时，诚信权益的法律条文设置要坚持广域发展的原则，将诚信权益的实现机制扩展到金融、商业、日常生活和公共事务等领域，特别是信用贷款、信用消费、行政审批等事项上的适用。此外，诚信权益的实现要处理好"互利"和"驱利"之间的关系。一是权益的设立以法律权利的范畴为准则，合理界定信用关系双方之间的利益分配与义务承担，平衡诚信权益的私益与公益价值。二是权益的设定要避免"为诚信而诚信"，防止诚信权益单纯成为谋取利益的工具。要在物质利益之外强化荣誉性利益的设置，通过政务服务改革削减荣誉性信用行政奖励的数量，提高荣誉性信用行政奖励的设置级别和申报要求，进而提升荣誉性诚信奖励的社会认同和公信力，实现诚信激励的示范效应。

信用法治建设的激励之法亦是实践之法，在信用专项法律体系建设中还要强化可操作性和计量性。信用法治建设的核心要素在于信用信息的界定和奖惩举措的设置。在可操作性层面，信用专项法律体系的建设要对信用信息进行类型化和列举化的规定，特别是要对失信行为和惩戒举措进行层级化的规定，并详细设置梯度间的转化机制。在计量性层面，信用法治建设要建立和统一诚信（信用）积分的标准，实现专项立法或管理办法或实施细则的转化，适度扩大诚信行为的纳入内容，"以点带面"推动社会诚信建设。一言以蔽之，信用专项法律体系的建设要严格"失信行为"和"黑名单"建设的规束范围，避免失信惩戒的泛化；合理扩大"诚信行为"的纳入内容和信用激励的适用维度，促进社会诚信体系建设积极心态的形成和发展。

## （二）信用专项法律体系建构的科学性发展

政府信用立法是信用专项法律体系的重要组成部分，目前我国已经在层级上覆盖拥有行政立法权的各级政府主体，形成了政府信用专项法规规章体系的初步框架（见表4-1）。然而，政府信用专项法律体系的建构不止于此，还应继续发挥政府对社会诚信体系建设的推动作用，进行积极的法规规章创制。

一是在中央政府层面加强重点领域行政法规和部门规章的建设。目前，信用建设方面的行政法规和部门规章共计7部，主题主要聚焦于征信、企业信用信息、个人信用信息、社会组织信用信息、海关企业信用和证券期货诚信。就前文信用立法分析显示的发展趋势而言，中央层面亟须加强公共信用信息、信用评估评级、信用监督和社会信用代码等方面的行政法规或部门规章的制定，为解决社会诚信体系建设中的重点问题和难点问题提供全国层面的权威依据，统一社会诚信体系建设关键领域的适用准则。

二是在地方层面要加强政策发展成熟领域的立法转化。目前，关于信用信息管理的地方政府立法共有 34 件，在地方政府信用立法中占最大比重，约为 79%（见图 4-1）。地方政府信用立法的完善要立足社会诚信体系建设的短板，在公共政策创制经验的基础上，进行信用联合奖惩、信用监督、诚信积分和重点行业领域的立法探索和转化，不断为社会诚信体系建设的地方创新提供法律依据，为上位法的创制积累有益经验。

按照立法的一般程式，政府在参与人大立法层面也发挥着重要的推动作用。无论是国家法律还是地方性法规，通常由政府相关职能部门牵头起草，司法行政部门进行合规性审查，再提请人大或人大常委会审议。

在中央层面，国家发展和改革委员会、中国人民银行等国务院组成部门要积极推动国家信用立法的出台。2019 年 8 月 30 日，国家发展改革委就其牵头起草的《中华人民共和国社会信用法（部门起草稿）》召开座谈会，积极听取实务部门、行业和专家的合理意见，国家基础性信用立法进入发展的快车道。为深入推进社会信用立法进程，国家发展改革委等部门需要进一步围绕社会信用法属性、法律概念界定、失信惩戒与行政处罚等焦点问题，开展调研和论证，在吸取地方立法经验的基础上推动社会信用法的出台。

在地方层面，政府要积极推动信用单项法规向综合性法规转型。目前，省市等地方人大常委会共制定发布地方性法规 13 部（省级 8 部、市级 5 部）。其中 5 部为社会信用综合立法，8 部为信用信息立法（见表 11-4）。可见，地方性法规的关注领域较为集中，主要以信用信息规制为主，新近立法则主要是"社会信用条例"等综合性立法，而广东、山东和贵州等省份的综合立法也进入了征求意见阶段，这无疑展现了地方性法规的发展趋势。政府要在地方性法规创制中发挥更大推动作用，首要的也是发挥地方发展和改革委员会担负的社会信用体系建设领导小组（联席会议）办公室的职责职能，提炼政府信用立法的经验，提升牵头制定地方性信用法规的水平，特别是要强化对社会信用综合立法转型的推动。

表 11-4　地方人大信用立法的基本结构与分布形态

| 立法层级 | 法规名称 | 实施时间 |
|---|---|---|
| 省级地方性法规 | 《广东省企业信用信息公开条例》 | 2007 年 10 月 1 日 |
| | 《陕西省公共信用信息条例》 | 2012 年 1 月 1 日 |
| | 《湖北省社会信用信息管理条例》 | 2017 年 7 月 1 日 |
| | 《上海市社会信用条例》 | 2017 年 10 月 1 日 |
| | 《河北省社会信用信息条例》 | 2018 年 1 月 1 日 |
| | 《浙江省公共信用信息管理条例》 | 2018 年 1 月 1 日 |
| | 《辽宁省公共信用信息管理条例》 | 2020 年 2 月 1 日 |
| | 《河南省社会信用条例》 | 2020 年 5 月 1 日 |
| 市级地方性法规 | 《无锡市公共信用信息条例》 | 2016 年 3 月 1 日 |
| | 《泰州市公共信用信息条例》 | 2016 年 10 月 1 日 |
| | 《宿迁市社会信用条例》 | 2019 年 3 月 5 日 |
| | 《厦门经济特区社会信用条例》 | 2019 年 6 月 1 日 |
| | 《南京市社会信用条例》 | 2020 年 7 月 1 日 |

综上所述，信用专项法律体系是以国家社会信用法为基础，包括各级政府信用立法和地方人大信用立法在内的法律体系，主要由法律、行政法规、部门规章、地方性法规和地方政府规章组成。在发展过程中，信用立法既要秉持激励的立场，又要坚持广度扩展的原则，实现"中央—省—市"三级不同位阶法律法规和规章的衔接，推进信用立法向社会诚信体系薄弱环节和新兴领域的拓展，进而实现对各类信用主体诚信权益的有效保护。

# 第十二章　社会诚信体系建设关键事项与专项工作的法治规束

## 第一节　社会征信体系的整体性建构与发展

2020年12月，中共中央印发的《法治社会建设实施纲要（2020-2025年）》明确要求，完善诚信建设长效机制，健全覆盖全社会的征信体系，建立完善失信惩戒制度。全覆盖的社会征信体系建设自然成为下一阶段社会信用体系建设需要规划和实践的重点议题，亟须从全局性、体系性与法治化的视角完善社会征信的基础建设。

### 一　社会征信体系的概念与历史

#### （一）社会征信体系的基本概念

"征信"的语词源于《左传·昭公八年》："君子之言，信而有征，故怨远于其身。"这里所说的"信而有征"，即可以征求验证他人的信用。现代信用学认为，征信是对自然人、法人、企事业单位及其他组织的信用信息依法进行采集、整理、保存、加工，进行信用管理，并向信息使用者提供的活动。目前，伴随着征信业务活动范围的扩大，征信的功能作用也进一步完善，不仅为授信机构提供授信参考，降低信用风险，也为政府部门提供履职依据，提升治理效能。

关于征信体系的构成要素，学界存在多元认知，较为典型的观点分别是四要素论、五要素论、六要素论、七要素论等。根据世界银行高级经济学家玛格里特·米勒（Margaret Miller）的概括，征信体系的构成要素包括：（1）公共征信系统；（2）私营征信公司，包括由商会、银行协会经营的征信公司等；（3）征信的法律框架；（4）关于隐私的法律框架，因为它与征信活动相关；（5）关于征信的管理框架，包括政府实施法律法规的制度能力；（6）经济中可以得到的有关借款人的其他数据，如法院的数据、公共费用支出、就业状态等；（7）金融中介和其他机构使用的信用数据，例如，使用信用评分或使用信用数据创立数据化签名；（8）征信的文化背景，例如，可包括社会对隐私的看法以及名誉抵押的重要性。① 李士涛认为征信体系是指由征信机构进行信息采集、加工和对外提供产品和服务相关的法律法规、行业标准、机构体系、行业监管、市场规则和文化建设等要素共同构成的体系。② 贺学会、尹晨认为，一个完整的征信体系应该包括信用法规体系、信用服务体系、信用监管体系、技术标准体系、信用信息系统、失信惩戒机制和信用道德文化等几个部分。③

综上所述，社会征信体系具体是指关于征信机构进行信息采集、加工、分析和对外提供信用产品与服务的一系列制度性安排，包括征信法律法规、行业标准、机构设置、市场培育、行业监管等要素。

### （二）社会征信体系建设的发展历程

第一阶段：探索（1988~1995年）。1992年，社会主义市场经济体制正式确立。社会征信开始进入市场化发展轨道。1988年，上海远东资信评估有限公司成为我国第一家信用评级公司。同时，对外经贸部亦开始与邓白氏公司合作开展征信业务。1993年，新华信国际信息咨询（北京）有限公司率先在国内开展企业征信业务。此后，社会征信机构愈加普遍出现。该阶段征信的主要特征体现为企业征信和评级，还未向个人信用领域进行扩展。

第二阶段：起步（1996~2002年）。自1996年始，中国人民银行成为推动征信业务发展的主要力量，先后面向全国推行贷款证制度和建立

---

① 参见〔美〕玛格里特·米勒编《征信体系和国际经济》，王晓蕾等译，中国金融出版社，2004，第5页。
② 参见李士涛《金融发展中的征信体系功能研究》，博士学位论文，辽宁大学，2017。
③ 参见贺学会、尹晨《信用体系与征信：概念与基本框架》，《金融理论与实践》2005年第2期。

银行信贷登记系统,并逐步形成银行信贷登记咨询系统上线运行的机制。截至 2002 年,中国人民银行已建成总行、省、地三级信用数据库,实现了信用的全国联网征集与查询,并逐步实现了企业信用和个人信用的系统征集。此外,1999 年成立的首家个人征信机构——上海资信有限公司,也标志着社会领域征信业务向个人征信领域的拓展。此阶段市场征信形成初步体系,个人征信开始得到重视,政府主导建设征信体系的特征初步显现。

第三阶段:发展(2003~2012 年)。社会征信逐步演化为政府的法定职能。2003 年,中国人民银行成立征信管理局。上海、北京、广东等地随后亦开始成立专门性的征信机构。社会征信开始向规范化、系统化方向发展。2004 年以后,中国人民银行先后建成个人信用信息基础数据库和企业信用信息基础数据库。2006 年,成立中国人民银行征信中心,专职负责征信工作。该阶段征信机构、征信业务得到较为充分的发展,企业和个人征信愈加成熟,银行监管愈加深入,金融信用信息基础数据库开始正式运营。规范化成为该时期的主要特征。

第四阶段:扩张(2013 年至今)。社会征信的法治化为征信业务扩张提供了充分保障。2013 年 3 月,《征信业管理条例》正式实施,这也是截至目前征信领域位阶最高的行政法规,是保障征信发展的权威依据。此外,同年 11 月,中国人民银行发布的《征信机构管理办法》也为进一步优化征信机构的发展提供了支持。特别是 2020 年以后,社会机构和企业公司同时运营个人征信与企业征信业务成为新的发展趋势,中国征信市场进入新的发展阶段。芝麻信用、腾讯征信等网络信用工具亦随之广泛发展,日益繁荣的社会征信业务进一步催生了社会征信体系系统化和法治化发展的诉求。

## 二 社会征信体系建设的实践与探索

### (一) 社会征信机构的类型化发展

征信机构是指按照一定的法律条件设立,主要从事对个人、企业及其他组织的信用信息进行采集、整理、保存、加工,并向信息使用者提供服务的机构。从实践发展的情形来看,我国征信机构也经历了从无到有直至类型化发展的过程。据统计，截至 2019 年 11 月底，全国共有企业征信机构 135 家，个人征信机构 1 家。

**1. 以中国人民银行征信中心为纽带的银行业征信机构**

作为中国人民银行直属事业单位，中国人民银行征信中心管理的企业和个人征信系统已得到较大程度的发展。自 2006 年实现全国联网，借助特有的行政优势和制度优势，不仅采集来自银行、信用社、信贷机构的金融信用信息，还采集非金融机构的负债信息以及政府部门的社保、公积金、行政处罚、欠税、法院诉讼判决等公共信用信息，截至 2019 年底，中国人民银行征信系统已收录 10.2 亿自然人、2834.1 万户企业和其他组织的信息。同时，覆盖全国的信用服务系统通过提供企业信用报告和个人信用报告基础征信产品以及重要信息提示、信用报告解读、关联企业查询等增值产品服务信贷金融机构相关业务的开展。

**2. 以各级政府公共信用信息中心为代表的公共征信机构**

在社会信用体系建设进程中，各地相继涌现出公共性征信机构。一是各级政府公共信用信息中心。2007 年，在国家发展改革委和中国人民银行的指导下，建立了国家公共信用信息中心，开始在全国范围内进行公共信用信息的征集工作。随后，各级地方政府也开始建立和完善地方性公共信用中心，用以加强社会征信工作。此外，行业性公共信用信息中心也呈现系统化发展趋势。国家市场监督管理总局 2014 年建立的企业信用信息公示系统已成为对企业进行信用信息征集和评价的主要政策工具。二是政府专责信用管理部门（机构）。在国家层面，国家发展改革委、国家市场监督管理总局、中国人民银行、科学技术部分别设有征信管理的专责内设机构，分别是财政金融和信用建设司、征信监督管理司、征信管理局、科技监督与诚信建设司。在地方层面，信用专责监管部门也已开始建立和运行。比如扬州市地税局自然人纳税信用管理局。三是有政府背景的征信机构。地方政府在社会征信体系建设中，投资成立了一些具有政府背景的专业性征信公司，在政府支持下，实现与政府部门、公用事业部门、银行的专线连接，在更广范围内开展征信业务。上述三类机构中，尤以第一种类型最为普遍，特别是在省级地方政府层面广有实践。

### 3. 以自发发展为特征的市场和社会征信机构

社会征信机构起步较晚，但发展迅速，应用前景最为广泛。社会征信机构主要包括两种形式，一类是以市场化方式开展征信业务的企业（公司），另一类是以开展非营利性征信业务为基础的专业性机构。针对公司（企业）类征信机构，现已形成"国内+国外"并行发展的模式。2017年，邓白氏、益博睿等外资征信机构和世界三大评级机构先后在中国成为备案企业征信机构，征信市场逐渐对外开放。2020年，百行征信成为中国唯一一家拥有个人征信和企业征信双牌照的市场化征信机构。国内外征信机构已经在征信市场形成并行发展和有序竞争的格局。此外，随着互联网大数据等产业的发展，芝麻信用、腾讯征信等网络信用工具也成为人们普遍接受的信用工具。此外，从事非营利性征信业务的专业性机构在国内也已有所发展。早在2004年，浙江省企业信用促进会就开始为会员提供相关征信服务，具体包括信用管理人员培训、企业资信调查、信用查询、信用评估、法律咨询、诉讼代理等服务。该促进会是具有法人资格的非营利性社会团体，在浙江省市场监督管理局指导下创立。该类社会征信机构发展以会员制为基础，向会员提供非营利性服务。

### （二）社会征信系统的集约规范发展

#### 1. 市场信用信息系统的运作流程

首先，政府主导的中国人民银行征信模式。金融信用信息的采集主要包括个人信用信息和企业信用信息两个部分。采集主要包括数据报送、校验加载、反馈三个流程。征信中心对接收到的数据报文按一定规则进行校验，校验不通过的数据重新反馈，校验通过的数据即可存入企业和个人征信系统；在对数据进行分析、加工整理后，形成信用报告、信用档案等多种信用产品服务，满足金融机构信贷管理需求，满足企业和个人信息主体的信用信息知情权，也为政府部门、司法机关履职和开展相关市场活动提供依据。信息主体有向征信中心、征信分中心提出异议申请的权利，相关部门有责任进行核查纠正。此外，在采集个人公共信息时，有三种途径：一是直接联网将信息纳入数据库，如与环保部、最高人民法院、国家外汇管理局达成信息共享协议，纳入征信系统；二是与数据源单位合作采集，如与国家电网上海电力公司进行数据源交换；三是从当地数据源单位获取数据再报送到征信中心，如公用事业单位的缴费信息。

其次，"政府+市场"双轮驱动的征信发展模式。百行征信是此种模式的典型，主要体现在个人征信和企业征信两个方面。在个人征信层面，与中国人民银行征信系统形成有益互补。第一，数据来源非常广泛，覆盖线上线下的各类机构各领域信用数据，与1710家涉及各领域的金融机构签约，与最高人民法院、三大电信公司（中国移动、中国电信、中国联通）、中国银联达成合作，与学信网、人力资源和社会保障局等公共数据库实现联网共享，基本实现互联网金融数据和网络借贷人群全覆盖。第二，建立数据清洗、核查、报错机制，优化个人征信数据模型，对海量数据进行采集、存储、加工、计算和分析。第三，主要服务于互联网金融从业机构、共享经济企业以及传统金融机构，填补了中国人民银行征信系统的空白（见图12-1）。在企业征信层面，百行征信通过企业主动提供、与行业协会合作、与政府部门和公用事业单位建立专线等方式采集企业经营类信息、行业类信息、行政管理及司法判决类信息，进而运用大数据分析和存储技术提供相关征信服务。

图12-1 百行个人征信系统运行流程

最后，互联网征信模式。互联网征信通过广泛收集信息主体在互联网上产生的交易数据、社交数据、行为数据，如日常生活缴费记录、电商交易记录、网上公开信息等，利用大数据统计模型算法，形成信用评价等多种信用产品，更广泛地应用于金融借贷以外的履约场景。互联网征信运作流程，如图12-2所示。

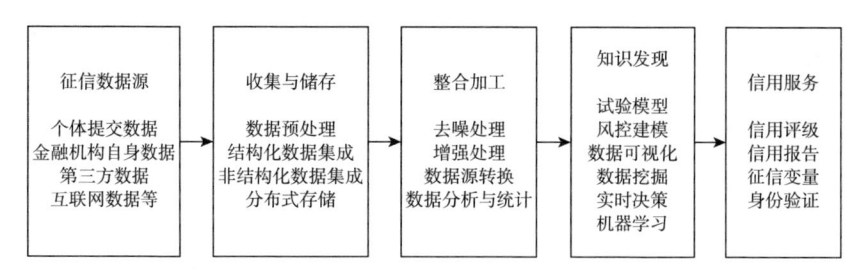

```
┌──────────────┐   ┌──────────────┐   ┌──────────────┐   ┌──────────────┐   ┌──────────────┐
│  征信数据源   │   │  收集与储存   │   │   整合加工   │   │   知识发现   │   │   信用服务   │
│              │   │              │   │              │   │   试验模型   │   │              │
│ 个体提交数据  │   │  数据预处理   │   │   去噪处理   │   │   风控建模   │   │   信用评级   │
│ 金融机构自身数据│  │ 结构化数据集成│   │   增强处理   │   │  数据可视化  │   │   信用报告   │
│  第三方数据   │   │非结构化数据集成│  │  数据源转换  │   │   数据挖掘   │   │   征信变量   │
│  互联网数据等 │   │  分布式存储   │   │ 数据分析与统计│   │   实时决策   │   │   身份验证   │
│              │   │              │   │              │   │   机器学习   │   │              │
└──────────────┘   └──────────────┘   └──────────────┘   └──────────────┘   └──────────────┘
```

图 12-2　互联网征信运作流程

**2. 公共信用信息系统的运作程式**

在对《上海市公共信用信息归集和使用管理办法》等我国现有 50 部社会征信法规规章进行梳理的基础上，本书归纳总结了公共信用信息系统运作的一般程式，主要集中在征信主管部门和征信流程两个层面。[①] 目前我国社会征信系统的运作模式，无论中央还是省级市级层面，都采用了较为统一的运作模式，并呈现以下特色。

一方面，在征信主管部门层面，现行公共信用信息的主管机构呈现多元发展的趋势，主要包括四种类型。一是政府的发展和改革部门，绝大部分地方政府采用了此种模式，主要通过该类机构进行本行政区域内信用信息的综合协调和监督管理工作。二是市场监管部门，此类机构主要负责本行政区域内企业或其他市场主体信用信息的征集和管理工作。三是经信部门，此类部门的适用情形较少，只有少数地方政府采用，其主要职责是负责该区域个人信用信息和企业信用信息的征集和监督管理工作，比如北京、无锡等市都将经济信息化部门作为征信主管部门。四是专职信用部门，部分地方政府设置了专责管理机构对信用活动进行监督管理，比如海南省设立了信用活动综合监督管理机构。此外，按照行业分类管理原则，社会组织的信用信息通常由民政部门负责征集。

另一方面，在征信程式层面，公共信用信息的征集已经形成较为成熟的流程，通常包括信用信息的征集、加工、披露、使用四个环节。在征集环节，主管部门组织建立本行政区域内统一的信用信息数据库和信

---

① 本处所指的 50 部社会征信法规规章是根据笔者所主编的《中国诚信法律通览》进行的筛选和识别，具体参见该书的收录情况。

用信息系统，建立以统一社会信用代码为标识的信息主体信用档案，制定信用信息目录，通过信用信息工作机构采集、信息提供单位提供、信用主体自行申报这三种主要方式严格依法采集信用信息。在加工环节，公共信用信息系统按照既定程序和规范对原始数据进行清洗、对比和核实修正，进而进行信用数据的存储和分类管理，最终产生信用评级、信用档案和信用报告等产品。在披露环节，信用信息的公开主要采取依法公开、政务共享、授权查询三种方式。同时，信用信息的公开受涉密审查、信息公开例外和个人信息保护规定等规则的约束。比如，个人信用信息查询主要通过授权方式进行，而不能主动公开和共享。此外，信息披露的期限各地也有不同规定，一般最长不超过 5 年。① 在使用环节，各地政府和司法机关等主体积极探索信用信息在跨地区跨部门跨行业的守信联合激励和失信联合惩戒中的应用。同时，公共信用信息征集的规范发展也为社会使用和市场化运作提供了空间。

### （三）社会征信法规规章体系的框架性建设

目前，我国在社会征信法规建设方面取得了较大进展。截至 2020 年，我国现行社会征信法规规章共有 50 部。② 其中，行政法规 2 部、部门规章 3 部，8 个省份制定公布了征信相关的地方性法规 8 部，31 个省市制定公布了征信领域的地方政府规章 37 部（见表 12-1）。

在制定主体层面，社会征信法规规章的创制主体已经延伸至具有立法权的中央政府及其组成部门（直属机构）和地方政府，地方人大常委会在制定地方性法规层面也发挥了积极作用。在法规规章体系中，部门规章和地方性法规是需要扩展的领域。前者扩张的意义在于为行业领域诚信治理提供全国层面的规制标准，后者延伸的意义在于提升地方社会征信法治引领的权威性。同时，地方政府规章已经覆盖全国 31 个省市，在省域和市域层面建立了社会征信的法律规范，将社会征信在普遍意义

---

① 《征信业管理条例》第 16 条规定，征信机构对个人不良信息的保存期限，自不良行为或者事件终止之日起为 5 年；超过 5 年的，应当予以删除。截至目前，该法是社会征信领域位阶最高的法规，地方立法大多遵循了该年限条款的要求，大多采用 3 年、5 年的设置方法。例如，《辽宁省公共信用信息管理条例》第 20 条规定失信信息的保存和披露期限一般为 5 年。

② 具体参见类延村主编《中国诚信法律通览》，社会科学文献出版社，2020。

上导入了法治化发展的轨道。

在规制领域层面，社会征信法规规章也出现了类型化发展的趋势。目前，现有的征信法规规章主要分布在征信管理和信用信息领域。特别是在信用信息领域，征信法规规章的体系化更为成熟，类型化发展的格局已经形成。单在信用信息领域，征信法规规章就已涉及综合性的社会信用信息和单项性的公共信用信息、企业信用信息、个人信用信息、社会组织信用信息及行业信用信息。其中，关于公共信用信息和企业信用信息征集及管理的法规规章比例较大，分别为34%和42%；而同时包含公共信用信息、企业信用信息、个人信用信息的社会信用信息规制则相对较少，只有2部。由此可见，信用信息征信法规规章在走向体系发展的情境下也出现了分布不均衡的问题，亟须关注综合性社会信用信息、个人信用信息、社会组织信用信息和行业信用信息等规制的发展。

表 12-1　社会征信法规规章体系　　　　　单位：部

| 类型 | 领域 | | | | | | |
|---|---|---|---|---|---|---|---|
| | 征信管理 | 社会信用信息 | 公共信用信息 | 企业信用信息 | 个人信用信息 | 社会组织信用信息 | 行业信用信息 |
| 行政法规 | 1 | 0 | 0 | 1 | 0 | 0 | 0 |
| 部门规章 | 1 | 0 | 0 | 0 | 1 | 1 | 0 |
| 地方性法规 | 0 | 2 | 5 | 1 | 0 | 0 | 0 |
| 地方政府规章 | 1 | 0 | 12 | 19 | 4 | 0 | 1 |
| 合计 | 3 | 2 | 17 | 21 | 5 | 1 | 1 |

在时间扩散层面，社会征信法规规章的文本数量在企业信用信息和公共信用信息领域呈现持续增长的趋势。2014年以后，社会诚信体系建设发展较早的企业领域征信制度发展越来越成熟，进入了平稳发展阶段；而公共信用信息方面征信法规规章在2015年以后增长明显，进入快速发展阶段（见图12-3）。这也意味着社会征信法规规章体系发展的转型。特别是随着各类单项信用信息法治化程度的提升，综合性的社会信用信息规制在2017年后开始立法转化，征信综合立法的特征便凸显出来，夯实了进行更高位阶社会征信立法的基础。

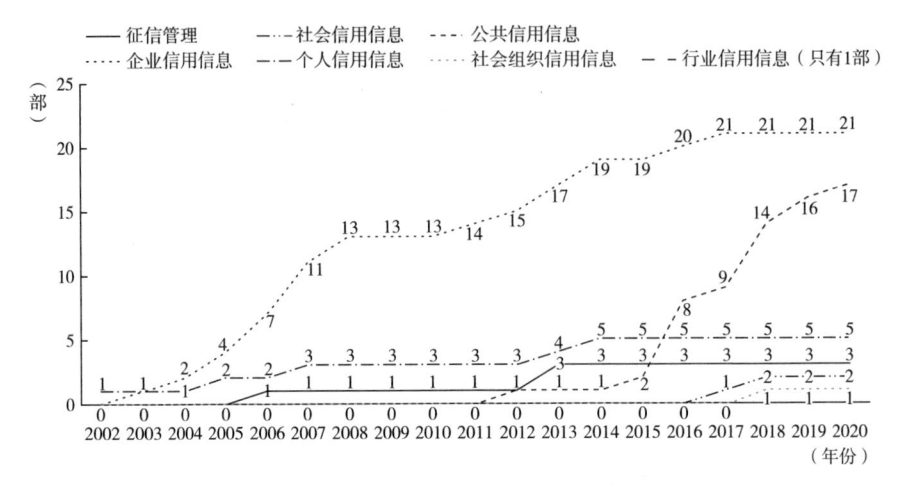

图 12-3　社会征信法规规章领域和时间扩散形态

## 三　社会征信体系建设的问题解构

### （一）征信系统建设泛化，社会征信体系认知模糊

统一基本认知是推进各地有序开展社会征信体系建设的前提条件。社会征信体系建设取得了一定的成就，但关于社会征信的认知模糊问题日益突出，主要体现在以下几个方面。

第一，公众征信认知水平低。2020 年 8 月公布的《中国大众征信意识情况调查》显示，仅有 10.73% 的受访者表示非常了解个人征信，25.24% 的受访者表示从未查询过个人信用报告，32.17% 的受访者表示遭遇过征信违规查询。① 可见，社会征信未成为民众普遍关注的议题。征信与个人权益实现的联系程度较低导致民众缺乏认知诚信的主动性。

第二，征信边界不清，征信系统建设泛化。目前，各地方和各部门对征信的定义及其边界存在不同的理解。失信行为与违法违规行为、不文明行为、道德失范行为相混同。个别地方政府甚至将闯红灯、垃圾分类不规范、职业频繁跳槽等行为列入失信规制范围。征信在某种程度上

---

① 《中国个人征信的尴尬：关乎 10 亿人的大事，仅一成人声称了解》，搜狐网，https://www.sohu.com/a/412571615_114984，最后访问日期：2020 年 8 月 11 日。

沦为政府低成本社会治理的"工具",存在懒政怠政之弊。此外,信用信息系统建设泛化的问题也较为突出。各个职能部门建立以失信黑名单为代表的信用记录查询系统的行为愈加广泛,在中国人民银行征信系统和国家企业信用信息公示系统以外,造成信用信息系统的叠加使用,进一步导致征信边界不清、认知模糊的问题。

第三,征信业态发展不明晰。一方面,对征信的模糊性认知进一步加剧了征信市场的混乱。法律法规或公共政策中征信认知模糊的危害进一步延伸到了社会和市场领域,对征信机构的发展产生了较为消极的影响。各类征信机构在实践中出现了非法采集和使用信用信息、侵犯信息主体合法权益等问题。另一方面,征信商业模式未统一。现有行政法规、部门规章如《征信业管理条例》《征信机构管理办法》等着重强调对征信机构的监管,暂未明确征信业的具体规则及发展方向。征信业态发展未尽科学,亟须法律法规加以规范化引导。

### (二)社会征信高阶法律缺位,征信法律法规体系不完善

社会征信高阶法律缺位和征信立法体系不完善在一定程度上削弱了征信活动的社会认同和适用范围。目前,社会征信法律体系面临的问题主要体现在以下四个方面。

其一,社会征信立法层级较低且涵盖内容领域不均衡。社会征信立法以行政法规、部门规章、地方性法规、地方政府规章为主,缺乏一部基础性的专门信用立法作为指引。同时,社会征信法规规章分布领域不均衡,主要集中于发展较成熟的企业征信和公共征信领域,占比76%;而对于发展较为薄弱的个人征信、行业征信、社会组织征信领域立法则较少,仅占比14%。[①]

其二,现有法律法规缺乏对相关概念的区分界定。个人信用、企业信用、社会信用等概念规定比较模糊甚至冲突,缺乏统一认知。有的法律文件从内容角度进行界定,有的则从信息采集使用流程进行界定,主要问题是从内容板块进行界定时,各地规定不一致。比如,部门规章和新出台的地方性法规对于"个人信用信息"存在规定不一致的情形,

---

① 根据笔者所主编的《中国诚信法律通览》所作的分析。

个人信用信息的类型数量也不同。《个人信用信息基础数据库管理暂行办法》所称"个人信用信息包括个人基本信息、个人信贷交易信息以及反映个人信用状况的其他信息"。① 《江苏省个人信用征信管理暂行办法》所称"个人信用信息是指自然人在社会与经济活动中所形成的履行义务记录和相关数据"。个人信用信息包括个人基本信息，个人信贷信息，个人履约信息，行政机关、司法机关、行使公共管理职能的组织等在行使职权过程中形成的与个人信用有关的信息，其他与个人信用相关的信息这5大类。② 《南宁市个人信用信息征集和使用管理办法》所称"个人信用信息是指市人民政府设立的信用信息征集服务机构采集的，自然人在经济活动和社会活动中形成的，能够反映其诚实守信、遵纪守法等状况的信息"。个人信用信息包括个人基本信息、个人社会公共信用信息、个人商业信用信息、法律法规规章规定的其他与个人信用有关的信息这4大类。③

其三，现有法律法规缺乏对互联网征信的监管。互联网金融的发展推动了互联网征信这一新兴业态的产生。互联网征信存在较大的不确定性和安全风险。目前，我国还未有专项性的互联网征信监管法规规章的出台，造成了互联网征信监管的空白。互联网征信的规定主要散见于各地方性立法的条款型设置，且与大数据人工智能的发展进度相比存在一定的延滞。

其四，征信流程的立法规制存在分歧和不统一。在公共信用信息征集方面，主要涉及征集、披露、使用三个环节。一些征信法规覆盖环节较全面，而部分征信法规覆盖环节则较少。目前，42%的征信法规规章包括了信用信息的征集、披露、使用三个环节，13%的征信法规规章包括了信用信息的征集、披露、使用、异议处理四个环节，其余的征信法规规章所设置的流程环节各不相同。④

### （三）社会征信产品较单一，难以有效对接社会诉求

一方面，中国人民银行征信中心供给的征信产品较为单一，覆盖范

---

① 《个人信用信息基础数据库管理暂行办法》第4条。
② 《江苏省个人信用征信管理暂行办法》第2、7条。
③ 《南宁市个人信用信息征集和使用管理办法》第2、6条。
④ 根据笔者所主编的《中国诚信法律通览》作的分析。

围有限。中国人民银行征信中心主要进行信用的金融监管和宏观调控，主要业务是提供企业和个人的信用报告、企业关联查询这种基础性征信产品，信用评分、重要信息提示、信用风险分析等增值服务还处于论证和测试阶段。此外，其适用领域主要为银行等金融系统，还缺乏对民间信用、商务信用、国际信用服务的开展。

另一方面，社会征信产业发展程度较低，信用产品服务难成系统。从规模上看，征信业规模与经济发展总量不匹配。有关数据显示，2020年中国个人征信市场规模将达200亿元，而美国个人征信市场规模早已突破600亿元。[①] 目前，国内主要有百行征信、上海资信、中诚信、芝麻信用、腾讯征信、考拉征信、前海征信、鹏元征信等市场化征信机构，合格的能发挥主导作用的市场征信机构较少，缺乏大型的具有竞争力、国际影响力的权威性征信机构，未形成多层次、多元化的征信市场格局。从业务上看，征信业务低端且产品同质化严重。我国征信市场还处于整理原始征信数据的初级阶段，征信机构大多采用信用报告模式，高品质征信产品和服务供给不足，尚未建立多样化、差异化的征信市场产品体系。信用评级业务发展缓慢，信用评级模型缺乏本土标准的建构。征信行业未进行细分，各类征信机构缺乏精准定位。征信覆盖面不足，征信产品使用范围和应用场景有待进一步拓展。

（四）征信标准化建设水平较低，地方征信标准呈现分散状态

通过查阅国家标准文献共享服务平台数据可知，截至2020年10月，国家已陆续出台了209部征信标准化文件，其中国家标准60部，行业标准34部，地方标准115部，涉及基本术语、数据格式、信息安全、征信机构、信用评价、信用主体等领域，但还未产生系统性和普遍推广适用的效果。

第一，系统化的征信标准体系还未形成。一方面，现有的征信标准文件分布不均，广泛集中于市场主体和电子商务领域，以《电子商务企业信用档案信息规范》《企业质量信用评价指标》《零售企业信用等级评价规范》等类文件居多。另一方面，征信基础标准体系不健全，缺乏信

---

① 《2019年中国征信行业市场分析：需求旺盛，区块链技术七大方面推动共享征信发展》，搜狐网，https://m.sohu.com/a/323124875_99922905，最后访问日期：2020年1月10日。

用信息归集规范、分类规范、公开规范、共享规范和应用规范的统一标准，与日益扩张的信用发展不呈同步增长样态。缺乏征信技术和数据规范阻碍了对信用信息共享的推进，系统重复建设的现象较为突出，平台的形式意义大于其实质意义。全国 31 个省区市公共信用信息平台的建成并未有效解决信用数据分散的现实问题。

第二，国家层面的征信标准体系尚未有效建立。一方面，缺乏全国性征信体系建设标准。各地、各行业大量出台信用标准文件从而自成体系，呈现较大的差异性。社会信用体系建设是一项系统性工程，每一构成部分都需要系统推进。统一性全国标准的缺乏直接导致各地社会征信体系建设进度和发展水平不一，对社会征信体系的认知和推进力度在部分区域呈现差异化的现象。另一方面，暂未出台强制性国家标准，现有文件均属于推荐性标准形式，信用标准文件的科学性、普适性有待进一步加强。

## 四 社会征信体系的系统与法治发展

### （一）完善社会征信体系建设的法律框架，推动征信活动的法治化发展

首先，提高立法位阶，形成征信认知的法律共识。第一，积极推动国家基础性信用立法的出台，为包括征信在内的社会信用体系各领域建设提供基础性引导。第二，扩充征信的专项政府规章或行政法规，改善中央政府层面现有法规规章滞后于社会征信产业发展的局面。第三，在中央层面的国家立法和政府立法中统一关于个人信用、企业信用、社会信用的法律概念认知，在高位阶的法律规定中形成专门的权威性定义条款，为各部门、行业、地方征信立法提供有效指引。

其次，建立征信法律、法规、标准规范的配套体系。统筹规划，突出重点，分工协作，适时推出关键性政策，逐步健全系统性征信法律体系。完善对各类信用信息系统和信用信息数据的法律规定，确保信用数据共享和应用依法推进，为失信联合惩戒、守信联合激励提供法律支撑。通过出台全国性的征信标准适用文件，为地方征信流程的完善提供权威性的依据，特别是形成征集、验证、披露与使用、修复与异议处

理、权益保护、监督管理等整体性流程,从而提高征信的安全性、规范性。

最后,加强对互联网征信业务的立法监管。第一,出台互联网征信监管的专项立法。通过专项立法细化具体的监管规则,落实统一透明的监管标准,全面监管市场上从事信用信息采集、加工、使用和服务的互联网征信机构,督促其切实履行信息保密和保护义务,规范信用信息共享,防止信用信息泄露和滥用,切实维护信息主体的合法权益。第二,推进互联网征信监管机构和职能的法定化。通过立法对监管机构的主体、职能和权限进行明确规定。就主体而言,推动多部门联合协同监管,缓解中国人民银行监管压力,根据各部门的优势和特点明确监管责任;就职能而言,各部门应严格执行相关法律法规,规范市场行为和秩序,保护相关主体权益,进行征信宣传教育等;就权限而言,应赋予监管机构规则制定权、监管权、执行权等权力,同时,监管机构也应自觉接受来自内外部的监督,落实责任追究制度和绩效考评制度,防止监管机构不作为乱作为。

(二)推进行业和地方信用信息系统的建设,加快信息征集的互联互通

首先,推动跨部门的信用信息互联互通。国家发展改革委应根据失信联合惩戒和守信联合激励的相关政策规范确定公共信用信息的归集范围和清单事项,厘清信用信息共享的权利与义务,将各部门、各单位在履职过程中产生的公共信用信息归纳汇集到公共信用信息系统,完善现有的公共信用信息共享平台的建设,形成共享与查询相衔接的信息互动体系,为征信业务的社会运作提供信息支撑,成为各级政府部门开展行政管理的重要参考,推进政府信用治理。

其次,加强跨行业信用信息互联互通。完善行业内部信用信息采集共享机制,落实行业信用信息系统标准规范的制定修订,建立行业信用信息系统和数据库,推进地方信用信息平台与行业信用信息系统对接融合以及行业间信用信息互联互通。完善行业信用评价制度,结合行业特点,开展行业信用等级评价,建立行业统一的信用评级方法和标准。建立行业信用记录和从业人员信用档案,有效实施行业联合惩戒和联合激励。

最后，促进跨区域的信用信息互联互通。在经济发达区域或联系紧密区域建立信用信息的互联共享平台，实现区域信用信息深层次、宽领域、高效率的共享，促进区域信用体系建设一体化。目前，长三角征信机构联盟已经成立，成为推动长三角地区征信业务发展的重要平台。区域性信用信息共享平台的建设应按梯度有次序地扩大适用范围。比如京津冀、珠三角、成渝双城经济圈等区域将有序进行信用信息的扩展适用，使信用工具成为区域发展中简化政务程序、提高治理效能、优化营商环境的政策工具。

（三）加强对重点人群的信用信息征集，增进社会征信体系建设示范效应

首先，实现重点人群信用记录全覆盖。① 在中国人民银行征信中心的个人征信系统、国家发展改革委的个人信用信息系统、各地政府的公共信用信息系统、社会征信机构的个人信用信息系统之间实现有效衔接。强化对重点人群个人信用信息、公共信用信息的共享机制的建构，有效全面收集重点人群的信用信息，为客观评价重点人群的信用奠定基础。

其次，健全重点人群信用管理。建立重点人群信用数据库，重点采集工作信息、职业资格信息、考核信息、第三方评价信息等，强化信息系统内部更新，为重点人群建立个人信用档案，实施动态管理。建立健全重点人群严重失信行为披露、曝光与举报制度，拓展重点人群黑名单制度的适用范围。此外，保障重点人群个人合法权利，完善信用修复、异议申诉等制度。

最后，加强重点人群信用应用。主管部门应针对重点人群制定科学有效的信用评价指标体系，在任职录用和提拔晋升、绩效考核中适用信用评价结果。实行重点人群信用积分制度，逐步实施信用积分的客观性考核，将信用积分应用到重点人群的日常工作、学习深造、公共事务办理等愈加普遍的事项中，引导重点人群诚信行为形成习惯。同时，鼓励

---

① 《社会信用体系建设规划纲要（2014—2020年）》中的重点人群主要包括了公务员、企业法定代表人、律师、会计从业人员、注册会计师、统计从业人员、注册税务师、审计师、评估师、认证和检验检测从业人员、证券期货从业人员、上市公司高管人员、保险经纪人、医务人员、教师、科研人员、专利服务从业人员、项目经理、新闻媒体从业人员、导游、执业兽医等21类人员。

市场主体对严重失信个人采取差别化服务，倡导公共部门对守信个人实行"绿色通道"等激励措施。

（四）完善征信市场治理结构与治理体系，提升社会征信服务水平

首先，建立系统化的征信管理机制。建立政府信息系统、政务数据系统、公共信用信息系统、金融信用信息系统、国家企业信用信息公示系统这五个系统的互联对接机制，推动政府信息管理部门、政务服务数据管理局、公共信用信息主管部门、中国人民银行征信中心、国家市场监督管理总局这五大部门在信用信息归集上进行合理的分工，明确界定各部门职能，从而对综合性政务信息和专业性信用信息进行筛选归集，实现信用数据的互联互通。

其次，坚持征信市场化发展方向。中国人民银行在征信业发展过程中积极发挥监管职能，促进市场公平有序竞争，形成中国人民银行征信中心与社会征信机构错位发展、功能互补的市场征信格局。同时，各类征信机构要充分利用人才、技术等专业优势，创新研发个性化信用增值产品和服务，如信用解决方案、信用评级、重要风险信息提示、债务催收服务等，以满足急剧膨胀的征信市场需求。

最后，推动行业自律机制建设。自治是行业征信发展的主要途径。全国性行业协会应在征信业务发展中发挥引导示范作用，积极协调行业内外关系，营造行业诚信氛围；出台科学性的激励性的行业征信管理规范，建立规范运作、诚信执业、信息公开、公平竞争、奖励惩戒、自律保障六大机制，健全行业自律公约、职业道德准则和信用管理体系；以会员制为主要方式推动征信业务在各行业领域的规范发展，启动会员管理和服务工作，规范指导会员的行为，提高会员的业务水平和职业道德水平，实现行业自律常态化、制度化、科学化。

综上所述，覆盖全社会的社会征信体系建设的关键在于实现中国人民银行征信体系、公共征信体系、市场征信体系三大征信体系全面信用信息共享，涵盖全社会各行各业各类人群和企业，覆盖各种反映信用状况的可公开信息。目前，基于社会信用交易愈加发达复杂的趋势，中国人民银行征信中心的基础性服务亟须扩展，发展其他征信系统的互补性

征信服务，才能实现征信全覆盖目标。因此，政府应推动设立专门独立的征信建设统筹机构，协调三大征信体系建设，实施"政府+市场"双轮驱动的征信发展模式，积极构建互联网信用征集体系，夯实信用评价的基础，提升社会信用体系建设的实效与水平。

## 第二节　政府政务公开专项工程的规范化与系统性转型

政务信息公开是建立社会信用体系的实施支撑体系的头号专项工程。[①] 诚信治理是社会治理的重要组成部分，政府发挥着重要的主导、统筹和协调作用。在社会诚信体系建设中，政府要在引领和示范建设层面取得公信力，除却提升政府自身关于现代诚信的法律认知，最关键的是信息基础工程的建设，特别是要强化政府政务信息公开的建设，通过及时、有效和完备的信息公开推进透明政府的建设，为信用信息的征集使用和信用评价创设条件，推进社会诚信体系建设的全面发展。同时，政务信息公开工程的建设要以问题意识为出发点，剖解政府建构的内在角色，寻求政务公开建设的规范化和系统性转型路径。

### 一　政务公开专项工程建设的现实背景

政府政务公开的信度和效度较低，在内容层面折损了公众对政府的认同。2018年4月，国务院办公厅印发《2018年政务公开工作要点》，明确强调着力加强政务回应工作，提升信息公开的可信度和有效性。据新华网报道，某省G区人民政府微信平台2018年5月面对民众咨询出现了"你不说话没人把你当哑巴"的"雷人"回复，事后却将此归咎于系统故障导致自动回复出现"意外"，随即引发社会热议。政府部门的解释折射出政务公开的现实困厄，政务公开要转变思维，以公众需求为导向，

---

[①] 2014年国务院发布《社会信用体系建设规划纲要（2014—2020年）》，为深入推进社会信用体系建设，文件中专门设置了"六、建立实施支撑体系"篇章，将"政务信息公开工程"列为头号"专项工程"，与"农村信用体系建设工程"和"小微企业信用体系建设工程"组成了社会信用体系的"实施支撑体系"的三大工程。本节紧紧围绕课题"社会诚信体系建设的政府角色与功能"的研究主题，以"政务信息公开"为论证领域，将课题研究推向深入，以完善研究的逻辑脉络。

以公众认同增进政府公信力，避免造成对政府权威的挑战。

政务公开新兴网络载体的"僵尸化"现象严重，在工具使用层面削弱了公开效果。随着"互联网+"的发展，一批与自媒体相结合的公开载体相继创建，政府政务公开形成"两微一端一网"发展格局。各级政府却将运用政务公开各类技术性工具视为其完成任务的手段，而不是以服务公众为出发点。据新华网报道，某省 G 县明确将新上线的客户端定位为提供便民服务功能，但上线后除发布一张风景图片外，没有其余任何内容。政务平台"僵尸网站"的清理尚未结束，"僵尸 App"又开始出现。不仅如此，某些政务 App 存在下载量和阅读量较低的现象，使得政务平台逐渐失去了服务便民和传递信息的意义。政府逐渐将使用政务公开工具视为官民互动的"减压阀"，不仅损害了公共利益，也削弱了公众参与的热情。

政务公开行为存在区域化差异，公务人员服务态度存在"极化"现象。据澎湃新闻网报道，2017 年 4 月，某市 N 区政务公开工作人员与前来办事的民众发生口角争执，因情绪激动，竟将热水直接泼到该民众身上。"泼热水事件"折射出 N 区政务公开工作人员的服务态度冷漠，官僚作风严重，进而影响到公众满意度。而在该市 Y 区，工作人员以办事公众为中心，全程服务、耐心讲解、一步到位。为便利公众办理政务事项，Y 区在政务大厅旁修建免费停车场以增强服务能力，从而提升公众办事效率。依据"三方测评"结果，Y 区连续两年的群众满意率达 97% 以上。N 区和 Y 区工作人员所呈现的两种不同服务态度，促使政务公开亟须进行标准化和规范化建设。

总体而言，政府推进政务公开时偏离了政策意图。孟庆国教授等人认为，"政务公开是全国范围内行政机关和法律、法规、行政规章授权或委托组织就自身机构设置、法律依据、权力运作以及管理情况依法向社会发布，并接受其参与和监督的过程"。① 由此可见，政务公开不仅是静态的信息公布，还应包括动态的信息互动过程。因此，如何提升政务公开的信度、效度和认同度，以及加强标准化建设，是政府面临的现实问题，也是未来发展的重要方向。

---

① 孟庆国、李晓方：《全面推进政务公开：内涵诠释、实践特色与发展理路》，《河南师范大学学报》（哲学社会科学版）2017 年第 2 期，第 19~25 页。

## 二 行为悖论：政府角色的延滞与缘由

### （一）行为悖论与政府角色延滞

美国学者特里·L.库珀曾言，公共责任冲突是公共管理伦理困境的典型表现形式，而角色冲突是公共责任冲突的关键。① 在现代社会，政府公务人员既扮演着增进公共利益的职业角色，也担当着维护自身权益的社会角色。就职业角色而言，公务人员在执行政策时应站在公共性立场考量，保持公平公正的价值取向；对于社会角色而言，公务人员享有作为社会人的基本权利。公务人员在工作中免打扰的诉求与履行公共性基本职责之间发生冲突，将以保障公众知情权为出发点的政务信息简单或片面公开，甚至延迟更新信息，这都与推进政务公开的初衷相悖。基于政务公开"形式化"宏观环境影响，政府及公务人员公共角色与私利冲突的种种现象表明，现阶段政务公开依然存在政府角色延滞、政府主体性意识缺乏等问题，政府角色仍未进入"应然"状态，担负其应有职责。

### （二）政务公开"形式主义"的政府因素

政府政务公开"形式主义"的成因在于政府作为不力或不作为。通过剖析政务公开"形式主义"内核发现，政府在法律层面存在较多的司法担忧，在潜意识中有较强的主权范畴边界等多重因素，共同导致了规避责任、敷衍执行政策等现象的产生。

**1. 政府存在法律层面的担忧**

各级地方政府对政务公开通常抱有审慎的态度，尤其是涉及商业秘密和个人隐私的事项。一是现有法律体系中对商业秘密和个人隐私事项缺乏详尽的列举性规定。新出台的《民法典》在"人格权编"的"隐私权和个人信息保护"一章中首次实现了对个人隐私"同意"事项的列举，涉及生活安宁、私密空间、私密活动、私密部位和私密信息等事项，但列举遵从了审慎的原则，依然有扩展空间。商业秘密则依然被《民法典》纳入知识产权的客体予以保护，但并未具体列举详细事项。上述法律规定表

---

① 参见〔美〕特里·L.库珀《行政伦理学：实现行政责任的途径》（第5版），张秀琴译，中国人民大学出版社，2010，第102~107页。

明隐私权在民法保护层面取得了相当大的进展，但遗憾的是，隐私权在宪法保护层面无法在实践中推进。① 二是个人信息权尚未得到专项法律的有效保障。从基本权利论的视角来看，公民拥有宪法规定的政治权利和自由、人身自由权利、社会经济权利等基本权利。个人信息权作为保障个人信息安全的基本权利，法律保障的力度亟须加强。政府机构向公民应责以维护公民基本权益时，可能会因缺乏明确法律依据而产生作为不利情况。② 三是信息职能尚未纳入政府基本职能的范畴。随着信息技术的飞速发展，公民信息泄露的风险骤升，政府应加强对信息资源的管理，在实施网络信息化建设战略时合理把握信息公开与维护个人隐私、商业秘密的界限。特别是在"信息基本职能"未得到法律确认的情形下，政府履职缺乏明确法律依据，政务公开的内容与范围恐涉司法纠纷，政府存在较强的执法担忧。

**2. 政府在政务公开实践中存在"主权范畴"边界**

中共十八届四中全会审议通过的《中共中央关于全面推进依法治国若干重大问题的决定》指出，政府推进政务公开须做到"决策、执行、管理、服务、结果"的全面公开与全流程公开。这是迄今为止我国在政务公开层面所作的最权威、最全面和最严格的要求。中央所展现的良好决策部署体现了先进性与前瞻性的特点，更是维护公民权益的重要保障。然而，期冀与现实之间存在较大差距。在立法转化层面，政府决策公开在世界范围内暂未普遍进入立法议程。德国《信息自由法》第 4 节规定，"若申请人申请获取决策的草案以及单纯为决策所准备的研究材料和过程中的决定等信息的，行政机关可予拒绝"。依据德国法律的明文规定，政府有权拒绝公开决策层面的政务信息。决策公开在法律规范建设方面尚未成为各国普遍的实践，政府在推进政务公开时往往通过比较而进行理性抉择，将组织或自身行为人格化。在潜意识中，政府自我界定"类主权""类隐私"的信息与事项，从而拒绝公开覆盖面更广、内容更具深层次的政务信息。在具体实践层面，政府政务公开的"自我保护"倾向与政策议程的规范化程度有密切关系。通常而言，政策议程内在包含公众

---

① 参见王秀哲《信息社会个人隐私权的公法保护研究》，中国民主法制出版社，2017，第 108~111 页。
② 参见沈岿《行政监管的政治应责：人民在哪？如何回应？》，《华东政法大学学报》2017 年第 2 期，第 5~21 页。

议程与政府议程两个阶段。在政府决策时,公众的作用主要限于建言献策,并未直接在政策制定中发挥主导性或决定性的作用。政府在决策中存在的标准模糊的价值取舍、未尽合理的程序安排、未达期望的话语表达等不规范现象,导致政府缺乏政务公开的积极性,更不愿因此削弱民众对政府的认同或陷入相关纠纷。

**3. 政务公开人员配置未尽科学**

在政务公开实践中,我国现有人事管理体系下暂未设置信息公开专职岗位。《中华人民共和国政府信息公开条例》第3条第2款规定,国务院办公厅是全国政府信息公开工作的主管部门,负责推进、指导、协调、监督全国的政府信息公开工作。按照法律规定,信息公开通常由办公室人员负责。在地方实践中,政府未设置信息公开的专职岗位,而是以办公室人员兼职负责。《中华人民共和国公务员法》第16条规定我国实行公务员职位分类制度,即按照公务员职位的性质、特点和管理需要,划分为综合管理类、专业技术类和行政执法类等类别。办公室人员属于综合管理类岗位,而信息管理和信息整合工作具有较强的专业性和技术性,现有办公室人员的专业素质难以与现实需求相适应。此外,办公室人员本身具有的流动性特征,也会导致信息公开工作缺乏连续性、科学性、稳定性。

**4. 政府公务人员存在规避责任的意识**

基于传统官僚主义观念和行政层级架构的影响,我国政府公务人员潜意识中明显存在"体制内与体制外"之分。公务人员在履行公共性职责时,扮演着"公共人"和"社会人"的双重角色。从公职人员角度而言,公务人员信息公开层面的保守性较强,缺乏主动沟通意识,更未能形成与社会公众进行信息共享的观念。从公民个体角度而言,公务人员扮演着维护自身权利的角色。公务人员以"自我"为中心的立场与维护公共利益的职责发生角色冲突,忽视了作为"公共人"应有的公共性责任,使政务公开的内容与公众的关注点不能完全对接。

**5. 政府潜存敷衍执行政策的行为**

"命令—服从"链条是我国政策执行中上下级关系的主要体现。戴维·伊斯顿曾言,公共政策是对全社会价值进行权威性的分配。[1] 各级政

---

① 参见〔美〕戴维·伊斯顿《政治体系——政治学状况研究》,马清槐译,商务印书馆,1993,第122~134页。

府执行政策时都有维护自身利益的价值考量，并未按照相关要求制定具有可操作性和可行性的实施细则，使政务公开的执行效果产生不同程度的偏差。以保障公众知情权为目标归属的政务公开，并未在实践中得到有效执行。政府有选择性地公开优先事项与中心任务，致使执行的力度和效度都未能达到政务公开的政策目标。

**6. 政务公开考核机制有待优化**

在政策实施阶段，政府政务公开尚未建构常态化和科学化的考核评估体系。一方面，政务公开并未纳入常态化的政府考核体系。《中华人民共和国政府信息公开条例》第46条明确规定，各级人民政府应当建立健全政府信息公开工作考核制度、社会评议制度和责任追究制度，定期对政府信息公开工作进行考核、评议。但政府在执行政策时，并未将政务公开纳入上级对职能部门的考核体系中。另一方面，政务公开的考核缺乏精准化责任倒逼机制。政府建构政务考核体系时未借助平台化技术，充分显现主责部门与公务人员的绩效信息。对于申请信息公开者而言，尚未在第一时间看到信息处理的承办人、承办期限、公开程序等主要信息。同时，上级部门暂未定期查阅或倒查责任落实情况，分工明确和责任到人的考核机制有待进行常态化建设。

综上所述，政府在政务公开中不仅应强化主体性地位，更应发挥主导性作用。政府扮演的角色、具体的行为方式直接关乎政务公开的效能，而前述六个因素成为政务公开未达期望的内在障碍，即政府在理念上存在法律层面的司法担忧，在潜意识中存在主权范畴边界，在行为上敷衍执行政策，在人员配置上缺乏保障等。因此，政府应从规范性建设与系统化塑造两个维度着手，以公众需求为导向提升政务公开的效果。

### 三 规范优化：通过规则的控制与矫正

政务规范性建设是提高公共服务质量的重要保证。为了提升政务公开效果和规范政府行为，政务公开应从强化法律法规建设、明晰权力与责任、优化岗位配置、完善激励体系和优化公开载体等多元角度，赋予关键问题处置、职能优化、岗位设置和工具评价的全维度和合规性依据，进而提升政务公开的社会效果。

## （一）健全政务公开的法律法规

法治建设首先要有法可依。政务公开法律法规体系应从以下三个层面寻求突破，即政府行政权力运用的限制层面、公开载体使用规范的规制层面、公众个人信息权益的维护层面。一是政府应积极推动政务公开的专门法律出台。国家在推动《政府信息公开条例》修改的基础上，争取在恰当时间点推动该部规范性文件的位阶提升，转化为国家法律。二是政府应制定和落实优化公开载体使用规范的实施细则。2017年6月开始施行的《中华人民共和国网络安全法》，是目前位阶最高和内容健全的关乎网络公开载体使用规范的专门法律。在政策实践中，政府必须结合各地实际制定精细化的政务信息公开工具使用指南，推动政务工具的标准化建设。三是政府应积极推动个人数据保护方面的法律出台。在信息社会，信息数据资源是必不可少的重要资源。政府应通过推动建构个人数据保护的权威规范，厘清政府与公民之间在信息保护与信息利用上的边界，以维护信息数据安全。此外，法律法规的健全完善需要尝试对个人隐私和商业秘密关键事项进行列举，特别是政府应积极聘请专家论证、筛选个人隐私和商业秘密事项清单。

## （二）建立政务公开一体二维清单

公开内容明确化是政务公开实践的基本前提。公开内容范畴的确定，通常以归类公开主体为肇始。就目前情况而言，我国政务公开应在达成主体范畴共识和建构清单体系层面多加努力，在主体扩容基础上形成"一体二维"清单体系。一是政府可通过借鉴国外先进经验，明确政务公开的主体范畴。在专业领域和第三方评价中，塞尔维亚《获取公共信息法》有较高的声誉，立法质量受到专业组织的认同和称赞。该法第一章第3条规定，本法所称公共机构是国家机构、地方机构、地方自治政府机构以及其他履行公共职责的组织（以下简称国家机构）。公共机构是由国家机构创设的法人，或者由国家机构全部或部分资助的法人。① 基于塞尔维亚的立法趋势与实践发展，凡履行公共职责的组织都

---

① 参见后向东《信息公开的世界经验：十六国信息公开法译介与评析》，中国法制出版社，2016，第231~235页。

应被纳入信息公开的义务主体范畴。我国目前学界与实务界对信息公开主体范畴存在较大的争议，学界主张政府应成为信息公开的唯一主体。实务界却认为除政府部门外，事业单位、国企、高校等组织都应纳入信息公开主体范畴。借鉴塞尔维亚立法经验，结合我国具体实际，政务公开应扩大其主体范围，将国家机构以及国家机构创设和资助的法人列入政务公开的主体范畴，即凡受公共财政支持的项目都应纳入政务公开的内容体系，从而做到准确全面地公开政府信息。二是政府应该建构政务公开的"权力—服务"二维清单。政务公开的"二维清单"，即指权力事项清单和服务事项清单。在建构清单过程中，政府应注意避免两者在内容层面的重叠和交叉。政府应积极稳妥地制定政务公开权力事项清单，通过明晰权力职责，细化信息公开与不公开的范畴，确保公开内容满足公众需求。此外，政府还应统筹规划建立和细化"服务事项清单"。针对可能引致"司法纠纷"的政务信息，政府应召集实务界与学术界专家召开咨询会，在广泛听取各级政府和社会公众的意见后，针对特别可能引致"司法纠纷"的政务信息展开论证，尝试以"内容—主体—方式"的结构建构服务事项清单目录体系。政府通过建立精细化和标准化的政务公开清单体系，明确信息公开主体与范围、明晰权力与责任，避免公开内容趋于同质化，从而在政务公开层面解决公务人员"不敢为""不作为"的难题。

### （三）探索设置政务公开专职岗位

在西方典型国家，政务公开是专业性的事务，通常由专责机关或专业人员负责。在政务公开管理岗位的设置上，国外主要采用"专员—机关"模式和"专员"模式。其中，塞尔维亚采用"专员—机关"模式。塞尔维亚《获取公共信息法》第一章第1条明确授权设置公共信息专员，并作为国家执法机构独立行使职权；第五章第32条规定，专员为独立行使职权的自治机关，① 即专员机关是独立于政府之外的行政机关，负责该国的信息公开工作，具有较强的独立性。与塞尔维亚不同，印度采用"专员"模式。依据印度《信息权法》（2005年第22号）第二章第5节

---

① 参见后向东《信息公开的世界经验：十六国信息公开法译介与评析》，中国法制出版社，2016，第231~235页。

规定，政府在各公共机构中设立公共信息官，负责信息公开的日常工作。英国从整体上确立了以国务大臣、大法官和信息专员为核心的信息公开工作体系，并赋予信息公开主管专员特别重要的权力。通过梳理国外实践，结合我国实际情况，政府可借鉴"专员"模式，增设政务公开专职岗位，赋予信息管理、信息开发、信息获取等法定职权与义务。相关部门同步开展对此类人员的定期培训与考核，强化其专业能力与伦理素质。

### （四）完善配套奖惩激励的规范体系

现代激励制度是保障政府治理效果的重要举措。激励的对象包括组织和成员两个部分。针对成员的激励是政府治理的惯常做法。自有政府活动开始，成员的组织评价即成为维护组织效能的重要手段。组织评价在提升行政效能、防止组织规避责任、实现人员评价全覆盖等方面发挥着积极作用。然而，针对组织的激励在法律层面还仅是个殊性的实践。依据塞尔维亚《获取公共信息法》第九章第46~48条规定，国家机构与公共机构的信息公开官员若未按照本法要求差别对待申请人或媒体记者的，都将被处以一定数额的罚款。结合实际情况，我国绩效考核部门应明确对政府的问责与处罚，强调针对公共部门的金钱与物质处罚，从而强化政府的履责担当。在正向激励方面，考核部门可将精神激励与物质激励相结合，融于政府部门及其公务人员的绩效考核；在负向激励方面，考核部门必须严格追究失职、消极不作为的政务部门及其公务人员的责任，对其处以金钱与物质处罚。政府通过明确职权和责任到人，促进政务公开工作明确化、责任化。

### （五）开展对政务公开载体的清理与评价

随着信息化战略的实施，门户网站已然成为政务公开的主要渠道。随着新兴媒介的兴起，网络技术载体日益成为政务公开的重要平台。2018年5月，国务院办公厅政府信息与政务公开办公室发布2018年第一季度全国政府网站抽查情况通报。抽查通报显示，部分信息公开工具仍存在管理不到位、在线服务不便民和互动渠道不畅通等问题，致使公众对此类工具的关注度和利用率下降，导致网络公开载体"僵尸化"现象的产生。政府应在标准化体系建设下，定期开展对政务公开类网络工具的评价清理工作。网络载体的清理与评价应由网信部门牵头，邀请专家学者和第三方组织开展，以确立科学有效的清理标准为肇始，以平台浏览量、点击率、下载量、实用性等具体标准为依据，设立信息公开类网络工具的等级层次，通过参与评估的形式开展评价和清理工作，定期清除利用率不高或基本无效的网络工具。在网络工具利用层面，监管部门应对使用率低于平均水平线以下的网站进行适当清理。在信息公开内容层面，监管部门应以公众下载量和信息实用价值为基础，定期清理未能与公众关注度对接的无效信息。因此，政府通过开展清理评价工作，优化网络公开载体的使用，便能达到畅通政务公开渠道的目的。

### 四　系统整合：平台与机制的双重支撑

政务系统化塑造是有序推进政务公开的重要保障。为了避免政务资源的过度浪费、提升政务信息利用率，政府政务公开应从整合公开平台、衔接跨部门信息、健全社会评议机制、增强公众满意度等范畴做到全域覆盖。

#### （一）构建系统科学的政务公开统一平台

信息不共享和公开载体林立是目前政务公开面临的现实问题。我国政务公开的平台建设，应该走向系统化和体系化。美国政府各个部门对信息共享十分重视，共享平台基本上是在一个系统平台上建立和维护的，即使某些信息量大的部门有自己独立的平台，也是由政府统一建设和管理的。[①] 在信息管理层面，美国政府与相关信息采集机构合作，遵循信息"退出原则"对信息进行合规化管理。政府主导是我国大数据平台建构的主要特点，在建设过程中可借鉴采用"退出原则"，即若公开的信息涉及个人隐私、敏感数据或公民提出异议，公众可申请对此类信息不公开。我国政府更应积极依托"互联网+"，搭建多元化网络信息公开平台。[②] 政府应通过整合政务信息资源，精简公开平台数量，构建国家、省、市

---

[①] 参见杨兴凯《政府部门间信息共享模式与决策方法》，科学出版社，2014，第103~104页。

[②] 参见徐鹏《深化我国政府信息公开制度改革研究》，《东北师大学报》（哲学社会科学版）2014年第4期，第224~226页。

三级互联互通的网上政务服务平台，形成"一网通办、全城通办、异地可办"格局。

(二) 协调推进政务公开的跨部门衔接

"信息孤岛"是制约部门间信息共享的重要因素。英国政府提出的"数字政府即平台"理念，推动了跨部门政务信息共享平台建设，打破了信息闭塞格局。我国可借鉴英国政府数字化建设的经验，协调推进跨部门间信息共享与衔接。一是政府积极推动跨部门间信息共享与数据开放。我国可从中央层面推动政府数字化协同建设，实现打造整体数字政府的目标。[①] 地方政府依据政务权力事项清单与服务事项清单，规划公开目录，厘清部门职责，保障信息共享和数据开放不重叠、不交叉。政府更应注意规避已被视为自身主权领域的事项，注重厘清政府组织内在运行效率与外在公益性责任之间的关系，进而权衡信息共享与信息安全的关系。二是政府建立健全信息共享的跨部门衔接机制。在行政体系内部，行政人员存在职级的差异性和工作性质的差别，共享信息的范畴也因此呈现较大的差异。行政人员与其所属部门的层级和共享信息的范围呈正比关系，人员职级和组织层级越高，信息共享的范围越广。通常而言，行政人员的专业化程度也和共享范围呈正比关系。政府应通过明确行政人员和组织的权力权限，建立健全信息共享的跨部门衔接机制，在一定程度上形成业务协同的信息共享格局。三是政府协调推进政务公开与服务办理工作。公务人员作为推进政务公开的主体，更应提升自身的服务和公开意识。政务信息通过各种途径向社会公众开放后，公务人员应为公众讲解服务办理指南并进行相关政务办理，使政务信息与服务办理流程无缝衔接。此外，政府应对信息进行分级分类管理，即划分为"关键信息""重要信息""一般信息"三个层面，从而先在基础信息层面实现跨部门间信息共享。"关键信息"是涉及国家秘密和商业秘密等需要做好保密工作的信息，"重要信息"是涉及规划计划、会议纪要、统计资料、调研数据等需要公民依申请公开的信息，"一般信息"是涉及办事指南、财务信息等公众监督政府所必要知晓的基础信息。在基础信息层面，政

---

① 参见张晓、鲍静《数字政府即平台：英国政府数字化转型战略研究及其启示》，《中国行政管理》2018 年第 3 期，第 27~32 页。

府应积极主动公开此类信息，进而促使政府部门内部做到信息共享，推动政府与公众之间进行良好互动。

（三）完善政务公开的社会评议机制

社会评议的认同优势源于评价的独立性和客观性。在政务公开评价中，政府要鼓励社会主体积极参与专业性评估。一方面，政府应推进政务公开第三方评估的常态化建设。政府政务公开评估可引入智囊团、第三方评估组织等外部机构，融入政府自身的内部评估，对形式要件和实质内容进行双重考核。在评估指标设置层面，政务公开评价指标可构建以信息公开内容、方式和程序、监督和保障、公众参与程度4个维度为一级指标和18个二级指标的政府信息公开绩效评估体系。① 在此基础上除设置客观指标外，尤其要注重设置主观性指标，将公众满意度与认可度、政府回应度等作为政务公开评估的重要标准。政府也可尝试建立"失信一票否决机制"，探索设置政府部门与政府公务人员诚信指标，将其纳入部门与人员的考核体系。另一方面，政府应完善社会评议的法律依据。公众的积极参与是政府完善信息公开内容的重要基础，也是推行社会评议制度的重要原则。我国《政府信息公开条例》中明确提到应建立健全政府信息公开工作的社会评议制度，但未能在实践中得到有效推进。政府应加强制定切实可行的社会评议工作计划，开展公众对政务公开的星级评价活动，从而获取民意以完善信息公开考核机制。

（四）提高公众认知度与工具利用率

公众知情权是增进政府透明化建设与信息开放的配套性制度。② 政府推进政务公开时，如何保障公众基本权利和获取公众实质认知度是政务公开网络工具获得应用实效的关键。一是政府政务公开内容需与公众现实利益相关联，提升公众关注度。网络公开载体的形式化运用，促使公众不愿关注无用信息，更不愿花费时间成本搜寻此类粘性信息。③ 政府可

---

① 参见刘磊、邵伟波《公众参与视角下基于模糊层次分析法的政府信息公开绩效评估研究》，《情报理论与实践》2014年第3期，第73~78页。
② 参见后向东《信息公开法基础理论》，中国法制出版社，2017，第84~86页。
③ 参见王军《新凯恩斯主义粘性信息理论述评》，《管理世界》2009年第8期，第157~162、175页。

考虑与相关公司进行合规化的合作，在政务公开网站或其他政务公开网络工具下，通过设置便民服务链接给予公众普惠性的现实利益，使公众认知此类网站，认可通过该类网络工具获取信息的可能性与可靠性，进而反向推动政府对此类政务公开类网络工具负责。二是政府增强政务信息的回应度与拓宽公众反馈渠道，提升公众认可度。政府推进政务公开需要公众积极进行校正型参与，才能发现公开内容与公众诉求之间的差异。① 在实践中，政府通过开通省长（市长）信箱或热线以进一步拓宽公众反馈的渠道，从而对公众诉求与偏好进行有效回应与满足，提高政府与公众的接触频率。② 三是政府加强对政务公开运用载体的宣传，提升工具利用率。政府重新审视运用网络工具作为政务公开载体的意义，建立公众认可的公开渠道，提升公众的关注度与点击率，从而提高公众对网络政务平台的利用率。政府通过增强公众对政务公开的实质认知，激发社会公众利用政务信息平台查询信息和办理服务的热情，为政务公开工作的有效开展积极建言献策。

## 五　价值转型：由政务公开到政务服务

政务公开是政府行使公共服务职能的关键环节。在政策实践过程中，政府不仅要发挥政务大厅、网络公开载体、信息平台等政务公开类技术性工具的作用，更应不断以公众满意度和认可度为导向追求政务公开实效，引导政府优化基本职能，由信息公开向信息服务转型。

政府政务公开应以规范性优化和系统性整合为肇始，破解"形式主义"困局，强化公共性立场。一方面，政务公开有益于将信息职能纳入政府基本职能范畴。在信息社会，信息资源是必不可少的重要资源，信息沟通渐次成为公众与政府之间交流的主要方式。信息数字化时代的发展，催生了国家对基本职能的变革，特别是信息职能成为国家主要职能之一。③ 政府通过将信息职能纳入基本职能范畴，以厘清信息管理、

---

① 参见汪锦军《公共服务中的公民参与模式分析》，《政治学研究》2011年第4期，第51~58页。
② 参见曾信祥《中国政务公开工作的发展取向及对策举措》，《电子政务》2013年第11期，第79~86页。
③ 参见张建文《国家的信息职能与信息立法的基本原则》，《法学杂志》2017年第11期，第93~102页。

信息公开、信息共享、信息引导与信息服务之间的关系，不断回应公众日益增长的对政务信息知晓的需求，从而推动政府职能的现代转变。这本质上是对新兴权利的回应，也是公共行政向人民应责的体现。[①] 另一方面，政务公开有助于推动政府行政理念由管理本位向服务本位的价值转型。通过深化政务公开，政府将公开要求贯穿于政务服务的各个环节，接受公众全方位的监督，促使政府在推进政务公开和提供政务服务时回归维护公共利益的立场。除此之外，政务公开有利于推动公众从形式认知向实质认知的价值转变。政府唯有以坦诚的态度回应公众诉求、改进政务服务方式，不断推动政民之间实现平等沟通与交流，才能提升公众对政务服务的满意度和认可度。归根结底，政府应不断以公众需求为导向积极主动推进政务公开全流程覆盖，实现静态展示到动态服务的转型，促推政务公开渐次成为提升政务服务效能的重要领域和发展方向。

综上所述，政务公开从关注文本形式、公开渠道到强化公众工具利用效果的转变，更深层次体现了由工具到价值的转型，实质上是政府公共性责任的回归与增强。这回应了打破"信息孤岛"和实现信息共享的现实诉求，有助于公共信用信息的整合，进而推动政务信息系统与社会征信系统的衔接，实现社会诚信体系建设的公平性与全域化发展。

## 第三节　社会诚信体系建设创新性工作的扩展

### 一　社会诚信体系建设试点机制的延伸

改革开放以来，"先试点后推广"的政府治理逻辑愈发明显。无论是早期农村"家庭联产承包责任制"的改革，还是现在"法治政府"的建设，都是"试点—推广机制"的典型。这也成为现代国家治理体系与治理能力改革所遵循的一般程式，凡是中国改革的重大事项通常都凭借"试点机制"予以推进，社会诚信体系的建设也不例外。这既有助于节省改革成本，又可提升改革的社会效果。基于社会诚信体系建设的复杂性

---

① 参见沈岿《行政监管的政治应责：人民在哪？如何回应？》，《华东政法大学学报》2017年第2期，第5~21页。

和重要性，试点机制亟须从信用示范城市向诚信政府建设试点、区域信用建设合作示范和重点领域及行业信用建设示范领域拓展，形成体系化的试点机制。

(一) 开展诚信政府试点建设工作

政府是推进社会诚信体系建设的主导力量，在社会治理格局中担负"政府负责"的角色，社会诚信体系建设是否获得显著成效取决于政府自身的诚信建设情况。试点机制在领域扩散层面自然应向政务领域扩展，推动开展"诚信城府"的试点建设工作。

诚信政府试点建设是限权和追求法治的政府的自我规范，要注重在地方政府层级上的识别与筛选，在省级以下的市级和区县级政府确定试点对象，兼顾东西区域差异。同时，试点对象的选择也要注意甄别确定具有不同权限的地方政府主体，既要确定在具有地方立法权的市级政府进行试点，也要确定担负更多社会诚信体系建设具体任务的区县级政府为试点对象。通过较为全面的试点，诚信政府在不同层级政府建设的多样化、差异化的路径才能展现出来。此外，诚信政府试点建设需要有一定的建设基础，才能保证工作的质效，对象的选择可以在遵循区域差异、层级差异和权限差异的基础上从现有的社会信用体系建设示范城市（区）中予以确定，从而能够聚焦诚信政府试点建设工作的核心事项，从完善政务诚信的路径全面推动试点工作的开展。

一方面，要建立和完善公务人员诚信档案。在公务人员的入口环节，特别是招录过程中以"诚信记录"为准则确认报考资格；在使用和培养环节，组织部门和人力资源部门要建立公务人员的履职诚信档案，全面记录公务人员履职过程中产生的正面信用信息和负面信用信息，使财产申报公示等制度与公务人员的个人信用信息相融合，实现对公务人员信用信息征集的最大化；在公务人员流动环节，各级政府可参考借鉴《国家发展改革委办公厅关于扎实做好公务员录用、调任人选社会信用记录查询工作的通知》（发改办财金〔2020〕552号）出台实施细则或进行立法转化，将信用评价作为公务人员调任、升迁等事项的重要依据。

另一方面，要强化政府履约践诺机制的建设。政府既是社会信用体系建设的推动者，更是与其他主体具有平等资格的信用主体。政务诚信建设应该从履约践诺开始，严格依法履行作为民事主体依法签订的各类合同，推动政府责任的立法转化或规范性约束，将五年规划和政府工作报告中关于经济社会发展的目标实现情况作为政府信用评价的重要内容，避免政策话语演化为形式主义的治理口号。同时，诚信政府建设更应守信遵法，认真履行人民法院的各项判决，不仅要避免进入失信被执行人名单，更要成为遵行法律和尊重司法的表率，通过自身示范引领社会诚信体系建设的发展。

### （二）推进区域信用建设合作示范工作

社会诚信体系要在全国层面产生治理效能，关键在于信用信息的全面共享和奖惩机制的全面适用。现在以省域或以市域甚至以县域为界的诚信建设模式，在一定程度上割裂了社会诚信体系建设的整体性。为进一步积累社会诚信体系建设的经验，夯实国家诚信治理规范化建设的前期准备，试点工作机制应向跨区域的方向拓展，特别是要推进在跨省域层面的信用建设合作示范。

其一，要强化信用信息的共享、交换和互认。依托现有的"长三角"、"珠三角"、"成渝双城经济圈"和"长江经济带"等跨省域合作机制，实现企业信用信息、社会组织信用信息和个人信用信息的跨区域流动和交换，借助跨省域的联席会议等工作形式实现信用信息征集标准的统一，以此更进一步推动信用信息的分级分类，特别是要推动企业信用信息的跨区域采集、共享和互认。同时，信用信息的跨区域合作还要注意对社会和生态领域的关注，特别是社会治理领域和生态环境领域的信用信息建设。

其二，要推进跨省域联合奖惩机制的建设。如本书第九章、第十章所述，现有联合奖惩政策的主体特征是以机关（部门）合作来实现诚信的联合共治。同时，第三编的内容分析也显示，"黑红名单"制度和联合奖惩制度分别在进入和退出标准、奖惩举措和奖惩幅度等层面存在诸多差异，标准不统一的现象较为突出。联合奖惩的跨省域合作也要依托现有的工作机制，加强跨省域间政府部门和行业组织的沟通对接，重点在市场监督、行政审批、政务服务等事项方面强化诚信治理的合作，秉持相同行为同等奖惩的原则，统一官方评价标准和行业评价标准，提升各类信用主体行为的经济绩效和社会绩效,从而达到优化营商环境的目的。

(三) 强化重点领域及行业信用建设示范工作

社会诚信体系建设必须以行业领域为场域和载体。无论是诚信政府试点建设,还是区域信用建设合作示范,都要以具体的行业为实体。只有合理确定信用建设示范工作的重点领域和行业,按照"自上而下"的建设逻辑,形成社会诚信体系建设的"条形"示范,才能带动各个领域的诚信治理举措转化为治理效能。

一是建立全国性的行业信用建设示范体系。行业示范领域应根据国家战略需求、社会民生事项等综合因素确立,重点围绕中小微企业、环境保护、安全生产、食品药品监督和政府招投标管理等行业进行识别。重点领域和行业信用建设的核心要素是权威性引导规范的建立。国务院办公厅、国务院组成部门及其直属机构应该立足重点领域,根据各行业信用建设实际,及时以意见、部门规章、通知、业务性管理规范等形式出台行业信用建设标准,在全国层面引导行业信用建设,为社会信用体系建设由省域、区域向全国的整体性延伸创造条件。

二是细化重点领域和行业信用建设的试点内容。重点领域和行业信用建设涉及社会信用体系建设的各个环节和领域,试点工作应该紧紧围绕信用信息记录、信用信息公示、信用承诺、信用评价和信用奖惩等关键节点展开。特别是要加强行业信用制度规范体系建设,既坚持政府主管部门主导推进,又要发挥行业协会的诚信治理功能,加强行业信用自律在试点工作中的制度衔接与认可。行业信用建设情况积极融入"信用中国"网络平台,增设"行业信用"版块,完善信用信息公示机制,通过行业信用信息的全面公开发挥示范带动作用。

综上所述,试点机制由信用示范城市建设向诚信政府试点建设、区域信用建设合作示范和重点领域及行业信用示范的拓展,不仅意味着试点领域的扩大,更可在"条形"领域和"块状"区域形成条块结合的诚信建设经验,在政府主导和示范作用强化的情境下,试点机制必然成为推进社会诚信体系建设的主要抓手和有力的路径选择。

## 二 社会信用报告制度的集成规范发展

信用报告是对各类信用主体信用情况的客观评价，它依赖征信系统的完善与发展。目前，我国的征信系统主要由中国人民银行征信中心、国家发展改革委国家公共信用信息中心和国家市场监督管理总局信息中心负责推进建设，形成了关于个人和企业等主体的市场信用信息、生活信用信息和公共信用信息的信息征集体系。由此，各类信用主体的信用评价也出自不同部门，呈现相对零散的状态，这也是信用报告制度发展过程中亟待完善的问题。

### （一）依照主体差异分类推动信用报告的普遍化发展

以信用主体为标准，信用报告主要划分为个人信用报告、企业信用报告和政府信用报告。按照现在的发展现状，个人信用报告和企业信用报告的发展相对成熟，政府信用报告则仍处于未开展建设阶段。如前文所述，在信用信息的范围得以科学界定和征信系统日渐完善以后，只有信用报告得到规范发展和广泛应用，社会诚信体系建设才能取得实效。

就个人信用报告而言，中国人民银行征信中心出具的信用报告具有较强的社会公信力，在申请贷款等事项方面有较为广泛的应用，但依然存在信用信息征集范围偏窄的问题。目前，个人信用报告主要采集信贷记录、非信贷交易记录和公共记录，信息属性全部为负面信息记录，在后两者上同时存在信用信息征集不全的问题。个人信用报告的未来改进要着眼于应用性的拓展，广泛应用到就业、医疗和教育等领域，推广成为各类信用主体享受信用权益的前置条件。同时，在尊重关于个人隐私、信息保护及国家秘密等法律法规兜底性规定的前提下，国家发展改革委和中国人民银行应严格信用信息分级分类标准，发挥信用建设的协调作用，畅通中国人民银行征信中心和国家公共信用信息中心之间的数据接口，延展出具个人信用报告的基础性信用信息范围，实现个人信用信息市场数据与公共数据的共享和交换。此外，个人信用报告不仅要载明失信违约、失信惩戒和黑名单情况，也要载明信用的修复情况。

就企业信用报告而言，中国人民银行征信中心、国家市场监督管理总局及国家发展改革委应该加强沟通协调，特别是完善三个征信系统之间的信用数据信息交换和共享机制。在此基础上，中央和地方各级政府的社会信用体系建设联席会议（领导小组）要重视行业诚信建设工作，建立行业信用建设标准，尊重商业秘密的法定例外，倡导和推动全国性的行业协会开展行业信用信息采集工作，设立企业信用信息识别接入机制，将成熟规范的行业信用信息库接入国家企业信用信息公示系统，作为生成企业信用报告的重要信源，继而从银行系统、市场监管系统和行业系统等方面实现对企业信用的全面评价。同时，信用报告的创制和生成应进一步提升规范性，广泛开展在行政审批、招标投标、招商引资、财政性项目安排、公共资源交易和企业行政监管等事项中的应用，将企业信用报告作为各类事项的必备材料和重要准许依据。

政府信用报告是检验诚信政府建设效果的重要手段，更可以促使信用建设由主观评价转化为客观评价。与个人信用报告和企业信用报告的即时查询和短时间生成不同，两者的生成时间通常在 24 小时至 3 天左右，政府信用报告体系建设应主要由各级政府组成部门及其直属机构的年度信用报告组成，报告生成要充分借助国家公共信用信息中心采集的公共信用信息，结合自身推进社会诚信体系建设的实际情形，每年年终或次年年初出具报告，对各自部门本年度的公务人员诚信情况、任务完成情况和履约践诺情况等进行综合评价，生成报告在"信用中国"平台集中公示，并将其作为政府绩效考核的重要依据。同时，政府信用报告的适用范围应适度扩展，应用到财政资金审批、政策支持等方面。由此，政府信用报告既可促成对政府讲诚信的激励，又可强化民众对政府的社会认同。

综上所述，各类信用报告广泛应用的认同与推广以其公平性和客观性为前提，而这又以信用信息征集的全面性为基础。因此，政府在推动个人、企业和政府信用报告体系建设的过程中，除了对接和连通上述三个信用信息系统以及融入行业信用信息外，还要与最高人民法院建立的中国执行信息公开网加强对接，及时获取失信被执行人信息，最大限度保证各类信用报告的社会认同。

### （二）信用积分制和失信减分清零制融入信用报告发展

信用报告应全面反映信用主体的信用情况，改变只采集负面信用信息的现状，至少在中国人民银行征信中心和国家公共信用信息中心建立的信用信息系统中增设正面信用信息的征集。为强化信用报告的辨识度和显示信用主体诚信权益的差异，正面信用信息采用积分制的形式予以呈现，依照近三年或近五年的总体信用情况设置信用基础分，在此基础上进行加减分的设置，以总分差异区分诚信等级并对应不同的诚信权益。在信息收录层面，积分制应全面收录荣誉奖励信息、社会贡献信息、遵纪守法信息、信贷缴费（税）信息、守信践诺信息等正面信息，特别要明确信用主体在就业、升迁、评优评先、医疗、教育、养老和办理行政事项中的诚信权益优待。

此外，信用报告和积分制的建设还要融入"失信减分清零"的机制设计，防止一边失信一边享受诚信权益问题的发生，从而保证社会诚信体系建设的效果。一是进行失信减分设置，限制诚信权益的享受期限。积分制应严格遵循上位法的规定，按照法律和法规规章设置的严重失信和一般失信的情节规定，对一般失信行为进行减分设置并同时规定暂停享受诚信权益的期限。二是进行失信清零设置，重新积累信用分数。为强化诚信建设的认同和社会遵从，信用报告应及时对信用主体违反法律法规及部门规章规定的严重失信行为实施"积分清零"，信用积分重新按照基础信用分的规定年限进行累积，严格规束社会主体的失信行为，将信用报告真正发展成为提升失信惩戒效果和推进诚信建设的重要载体。

（三）信用报告的制度化推进与集成发展

信用报告的广泛适用需要良好的制度保障。在信用专项法律体系的建构中，国家应该适时出台公平信用报告法，除了规范政府职能部门下设机构统筹出具的信用报告的依法发展，还要为行业组织和专业信用评估机构的信用报告业的发展提供法律支撑和制度保障。公平信用报告法要明确信用报告机构、信用报告使用者和信用报告所有者之间的权利义务关系，坚持与个人信息保护、政务（政府）数据公开和国家安全等法律法规体系一体建构，规范从信用报告查询、信用信息共享合成、信用报告出具、信用报告使用到信用报告监督等各环节的操作程式，为公平性信用报告的发展提供充分保障。

此外，可携带性是信用报告能够得以广泛应用的条件因素。信用报告需要良好的技术支撑，特别是要重点发展信息的共享、转移和携带技术。国家应该积极推动个人社会信用代码和组织社会信用代码的建设工作。在企业、政府机构和企事业单位等组织层面，社会信用代码发展处于较好状态，已经在全国层面实现与组织机构代码等代码或证号的"多证合一"。在个人层面，社会信用代码建设还未进入正式议程。在后续发展中，个人信用代码可以依托现有基础，以居民身份证为依托集成个人信用信息，革新身份识别和信息识别技术，赋予居民身份证号码信用代码功能。无论是组织机构的社会信用代码，还是个人的社会信用代码，可携带性主要是指信用报告"即需即取"，申请和生成不受时间和空间的阻隔。信用报告所有者可凭社会信用代码和密码随时申请、获得和使用信用报告。信用报告使用者则可依法或根据授权获得和使用内容具有针对性和覆盖面具有差异性的信用报告。由此，信用报告的社会需求便因而得到刺激和扩张，信用报告的普遍化使用便可进入快速发展的轨道。

### 三　全域推进信用评价和信用标准工作

#### （一）推动信用评价指标在政府绩效考核中的应用

在社会诚信体系建设过程中，政府主导作用的有效发挥关键取决于指标控制和考核监督。在诚信建设全域扩展的情境下，部分地方政府已经开始将其列入绩效考核范围，着力探索社会诚信体系建设的新方法新路径。依照《政府信息公开条例》实施的经验，政府绩效考核是政策取得实效的直接有效手段，这也是我国政府治理的典型特征和机制优势。在社会诚信体系建设过程中，法律法规和政策规范体系的建设是前提性依据的完善，政府绩效考核则是取得执行效能的重要方式。各级政府及其组成部门和直属机构应该列明社会诚信体系建设的重点任务，具体分解到责任部门和协同机构，明确政府或部门绩效考核指标。特别是各级政府的发展和改革委员会等社会信用体系建设的相关协调部门，要从整体视角出发统筹分配任务，重点关注社会信用体系建设示范城市以及诚信建设试点政府对绩效考核机制的运用，并将考核情况融入政府信用报告，作为政府及其部门获取各类资源和公职人员评价的重要依据。同时，政府绩效考核信用指标的内容和比重结构要在中央和省级层面做好统筹，统一标准，强化科学性能，避免社会诚信体系建设出现散乱的状态。

## （二）推动信用标准体系建设工作的领域扩展与覆盖

工作标准体系是社会诚信体系建设的未来发展取向。社会诚信体系建设是系统而繁杂的工程，不仅包含政务诚信、商务诚信、社会诚信和司法公信等领域，也包含从制度、机制到考核的流程环节。信用标准自然会构成一个庞杂的体系，具体会涉及国家标准、地方标准和行业标准，也包含强制性标准和推荐性标准的分类。目前，现行有效的国家信用标准共有55部，主要是涉及信用术语、组织机构社会信用代码、信用信息征集和电子商务信用等事项的规范和操作流程。其中只有1部是具有法律意义的强制性标准。

现行55部国家信用标准的主要内容都是关于基础性信用举措的程式和商务领域的信用建设标准。信用标准体系的建设在下一步应该向政务、社会和司法领域扩展，积极完善政务信用标准和行业信用标准。一是信用标准体系的建设与信用专项法律体系的建设保持一致，尤其是与单项法律法规和规章的建设保持统一进度。一旦制定发布单项信用法律法规，就要论证出台强制性国家信用标准或地方信用标准，为社会信用体系的规范发展提供合法有效和便捷的操作程式。二是优先发展政务领域的信用标准建设，重心向公共信用信息共享与开放、政务公开等政府诚信自我建设领域扩展，在诚信政府建设试点工作中进行标准文本的转化，为政府履行信用职能提供强制性地方标准。由此，信用标准体系的建设便会向全域发展和扩散，形成提升社会诚信体系建设效能和推动法律政策走向实践的发展格局。

综上所述，政府治理创新是开拓社会诚信体系建设路径的重要动力。依照政府治理延展的基本逻辑，社会诚信体系治理创新亦遵循由点到面和由下到上的程式而发展。诚信建设试点领域的扩展将实现对社会诚信体系建设基础工作和重点领域建设经验的有效积累，达到夯实政府主动作用和显示政府引领作用的效果。以此为基础，政府推动信用报告在试点领域和事项中的应用，将信用报告适用普遍化。制度塑造习惯，各类信用主体会由此产生并强化积累信用和严戒失信的双重自觉。同时，信用评价在考核中应用和核心信用建设事项的标准化，能规范各类主体推动、从事和参与社会诚信体系建设的行为准则和操作程式，深化社会诚信体系建设法治模式的发展。可见，创新是政府推进社会诚信体系建设的重要方式，实现了对治理领域、治理内容和治理方式的革新，有效提升了社会诚信治理的效果。

# 结　语

社会诚信体系建设是国家治理体系和治理能力现代化的重要内容，也是创新社会治理格局的重要体现。本书从主体功能的视角开展研究，剖解和论证了政府在社会诚信体系建设中的主导、推动和示范作用。特别是在全面推进依法治国和建设法治政府的情境下，政府诚信治理依托依法行政的建设路径，将社会诚信体系建设引入法治模式是自然之势。同时，社会诚信体系建设的系统性和复杂性也催生了规范化发展的诉求，政府推进社会诚信体系建设的法治模式的建构也因之具有更强的现实意义和社会意义。

社会诚信体系是社会诚信问题和诚信治理实践共生的学术概念。随着社会诚信体系建设战略化、政策化和法治化的发展，社会诚信体系中的政务诚信、商务诚信、社会诚信和司法公信的内容构成越来越清晰，而社会信用体系的概念也经历了"由窄及宽"的内涵转变，从最初聚焦商务诚信并与"社会征信体系"语义互通，发展成为与"社会诚信体系"可以互换使用的概念。由此，政府推动作用的发挥不仅在于政务诚信建设的以身示范，也在于通过机制规范化建设和政策法规创制实现对商务诚信、社会诚信和司法公信建设的衔接与促动。

社会信用体系组织机制是深化诚信建设效果的重要保障。政府以法治形式推动诚信建设的前提是职能法定和依法履职，而完善的组织机制是达成目的的重要路径，自在法治范畴之内。国务院和省级政府关于领导协调机制、牵头部门和信用信息工作机构等信用管理机制的探索，延展出独立设置信用管理专责机关和信用职能职责法定化的未来发展趋势，信用管理和信用服务的清单式建构则必然演化为社会诚信体系法治化发展的基础性事项，转化为行政立法的重要内容。

行政立法则是政府以法治模式推动诚信建设的最直观体现。目前，随着地方立法权的下移，政府信用立法已经贯通"国务院—省级政府—市级政府"各个层级，形成了包括行政法规、部门规章、省级政府规章和市级政府规章在内的政府信用法规规章体系。然而，这并非政府信用立法的终点。政府信用立法的发展必然以革新之势突破信用信息界定争议的立法难点，以法律确权为基础，提升政府信用立法位阶和新增统一标准的行政法规与部门规章，有效发挥政府部门创制法律草案的功能，推动国家信用法律和地方性信用法规的出台，在更高层次、更广领域实现单项信用立法向综合信用立法的转型。

信用信息的归集和公示是政府信用法治实践的关键节点。"信用中国"是信用信息公示的平台支撑，目前已经形成全国层面信息归集与公示的初始框架，但信息输入展示的各省地方平台亟须解决版块零乱和功能形式主义等难题，通过区块链等技术的应用强化查询功能和规范平台发展，增强信用信息的应用效能。这必然以信用信息的全面性、客观性和有效性为前提，社会征信体系的建设成为信用信息公示的必要性前置举措。社会征信系统要立足于中国人民银行征信系统和各级政府公共信用信息中心，规范发展专业机构和市场征信业务，完善市场信用信息和公共信用信息的征集，特别是要强化对公务员、教师等重点群体的信用信息征集，以点带面实现信用信息工作的全面发展。然而，公共信用信息的征集又与政府政务公开的发展具有高度契合性和一致性。社会信用体系的发展必须推动政务公开专项工程的规范性和系统性发展，实现政务信息的分级分类以及信用信息的识别和对接，实现公共信用信息的依法全面征集，进而通过信用政策体系的建构与实施，在实践中予以发展应用。

信用政策体系的规范化和系统化是政府信用法治的应有之义。政策与法律本就存在相互转化的程式。政策的先试先行有助于为立法积累经验，法律的实行需要以细化性的政策为依托。课题组从500余万字覆盖中央政府和地方政府的信用（诚信）政策中甄别出三类最具代表性的政策，分别是黑红名单制度、信用联合惩戒制度和信用联合激励制度。三者在时间、空间和领域扩散上呈现较为一致的发展规律，在现实条件下更多地承担着为失信划定边界的重任。未来发展则要以解决失信惩戒扩大化的法律争议和改变"重惩戒、轻激励"的格局为重任,实现信用政策由"惩戒型"向"激励型"转型,为激励型信用立法的发展奠定基础。

诚信观念革新和举措创新是政府以法治模式推动社会诚信体系建设的内在渊源与重要动力。政府推动诚信建设关键要以自身为基础和引领,转变政府公务人员依然将诚信仅视为传统道德和人格品性的主流观点。政府应推动公务人员树立现代诚信法律认知,正视诚信工具价值的合理性,以权利观的视角看待通过诚信或信用获取正当利益的行为,培育现代诚信素养,以公务人员理念的革新推动现代诚信法律认知在诚信法治体系中的立法转化和法律实施,继而通过创新举措实现诚信治理的整体发展。其中试点工作机制应积极扩展适用范围,在总结信用示范城市建设试点工作基础上向诚信政府试点、区域信用建设试点和重点行业领域试点扩展。此外,还要强化信用报告制度、信用评价和信用标准工作的创新和推广适用。由此,政府推动社会诚信体系建设的法治模式便持续处于动态发展之中,实现创新对法治模式的驱动。

综上所述,本书通过对政府以法治模式推进诚信建设的"机制与平台""实践与探索""变革与发展"的剖析,梳理了法治模式建构的基本现状和主要建设经验,勾勒了未来发展的主要事项和创新举措,展现了政府在诚信治理法治模式中的主导、引领和示范的多重角色。由此,诚信治理法治模式的要素便可形成一个可以链接的体系,组织机制保障法定化、政府信用立法科学化、信用信息征集集成化、信用政策体系合规化、诚信观念现代化和创新举措体系化成为法治模式建构的要素和内容,在政府主体性作用牵引下促使社会诚信体系建设发展成为一个动态和具有活力的社会规制体系。

# 参考文献

## 一　专著类

〔美〕A. 约翰·西蒙斯：《道德原则与政治义务》，郭为桂、李艳丽译，江苏人民出版社，2009。

〔美〕道格拉斯·C. 诺思等：《交易费用政治学》，刘亚平译，中国人民大学出版社，2011。

〔美〕E. 博登海默：《法理学：法律哲学与法律方法》，邓正来译，中国政法大学出版社，1998。

〔美〕杰克·奈特：《制度与社会冲突》，周伟林译，上海人民出版社，2009。

〔美〕罗伯特·C. 所罗门：《伦理与卓越——商业中的合作与诚信》，罗汉、黄悦等译，上海译文出版社，2006。

〔美〕罗伯特·E. 帕克等：《城市：有关城市环境中人类行为研究的建议》，杭苏红译，商务印书馆，2016。

〔美〕马文·布朗：《公司诚信——反思组织伦理与领导行为》，罗仲伟、陈君译，中国社会科学出版社，2011。

〔美〕诺内特、塞尔兹尼克：《转变中的法律与社会》，张志铭译，中国政法大学出版社，1994。

〔美〕特里·L. 库珀：《行政伦理学：实现行政责任的途径》，张秀琴译，中国人民大学出版社，2001。

〔美〕约翰·J. 马休尼斯、文森特·N. 帕里罗：《城市社会学：城市与城市生活》，姚伟、王佳等译，中国人民大学出版社，2016。

步近智、张安奇：《中国学术思想史稿》，中国社会科学出版社，2007。

陈丽君：《诚信的本质、评价和影响机制——研究视角下的中西方诚信》，经济科学出版社，2010。

陈新年：《信用论》，经济科学出版社，2018。

费孝通：《乡土中国》，上海人民出版社，2007。

国家信息中心中国经济信息网编著《中国城市信用状况监测评价报告（2018）》，中国经济出版社，2018。

国家信息中心中国经济信息网编著《中国城市信用状况监测评价报告（2019）》，中国经济出版社，2019。

后向东：《信息公开法基础理论》，中国法制出版社，2017。

胡建淼：《行政法学》，法律出版社，2015。

胡水君：《法律与社会权力》，中国政法大学出版社，2011。

康志杰、胡军：《诚信：传统意义与现代价值》，中国社会科学出版社，2004。

蓝寿荣主编《社会诚信的伦理与法律分析》，华中科技大学出版社，2010。

类延村主编《中国诚信法律通览》，社会科学文献出版社，2020。

类延村：《迈向规则之治：社会诚信体系建设发展模式研究》，社会科学文献出版社，2021。

李建军：《中国古代经济诚信思想研究》，贵州大学出版社，2008。

李松：《中国社会诚信危机调查》，中国商业出版社，2011。

廖进、赵东荣主编《诚信与社会发展》，西南财经大学出版社，2004。

刘莘主编《诚信政府研究》，北京大学出版社，2007。

楼裕胜：《信用城市建设——杭州的调查与思考》，中国金融出版社，2018。

罗培新：《社会信用法：原理·规则·案例》，北京大学出版社，2017。

潘东旭、周德群：《现代企业诚信：理论与实证研究》，经济管理出版社，2006。

强世功：《惩罚与法治：当代法治的兴起（1976—1981）》，法律出版社，2009。

桑本谦：《理论法学的迷雾：以轰动案例为素材》，法律出版社，2008。

苏盾：《中国传统诚信观与当代市场经济》，中国社会科学出版社，2006。

苏力：《法治及其本土资源》，中国政法大学出版社，1996。

苏士梅：《唐代诚信思想研究》，河南大学出版社，2012。

王书玲、邰振廷：《企业诚信经营新论》，中国经济出版社，2010。

王淑芹、曹义孙：《德性与制度：迈向诚信社会》，人民出版社，2016。

王秀哲：《信息社会个人隐私权的公法保护研究》，中国民主法制出版社，2017。

杨清望：《法律权威：来源与建构》，知识产权出版社，2010。

原魁社：《诚信："铁笼"内外》，吉林大学出版社，2011。

曾峻：《公共秩序的制度安排——国家与社会关系的框架及其运用》，学林出版社，2005。

张宇钟：《行政诚信研究》，上海人民出版社，2012。

赵爱玲：《当代中国政府诚信建设》，山东人民出版社，2007。

赵旭东：《法律与文化：法律人类学研究与中国经验》，北京大学出版社，2011。

周文：《分工、信任与企业成长》，商务印书馆，2009。

邹建平：《诚信论》，天津人民出版社，2005。

左德起：《刑事司法诚信问题研究》，法律出版社，2011。

## 二 论文类

白静：《实现征信业高质量发展的问题探究及路径选择》，《征信》2018年第11期。

白晓东：《论证据法上的诚信》，《中南大学学报》2005年第4期。

柴荣、柴英：《论儒家思想与民法"诚实信用原则"之暗合》，《上海师范大学学报》（哲学社会科学版）2008年第2期。

常立飞、常东帅：《论主观诚信在物权法中的适用》，《哈尔滨商业大学学报》2006年第2期。

陈朝阳：《中国司法能动性逻辑假设的破解：法官之诚信诉讼》，《华东政法学院学报》2005年第6期。

陈翠玉：《政府诚信立法论纲》，《法学评论》2018年第5期。

陈海盛、白小虎、郭文波、吴淑君：《大数据背景下信用监管机制构建研究》，《征信》2019年第5期。

陈红：《诚信原则与自由裁量权》，《法学》1997年第4期。

陈礼旺：《重估民法诚实信用原则之价值》，《求索》2005年第6期。

陈庭忠：《论政策和法律的协调与衔接》，《理论探讨》2001年第1期。

陈永强：《诚信义务的自然法基础及类型化——诚信人人像之塑造》，《杭州师范大学学报》（社会科学版）2012年第2期。

程琥：《新条例实施后政府信息公开行政诉讼若干问题探讨》，《行政法学研究》2019年第4期。

仇永胜：《论行政程序法诚信与信赖保护原则的确立》，《云南行政学院学报》2004年第3期。

褚霞：《民法诚实信用原则的博弈论分析》，《东北财经大学学报》2002年第5期。

崔冬、相振宇：《征信领域中个人信用信息权益保护问题探究》，《征信》2015年第5期。

丁疆辉、路紫、吴建民：《电子政务门户网站服务功能评测——以"中国河北"为例》，《中国管理信息化》（综合版）2006年第3期。

董长春：《"诚信"——中国传统公法文化中的观念》，《学习与探索》2003年第5期。

董树功、杨峙林：《破解失信难题的对策分析——基于信用与信息、失信成本关系视角》，《征信》2015年第4期。

董妍、耿磊：《澳大利亚财政预算信息公开制度述评——以1998年〈预算诚信章程法〉为中心》，《南京大学学报》2010年第6期。

杜承秀：《对诚信原则作为民事证据法基本原则的思考》，《广西社会科学》2010年第8期。

方剑：《道德诚信与法律诚信的法理解读》，《政法学刊》2006年第5期。

冯颜利、吴兴德：《中国社会诚信体系建设的问题与对策》，《廉政文化研究》2012年第1期。

付子堂：《法律的行为激励功能论析》，《法律科学》1999年第6期。

付子堂、类延村：《诚信的自由诠释与法治规训》，《法学杂志》2013年第1期。

关保英：《关于我国制定行政诚信法的思考》，《南京社会科学》2006年第9期。

郭富青：《公司收购中目标公司控股股东的诚信义务探析》，《法律科学（西北政法学院学报）》2004年第3期。

郭清香：《论诚信的道德基础——关于诚信道德合理性的伦理学思考》，《江海学刊》2003年第3期。

韩东育：《法家"契约诚信论"及其近代本土意义》，《古代文明》2007年第1期。

韩家平：《关于加快社会信用立法的思考与建议》，《征信》2019年第5期。

韩学军：《论社会主义诚信体系建设》，《社会科学辑刊》2013年第1期。

贺桂华：《诚信原则之于知识产权法的价值解读》，《广西民族大学学报》2006年第6期。

胡元聪：《试论〈行政许可法〉的诚信原则》，《行政论坛》2005年第6期。

黄娟：《对在我国民事诉讼法中确立诚实信用原则的冷思考》，《法商研究》2001年第6期。

黄秀丽：《浅论民法中的诚实信用原则》，《中南民族大学学报》（人文社会科学版）2005年第3期。

贾玉成：《论诚实信用原则在民法中的地位和作用》，《学术论坛》2002年第1期。

姜南：《诚信与衡平——法哲学视域下的保险合同法定解除》，《河北法学》2013年第6期。

姜素红、曾惠燕：《古罗马法和唐律有关诚信规定之比较》，《时代法学》2005年第6期。

蒋锦洪：《论市场诚信的道德价值及其实现机制》，《毛泽东邓小平理论研究》2006年第5期。

克楠、林建新：《提升诚信法治理念　确保两法贯彻实施——全国法院审判监督工作座谈会暨中国审判理论研究会审判监督理论专业委员会年会在福建召开》,《法律适用》2012年第11期。

类延村:《超越法治:社会诚信体系的规则治理》,《中南大学学报》(社会科学版)2014年第4期。

类延村:《中国政府建构社会诚信体系的法治路线图:理念、进程与前景》,《天津行政学院学报》2015年第1期。

类延村:《欧美国家法律诚信之维:合理性、原初义与价值谱系》,《北方法学》2015年第5期。

李东:《民商法中诚实信用原则的内涵及其完善路径》,《人民论坛》2012年第29期。

李欢欢、顾丽梅:《技术理性、政治理性与网上政务服务能力建设——基于中国地级市政府互联网服务能力建设的实证研究》,《电子政务》2020年第6期。

李辉:《论民法的诚实信用原则》,《行政论坛》2002年第6期。

李晓秋、郑义:《论民法的诚信原则与高校信用教育》,《重庆大学学报》(社会科学版)2002年第3期。

林莉红:《责任行政与诚信政府》,《法学杂志》2003年第4期。

刘钢柱:《加强地方政府立法程序建设问题研究》,《国家行政学院学报》2016第5期。

刘根:《英国法中的诚信原则——关于禁反言若干问题的研究》,《井冈山大学学报》(社会科学版)2012年第1期。

刘平、史莉莉:《行政"黑名单"的法律问题探讨》,《上海政法学院学报》2006年第2期。

刘松山:《论政府诚信》,《中国法学》2003年第3期。

刘伟:《学习借鉴与跟风模仿——基于政策扩散理论的地方政府行为辨析》,《国家行政学院学报》2014年第1期。

刘文丽:《对黑名单制度实体法律问题的几点思考——以地方黑名单立法规定为依据分析》,《公民与法》(法学版)2016年第10期。

刘小牛、储育明:《诚信原则的价值与意义:从实体法到程序法》,《安徽大学学报》(哲学社会科学版)2011年第2期。

刘莘、邓毅:《行政法上之诚信原则刍议》,《行政法学研究》2002

年第 4 期。

刘颖：《论行政法中的诚实信用原则》，《中共中央党校学报》2003 年第 2 期。

刘正峰：《论教会法中的诚信原则与其对民法诚信制度的贡献》，《云南大学学报》2007 年第 5 期。

刘正峰：《民法诚信制度的教会法渊源》，《法治论丛（上海政法学院学报）》2007 年第 3 期。

卢永强：《浅议我国信用体系建设的理论与实践》，《山西财经大学学报》2013 年第 2 期。

吕佳、李鹏：《诚信——社会传统与法律映象》，《天府新论》2005 年第 S2 期。

罗豪才、宋功德：《现代行政法学与制约、激励机制》，《中国法学》2000 年第 3 期。

罗培新：《遏制公权与保护私益：社会信用立法论略》，《政法论坛》2018 年第 6 期。

罗培新：《善治须用良法：社会信用立法论略》，《法学》2016 年第 12 期。

马志、兰漫：《从公序良俗到诚实信用——关于现代民法规制方式的考察》，《西南民族大学学报》（人文社科版）2004 年第 8 期。

孟勤国：《中美诚信之比较》，《法学评论》2004 年第 1 期。

聂飞舟：《信用评级机构诚信规范外部监管制度研究——美国法的考察和中国借鉴》，《证券法苑》2012 年第 2 期。

潘荣伟：《政府诚信——行政法中的诚信原则》，《法商研究》2003 年第 3 期。

彭三益：《我国个人信用信息范围之界定》，《求知导刊》2018 年第 36 期。

彭友峰：《论商法诚信原则的地位、意义和内容》，《青海民族学院学报》（社会科学版）2005 年第 2 期。

戚渊：《试论我国行政法援引诚信原则之意义》，《法学》1993 年第 4 期。

沈岿：《社会信用体系建设的法治之道》，《中国法学》2019 年第 5 期。

沈毅龙：《公共信用立法的合宪性考察与调整》，《行政法学研究》2019年第1期。

宋隽：《建立诚信政府是推进行政法治的必然要求——从〈行政许可法〉中的信赖保护原则谈起》，《法制与社会》2007年第6期。

苏亦工：《诚信原则与中华伦理背景》，《法律科学（西北政法学院学报）》1998年第3期。

孙长春：《信赖保护——〈行政许可法〉视野下的政府诚信》，《理论学习》2007年第8期。

孙曙丽：《诚实信用原则在民事诉讼法上的适用》，《法学论坛》1995年第1期。

孙志伟：《信用信息收集和使用的基本原则探讨》，《征信》2015年第4期。

谭启平：《诚信·公平·权利——"民法人"教学新理念的构建》，《西南政法大学学报》2005年第2期。

汤维建：《诚信原则入民诉法彰显时代色彩》，《江淮法治》2012年第9期。

唐秀英：《社会诚信体系建设及其对策研究》，《学术论坛》2013年第6期。

汪军、朱建军、杨萍、龙俊林：《社会信用体系建设绩效的综合评估研究——以"十一五"期间上海市为例》，《征信》2013年第7期。

王存河：《权力监督与诚信政府的建立——公法文化视野中的中国古代诚信》，《甘肃政法学院学报》2003年第4期。

王斐民：《民法、商法、经济法视野中的诚实信用原则》，《首都师范大学学报》（社会科学版）2010年第4期。

王贵松：《论行政法原则的司法适用——以诚实信用和信赖保护原则为例》，《行政法学研究》2007年第1期。

王浦劬、赖先进：《中国公共政策扩散的模式与机制分析》，《北京大学学报》（哲学社会科学版）2013年第6期。

王青斌：《社会诚信危机的治理：行政法视角的分析》，《中国法学》2012年第5期。

王瑞雪：《政府规制中的信用工具研究》，《中国法学》2017年第4期。

王婉芬：《〈征信业管理条例〉实施中存在的问题及建议》，《征信》2013年第12期。

王伟：《失信惩戒的类型化规制研究——兼论社会信用法的规则设计》，《中州学刊》2019年第5期。

王伟国：《诚信体系建设法治保障的探索与构想》，《中国法学》2012年第5期。

王文婷：《城市信用治理的实践与前瞻》，《中国信用》2018年第10期。

王欣欣：《刍议电子政务中的个性化信息服务——基于美国等电子政务网站建设的思考》，《情报杂志》2010年第S2期。

王杏飞：《论民事证据法上的诚信原则》，《唐都学刊》2005年第6期。

王学辉、邓稀文：《"执行难"背后的信用激励机制：从制度到文化》，《四川师范大学学报》（社会科学版）2020年第1期。

王艳：《商法诚实信用原则的伦理分析》，《兰州学刊》2005年第4期。

文建东：《个人理性、社会相互作用和诚信体系的不健全——诚信决定的经济学分析》，《江汉论坛》2011年第12期。

翁德芳：《强化人大监督 促进诚信体系建设》，《人民政坛》2011年第10期。

吴金利：《试论我国民法的诚实信用原则》，《东岳论丛》1987年第4期。

奚庆：《诚信原则是我国民法的一项基本原则》，《南京社会科学》2002年第9期。

熊跃敏、吴泽勇：《民事诉讼中的诚信原则探究》，《河北法学》2002年第4期。

徐纯先：《浅论民法之诚实信用原则》，《改革与战略》2003年第10期。

徐国栋：《诚实信用原则二题》，《法学研究》2002年第4期。

徐国栋：《诚信原则理论之反思》，《清华法学》2012年第4期。

徐国栋：《客观诚信与主观诚信的对立统一问题——以罗马法为中

心》,《中国社会科学》2001 年第 6 期。

徐国栋:《论诚信原则向公法部门的扩张》,《东方法学》2012 年第 1 期。

徐国栋:《罗马法中主观诚信的产生、扩张及意义》,《现代法学》2012 年第 3 期。

徐国栋:《我国司法适用诚信原则情况考察》,《法学》2012 年第 4 期。

徐国栋:《我国主要民事单行法中的诚信规定考察报告》,《河北法学》2012 年第 4 期。

徐国栋:《中世纪法学家对诚信问题的研究》,《法学》2004 年第 6 期。

徐国栋:《主观诚信概念在中国民法理论中的地位——答王立争先生〈"主观诚信说"若干观点质疑〉一文》,《政治与法律》2011 年第 5 期。

徐国栋:《主观诚信研究中国学说综述》,《法治研究》2012 年第 6 期。

徐国栋:《主观诚信与客观诚信的分合与更名问题比较法考察——兼论中国的诚信立法向何处去》,《社会科学》2013 年第 1 期。

徐洁:《论诚信原则在民事执行中的衡平意义》,《中国法学》2012 年第 5 期。

徐学鹿、梁鹏:《商法中之诚实信用原则研究》,《法学评论》2002 年第 3 期。

徐仲伟、刁胜先、胡静昆:《关于诚信原则的内涵分析与我国民法的思考》,《探索》2006 年第 4 期。

许玉镇、刘小楠:《试析行政法上的政府诚信原则》,《长白学刊》2008 年第 3 期。

闫尔宝:《私法诚信原则在行政法中的肯认——学说、判例与立法的联动》,《山东审判》2006 年第 5 期。

闫尔宝:《行政法诚信原则的内涵分析——以民法诚信原则为参照》,《行政法学研究》2007 年第 1 期。

阎孟伟、于涛:《现时期我国社会诚信缺失的现状及原因——构建社会诚信体系研究报告(一)》,《理论与现代化》2013 年第 4 期。

杨丹:《联合惩戒机制下失信行为的认定》,《四川师范大学学报》

（社会科学版）2020年第3期。

杨峰：《试论我国诚实信用原则的道德基础——从身份到契约的转变》，《河北法学》2005年第4期。

杨福忠：《诚信价值观法律化视野下社会信用立法研究》，《首都师范大学学报》（社会科学版）2018年第5期。

杨解君：《当代中国行政法的品质塑造——诚信理念之确立》，《中国法学》2004年第4期。

杨解君：《行政法诚信理念的展开及其意义》，《江苏社会科学》2004年第5期。

杨蓉：《"票据行为诚信"原则再认识——基于票据法技术性特征》，《学术探索》2013年第2期。

叶名怡：《论个人信息权的基本范畴》，《清华法学》2018年第5期。

叶湘榕：《公共信用信息归集和使用的地方规则比较研究》，《征信》2014年第11期。

尤扬：《加强地方政府信用体系建设探析》，《经济与社会发展》2013年第3期。

余华：《道德与法在诚信建设中的辩证互动》，《四川大学学报》（哲学社会科学版）2006年第3期。

余志勇：《旅游诚信法为本》，《经济论坛》2007年第9期。

俞荣根：《诚信：一个历久常新的民法原则——〈论语〉与我国民法文化刍议》，《现代法学》1993年第2期。

曾信祥：《中国政务公开工作的发展取向及对策举措》，《电子政务》2013年第11期。

张慧平：《诚实信用原则与法治的契合——作为宪法原则的诚实信用》，《河北法学》2004年第7期。

张建文：《国家的信息职能与信息立法的基本原则》，《法学杂志》2017年第11期。

张中秋、冯川、毛娌、王方玉：《诚信与公法关系探讨》，《江苏警官学院学报》2003年第5期。

章政、张丽丽：《信用信息披露、隐私信息界定和数据权属问题研究》，《征信》2019年第10期。

赵小芹：《诚实信用原则的宪法适用性分析》，《社会科学战线》2010年第2期。

赵艳敏、陈党：《公法上的诚信原则及其对政府的要求》，《理论与改革》2008年第1期。

赵一蕙：《清华大学法学院教授王保树：市场的成熟必须践行商法诚实信用原则》，《上海证券报》2012年12月12日，第A07版。

郑强：《合同法诚实信用原则价值研究——经济与道德的视角》，《中国法学》1999年第4期。

郑文晖：《我国政府网站政务信息公开的现状及对策分析——基于55个省（市）级政府网站的调查》，《现代情报》2007年第12期。

朱明、曹阳：《诚信原则在WTO法中的适用》，《法治研究》2007年第7期。

朱羿锟、彭心倩：《论董事诚信义务的法律地位》，《法学杂志》2007年第4期。

## 三 英文文献

Carl B. Klockars, Sanja Kutnjak Ivkovich and M. R. Haberfeld, *Enhancing Police Integrity*, New York: Springer-Verlag New York Inc., 2007.

Chin-Tser Huang and Mohamed G. Gouda, *Hop Integrity in the Internet*, New York: Springer-Verlag New York Inc., 2006.

Federico Ferretti, *The Law and Consumer Credit Information in the European Community*, Routledge Cavendish, 2008.

Gary Dobry, *In Good Faith*, Hats off Books, 2001.

George B. Brunt and Georgia B. Davis, *Leading with Integrity: Build Your Capacity for Success and Happiness*, Lunar Publishing, 2012.

Gerard McCormack, *Secured Credit Under English and American Law*, Cambridge: Cambridge University Press, 2004.

Henry Cloud, *Integrity: The Courage to Meet the Demands of Reality*, Harper Business, 2006.

Jane Smiley, *Good Faith*, Anchor, 2004.

John Lavenia, *Integrity is Everything*, Booksurge Publishing, 2009.

J. Beatson, Daniel Friedmann and Daniel Friedman, *Good Faith and Fault in Contract Law*, Clarendon Press, 1997.

Lawrence Lessig and Joseph Michael Reagle Jr., *Good Faith Collaboration: The Culture of Wikipedia*, MIT Press, 2012.

Stephen Neville, Fred Philpott, William Hibbert, Julia Smith, Bradley Say, Simon Popplewell and Peter Sayer, *The Law of Consumer Credit and Hire*, Oxford: Oxford University Press, 2009.

Steven J. Burton, Gerald J. Postema, Jules L. Coleman, Antony Duff, David Lyons, Neil Mac Cormick, Stephen R. Munzer, Philip Pettit, Joseph Raz and Jeremy Waldron, *Judging in Good Faith*, Cambridge: Cambridge University Press, 1994.

Terrell D. White, *The Art of Integrity*, Publish America, 2011.

W. B. Bondeson and J. W. Jones, *The Ethics of Managed Care: Professional Integrity*, Springer, 2003.

Xiang Gao, *The Fraud Rule in the Law of Letters of Credit*, Kluwer Law International, 2003.

# 附　录

问卷编号：☐☐☐

## 社会诚信体系建设调查问卷

尊敬的先生/女士：

您好！

非常感谢您接受我们的问卷调查，整个问卷大约用时15分钟，请您在合适的选项序号上打"√"或者在＿＿中填上适当内容。您的回答没有正确和错误之分，请您务必根据自己的真实情况填写。请您放心，本次调查为匿名调查，所有回答仅用于统计分析和学术研究。十分感谢您对我们工作的支持！祝您生活愉快！

国家社科基金课题组

2018年11月

## 一、您的基本信息

1. 您的性别：
   ①男　　　②女
2. 您的出生年份是：＿＿年
3. 您的政治面貌：
   ①中共党员　②民主党派　③共青团员　④群众

4. 您的文化程度：

①高中及以下　②大学专科　③大学本科　④硕士　⑤博士

5. 您的婚姻状况：

①未婚　　　②已婚　　　③离异　　　④丧偶

6. 您的月收入属于以下哪个区间？（单位：元）

①3000以下　②3000~5000　③5000~8000　④8000以上

7. 您目前的职业：

①中国共产党机关公务人员　②人大机关公务人员

③政府机关公务人员　　　　④政协机关公务人员

⑤监察机关公务人员　　　　⑥司法机关公务人员

⑦民主党派机关公务人员　　⑧事业单位工作人员

⑨国有企业工作人员　　　　⑩私营企业工作人员

⑪非营利组织工作人员　　　⑫在读学生

⑬无业人员　　　　　　　　⑭其他_____

8. 您的工作单位是_____

9. 您的常驻地属于我国_____省（自治区/直辖市），请在对应单位格内勾选（√）。

| 序号 | 省份 | 序号 | 省份 | 序号 | 省份 | 序号 | 省份 | 序号 | 省份 |
| --- | --- | --- | --- | --- | --- | --- | --- | --- | --- |
| 1 | 北京 | 8 | 河北 | 15 | 江苏 | 22 | 云南 | 29 | 宁夏 |
| 2 | 上海 | 9 | 河南 | 16 | 浙江 | 23 | 四川 | 30 | 广西 |
| 3 | 天津 | 10 | 山东 | 17 | 福建 | 24 | 陕西 | 31 | 西藏 |
| 4 | 重庆 | 11 | 山西 | 18 | 江西 | 25 | 青海 | 32 | 香港特别行政区 |
| 5 | 黑龙江 | 12 | 湖南 | 19 | 广东 | 26 | 甘肃 | 33 | 澳门特别行政区 |
| 6 | 吉林 | 13 | 湖北 | 20 | 海南 | 27 | 内蒙古 | 34 | 台湾地区 |
| 7 | 辽宁 | 14 | 安徽 | 21 | 贵州 | 28 | 新疆 | 35 | — |

## 二、问卷基本内容

10. 关于对诚信的理解，您认为最合适的选项是？

①一种以诚待人、以信取人的传统美德

②一种重信守约、一诺千金的个人情操

③一种获取正当利益的方式方法

④一种契约精神的体现

11. 您以往的工作学习生活中,是否存在失信行为?

①从未有过　　②几乎没有　　③偶尔存在　　④经常发生

12. 您是否同意下列表述,请在对应单位格内勾选(√)出您的选择:

| 关于诚信的相关表述 | 同意 | 不同意 | 说不清 |
| --- | --- | --- | --- |
| ①诚信社会是建设法治国家的前提和基础 | 1 | 2 | 3 |
| ②古代信利观强调对"信"的坚守,现代信利观强调对"利"的获取 | 1 | 2 | 3 |
| ③诚信入法能有效提升个人诚信品质 | 1 | 2 | 3 |
| ④"诚信""信用""信任"三个概念内涵一致,可以相互替换使用 | 1 | 2 | 3 |
| ⑤现代社会个人讲诚信主要靠自觉 | 1 | 2 | 3 |
| ⑥"言必行,行必果"是日常人际交往的基本原则 | 1 | 2 | 3 |
| ⑦诚信建设是一种口号治理,更多在于宣示意义 | 1 | 2 | 3 |
| ⑧惩罚是信用体系建设中必不可少的举措 | 1 | 2 | 3 |
| ⑨诚实信用原则是现代法治社会的一项基本法律规则 | 1 | 2 | 3 |
| ⑩诚信应该成为整个社会的精神追求 | 1 | 2 | 3 |
| ⑪诚信社会建设应该更侧重经济激励而不是精神激励 | 1 | 2 | 3 |
| ⑫政务诚信建设是社会诚信建设的关键环节 | 1 | 2 | 3 |
| ⑬推动社会诚信建设主要靠法治 | 1 | 2 | 3 |

13. 您对以下诚信话语了解程度如何,请在对应单位格内勾选(√)出您的选择:

| 政策话语 | 非常了解 | 比较了解 | 一般 | 不太了解 | 不了解 |
| --- | --- | --- | --- | --- | --- |
| ①《公民道德建设实施纲要》是我国较早从战略高度关注公民诚信的文件 | 1 | 2 | 3 | 4 | 5 |
| ②"八荣八耻"将诚信作为评价个人行为的重要准则 | 1 | 2 | 3 | 4 | 5 |
| ③社会主义核心价值观中的诚信属于个人层面的价值目标 | 1 | 2 | 3 | 4 | 5 |

续表

| 政策话语 | 非常了解 | 比较了解 | 一般 | 不太了解 | 不了解 |
|---|---|---|---|---|---|
| ④"诚信友爱"是建设社会主义和谐社会的重要内容 | 1 | 2 | 3 | 4 | 5 |
| ⑤社会主义思想道德体系建设要坚持"以诚实守信为重点" | 1 | 2 | 3 | 4 | 5 |
| ⑥国家应推进政务诚信、商务诚信、社会诚信和司法公信的一体化建设 | 1 | 2 | 3 | 4 | 5 |
| ⑦推进诚信道德建设有助于增强我国的文化自信 | 1 | 2 | 3 | 4 | 5 |
| ⑧社会信用体系是规范市场经济秩序的基本保障 | 1 | 2 | 3 | 4 | 5 |

14. 您认为，以下哪三个因素最能推动个人形成良好的诚信观念？

①社会环境　　②家庭教育　　③学校教育　　④朋友影响

⑤传统思想

15. 您在火车站遇到乞丐或残疾人士向您求助 200 元钱买票，并承诺事后会将钱还给您，您愿意借钱给他吗？

①特殊群体应该得到社会关怀，我会帮助他

②社会骗局太多，我会拒绝他

③叫他向火车站派出所或相关救助机构求助

④我会借钱给他，并要求他写借据

⑤理性看待，默默走开

16. 2015 年某市相关部门接到有关高考替考的举报，控制了约 9 位涉案人员，事后按相关法律规定给予严重处分。您如何看待此类现象？

①替考学生法律意识薄弱而功利意识太强

②考生和替考者缺乏基本诚信品质

③教育领域应成为诚信建设的排头兵

④高考诚信方面的制度有待加强和完善

17. 社会诚信建设中推行市民个人信用积分管理，信用值达到一定分值的市民可享受免押金借书、信用乘车、免排队办事等便民服务。您如何看待此种做法？

①诚信不是抽象的，可转化为具体利益

②信用积分可增强个人的诚信意识

③信用量化可增进陌生人之间的人际交流

④在社会诚信建设过程中应当避免产生信用特权

18. 老张某天去市场买菜，由于身上零钱不够向熟悉的摊贩赊账 2 元钱，并承诺归还。事后，老张觉得钱少就没有归还。下列哪一项看法最接近于您对此事的认识？

①能赊账就是相互给面子，还不还钱不重要

②这是老张缺乏个人诚信的表现

③这是老张缺乏契约精神的表现

④老张没有履行承诺，不提倡此种行为

19. 在现实生活中，您会主动关注和查询自己的个人信用报告吗？

①较多关注，担心存在失信行为影响工作生活

②比较关注，在信用卡透支逾期未还或办理按揭贷款时

③较少关注，办理相关业务未受阻拦或生活未受影响

④不太关注，认为暂时无不良信用记录

20. 目前，有些地方出台文件规定，若子女不履行赡养义务，将被纳入个人失信记录。您对此举措的看法是：

①子女尽孝是自觉行为，不应靠政策强制

②赡养老人是法定义务，需要具体措施保障落实

③有助于加强传统孝文化的延续与传承

④信用建设内容过于宽泛，不能将任何事情纳入失信记录

21. 明星往往基于利益等因素与经纪公司签订"阴阳合同""虚假合同""大小合同"，偷税漏税牟取利益。您如何看待此种现象？

①偷税漏税牟取利益是不诚信的行为，理应受到谴责

②此种行为涉嫌违法犯罪，应依法处置

③公众人物有更广影响力，应首先成为讲诚信的榜样

④失信是普遍社会现象，不必大惊小怪

22. 某大型企业违规生产问题疫苗，危害儿童身体健康，媒体曝光后引发热议。您如何看待此事？

①市场竞争是诚信经营的重要保证

②企业失信严重损害了公众利益

③政府应在治理企业失信中发挥关键作用

④媒体是监督企业诚信生产的重要力量

23. 2018年7月，某市司法机构与电信公司合作给当地18位"老赖"定制专属失信彩铃。措施实行后不久，就有9位"老赖"立即履行法律文书确定的义务。您对此事如何看？

①对"老赖"起到了很好的约束警示作用

②曝光"老赖"个人信息可能会侵犯老赖的权利

③波及面有限，达不到预期效果

④对社会大众起到了很好的引导教育作用

24. 据我国最高人民法院的数据显示，我国约有190余家政府机关（机构）被纳入失信被执行人名单。您如何看待此事？

①政府机关被纳入"老赖"范围，是我国法治建设的重要进步

②司法诚信治理采取了统一标准，任何组织（个人）都不例外

③政府机关成为"老赖"，损害了政府形象

④治理失信问题首先要从树立政府诚信做起

25. 2009年，以惠誉公司为代表的世界三大信用评级机构相继宣布，将希腊信用评级由"A-"降为"BBB+"，导致希腊公共财政严重恶化，引发债务危机。您如何看待此事？

①信用评级能客观地反映国家信用状况

②信用评级可能会影响国家的经济社会稳定

③具有广泛影响的信用评级应该受到法律约束

④第三方信用评估在欧洲已发展得较为成熟

26. 在计划生育政策实施过程中，标语从最初的"只生一个好，政府来养老"到现在的"延迟退休好，自己来养老"，这种变化引发了社会热议。您如何看待此事？

①宣传标语的主要作用是社会动员

②政府应讲诚信，保持政策的稳定性

③政府和民众对口号的认知不统一，削弱了政府公信力

④政府应采取取信于民和服务于民的方法贯彻政策

27. 在现行条件下，失信行为被记录到征信系统以后，下列哪些活动会受到影响？（可多选）

①禁止部分高消费行为，包括禁止乘坐飞机、列车软卧

②实施信用惩戒，包括限制在金融机构贷款或办理信用卡

③失信被执行人为自然人的，不得担任企业的法定代表人、董事、监事、高级管理人员

④失信被执行人为公务人员时，对升职、考核、评优产生限制

28. 您认为下列哪个机构（部门）作出的惩戒最有效？

①司法机关作出的惩戒措施

②行政机关作出的惩戒措施

③社会组织或行业协会作出的惩戒措施

④多机构（部门）联合作出的惩戒措施

29. 您是否同意下列关于社会诚信体系建设的表述，请在对应单位格内勾选（√）出您的选择：

| 关于社会诚信体系建设的表述 | 同意 | 不同意 | 说不清 |
| --- | --- | --- | --- |
| ①《征信业管理条例》是我国诚信领域的首部行政立法 | 1 | 2 | 3 |
| ②信用状况良好的组织和个人在办理行政审批时可以享受"容缺受理"待遇 | 1 | 2 | 3 |
| ③各级政府现在主要靠红头文件推进社会诚信建设 | 1 | 2 | 3 |
| ④信用城市正在成为国家推进社会诚信体系建设的重要举措 | 1 | 2 | 3 |
| ⑤各级政府现在主要靠法律法规推进社会诚信建设 | 1 | 2 | 3 |
| ⑥"信用中国"是收录全国信用信息最丰富的网络平台 | 1 | 2 | 3 |
| ⑦"五证合一"和"三证合一"能有效记录机构的信用信息 | 1 | 2 | 3 |
| ⑧各省统筹社会诚信体系建设的机构有所不同，不相统一 | 1 | 2 | 3 |
| ⑨"失信被执行人名单"信息公布与查询平台是我国最高人民法院建设的重要信息公开平台 | 1 | 2 | 3 |

30. 您认为，下列哪三个举措最有助于推动社会诚信建设？

①加强个人自律，提高讲诚信自觉

②重视宣传教育，形成良好的社会舆论氛围

③健全法律法规，依法治理失信

④加大失信惩罚，让失信者承担更多的成本

⑤完善诚信激励，让守信者享受更多的利益

31. 若社会诚信体系建设从不完善到完善可以划分为 5 个等级：建设越完善，等级越高。那么，您认为现在社会诚信体系建设处于哪个等级？

| 社会诚信体系建设领域 | 等级 | | | | |
|---|---|---|---|---|---|
| 政务诚信建设 | 1 | 2 | 3 | 4 | 5 |
| 司法诚信建设 | 1 | 2 | 3 | 4 | 5 |
| 商务诚信建设 | 1 | 2 | 3 | 4 | 5 |
| 个人诚信建设 | 1 | 2 | 3 | 4 | 5 |
| 社会诚信建设 | 1 | 2 | 3 | 4 | 5 |
| 总体评价 | 1 | 2 | 3 | 4 | 5 |

32. 结合贵单位的实际情况，您认为哪些行为还应在征信系统中被列为失信记录？

33. 您目前所在单位是否有关于激励守信或惩戒失信的相关政策文件？若有，请举例。

调查问卷到此结束，感谢您对我们工作的大力支持！

# 后 记

"诚信"自古就是重要的治道规范,既可在《论语》《中庸》等经典著述中追溯到理论之精义,亦可历数"商鞅徙木立信""季布一诺"等实践之典故。作为"五常之道"的重要构成,诚信在古代社会担负着指引和规束人们行为的重要功能。《贞观政要》更载:"德礼诚信,国之大纲。"然而,传统诚信一直拘囿于道德场域,未能进入普遍性的制度化视野。在全面推进依法治国和社会信用体系建设进入快车道的今日中国,关于政府推进诚信建设法治模式的研究显得尤为迫切和更具时代意义。

自2012年开始,笔者开始系统性地研究社会诚信体系问题,先后发表12篇相关主题学术论文,多篇被《中国社会科学文摘》《人大复印报刊资料》全文转载,先后获得第二届京津沪渝法治论坛二等奖1项、中国法学家论坛奖2项,并将相继完成《中国诚信法律通览》、《迈向规则之治:社会诚信体系建设发展模式研究》和《政府推进诚信建设的法治模式研究》"社会诚信体系"主题研究"三部曲"。特别是在2015年"政府推进社会诚信体系建设的法治模式研究"(批准号:15CZZ018)获得国家社科基金青年项目立项以后,该类主题的研究更加系统,开始聚焦于政府推进社会诚信体系建设的功能研究以及联合惩戒、信用修复和信用评估等热点难点问题研究。2019年12月,笔者主持申报的"信用联合惩戒制度的合法性与有效性研究"(立项编号:19SFB2002)又获得司法部国家法治与法学理论研究项目立项,问题研究相对更加具体和深入。

本书是国家社科基金青年项目"政府推进社会诚信体系建设的法治模式研究"(结项证书号:20205244;鉴定等级:良好)的结项成果,在写作中采用了"篇—章—节"的结构,全书分为"四编十二章",分别从理论与观念、机制与平台、实践与探索、变革与发展的逻辑,从事物发展的递进形态展现了政府诚信治理法治模式的问题渊源、行动机制、主要举措和发展方向。本书从政府治理的视角切入，立足于政府的"元治理"角色，试图建构政府从事诚信治理的法治方法论体系，畅通从"认识论"到"方法论"的社会诚信体系治理逻辑，厘清政府在社会诚信体系建设中发挥主导、引导和示范作用的多重定位，注重道德约束合理作用的前提下避免陷入道德困境和政绩之治，以强化政府自身关于现代诚信的法律认知为基础，以"自上而下"的制度机制优势催生治理效果，建构容纳开放性法治理念、吸纳优秀传统文化和软法等本土法治资源，以行政立法为基础性前提，通过法律实施机制与行政执行机制依法实行信用治理，力求追寻和实现诚信善治的政府诚信治理法治模式。

本书也经历了从零散到系统的过程，在研究中多次就如何聚焦"政府法治模式"产生疑问和热烈探讨，而随着地方社会诚信体系建设的日益推进，聚焦法治模式的思路也日益成熟，最终实现了"点面结合"、"内外结合"和"上下结合"。在一定程度上，本书既关注了社会诚信体系建设的整体性问题，又突出了建设过程中诸如政务公开等专项重点问题；既注重政府自身的政务诚信建设，又强调政府在推动其他领域诚信体系建设中的主体性作用和功能；既有效观测了中央政府推进社会诚信体系建设的战略和进程，又深入分析了地方诚信体系建设中的创新与探索。由此，本书的成稿从资料的收集、问卷调研分析到成果的撰写，是一项体量较大的工作，也得到了多方的参与和配合。具体而言，笔者系统性承担了全书的统筹规划、调研设计、资料分析和书稿（引论、第一编至第四编、后记）的写作与修改工作。此外，西南政法大学公共管理和政治学专业的学术型研究生参与了本书部分章节的写作。具体如下：周孙艳、张晓曼、邱钦沛、王小英、丁可可、阳建碧、李玉玲、徐洁涵分别依序撰写了第四章、第五章、第六章、第七章、第八章和第九章以及第十章、第十一章第一节、第十二章第一节、第十二章第二节的相关内容。此外，社会科学文献出版社的芮素平老师对本书的编辑出版提供了宝贵的意见和支持。

在此特别感谢以上各位人员，得益于他们认真负责的工作，本书才能够得以及时出版；更感谢爱人及家人的支持，正是他们无私的支持，才能使笔者全身心地投入自己热爱的工作。

需要说明的是，由于时间和精力有限，本书的写作难免存在纰漏，敬请各位专家批评指正，邮箱地址：xzlyc0108@126.com。当然，"社会诚信体系"主题研究"三部曲"的完成是又一次出发的开始，笔者还会在"社会诚信体系建设"的道路上继续研行，希望后续更为深入的研究可以弥补遗憾。

类延村

2020 年 11 月

图书在版编目(CIP)数据

政府推进诚信建设的法治模式研究/类延村著.--北京:社会科学文献出版社,2021.9
ISBN 978-7-5201-8832-6

Ⅰ.①政… Ⅱ.①类… Ⅲ.①社会公德教育-研究-中国 Ⅳ.①D648.3

中国版本图书馆CIP数据核字(2021)第162985号

## 政府推进诚信建设的法治模式研究

著　　者 / 类延村
出 版 人 / 王利民
责任编辑 / 芮素平
责任印制 / 王京美

出　　版 / 社会科学文献出版社·联合出版中心(010)59367281
　　　　　地址:北京市北三环中路甲29号院华龙大厦　邮编:100029
　　　　　网址:www.ssap.com.cn
发　　行 / 市场营销中心(010)59367081　59367083
印　　装 / 三河市尚艺印装有限公司

规　　格 / 开本:787mm×1092mm　1/16
　　　　　印张:21.5　字数:335千字
版　　次 / 2021年9月第1版　2021年9月第1次印刷
书　　号 / ISBN 978-7-5201-8832-6
定　　价 / 139.00元

本书如有印装质量问题,请与读者服务中心(010-59367028)联系

版权所有 翻印必究